REVISTA DE DIREITO MERCANTIL
industrial, econômico e financeiro

124

Publicação do
Instituto Brasileiro de Direito Comercial Comparado
e Biblioteca Tullio Ascarelli
do Departamento de Direito Comercial
da Faculdade de Direito da Universidade de São Paulo

Ano XL (Nova Série)
outubro-dezembro/2001

MALHEIROS EDITORES

REVISTA DE DIREITO MERCANTIL

industrial, econômico e financeiro

Nova Série — Ano XL — n. 124 — outubro-dezembro de 2001

REVISTA DE DIREITO MERCANTIL
publicação trimestral de
MALHEIROS EDITORES LTDA.
Rua Paes de Araújo, 29, conjunto 171
CEP 04531-940
São Paulo, SP - Brasil
Tel. (011) 3078-7205
Fax: (011) 3168-5495

Diretor Responsável: Álvaro Malheiros
Diretora: Suzana Fleury Malheiros

Assinaturas e comercialização:
CATAVENTO DISTRIBUIDORA DE
LIVROS S.A.
Rua Conselheiro Ramalho, 928
CEP 01325-000
São Paulo, SP - Brasil
Tel. (011) 289-0811
Fax: (011) 251-3756

Supervisão Gráfica: Vânia Lúcia Amato
Composição: *Scripta*

SUMÁRIO

DOUTRINA

SANEAMENTO E LIQUIDAÇÃO DE INSTITUIÇÕES DE CRÉDITO — NOVAS PESPECTIVAS DO DIREITO COMUNITÁRIO
— Armindo Saraiva Matias 7

ILÍCITO ANTITRUSTE E ACORDOS ENTRE CONCORRENTES
— Luís Fernando Schuartz 47

OS VALORES MOBILIÁRIOS NA NOVA LEI DAS S/A
— Nelson Eizirik 72

ATUALIDADES

SOCIEDADE ANÔNIMA - DECURSO DO PRAZO PRESCRICIONAL AO EXERCÍCIO DO DIREITO À PERCEPÇÃO DAS VANTAGENS EM FAVOR DO DEBENTURISTA
— J. A. Penalva Santos 81

A RETIRADA JUDICIAL DOS SÓCIOS-COTISTAS E A JUSTA PRESERVAÇÃO DE SEUS DIREITOS NO CURSO DA AÇÃO
— João Luiz Coelho da Rocha 85

INTERPRETAÇÃO REALISTA DA ALIENAÇÃO DE CONTROLE DE COMPANHIA ABERTA
— Jorge Lobo 90

A INTERVENÇÃO DO MUNICÍPIO NO DOMÍNIO ECONÔMICO
— Giovani Clark 107

A PROPRIEDADE INTELECTUAL E A PROTEÇÃO DA BIODIVERSIDADE E DOS CONHECIMENTOS TRADICIONAIS
— Cláudia Marins Adiers 116

O ACORDO TRIPS E A IMPLEMENTAÇÃO DE POLÍTICAS DE PROPRIEDADE INTELECTUAL NO BRASIL
— Marco Aurélio Gumieri Valério 143

OS MERCADOS DE FUTUROS
— Carlos Augusto da Silveira Lobo 148

ESPAÇO DISCENTE

CONTORNOS ATUAIS DO CONTRATO DE "FACTORING"
— Lívio Goellner Goron 153

ANÁLISE ECONÔMICA DO "FACTORING" NO ÂMBITO DAS PEQUENAS E MÉDIAS EMPRESAS
— Cristiano Gomes de Brito 174

MERCOSUL

AS MICRO E PEQUENAS EMPRESAS COMO PROPULSORAS DO DESENVOLVIMENTO ECONÔMICO E SOCIAL — CONTRIBUIÇÃO PARA O INCREMENTO DAS ATIVIDADES ECONÔMICAS NO ÂMBITO DO MERCOSUL
— Fernanda Kellner de Oliveira Palermo 183

JURISPRUDÊNCIA COMENTADA

EXECUÇÃO DE CESSÃO DE CRÉDITO — ALIENAÇÃO EM FRAUDE À EXECUÇÃO — INEFICÁCIA — ADQUIRENTE FALIDO — NUMERÁRIO ENTREGUE AO EXEQÜENTE
— Hélio da Silva Nunes 199

CONSELHO MONETÁRIO NACIONAL — COMPETÊNCIA REGULADORA — AS AUDITORIAS INDEPENDENTES
— Haroldo Malheiros Duclerc Verçosa 208

PARECERES

"HEDGING" COM FUTUROS DE ÍNDICES REPRESENTATIVOS DE AÇÕES
— Luiz Gastão Paes de Barros Leães 215

COLABORAM NESTE NÚMERO

ARMINDO SARAIVA MATIAS
Professor Associado da Universidade Autónoma de Lisboa. Advogado

CARLOS AUGUSTO DA SILVEIRA LOBO
Advogado no Rio de Janeiro

CLÁUDIA MARINS ADIERS
Pós-Graduada em Direito Internacional pela Universidade Federal do Rio Grande do Sul. Advogada no Rio Grande do Sul

CRISTIANO GOMES DE BRITO
Mestrando em Direito Comercial pela UFMG. Especialista em Direito Processual Civil pela UFU. Advogado em Uberlândia-MG

FERNANDA KELLNER DE OLIVEIRA PALERMO
Pós-Graduanda em Direito. Advogada

GIOVANI CLARK
Doutor em Direito Econômico pela UFMG. Professor da PUC/MG. Membro da Fundação Brasileira de Direito Econômico

HAROLDO MALHEIROS DUCLERC VERÇOSA
Mestre e Doutor em Direito pela Faculdade de Direito da Universidade de São Paulo. Professor de Direito Comercial nos Cursos de Graduação e Pós-Graduação da USP e da UNICID

HÉLIO DA SILVA NUNES
Advogado em São Paulo

J. A. PENALVA SANTOS
Desembargador Aposentado. Advogado

JOÃO LUIZ COELHO DA ROCHA
Professor de Direito Comercial da PUC/RJ. Advogado

JORGE LOBO
Livre-Docente em Direito Comercial pela UERJ. Advogado

LÍVIO GOELLNER GORON
Mestrando em Direito Privado pelo Programa de Pós-Graduação em Direito da Universidade Federal do Rio Grande do Sul. Advogado

LUÍS FERNANDO SCHUARTZ
Mestre e Doutor em Direito pela Johann Wolfgang Goethe-Universität, Frankfurt am Main. Advogado em São Paulo e no Rio de Janeiro

LUIZ GASTÃO PAES DE BARROS LEÃES
Professor Titular da Faculdade de Direito da Universidade de São Paulo. Advogado

MARCO AURÉLIO GUMIERI VALÉRIO
Mestrando em Direito da UNESP, Campus de Franca. Advogado

NELSON EIZIRIK
Advogado no Rio de Janeiro e São Paulo

Doutrina

SANEAMENTO E LIQUIDAÇÃO DE INSTITUIÇÕES DE CRÉDITO

Novas Perspectivas do Direito Comunitário

ARMINDO SARAIVA MATIAS

NOTA PRELIMINAR – INTRODUÇÃO: 1. O problema que se suscita – 2. A questão da insolvência, em geral. PRIMEIRA PARTE: REGIME ACTUAL DA INSOLVÊNCIA, SANEAMENTO E LIQUIDAÇÃO DAS INSTITUIÇÕES DE CRÉDITO NOS ESTADOS-MEMBROS. O CASO PORTUGUÊS: 3. Processos especiais de recuperação de empresas e de falência – 4. Inaplicabilidade dos processos comuns às instituições de crédito – 5. As noções de "saneamento" e de "liquidação" – 6. As medidas de saneamento previstas no RGICSF português – 7. O regime legal da liquidação das instituições de crédito – 8. O problema da inconstitucionalidade da liquidação por via administrativa – 9. Reservas à jurisprudência da inconstitucionalidade – 10. Regime legal em vigor quanto a medidas de saneamento e a processos de liquidação das instituições de crédito. SEGUNDA PARTE: INSOLVÊNCIA, MEDIDAS DE SANEAMENTO E LIQUIDAÇÃO NO DIREITO COMUNITÁRIO: I – INSTRUMENTOS LEGISLATIVOS DE CARÁCTER GERAL: *11. A Convenção sobre Insolvência – 12. O Regulamento Relativo ao Processo de Insolvência – 13. Referência à Directiva Relativa à Liquidação Definitiva em Sistemas de Pagamentos.* II – DIRECTIVA RELATIVA A MEDIDAS DE SANEAMENTO E PROCESSOS DE LIQUIDAÇÃO DE INSTITUIÇÕES DE CRÉDITO: *14. Início e desenvolvimento dos trabalhos da Directiva Relativa a Medidas de Saneamento e Processos de Liquidação de Instituições de Crédito – 15. O carácter remissivo das normas da Directiva.* III – AS NOVAS PERSPECTIVAS DO DIREITO COMUNITÁRIO: *16. Objectivos da Directiva – 17. Princípios orientadores da Directiva – 18. Pressupostos do funcionamento do regime criado pela Directiva – 19. Noção de "medidas de saneamento" e de "processos de liquidação" no contexto da Directiva – 20. Regime das medidas de saneamento – 21. Regime do processo de liquidação – 22. Aspectos comuns às medidas de saneamento e aos processos de liquidação.* IV – ADAPTAÇÃO DAS LEGISLAÇÕES NACIONAIS: *23. Obrigatoriedade de proceder a alterações – 24. Criação de regimes de direito interno exclusivamente aplicáveis às instituições de crédito – 25. Parâmetros das alterações dos direitos nacionais – 26. Designação das autoridades competentes – 27. Duplo dever de transposição da Directiva e de adaptação do direito interno.* V – CONCLUSÕES: *28. Sumário de conclusões.*

NOTA PRELIMINAR

No dia 8 de maio de 2000 foi aprovado pelo Conselho da União Europeia o texto de uma Directiva sobre Saneamento e Liquidação de Instituições de Crédito cuja preparação decorreu ao longo de vários anos, em face das dificuldades que foram surgindo.

É nosso propósito proceder ao estudo desse importante documento legislativo, extraindo dele as conclusões que nos pareçam mais relevantes.

Os respectivos trabalhos foram iniciados em 1985, com várias e longas interrupções.

Nunca, todavia, deixou de fazer-se notar a enorme premência que todos os Estados-membros sentiam na criação de regulamentação sobre esta matéria.

A internacionalização da economia, o notável avanço do Mercado Comum, inicialmente, e da União Económica e Monetária, depois, impunham a criação de regras comuns, no espaço europeu, para o caso de colapso de uma instituição de crédito, sobretudo quando esta tenha sucursais em Estados-membros.

A adopção dos princípios de harmonização parcial e do mútuo reconhecimento, plenamente em execução na Comunidade, carecia, agora, de regulamentação a juzante, quando as instituições de crédito se extingam ou se encontrem em estado de insolvência.

Do que observámos, cada Estado-membro tem a sua própria legislação interna – na maioria dos casos, desactualizada – sobre o saneamento e liquidação daquelas instituições.

Sendo certo que os Estados-membros se encontram equipados com legislação moderna sobre a insolvência das empresas em geral, a verdade é que a não aplicam às instituições de crédito, em particular.

Aliás, é disso razão impediente a própria legislação comunitária sobre constituição e supervisão das instituições de crédito, na medida em que entrega uma e outra (a autorização de constituição e a supervisão) ao país de origem.

A regulamentação vertida na Directiva Comunitária constitui o resultado da reflexão conjunta dos muitos representantes dos Estados-membros que integraram o respectivo Grupo de Trabalho: espelha, por isso mesmo, as hesitações, as contradições, as dificuldades, de todos e de cada um, no encontro das soluções que, apesar de tudo, são julgadas as melhores.

Tentaremos a definição daquelas soluções e do *status quaestionis*.

Não se trata de criar direito material. Trata-se, antes, de estabelecer normas de remissão, regras de direito internacional privado.

O ponto será, sempre, determinar qual a lei aplicável, no caso concreto. E a lei aplicável é, necessariamente, a de um Estado-membro que com aquele caso se encontre em conexão.

Naturalmente, a nova regulamentação está enquadrada por outras normas de direito comunitário, com elas se conformando, em atenção ao princípio da unidade da ordem jurídica comunitária.

É nosso objectivo:

• de um lado, proceder à análise da actual situação desta matéria face à regulamentação vigente;

• de outro lado, mostrar as novas perspectivas de evolução das regulamentações nacionais perante os imperativos emergentes desta Directiva que se encontra, de momento, a cumprir as passadas burocráticas que se seguem à aprovação técnica e política.

Dividimos o trabalho em duas partes. Na Primeira Parte gostaríamos de dar conta do estado actual das legislações nacionais; na impossibilidade de as percorrer todas, preferimos ilustrar a situação com o caso português, por ser o que conhecemos melhor e por configurar um paradigma de desactualização, a carecer de alteração urgente.

Na Segunda Parte daremos conta do que se passa no direito comunitário.

INTRODUÇÃO

1. O problema que se suscita

A insolvência das instituições de crédito constitui motivo de grande preocupação para os Governos e para as autoridades dos Estados que superintendem aos sectores financeiros.[1]

É verdade que a tradição europeia não conhece muitos casos de grande expressão, o que se explica pela especial contextura dos seus sectores bancários;[2] e, quando esses casos surgiram, foram os próprios Estados que, a maior parte das vezes, suportaram os custos das insolvências, através de mecanismos mais ou menos disfarçados, pretendendo sempre fazer acreditar na segurança e fiabilidade do sistema, capaz de manter salvaguardados os interesses dos investidores, dos depositantes.

De outro lado, e nos últimos anos, a euforia das concentrações bancárias[3] tem constituido uma tábua de salvação para instituições mais frágeis, incapazes de se sustentarem.[4]

1. Entendemos o sector financeiro como constituído por três sub-sectores: o sub-sector bancário, o sub-sector segurador e o sub-sector dos mercados de valores mobiliários. Naturalmente, neste nosso trabalho, limitar-nos-emos a tratar do sub-sector bancário.

2. Por vezes, até incluídos no sector público.

3. Valenzuela Garach, "Las nuevas actividades bancarias de las entidades de crédito", *Revista de Derecho Bancario y Bursátil* (*RDBB*) 78/137 e ss., 2000.

4. Tem-se, na verdade, assistido, com muita frequência, à concentração de bancos, mediante a constituição de grupos, operada por compra de capital social. De um modo geral, a empresa-mãe assume-se como mera gestora de participações sociais, titular maioritária do capital das empresas agrupadas. Todas estas passam, deste modo, a ter uma gestão unitária. As operações de concentração processam-se, quase sempre, através de OPA (oferta pública de aquisição) e obedecem a um criterioso estudo das entidades a agrupar. É no âmbito deste movimento de aquisições que entidades bancárias sólidas se agrupam com outras menos válidas, acabando por lhes servir de tábua de salvação. As razões podem ser diversas, mas destacamos duas: o baixo preço das acções, em virtude da situação financeira da empresa a adquirir; e a racionalização da estrutura do grupo, que, assim, aproveita equipamentos, instalações e estruturas já existentes, também a preço mais baixo. Seria ingenuidade não admitir, também, alguma influência por parte das autoridades que superintendem ao sector financeiro.

Acresce que os sectores bancários têm percorrido caminhos desobstruidos pelas facilidades que os Governos lhes propiciam, e pela enorme diferença entre as taxas de juros passivas e activas que lhes têm sido permitidas.

Não tem acontecido o mesmo noutras latitudes e crê-se que a situação de favor da actividade bancária não perdurará por muito tempo.

Observam-se, aliás, muitos sinais da preocupação sentida pelos responsáveis desses sectores de actividade: por exemplo, tem-se mostrado insistente a criação de sistemas de garantia de depósitos, tornados obrigatórios,[5] através de uma legislação, cada vez mais apertada, dos sistemas de vigilância e supervisão.[6]

Na verdade, a insolvência de uma instituição de crédito arrasta volumoso número de depositantes e credores, pode arrasar sectores de actividades económicas, cria desconfiança no sistema, que o mesmo é dizer, fuga e exportação de capitais.

E, no entanto, ao que julgamos saber, não tem existido, sobretudo nos países europeus de *civil law*, um tratamento adequado do fenómeno, de consequências tão extensas.

E porque o fenómeno é específico, também o tratamento tem de ser especial. Não servem, por isso, para a resolução dos problemas da insolvência das instituições de crédito, os mecanismos concebidos para outros tipos de empresas.

Estes últimos, sim, existem em todos os países, mas são relativamente ineficazes no âmbito do sector bancário.

2. *A questão da insolvência, em geral*

A declaração da falência em consequência da insolvência é uma figura conhe-

5. Por exemplo através da Directiva 94/197-CE do Parlamento e do Conselho de 30 de maio de 1994.

6. Dybvig D. Diamond, "Bank runs, deposit insurance and liquidity", *Journal of Political Economy*, 1983, pp. 401 e ss.

cida por todos os Direitos nacionais e é, também, por eles tratada de forma semelhante.[7] Incorporada nos Códigos de Processo Civil e de direito privado ou vertida em legislação avulsa, a insolvência, entendida como incapacidade de cumprimento das obrigações de pagamento ou insuficiência de balanço,[8] conduz, verificados determinados requisitos, legalmente previstos, à declaração da falência e à dissolução da pessoa jurídica, com liquidação do respectivo património, em benefício dos credores.

Ora, constitui, normalmente, preocupação do legislador criar, a montante, barreiras de protecção impeditivas da declaração de insolvência, ou, melhor, medidas de recuperação, que evitem a extinção da empresa e a liquidação do património, com dispersão deste e, consequentemente, com desaproveitamento económico dos bens.

Temos, assim, medidas de reestruturação, preventivas da insolvência (e da falência), e, quando estas não sejam viáveis, normas de extinção das respectivas pessoas jurídicas e liquidação de patrimónios.

Convém, pois, distinguir o conceito de *insolvência* do conceito de *situação económica difícil*. Porque, tratando-se de insolvência, o caminho mais provável será o que conduz à declaração de falência; encontrando-se a empresa em situação económica difícil, mas não insolvente, poderá ser objecto de medidas de saneamento, de medidas preventivas da falência.

A *insolvência* traduz a situação da empresa que se encontra impossibilitada de cumprir pontualmente as suas obrigações em consequência de o seu activo disponível ser insuficiente para satisfazer o seu passivo exigível.[9]

Por *situação económica difícil* entende-se aquela que, não sendo de insolvência, apresenta dificuldades económicas e financeiras, designadamente por incumprimento das suas obrigações. Na *situação económica difícil* a empresa está a caminho da insolvência; mas é ainda possível evitá-la, com terapêuticas adequadas.[10]

PRIMEIRA PARTE: REGIME ACTUAL DA INSOLVÊNCIA, SANEAMENTO E LIQUIDAÇÃO DAS INSTITUIÇÕES DE CRÉDITO NOS ESTADOS-MEMBROS. O CASO PORTUGUÊS

3. Processos especiais de recuperação de empresas e de falência

Já o dissemos, a especificidade das instituições de crédito não é compatível com aquelas medidas. E não é compatível porque são muito peculiares os activos e os passivos que integram o património da instituição de crédito. São também diferentes as relações que se estabelecem entre o banqueiro e o seu cliente, em que tem de existir e permanecer uma íntima e profunda relação de confiança.

O tratamento judicial e as perspectivas de defesa dos interesses em jogo, nos negócios comerciais, exigem tempo e decurso de prazos – o que, de todo, tem de evitar-se relativamente às instituições de crédito, pela volatilidade dos seus activos e pela delicadeza e importância da confiança que é necessário manter relativamente à instituição e, sobretudo, ao sistema em que ela se insere. A simples notícia de uma eventual situação de insolvência desencadearia corridas aos depósitos e a total degradação da instituição, muito antes, ain-

7. Sobre esta matéria: René Rodière, *Les Procedures Collectives de Liquidation ou de Renflouement des Entreprises en Droit Comparé*, Paris, Economica, 1976; Friedrich Trockels, "Le nouveau régime juridique de l'insolvabilité en Allemagne", *Revue de Droit des Affaires Internationales* 66, 1999; Ian F. Fletcher, *The law of Insolvency*, 2ª ed., Londres, Sweet & Maxwell, 1996.

8. Situação em que o passivo exigível supera o activo real, pressupondo a impossibilidade de o devedor cumprir todas as obrigações contraídas.

9. Ou, melhor: por insuficiência do seu activo líquido.

10. Maria do Rosário Epifânio, *Os Efeitos Substantivos da Falência*, Porto, Publicações UCP, 2000, pp. 29 e ss.

da, da tomada de qualquer medida de recuperação.

E a verdade é que o legislador o evita, na maior parte dos sistemas jurídicos com que contactámos. É também o caso português, que, muito sumariamente, nos propomos resumir.

Com a descrição do sistema português pretendemos ilustrar, de um lado, que está dotado de legislação moderna e actualizada, sobre medidas especiais de recuperação da empresa e da falência; por outro lado, que aquela legislação não é adequada quando directamente aplicável às instituições de crédito.

Não obstante, como adiante se verá, a legislação aplicável em caso de insolvência de instituição de crédito será a do Estado-membro de origem; é, por isso, inevitável que a lei geral de cada Estado venha a constituir matriz da lei especial. Eis a razão pela qual dedicamos este número à legislação de um dos Estados. Como mero exemplo.

3.1 O ordenamento jurídico português dispõe, na verdade, de um regime de medidas de recuperação de empresas e de falência moderno, actualizado, mas inaplicável às instituições de crédito. É um sistema de natureza processual, que, aliás, veio substituir as disposições que, sobre falência e liquidação de patrimónios, integravam o Código do Processo Civil.

Eis, então, em linhas muito gerais, o sistema posto em vigor em Portugal pelo Decreto-lei 132/1993, de 23 de abril, actualizado pelo Decreto-lei 315/1998, de 20 de outubro.[11]

3.2 Em primeiro lugar, o legislador manifesta uma clara preferência pelas medidas de recuperação, em detrimento da declaração de falência. Esta só terá lugar gorando-se a aplicação daquelas.

E, quanto às medidas de recuperação, são definidos vários princípios: o princípio da igualdade entre credores; o princípio da manutenção dos direitos dos credores contra os garantes das obrigações do devedor e contra os coobrigados; o princípio da indiferença subjectiva da titularidade dos direitos de crédito sobre a empresa em causa.[12]

3.3 Uma empresa que se encontre em situação económica difícil, ou em situação de insolvência, tem as seguintes possibilidades: ser objecto de uma ou mais medidas de recuperação; ou ser declarada falida.

Qualquer destas medidas lhe poderá ser aplicada, a pedido da própria empresa, de qualquer credor ou do Ministério Público.

O processo tem prioridade sobre os demais, com carácter de urgência, correndo mesmo durante as férias judiciais (arts. 10º e 26º).

3.4 O primeiro acto a praticar pelo juiz é o de mandar citar todos os credores, os quais poderão deduzir os seus créditos, opor-se a outros credores e propôr uma das providências cautelares legalmente previstas, oferecendo os seus meios de prova (art. 20º).

11. Sobre esta matéria: Augusto Ataíde, *Curso de Direito Bancário*, Coimbra, Coimbra Editora, 1999, pp. 569 e ss.; Menezes Cordeiro, *Manual de Direito Bancário*, Coimbra, Almedina, 1998; Saraiva Matias, *Direito Bancário*, Coimbra, Coimbra Editora, 1998, pp. 43 e ss.

Por todos: Luis Carvalho Fernandes e J. Lamareda, *Código dos Processos Especiais de Recuperação de Empresas e da Falência Comentado*, 3ª ed., Lisboa, Quid Juris Editora, 1999, *passim*; Maria do Rosário Epifânio, *Os Efeitos ...*, pp. 38 e ss.

12. São, de resto, os princípios que presidem ao processo de falência. O princípio da igualdade dos credores implica que todos os credores sejam tratados nas mesmas circunstâncias e os seus créditos satisfeitos na mesma proporção; exige, por outro lado, que não possam os credores ser satisfeitos noutros processos (singulares) ou por via extrajudicial. O princípio da manutenção das garantias implica que os credores que disponham de garantia real por créditos sobre o devedor mantenham essa garantia (aliás, de acordo com a própria natureza do direito real) quer contra a massa falida, quer contra os que se tenham constituído condevedores ou garantes do devedor. Finalmente, o princípio da indiferença subjectiva da titularidade significa a irrelevância da natureza jurídica do credor como também do acto jurídico através do qual se obteve a titularidade dos créditos.

Pode, logo então, ser nomeado um gestor provisório, se o juiz o achar conveniente.

E o processo transita, como que por um passo de mágica, criado pelo legislador, para a vontade e decisão dos credores.

Assim, a partir de agora são os credores que, por maioria, decidem a sorte da empresa: se pelo menos 51% dos créditos conhecidos se opuserem à recuperação da empresa, deve o juiz declará-la falida; já, ao contrário, se aquela maioria de credores votar a recuperação da empresa, deve o juiz mandar prosseguir o processo para adopção de uma medida de recuperação (art. 23º).

3.5 Vejamos o que sucede caso se opte pelo processo de recuperação: o juiz designa o gestor judicial ou confirma o gestor provisoriamente nomeado; nomeia uma comissão de credores (composta de três a cinco membros, cabendo a presidência ao maior credor), comissão que fiscalizará a gestão da empresa e auxiliará a actividade do gestor judicial; fixa o período de estudo da situação da empresa e da medida a adoptar, em prazo que não ultrapasse os 90 dias; e convoca a assembleia de credores para o termo do prazo, a fixar dentro daqueles 90 dias.

Até 10 dias antes da assembleia designada, deverá o gestor judicial apresentar um relatório que contenha a apreciação do balanço, a apreciação da situação comercial, a proposta de medida de recuperação mais adequada à situação, para salvaguarda dos interesses dos credores e da viabilidade da empresa.

Os credores, deverão, então, (em 10 dias) reclamar os seus créditos, mencionando a origem, natureza e montante.

Segue-se novo prazo de impugnação, pela empresa, dos créditos reclamados.

A comissão de credores deverá pronunciar-se sobre os créditos reclamados, procedendo o gestor à respectiva classificação.

Reúne, depois, a assembleia de credores, ainda como provisória, apenas para apreciação dos créditos já classificados pelo gestor judicial, sendo aprovados os que não hajam sido impugnados.

Imediatamente a seguir, ou posteriormente, reúne a assembleia definitiva para discussão do relatório do gestor e para proposta da medida de recuperação a adoptar.

Se a assembleia de credores nada deliberar no prazo de seis meses a contar da sua convocação, o juiz deverá decretar a falência da empresa.

Havendo deliberação da assembleia, esta carece de homologação judicial, com recurso para o Tribunal da Relação.

Se o Tribunal não homologar o meio de recuperação votado pelos credores podem estes, desde que representem pelo menos 10% dos créditos, requerer nova assembleia com o fim de, no prazo máximo de 30 dias, sanar os eventuais vícios que tenham impedido a homologação, ou aprovar outra providência.

Caso transite em julgado a decisão de não-homologação, deverá ser decretada a falência da empresa.

3.6 Estão tipificadas na lei como providências de recuperação: a concordata (arts. 66º-77º); a reconstituição empresarial (arts 78º-86º); a reestruturação Financeira (arts. 87º-96º); a gestão controlada (arts. 97º-117º).[13]

3.7 A *concordata* é obrigatória para todos os credores que não disponham de garantia real, quando votada pela maioria dos créditos reconhecidos e após homologação judicial.

Na concordata procede-se, em princípio, à redução da totalidade ou parte dos créditos e à fixação do calendário dos pagamentos (art. 66º).

3.8 A *reconstituição empresarial* consiste na criação de uma ou mais sociedades destinadas à exploração de estabelecimentos de devedor desde que todos ou alguns

13. Robin de Andrade, in *Revista da Banca* 27/77-92.

credores se disponham a dinamizar as respectivas actividades. Se as novas sociedades integrarem todo o património da empresa em dificuldades, extingue-se a anterior sociedade. A providência pode ser adoptada mediante aprovação de proposta de acordo subscrita por credores, na qual indicarão os termos em que pretendem ver considerados os seus créditos. O capital corresponderá à soma dos créditos dos credores subscritores e aderentes ao acordo, responsabilizando-se a nova sociedade pelos créditos dos credores não-aderentes. Verifica-se, assim, que, com a constituição e a homologação das novas sociedades, os créditos são transformados em participações sociais com igual valor nominal (art. 79º).

Na hipótese de anulação do acordo, deverá ser decretada a falência, a menos que mais de 30% dos créditos requeiram a convocação de nova assembleia de credores que deverá deliberar no prazo máximo de um mês, podendo, então, extinguir-se a sociedade nova, reconstituindo-se a anterior.

3.9 A *reestruturação financeira* traduz-se num conjunto de medidas destinadas a alterar o capital da empresa, assegurando, por si só, a superioridade do activo sobre o passivo, bem como a existência do necessário fundo de maneio. Para tanto, pode proceder-se ao aumento do capital social em termos diferentes dos previstos nos estatutos; permite-se aos credores a conversão dos seus créditos em capital, com respeito pelas regras de preferência dos sócios.

De igual modo, poderá haver lugar à dação em cumprimento ou à cessão de bens aos credores para extinção total ou parcial dos créditos.

3.10 A *gestão controlada* consiste num plano de acção global acordado pelos credores, executado por uma nova administração e sujeito a fiscalização. Este plano não pode ter duração superior a dois anos, prorrogável, uma vez, por mais um ano (tempo durante o qual são suspensas as funções dos órgãos sociais).

Neste plano de acção global devem ser traçadas as linhas gerais da futura gestão da empresa e fixado o prazo de execução; deve ser designada a nova administração; deve ser designado o órgão de fiscalização do cumprimento do plano.

Decorrido o prazo fixado, termina a gestão controlada. A empresa retoma a sua actividade normal.

Claro está que se houver insucesso da medida pode a assembleia de credores, convocada pela maioria dos créditos ou pelo titular da empresa, após audição dos órgãos de administração e fiscalização, deliberar a cessação da providência antes de findo o prazo previsto. Nesse caso, declarar-se-á a *falência.*[14]

3.11 Já se viu que a falência é decretada pelo juiz quando não lhe seja deduzida oposição pelos credores ou pelo devedor, conforme seja requerida, respectivamente, por este ou por aqueles.

Já referimos, também, outros casos em que deve ser declarada a falência quando não sejam adoptadas medidas de recuperação.

Na sentença que decretar a falência deve ser nomeado o liquidatário judicial, a quem são entregues os bens da massa falida. A ele incumbe, principalmente, preparar o pagamento das dívidas do falido, à conta do produto de alienação dos bens do activo.

Com a sentença que declare a falência produzem-se vários efeitos jurídicos de que destacamos: o falido é privado da administração e do poder de disposição de bens (art. 147º); tornam-se exigíveis todas as suas obrigações, ainda que não vencidas; cessa a contagem de juros sobre as obrigações do falido; extingue-se o direito de os credores compensarem os seus débitos com os créditos que detenham sobre o falido; são apensadas ao processo de falência todas as acções em que estejam em causa bens apreendidos para a massa falida; cessa a

14. Sobre os efeitos da falência, Maria do Rosário Epifânio, *Os Efeitos* ... .

possibilidade de serem intentadas novas acções executivas contra o falido; tornam-se inoponíveis à massa falida os negócios realizados pelo falido posteriormente à declaração de falência; ficam sujeitos a impugnação pauliana os actos que envolvam diminuição de garantia patrimonial, aumentando-se o número dos actos que se presumem praticados de má-fé (arts. 158º e 612º do CC).

O devedor, qualquer credor e o Ministério Público podem deduzir embargos à sentença que declarou a falência, suspendendo os actos de liquidação do activo subsequentes à verificação dos créditos.

3.12 O liquidatário judicial praticará as providências conservatórias necessárias ao exercício das suas funções, tais como apreensão dos elementos de contabilidade do falido e de todos os bens susceptíveis de penhora, e diligenciará para que todos os bens apreendidos lhe sejam entregues, tornando-se deles depositário.

3.13 Confirmada a declaração de falência por trânsito em julgado da respectiva sentença, tem lugar a liquidação do activo. A venda dos bens deve ser efectuada pelo liquidatário judicial, com a cooperação e a fiscalização da comissão de credores, seguindo as regras do processo executivo (arts. 801º e ss. do CPC).

O liquidatário deve, aliás, remeter ao juiz, mensalmente, relatório dos actos praticados, contra os quais poderão ser deduzidas reclamações quer pelo falido, quer pelos credores.

O produto das vendas é depositado em instituição de crédito, escolhida para o efeito, à ordem da administração da massa falida.

3.14 Terminadas as operações de liquidação, tem lugar o pagamento aos credores; em primeiro lugar, aos credores com garantia real; depois, aos credores comuns.

É ao liquidatário judicial que compete apresentar o plano e o mapa de rateio, com o parecer da comissão de credores, decidindo o juiz, em face disso.

3.15 Verificando-se oposição à falência, através dos embargos, há lugar a recurso da respectiva decisão.

4. Inaplicabilidade dos processos comuns às instituições de crédito

O processo especial que acabámos de descrever não é aplicável quando a entidade insolvente for instituição de crédito, conforme expressa disposição do RGICSF.[15-16]

15. Art. 139º, n. 2, do Regime Geral das Instituições de Crédito e Sociedades Financeiras (RGICSF).

Convém, aqui, deixar uma advertência importante. Em conformidade com aquele Regime Geral, o sistema bancário português é composto por dois tipos de entidades: as instituições de crédito e as sociedades financeiras. Embora com algumas dificuldades de natureza teórica, que não cabe, aqui, analisar, aqueles dois tipos distinguem-se, fundamentalmente, pelo seu objecto, tipo de actividade e modo de captação de recursos. Assim, só as instituições de crédito podem captar depósitos e outros fundos reembolsáveis (com excepção das obrigações comerciais e do papel comercial) junto do público. De outro lado, as instituições de crédito revestem a natureza de sociedades anónimas, enquanto as sociedades financeiras podem ter a natureza de sociedades anónimas ou por quotas. Umas e outras são habitualmente abrangidas pela designação de *instituições bancárias*. Ora, ainda que tendo em conta as suas diferenças, a verdade é que, na matéria que vimos tratando, é idêntico o respectivo regime. Isto é, as providências ou medidas de saneamento previstas no RGICSF são aplicáveis tanto às instituições de crédito como às sociedades financeiras.

Deste modo, e no domínio do estudo da legislação portuguesa, sempre que nos referirmos a *instituições de crédito* estamos a referir-nos também às *sociedades financeiras*.

E esta advertência é tanto mais importante porque tal não sucede no âmbito da legislação comunitária. Ali a instituição de crédito é entendida *stricto sensu*, isto é, nos termos da definição constante do n. 1 do art. 1º da Directiva 2000/12/CE do Parlamento Europeu e do Conselho de 20 de março de 2000: "Entende-se por 'instituição de crédito' uma empresa cuja actividade consiste em receber do público depósitos ou outros fundos reembolsáveis e em conceder créditos por sua própria conta".

16. Sobre os problemas suscitados pela definição de instituição de crédito, em Portugal: Augusto Ataíde, *Curso* ..., pp. 242 e ss.; F. Conceição Nunes, "As instituições de crédito, conceito e tipologia legais, classificação, actividades legalmente permitidas e exclusivas", *Revista da Banca* 25/71-112; em

E não é aplicável por diversas razões.

4.1 Antes de mais, porque a instituição de crédito exerce actividade sujeita a supervisão. E isso significa que o exercício da actividade está, antes de tudo, sujeito a autorização. Depois, significa que aquele mesmo exercício está sujeito a normas prudenciais que enquadram a sua actuação em parâmetros pré-definidos. Mais: a supervisão compete ao país de origem da instituição, e não ao país de acolhimento onde, por hipótese, também exerça actividade.[17]

4.2 O património da instituição de crédito também é especial: é composto por bens, direitos e obrigações extremamente voláteis, como são os depósitos, os créditos resultantes de financiamento e as obrigações de pagamento aos depositantes.

Trata-se, assim, de um património sujeito a deterioração rápida, a migração fácil.

São, por isso, necessárias medidas especiais, urgentes, de saneamento, de acautelamento e estancamento de eventuais fugas de capitais.

4.3 A instituição de crédito reveste, em princípio, a natureza de sociedade anónima de responsabilidade limitada, com um largo espectro de capital social, disperso por numerosos accionistas. De outro lado, maior é, ainda, o número dos clientes: aforradores, depositantes e mutuários.

Resulta, por isso, muito delicado o equilíbrio de interesses de todos os intervenientes.

4.4 Acresce que cada instituição faz parte do sistema bancário, cuja credibilidade e solvabilidade são indispensáveis para o desenvolvimento económico e financeiro do país em que se integra.

O sistema financeiro e sobretudo a sua componente bancária são, de facto, nucleares, constituem sectores básicos da economia, determinantes do desenvolvimento dos demais sectores, designadamente, industrial e dos serviços.

A confiança no sector bancário é chamariz de aforro e investimento.

A desconfiança dos aforradores, pelo contrário, sendo estímulo para a fuga de capitais, gera desinvestimento.

Não admira, assim, que os Governos emprestem aos sectores bancários nacionais e a cada instituição de crédito, em particular, redobrada atenção.

E como as instituições de crédito ultrapassam as fronteiras, criando filiais e sucursais[18] noutros países, logo aparece a legislação supranacional, designadamente da União Europeia, na procura de salvaguarda do seu próprio espaço.

Hoje, as regras prudenciais, de constituição, gestão e manutenção das instituições de crédito têm âmbito comunitário, assentam em Directivas Comunitárias. A legislação bancária de cada país pertencente à UE é reconhecida pelos demais países-membros; é objecto de harmonização parcial, mitigada, pelo recurso ao princípio do reconhecimento mútuo.

4.5 O carácter atípico dos patrimónios das instituições de crédito, a tecnicidade e grau de exigência quanto à sua gestão, a delicadeza de que se reveste o bom funcionamento dos sistemas financeiros e, prin-

Espanha: Fernando Zunzunegui, *Derecho del Mercado Financiero*, Madri, Marcial Pons, 2000, p. 265.

17. Simões Patrício, "Aspectos jurídicos da supervisão", *Scientia Juridica* 277, 1999; Rosa Maria Lastra, "Banking regulation in the 1990's", *Journal of International Banking Law* 14, 2, 1999.

18. As *filiais* e *sucursais* são definidas, respectivamente, pelos ns. 12 e 3 da Directiva 2000/12, acima referida. A definição de *filial* é remetida para os arts. 1º e 2º da Directiva 83/349/CEE; a *sucursal* é definida como *um centro de exploração que constitua uma parte, desprovida de personalidade jurídica, de uma instituição de crédito e efectue directamente, no todo ou em parte, as operações inerentes à actividade de instituição de crédito; vários centros de exploração criados no mesmo Estado-membro por uma instituição de crédito com sede social noutro Estado-membro serão considerados como uma única sucursal*. A diferença maior entre a filial e a sucursal reside no facto de a primeira estar dotada de personalidade jurídica que a segunda não tem; além disso, a filial encontra-se em relação de domínio com a empresa-mãe.

cipalmente, do sub-sistema bancário, depositário, por excelência, dos aforros, impõem regras de saneamento, dissolução e liquidação altamente especializadas, susceptíveis de aplicação urgente, não compatíveis com as normas instituídas para os agentes económicos normais cujo destino depende, como já se exemplificou, apenas dos interesses dos credores.

O decurso dos prazos judiciais, a morosa tomada de decisão pelos órgãos jurisdicionais, a – aliás – justificada concessão de generosa oportunidade de defesa dos interesses quer do insolvente, quer dos seus credores, não são compatíveis nem com a defesa dos interesses dos pequenos aforristas, nem com o interesse público traduzido na credibilidade do sistema.

Estas as razões que consideramos determinantes do afastamento do regime comum das medidas de saneamento, dissolução e liquidação das empresas.

5. *As noções de "saneamento" e de "liquidação"*

Temos de distinguir, muito claramente, dois conceitos: o de "saneamento" e o de "liquidação" de instituições de crédito.[19]

O primeiro diz respeito a medidas, procedimentos, actos ou contratos que tenham por finalidade tornar sã a instituição que o não seja. Isto é, as medidas de saneamento só serão aplicáveis a empresas que se encontrem em situação desequilibrada, técnica ou financeiramente: todavia, estas medidas só se justificam desde que a empresa tenha viabilidade estrutural, ainda que em desequilíbrio conjuntural.[20]

A medida há-de, então, traduzir-se num instrumento de equilíbrio, conducente à viabilização da instituição.

19. Estamos a referir-nos à legislação portuguesa.

20. J. Antunes Varela, "A recuperação das empresas economicamente viáveis, em situação económica difícil", *Legislação e Jurisprudência*, Ano 123, pp. 270-271.

Na liquidação processual civil comum portuguesa estão consagradas como providências de recuperação, como já vimos, a *concordata*, a *reconstituirão empresarial*, a *reestruturação financeira* e a *gestão controlada*.

São profundamente diferentes as medidas de saneamento aplicáveis às instituições de crédito; como a seguir veremos. Justamente pelas razões a que aludimos antes, em ***4***.

A liquidação das instituições de crédito traduz-se, fundamentalmente (e isso é comum à liquidação das demais empresas), num conjunto de operações tendentes ao apuramento e realização dos activos patrimoniais e ao pagamento dos credores após verificados e reconhecidos os créditos.

Logo por aqui se vê que a liquidação pressupõe outros actos que a determinem.

Em primeiro lugar, a *liquidação* poderá ter natureza *voluntária*; nesse caso terá de resultar de deliberação tomada em conformidade com os estatutos sociais de que resultem a dissolução da pessoa colectiva e a liquidação do seu património.[21]

Mas pode também resultar de decisão judicial que, previamente, decrete a falência da pessoa colectiva e determine a liquidação do seu património.

Em ambos os casos a liquidação será levada a cabo por liquidatários.

No caso específico das instituições de Crédito há uma terceira possibilidade: a retirada de autorização para o exercício da actividade.

Sendo certo que as instituições de crédito só podem exercer a actividade bancária com autorização das autoridades competentes, fica também a estas o poder de lhes retirar essa autorização.

Pois bem: a falta daquela autorização impede o exercício, ou seja, destrói o objecto social, razão de existência da pes-

21. Mas que não exige, necessariamente, uma situação de insolvência.

soa colectiva.[22] Quer isto dizer que a retirada de autorização corresponde, em termos processuais cíveis, à declaração judicial de falência com dissolução da pessoa colectiva. A consequência não pode, então, deixar de ser a entrada em liquidação.[23]

De outro lado, instauradas medidas de saneamento sem que este último resulte conseguido, não restará às autoridades competentes senão a retirada da autorização, e subsequentes dissolução e liquidação.

6. As medidas de saneamento previstas no RGICSF português

As medidas de saneamento têm fundamentalmente em vista a manutenção de instituições de crédito, a protecção de interesses dos depositantes, investidores e outros credores, como ainda a salvaguarda das condições normais de funcionamento do mercado monetário, financeiro ou cambial.[24]

Como já vimos, não se aplicam às instituições de crédito os regimes gerais relativos aos meios preventivos da falência e aos meios de recuperação de empresas e protecção de credores.

Cremos que assim sucederá em todos os países da Europa Comunitária. Referimo-nos, no entanto, aqui, ao regime consignado no ordenamento jurídico português.

Na sequência da publicação do *Livro Branco das Instituições Financeiras* e da transposição, aliás dispersa, de algumas Directivas Comunitárias, o legislador português procedeu, em finais de 1992, com entrada em vigor em janeiro de 1993, ao reajustamento e actualização do regime jurídico das instituições bancárias,[25] mediante publicação do Decreto-lei 298/1992, de 31 de dezembro, que, seguidamente, designaremos por "Regime Geral das Instituições de Crédito e Sociedades Financeiras", ou, mais simplesmente, por "Lei Bancária".[26]

Com esse diploma procedeu-se à transposição (ou manutenção da legislação já transposta), das Directivas que encorpam esta matéria: Directiva 77/780 (Primeira Directiva de Coordenação Bancária); Directiva 89/646 (Segunda Directiva de Coordenação Bancária); Directiva 93/22; Directiva 95/26; e Directiva 96/13.[27]

Com relevância para o tema agora sob análise, o legislador tinha que tomar posição sobre a consagração de medidas de saneamento e liquidação.

E qual foi a posição tomada?

Regulou – e regulou bem, a nosso ver – sobre medidas ou providências de saneamento.

Pura e simplesmente, não legislou sobre liquidação.

As medidas de saneamento foram inovadoras na legislação portuguesa e desenvolvem-se no âmbito da competência da Administração Pública, mormente do Banco Central,[28] que também é autoridade competente em matéria de supervisão.[29]

22. Observa-se que a retirada da autorização não tem que fundamentar-se na situação de insolvência. Basta que a instituição deixe de preencher os requisitos exigidos para a concessão daquela autorização.

23. A conclusão pode parecer forçada ou mesmo errada, por se atribuir a uma decisão meramente administrativa os efeitos de uma decisão judicial. Todavia, não se trata de uma conclusão nossa ou mesmo de interpretação analógica o que sempre teria de ser posto em causa. A conclusão resulta imposta directamente por lei, como consta do n. 3 do art. 22º do RGICSF: "A revogação da autorização implica dissolução e liquidação da instituição de crédito". E, nessas circunstâncias, há apenas que discutir a constitucionalidade desta norma – matéria que adiante estudaremos.

24. Augusto Ataíde, *Curso* ..., pp. 572 e ss.

25. Como já anotámos, na designação de *instituições bancárias* incluem-se as *instituições de crédito* e as *sociedades financeiras*.

26. A. de Jesus Pedro, *Instituições de Crédito e Sociedades Financeiras, Regime Geral Anotado*, Lisboa, Ediforum, 1994.

27. Estas Directivas foram revogadas e substituídas pela Directiva 2000/12/CE.

28. Ao Banco de Portugal estão cometidas as funções de supervisão, que incluem poderes de regulamentar, de dar instruções, de autorizar, de fiscalizar e de sancionar (Saraiva Matias, *Direito Bancário*, pp. 52 e ss. e 67e ss.).

29. Sobre o conceito e os problemas da *supervisão*: José Engrácia Antunes, *A Supervisão Conso-*

É, aliás, dentro do próprio conceito de supervisão prudencial que se inscreve a actuação do Banco, ao impor as providências extraordinárias a que seguidamente nos reportaremos.

Era, pois, fácil ao legislador, ao Governo, movimentar-se nas suas próprias águas.

Não sucedia o mesmo no tocante à liquidação.

Nesta matéria suscitavam-se e ainda se suscitam difíceis problemas de natureza jurídica.

O principal deles é que a liquidação envolve reconhecimento de direitos e, consequentemente, julgamento de facto e de direito.

Todavia, o julgamento assim visto compete aos tribunais, e não à Administração Pública ou ao Banco Central.

Então, de duas, uma; ou se entregam o reconhecimento, verificação e graduação dos créditos aos tribunais, ou se mantém o velho sistema de liquidação efectuada por liquidatário, comissário do Governo.

Na primeira hipótese fica por compatibilizar a competência das autoridades de supervisão e, sobretudo, a urgência e tecnicidade das suas decisões com a morosidade e o garantismo assegurado pelos tribunais; no segundo caso colocam-se problemas de constitucionalidade que não têm sido cabalmente resolvidos, na medida em que a Constituição da República Portuguesa, em obediência ao princípio da separação de Poderes, consignou aos tribunais o poder de julgar.

Perante este conjunto de dificuldades, o legislador português optou pela omissão e manteve o regime anterior. Far-lhe-emos referência, no número seguinte.

Agora, cabe uma nota sobre o regime das medidas de saneamento consagradas na nova Lei Bancária.

Em primeiro lugar, consagra-se um duplo dever de comunicação: o dever imposto aos órgãos da pessoa colectiva; e o dever imposto a cada um dos membros dos órgãos da mesma pessoa colectiva. Isto é, perante dificuldades previsíveis de incumprimento por parte da instituição de crédito, impende quer sobre o órgão de administração e fiscalização, quer sobre cada um dos seus membros, o dever de o comunicar à autoridade de supervisão, sob pena de cometimento de ilícito contraordenacional.[30]

Tomado conhecimento, pela autoridade de supervisão, da situação desequilibrada da instituição, pode (deve) aquela entidade supervisora determinar uma medida de saneamento adequada à situação.

Trata-se de uma das designadas "providências extraordinárias de saneamento" que a lei enuncia no art. 141º do Regime Geral: apresentação, pela instituição em causa, de um plano de recuperação; restrições ao exercício de determinados tipos de actividade; restrições à concessão de crédito e à aplicação de fundos em determinadas espécies de activos; restrições à recepção de depósitos; imposição de constituição de previsões especiais; proibição ou limitação da distribuição de dividendos; sujeição de certas operações à aprovação da autoridade de supervisão.

Podem ainda ser nomeados administradores provisórios em substituição dos administradores eleitos em situações muito graves, como sejam: quando a institui-

lidada dos Grupos Financeiros, Porto, Publicações UCP, 2000, pp. 51 e ss.; Augusto Ataíde, *Curso ...*, pp. 556 e ss.; Menezes Cordeiro, *Manual ...*, pp 148 e ss.; José Maria Pires, *Direito Bancário*, Lisboa, Rei dos Livros, 1994, pp. 170 e ss.; Saraiva Matias, *Direito Bancário*, pp. 70 e ss. Sobre *supervisão consolidada*: Carlos Olavo, "Supervisão em base consolidada", *Revista da Banca* 1995, pp. 25-71.

30. O incumprimento de qualquer preceito constante do RGICSF constitui ilícito contraordenacional. Estes ilícitos são havidos como *graves* e *especialmente graves* e sancionados com coima e outras sanções acessórias. As coimas são aplicadas pelo Banco de Portugal, com recurso para os tribunais comuns. Podem ser punidas as pessoas singulares e colectivas.

ção esteja em risco de cessar pagamentos; quando se encontre em situação de desequilíbrio financeiro tão grave que ameace a sua solvabilidade; quando a administração não ofereça garantias de actividade prudente; quando a organização contabilística não assegure credibilidade.

A autoridade de supervisão (o Banco de Portugal) poderá, ainda, nomear uma Comissão de Fiscalização, constituída por um revisor oficial de contas, por um elemento designado pela assembleia-geral e por um revisor de contas designado pela Câmara dos Revisores Oficiais de Contas.

Os anteriores órgãos de administração e fiscalização poderão ser suspensos pelo período de um ano, renovável por iguais períodos.

As providências determinadas não obstam à manutenção de todos os direitos dos credores contra os co-obrigados ou garantes e não terão duração superior a um ano, apenas prorrogável por mais um ano.

No entanto, suspendem as execuções contra a instituição e interrompem os prazos de prescrição.

Sendo certo que as decisões do Banco de Portugal estão sempre sujeitas a recurso, é criada, por via legal, a presunção de que a suspensão de eficácia das providências determina grave lesão do interesse público.

Desta forma, retira-se ao recurso o efeito suspensivo daquela decisão, conferindo-lhe o efeito meramente devolutivo.[31]

Se, com as providências extraordinárias, não for conseguida a recuperação, deverá ser revogada a autorização do exercício da actividade, seguindo-se o regime de liquidação previsto na legislação aplicável.

7. *O regime legal da liquidação das instituições de crédito*

Como acaba de anotar-se, a liquidação tem lugar logo que seja revogada a autorização do exercício da actividade, tenha ou não sido precedida de medidas de saneamento.

E natural seria que o próprio Regime Geral das Instituições de Crédito regulasse a matéria. Todavia, assim não acontece. Já acima aludimos às razões da omissão. A verdade é que na listagem dos diplomas revogados pelo Decreto-lei 298/1992, de 31 de dezembro, não se encontra o Decreto-lei 30.689, de 27.8.1940, mantendo-se, consequentemente, em vigor.

E foi mantido em vigor porque o legislador não quis ou não dispunha de condições para superar alguns obstáculos que se lhe colocaram.

Na verdade, estava, então, acesa a discussão sobre a constitucionalidade do sistema de liquidação por via administrativa, consagrado no velho Decreto-lei 30.689.

E não era fácil ao legislador qualquer das soluções mais óbvias: manter o sistema nas suas linhas fundamentais ou revogá-lo e entregar a liquidação ao sistema judicial. A primeira opção era insustentável face à jurisprudência que, entretanto, se foi formando no Tribunal Constitucional e que ia no sentido da inconstitucionalidade de vários preceitos do citado diploma – como melhor veremos de seguida.

A segunda opção mostrava-se incompatível com as necessidades da regulamentação efectiva e, também, com as legisla-

31. Contra as decisões do Banco de Portugal poderá reagir-se com dois tipos de acções: com a providência cautelar de suspensão da eficácia e com a acção de impugnação para anulação (art. 135º do Código do Procedimento Administrativo) daquelas decisões. Ambas as acções correm no foro administrativo, uma vez que tais decisões têm a natureza de actos administrativos. A providência de suspensão só poderá, porém, ser decretada desde que, entre o mais, "não determine grave lesão do interesse público" (alínea "b" do art. 76 da Lei de Processo dos Tribunais Administrativos). Ora, como se referiu, a presunção legal de lesão grave do interesse público impede que seja decretada a suspensão, pelo que as decisões tomadas pelo Banco de Portugal prosseguem o seu curso e produzem todos os seus efeitos, até decisão final da acção principal de impugnação.

ções de diversos países europeus com sistemas bancários muito próximos do português, até por força da transposição das Directivas Comunitárias.

O legislador cedeu à inércia e deixou as coisas como estavam.

De modo que, a partir de 1º de janeiro de 1993, a nova lei passou a regular as providências de saneamento, mas não a liquidação, quando aquelas se mostrassem inoperantes. A liquidação continuaria a ser regulada segundo o velho sistema, agora eventualmente corrigido, pelas decisões dos Tribunais.

8. O problema da inconstitucionalidade da liquidação por via administrativa

O principal problema que se colocava (e coloca) era o da constitucionalidade: de todo o sistema instituído pelo Decreto-lei 30.689 ou, apenas, de alguns dos seus preceitos, face à Constituição da República Portuguesa.

Em conformidade com aquele diploma, quando uma instituição de crédito suspende pagamentos, é-lhe concedido um prazo de 90 dias para que obtenha a normalização, sendo, desde logo, nomeado um comissário do Governo para intervir na respectiva administração (arts. 1º e 2º).

Se, naquele prazo, não for regulada a situação por portaria do Ministro das Finanças, será revogada a autorização para o exercício da actividade e ordenada a imediata liquidação, que será levada a efeito por uma comissão liquidatária constituída pelo comissário do Governo, que presidirá, e por dois vogais, sendo um deles representante dos credores e o outro representante do banqueiro singular ou dos seus sócios.

Nos termos do art. 21º do citado decreto-lei, compete à comissão liquidatária praticar todos os actos necessários à liquidação e partilha da massa da instituição, bem como verificar o direito à restituição ou separação de bens e verificar, classificar e graduar os créditos sobre a massa.

Os credores só podem reclamar a verificação, classificação e graduação dos seus créditos à comissão liquidatária (art. 34º).

Dispõe, ainda, o art. 26º, n. 1, que as deliberações da comissão liquidatária serão sempre tomadas por maioria de votos, e em matéria contenciosa por acórdão, admitindo-se recurso para a Inspecção da Comissão Bancária,[32] cujas decisões ficam sujeitas a homologação do Ministro das Finanças.

Confrontado este núcleo de normas com as disposições constantes da Constituição da República Portuguesa, mormente do seu art. 205º, é inevitável a questão de determinar a respectiva compatibilização.

Na verdade, dispõe o preceito constitucional que na administração da justiça incumbe aos tribunais assegurar a defesa dos direitos e interesses legalmente protegidos dos cidadãos, reprimir a violação da legalidade democrática e diminuir os conflitos de interesses públicos e privados.

O Tribunal Constitucional, no confronto, que efectuou, entre aqueles dois núcleos de normas, concluiu, sem dificuldade, pela inconstitucionalidade, se não do sistema instituído pelo Decreto-lei 30.689, pelo menos de alguns dos seus preceitos (art. 21º, corpo e n. 5; art. 22º; art. 26º; art. 34º; e art. 37º), na medida em que conferiram competência à comissão liquidatária para verificar, classificar e graduar créditos. Todas estas são funções jurisdicionais, reservadas aos tribunais, por força do art. 205º da Constituição.

9. Reservas à jurisprudência da inconstitucionalidade

Em conformidade com esta jurisprudência, a solução só poderia passar pela

32. Em virtude da sua extinção, as funções da Comissão Bancária foram conferidas ao Banco de Portugal.

entrega da liquidação das instituições de crédito aos tribunais comuns.

Tratar-se-ia de um conjunto de acções e decisões de *reserva do juiz*, ou, melhor dizendo, do *monopólio do juiz*, competindo a este a primeira e a última palavras, como expressamente se fez constar de um dos acórdãos do Tribunal Constitucional (acórdão 443/91 do *DR* 2ª Série, de 2.4.1992 – Suplemento).

Parece, todavia, que o legislador não ficou inteiramente convencido e determinado a revogar o sistema. Para tanto contribuiu, como se disse, a semelhança de análogos sistemas em funcionamento na espaço europeu.

Para tanto contribuiu também a imperiosa necessidade de salvaguarda do património das instituições em crise e dos aforros nelas implicados, bem como, e sobretudo, do próprio sistema financeiro.

Aliás, vozes autorizadas puseram em crise o rigor das decisões jurisprudenciais.

Desde logo, o próprio conceito constitucional de *tribunal* é mais amplo do que parece deduzir-se dos referidos acórdãos.

Com efeito, é comumente aceito que um *tribunal* pode ser constituído por *juizes do Estado*, mas também por *árbitros*; admitindo-se a constituição obrigatória ou voluntária dos tribunais arbitrais.

Ora, ninguém põe em dúvida que o julgamento efectuado por tribunal arbitral de constituição voluntária constitui uma autêntica decisão judicial constitucionalmente admitida (art. 211º, n. 2, da CRP).

E tanto basta para pôr em crise o conceito de tribunal visado naquela jurisprudência.

Vozes muito conceituadas da doutrina[33] vieram, entretanto, e como se disse, amenizar o rigor das decisões judiciais, na tentativa de compatibilizar as disposições constitucionais fundamentadoras da reserva do poder judicial com a legislação nacional e estrangeira, toda ela no sentido de um tratamento diferenciado das instituições de crédito como agentes do mercado financeiro.

A importância do sector financeiro, a complexidade dos elementos patrimoniais das instituições financeiras, a delicadeza dos interesses dos aforradores, o elevado número de sujeitos jurídicos implicados em operações de falência e de liquidação, sempre levaram o legislador a criar sistemas especiais de tratamento, quer no que toca ao acesso à actividade, quer no que concerne à fixação dos pressupostos ou requisitos do exercício daquela actividade.

Ninguém contesta essa preocupação. E é assim que em todos os ordenamentos da Europa Comunitária existem sistemas de supervisão das instituições de crédito, sujeitando a criação destas a autorização, e o seu funcionamento a fiscalização.

Não admira, assim, que o legislador reconheça – aliás, com a melhor lógica – que quem autoriza possa também revogar a sua autorização quando deixarem de verificar-se as condições da autorização. E ninguém contesta que quer a autorização, quer a sua revogação, sejam actos administrativos.

O problema é que, retirada a autorização, a instituição cessa a actividade, e não pode a respectiva massa patrimonial suportar demoras, nem na sua gestão, nem na sua liquidação. Sob pena de desacreditamento do próprio sistema financeiro e grave dano do interesse público, terá de ser rápido o pagamento aos credores, que serão, na sua maioria, pequenos depositantes aforristas.

33. Vertidas em importante parecer subscrito pelos constitucionalistas Gomes Canotilho e Canelas de Castro. Este parecer, mais tarde publicado na *Revista da Banca*, é citado e acompanhado, de muito perto, pelo acórdão do Tribunal Constitucional 449/1993, publicado no *DR* de 29.4.1994, contrariando anterior jurisprudência como a dos acórdãos 443/1991, de 20 de novembro, publicado no *DR* de 2.4.1992, e 393/1993, de 5.5.1993, publicado no *DR* de 22.10.1993; para além de outras decisões como a do 13º Juízo Cível da Comarca de Lisboa de 27.11.1991, publicado na *Revista Sub judice*, em 1992.

Isto é uma evidência. E não há quem objecte. A questão que se suscita é, como vimos, a de saber se a determinação dos efeitos da falência por força da revogação da autorização e as subsequentes operações de liquidação traduzem usurpação do poder judicial.

Aludimos, antes, ao surgimento de sectores da doutrina, críticos da jurisprudência até então quase-unânime, no sentido da inconstitucionalidade de várias normas do decreto-lei em análise.

E a verdade é que tal doutrina obteve o efeito de inverter a orientação jurisprudencial.

Fundamentalmente, a mencionada doutrina distingue a *reserva do juiz* ou *monopólio do juiz* da garantia jurídico-constitucional da *via judiciária*. E torna a interpretação constitucional imensamente mais flexível.

A diferença essencial está em que com esta última se assegura que pertencerá ao juiz a última palavra no processo, mas não a primeira – isto é, basta que seja assegurado o recurso contencioso para que se mostre assegurada a reserva da função jurisdicional.

São exemplos de garantia constitucional da via judiciária o recurso para os tribunais comuns de aplicação de coimas pela administração como também a própria impugnação contenciosa dos actos administrativos.

Ora, como já deixámos anotado, os actos praticados pela administração com vista à retirada da autorização e entrada em liquidação são actos administrativos, sujeitos, por natureza, a impugnação contenciosa.

No seguimento desta doutrina, veio o Tribunal Constitucional, em sua clara sufragação, e contrariando-se a si mesmo, considerar constitucional o sistema do Decreto-lei 30.689, depois mantido em vigor pela nova Lei Bancária, de 1992.

Subjacente está, naturalmente, a possibilidade de recurso contencioso dos actos praticados pela administração e pela própria comissão liquidatária.

10. Regime legal em vigor quanto a medidas de saneamento e a processos de liquidação das instituições de crédito

Relativamente às instituições de crédito é, então, o seguinte o regime legal em vigor.

No que respeita à constituição, funcionamento, supervisão e medidas de saneamento vigora o RGICSF, aprovado pelo Decreto-lei 298/1992, de 31 de dezembro, que, aliás, praticamente se limitou à transposição de normas de direito comunitário.

No que concerne a falência, insolvência e liquidação vigora o diploma de 1940, permeado de algumas dúvidas sobre constitucionalidade, com doutrina e jurisprudência a atormentarem-se na indecisão, balanceando entre o respeito pelos puros princípios constitucionais da separação de Poderes e o pragmatismo de uma solução que se impõe pela eficiência e até pela exigência de conformação com ordenamentos jurídicos mais próximos.

Do que não há dúvida é que esta última – a legislação sobre a insolvência e liquidação – tem de ser revista.

E sê-lo-á, certamente, em função também das novas perspectivas do direito comunitário, já em vigor ou em preparação.

É destas novas perspectivas que vamos tratar na Segunda Parte deste trabalho.

SEGUNDA PARTE: INSOLVÊNCIA, MEDIDAS DE SANEAMENTO E LIQUIDAÇÃO NO DIREITO COMUNITÁRIO

I – INSTRUMENTOS LEGISLATIVOS DE CARÁCTER GERAL[34]

11. A Convenção sobre Insolvência

Constata-se, sem dificuldade, o esforço que tem sido feito pelo legislador co-

34. Apesar das buscas insistentemente feitas, não nos foi possível encontrar outras referências bi-

munitário em cobrir quase todos os aspectos da vida empresarial. E, não obstante, só em 1995 foi criado um instrumento da maior relevância para uma das fases cruciais do percurso empresarial: exactamente o momento da determinação da sua insolvência, da sua dissolução e liquidação. Tornava-se, na verdade, inadmissível que a actividade das empresas fosse, cada vez mais, minuciosamente regulamentada por normas de direito comunitário e que, ao invés, em caso de falência fosse aplicável, exclusivamente, o direito nacional de cada Estado.

Obviamente, cada um dos Estados-membros legislava relativamente às suas empresas. Mas em sistema de Mercado Comum não chega regulamentação unilateral. Por essa razão, foi constituído um Grupo de Peritos que elaborou e concluiu o texto de uma *Convenção Relativa aos Processos de Insolvência*, assinada em Bruxelas em 23 de novembro de 1995 e que ainda aguarda ratificação da maior parte dos Estados-membros. Pela importância de que se reveste, pela proximidade que apresenta com a matéria que tratamos, pela semelhança dos processos a criar,[35] pela aplicação analógica que dela, certamente, irá ser feita, julgamos indispensável breve estudo do seu regime.[36]

A Convenção divide-se em seis capítulos.

Do Capítulo I constam as normas que determinam a competência internacional directa bem como a lei nacional aplicável por força de normas uniformes de conflitos.

bliográficas sobre estes instrumentos legislativos, para além das indicadas no texto.

35. No decurso da elaboração da Directiva sobre Medidas de Saneamento e Processos de Liquidação de Instituições de Crédito foram notórias e até insistentes as referências às disposições da Convenção. Foi mesmo defendida uma maior aproximação entre os dois textos.

36. Há um Relatório Oficial sobre a Convenção Relativa aos Processos de Insolvência elaborado por Miguel Virgos, da Universidade Autónoma de Madri, e por Etienne Schmit, Magistrado no Luxemburgo, em documento policopiado.

O Capítulo II regula o reconhecimento e execução dos processos de insolvência abertos noutros Estados e os poderes do síndico.

No Capítulo III regulam-se o processos secundários e sua coordenação com o processo principal.

O Capítulo IV contém as normas relativas à reclamação de créditos bem como ao dever de prestar informações.

No Capítulo V atribui-se competência ao Tribunal de Justiça das Comunidades Europeias para interpretar a Convenção.

E, finalmente, o Capítulo VI, para além das disposições transitórias e finais, contém normas reguladoras dos procedimentos de alteração dos Anexos, como também sobre as pessoas que podem ser reconhecidas como síndico.

A Convenção é aplicável aos processos colectivos[37] de insolvência e determina a nomeação de um síndico, com a inibição do devedor para a prática de actos de administração e disposição de bens.

De outro lado, como é evidente, a Convenção só regula efeitos produzidos entre Estados-membros, não com países ou em países terceiros.

Pode haver um processo principal e processos secundários ou locais.

Mas o princípio é o da *universalidade* – ou seja: aberto o processo *principal* – no Estado-membro em que se situe o centro de interesses do insolvente –, todos os demais processos são por ele abrangidos.

A lei aplicável ao processo principal é a do Estado-membro em que o processo foi aberto (*lex concursus*).

Regula-se com especial cuidado a reclamação de créditos: os credores, ainda

37. São *processos colectivos* porque, uma vez aberto o processo, os credores devem, através dele, procurar a satisfação dos seus créditos, ainda que aquele não seja conduzido por órgãos jurisdicionais; os credores podem, não obstante, suscitar questões relativamente à condução do processo ou às decisões nele proferidas, junto dos órgãos judiciais.

que residentes no Estrangeiro, devem ser notificados individualmente; os credores cuja residência, sede ou domicílio profissional se situe em qualquer dos Estados-membros podem intervir, directamente, no processo principal.

O *processo principal* é, como já se referiu, *universal*, de que resulta:

• o devedor fica inibido de dispor e administrar todos os seus bens, ainda que situados em Estado-membro diferente daquele em que foi instaurado;

• são abrangidos todos os credores, em perfeita igualdade de circunstâncias;

• o processo principal produz efeitos em todos os Estados-membros, automaticamente, mesmo sem qualquer publicação;

• embora a execução das decisões, em cada país, esteja sujeita a verificação pelos tribunais nacionais, estes não podem opor-se, quando aquelas se mostrem de acordo com a Convenção;

• não são possíveis execuções individuais contra os bens do devedor, situados em qualquer Estado contratante, sob pena de obrigação legal de restituição do que, por essa via, tenha sido obtido.

Há excepções relativamente a alguns bens ou direitos, como por exemplo os direitos reais preexistentes e os direitos de compensação. São, ainda, excepcionados os bens e direitos sujeitos a registo.[38-39]

A Convenção admite a abertura de processos de insolvência "locais" ou "territoriais", nos Estados em que o devedor tenha um estabelecimento, mas os "processos locais" passam a secundários logo que instaurado um processo principal, ou seja, no Estado-membro em que se encontre o principal centro de interesses do devedor.

Todavia, ainda quando haja apenas processos locais, não há limitação à intervenção de qualquer credor no âmbito desse processo.

Com a abertura de "processos locais" visa-se: em primeiro lugar, a defender os interesses locais; em segundo lugar, a cooperar com o processo principal, quando este exista.

Naturalmente, todos os "processos locais" têm de estar coordenados com o processo principal. Esta coordenação compete ao síndico do processo principal.

Desta importante *Convenção* abordamos apenas, ao de leve, alguns aspectos, por duas razões fundamentais.

Primeira, porque não entrou ainda em vigor em todo o espaço comunitário, por falta de ratificação da maior parte dos Estados-membros.

Segunda, porque, por expressa disposição do n. 2 do art. 1º, a Convenção exclui do seu âmbito de aplicação os processos de insolvência relativos a empresas de seguros, a instituições de crédito, empresas de investimento prestadoras de serviços que impliquem a detenção de fundos ou de valores mobiliários e, ainda, a organismos de investimento colectivo.

Consequentemente, está fora do âmbito do estudo que nos propusemos.

E por que lhe fizemos, então, referência?

Exactamente por ser grande a similitude entre os regimes da Convenção e da Directiva que aqui estudamos.

Justamente porque a Directiva, em curso de publicação, se inspirou fortemente na filosofia desta Convenção, dela se

38. Para proteger legítimas expectativas e a segurança das transacções em Estados diferentes do de abertura, estão previstas excepções à regra geral: assim, em alguns casos, excluem-se dos efeitos do processo de insolvência certos direitos sobre bens situados no Estrangeiro, os direitos reais de terceiros, direitos à compensação nascidos antes da abertura do processo relativamente a créditos recíprocos, a reserva de propriedade sobre bens situados em Estado diferente do Estado de abertura do processo, os direitos emergentes de contratos previamente celebrados e relativos a bens imóveis, os direitos nascidos de transacções efectuadas em sistemas de pagamentos, os direitos emergentes de contratos de trabalho e, ainda, os direitos sujeitos a registo.

39. V. Relatório sobre a Convenção Relativa aos Processos de Insolvência, referido *supra*, nota 36.

afastando quando as especificidades das instituições de crédito o justificam.

Havemos de voltar a fazer-lhe algumas referências.

12. O Regulamento Relativo ao Processo de Insolvência

Paralelamente à Convenção que acabámos de comentar, apresentou a Presidência do Conselho da União Europeia, em finais de 1999 (Doc. 12.529/1999, de 11 de novembro), um projecto de *Regulamento Relativo aos Processos de Insolvência.*[40]

Trata-se de uma regulamentação de conteúdo muito semelhante ao da Convenção.

Mas o que com ele se pretende é dotar a UE com um instrumento vinculativo, no mais breve tempo possível. A evolução do Mercado Comum para a União Económica e Monetária mostrou bem a desadequação da Convenção face à demora da sua entrada em vigor em todos os Estados-membros e, ainda, face ao seu carácter não-vinculativo e universal.

Entendeu-se, pois, que a regulamentação dos processos da insolvência e da liquidação dos agentes económicos, pela importância de que se reveste, não poderia esperar pela passividade de adesão dos Estados.

O Regulamento, porque directamente aplicável, em todos os seus elementos, em todos os Estados-membros (neste caso, com a excepção da Dinamarca, por força do seu protocolo de adesão), é o mais adequado instrumento à rápida implementação das medidas.

Nele se previu, aliás, que com a sua entrada em vigor cessam todas as convenções sobre matéria de insolvência celebradas entre Estados-membros.

Só que, tal como na Convenção de 1995, também no projecto de Regulamento se excluem do respectivo âmbito de aplicação as empresas de seguros e instituições de crédito, as empresas de investimento e os organismos de investimento colectivo.

Estamos, pois, com o mesmo problema.

O futuro *Regulamento*, embora certamente inspirador do que vier a ser legislado para as instituições de crédito, não pode, na verdade, ser-lhes aplicado.

Vamos, por isso, tê-lo presente no nosso estudo da Directiva sobre Medidas de Saneamento e Liquidação de Instituições de Crédito.

Mas não mais do que isso.

13. Referência à Directiva Relativa à Liquidação Definitiva em Sistemas de Pagamentos

Antes de prosseguir, temos de fazer referência a um outro instrumento de regulamentação comunitária, pelo impacto que produz no âmbito da liquidação das instituições de crédito.

Trata-se da Directiva 98/26/CE, de 19 de maio, publicada no *Jornal Oficial das Comunidades Europeias – JOCE* L 166/45, de 11.6.1998, relativa ao carácter definitivo da liquidação nos sistemas de pagamentos e liquidação de valores mobiliários.[41]

Sucede, até, que esta Directiva, ao contrário da Convenção e do Regulamento, não exclui do seu âmbito de aplicação as empresas de seguros, as instituições de crédito, as empresas de investimento, nem os organismos de investimento colectivo. Tem, pois, aplicação universal.

É, por consequência, aplicável, em caso de insolvência, à liquidação de insti-

40. Por iniciativa da República Federal da Alemanha e da República da Finlândia.

41. Ignacio Gómez Sancha, "La Ley 41/1999, de 12 noviembre, sobre sistemas de pagos y liquidación de valores", *RDBB* 77/225 e ss., 2000. A referida lei procede à tranposição da Directiva.

tuições de crédito, a menos que outro instrumento específico afaste a sua aplicação.

De entre as disposições deste instrumento normativo, sem prejuízo de lhe fazermos posteriores referências, achamos bem salientar, desde já, os seguintes aspectos, os quais influenciam directamente a regulamentação da Directiva Relativa às Instituições de Crédito:[42]

• a Directiva é aplicável a qualquer "sistema" regulado pela legislação de um Estado-membro que realize operações com qualquer moeda que o sistema converta entre si;

• destina-se a minimizar as perturbações dos sistemas decorrentes de processos de falência intentados contra participantes nesses sistemas;

• visa a contribuir para o reforço da eficácia de funcionamento dos mecanismos transfronteiras de pagamentos e da liquidação de valores mobiliários.

Em conformidade com aquela Directiva, as *ordens de transferência e compensação* que tenham sido introduzidas no *sistema* antes do momento de abertura do respectivo processo produzem efeitos contra terceiros. De outro lado, um processo de falência não terá efeitos retroactivos sobre os direitos e obrigações de um participante, decorrentes da sua participação no sistema ou a ele associados, antes do momento de abertura desse processo, como tal se entendendo o momento em que a autoridade judicial ou administrativa competente proferir a sua decisão.

Finalmente, também não serão prejudicados pela declaração de falência os *direitos de garantia* constituídos no *quadro de um sistema*; e quando as garantias forem constituídas por valores mobiliários inscritos num registo, conta ou sistema de depósito centralizado, situado num Estado-membro, a determinação dos direitos regular-se-á pela legislação desse Estado-membro.

42. Ignacio Sancha, in *RDBB* 77/226.

II – DIRECTIVA RELATIVA A MEDIDAS DE SANEAMENTO E PROCESSOS DE LIQUIDAÇÃO DE INSTITUIÇÕES DE CRÉDITO

14. Início e desenvolvimento dos trabalhos da Directiva Relativa a Medidas de Saneamento e Processos de Liquidação de Instituições de Crédito

14.1 A Directiva Relativa ao Saneamento e Liquidação de Instituições de Crédito começou a ser preparada já na década de 80, mais concretamente com uma proposta da Comissão, datada de 9 de janeiro de 1986.[43]

Em 12 de junho de 1986 foi emitido parecer pelo Instituto Monetário Europeu, e em 2 de julho seguinte pronunciou-se o Comité Económico e Social.

A Comissão apresentou nova proposta em 11 de janeiro de 1987, de que o Parlamento Europeu fez a "primeira leitura" em 13 de março de 1987.

O texto voltou a ser objecto de apreciação em COREPER,[44] em dezembro de 1993 e em novembro de 1995.

Não terá sido, entretanto, possível adoptar a Directiva, fundamentalmente, por razões de natureza política, mormente por terem sido colocadas reservas inamovíveis por parte da Espanha e Reino Unido relativamente à aplicação da mesma no território de Gibraltar.

Este problema havia de perdurar, vindo a tornar-se conhecido como "Questão de Gibraltar", por se ter constituído razão de bloqueio a diversos instrumentos de harmonização legislativa.

E só veio a ser superado em 19 de abril de 2000, precisamente no dia em que foram finalizados os trabalhos desta Direc-

43. Para comentários sobre o antigo projecto, Fernando Zunzunegui, *Derecho* ..., p. 73.

44. Comité de Representação Permanente dos Estados-Membros.

tiva, através de acordo celebrado entre ambos os países.

Antes mesmo da resolução da "Questão de Gibraltar", em novembro de 1999, por iniciativa da Presidência Finlandesa, foram retomados os trabalhos da Directiva.

Na verdade, a Finlândia propôs a reactivação do processo de aprovação, introduzindo duas questões prévias.

A primeira questão a resolver era a manutenção ou não dos Anexos nos quais se listavam as entidades competentes para efeitos de aplicação da Directiva e bem assim se definiam as principais medidas integradoras do saneamento e liquidação (à semelhança do que sucedia na Convenção e no projecto de Regulamento sobre Insolvência).

A segunda questão era a de saber se esta Directiva deveria ser "alinhada" com uma outra que se encontrava em semelhante estado de evolução: a do Saneamento e Liquidação de Empresas de Seguros.[45]

À primeira questão foi respondido afirmativamente, ou seja, que os Anexos seriam eliminados. Resultaria, desse modo, facilitada a tarefa de actualização quando houvesse alterações legislativas nos Estados-membros; evitava, por outro lado, a discussão (que seria política) entre a Espanha e o Reino Unido.

A resposta à segunda questão foi negativa – isto é, a Directiva sobre Medidas de Saneamento e Processos de Liquidação de Instituições de Crédito não tinha de ser "alinhada" com a dos Seguros. Alegaram-se diferenças essenciais quanto àquelas espécies de instituições, designadamente quanto à actividade e composição do património.

Entretanto, colocavam-se, agora, novos problemas de compatibilização.

45. Esta Directiva também já foi aprovada pelo Conselho. Com algumas regras próprias, o texto é muito próximo do da Directiva sobre Medidas de Saneamento e Liquidação de Instituições de Crédito.

Como por exemplo, com a já referida Directiva Relativa ao Carácter Definitivo da Liquidação nos Sistemas de Pagamentos e Liquidação de Valores Mobiliários (98/26/EC)[46] e com a Convenção[47] e projecto de Regulamento[48] sobre Insolvência, a que também já aludimos.[49]

E foi, fundamentalmente, sobre estes aspectos de compatibilização que incidiram os trabalhos posteriores, finalizados em 19 de abril de 2000.

14.2 Para a Directiva Relativa ao Saneamento e Liquidação de Instituições de Crédito foram estabelecidos os seguintes *principais objectivos*:

- assegurar o mútuo reconhecimento das medidas de saneamento e dos processos de liquidação, em todos os Estados-membros;
- instituir como regra geral a aplicabilidade da legislação do Estado-membro de origem, excepto quando a própria Directiva preveja diversamente;
- assegurar a protecção de credores residentes em Estados-membros diferentes do Estado-membro de origem;
- estabelecer canais adequados de informação sobre esta matéria entre as autoridades dos diversos Estados-membros;
- definir qual o Direito aplicável em casos especiais – designadamente, o relati-

46. *Supra*, n. 13 e nota 39.
47. *Supra*, n. 12.
48. *Supra*, n. 12.
49. A Directiva, que já se encontra em vigor, visa a reduzir os riscos sistémicos resultantes da compensação de pagamentos ou liquidação de valores, evitando incumprimentos em cadeia. E contribui, mediante a manutenção das garantias, para a estabilidade da política monetária da UE.

A Convenção só entrou em vigor nos poucos países que a ratificaram, e com ela pretende instituir-se um regime jurídico de insolvência comum a todas as empresas do espaço comunitário. O Regulamento, que ainda não entrou em vigor, tem os mesmos objectivos da Convenção, mas pretende-se, com ele, uma aplicação imediata em todos os Estados-membros, sem necessidade de ratificação. Em qualquer dos casos, nenhum destes instrumentos será aplicável às instituições de crédito.

vo a contratos de trabalho, direitos reais e outros;

• criar medidas de protecção dos direitos de terceiros que hajam contratado com a instituição de crédito após adopção de uma medida de saneamento ou após a abertura de um processo de liquidação;

• determinar os efeitos das medidas de saneamento e do processo de liquidação relativamente a outros processos judicias já instaurados.

15. O carácter remissivo das normas da Directiva

15.1 Comentaremos cada um dos objectivos acima enunciados, no número seguinte.

Aqui, cabe referir, apenas, que os efeitos da aprovação da Directiva no tocante aos concretos casos de insolvência, saneamento ou liquidação apenas ocorrerão decorridos mais de três anos da sua publicação. E não serão produzidos efeitos retroactivos.

De modo que, até lá, continuarão a regular esta matéria os ordenamentos jurídicos nacionais, Como até agora.

E depois?

Convém, desde já, deixar anotado que os ordenamentos jurídicos nacionais vão manter-se autónomos com a entrada em vigor desta legislação comunitária. Sem prejuízo, naturalmente, de alterações a introduzir.

Na verdade, o (ainda) projecto de Directiva contém, apenas, normas de remissão, de direito internacional privado, não se imiscuindo no direito material dos Estados-membros.

O que sucede é que a Directiva remete para os vários ordenamentos jurídicos, adoptando como critério os elementos de conexão mais próximos ou determinantes da aplicação do direito material. Dada, no entanto, a quase-uniformização da regulamentação dos Estados-membros, os efeitos da remissão acabam por assemelhar-se à regulamentação material e directa.

Todavia, não pode deixar de reconhecer-se e relevar-se que a Directiva respeita plenamente as legislações nacionais, em nada com elas interferindo; nem tão pouco com os diversos sistemas judiciais ou administrativos reguladores da insolvência, saneamento ou liquidação.[50-51]

A Directiva cria, apenas, a teia de normas necessárias e adequadas à melhor protecção dos credores das instituições de crédito, independentemente do Estado-membro em que actuem ou se encontrem domiciliados.

Segue, de perto, os objectivos e o método da *Convenção* sobre Insolvência e do *Regulamento* sobre Insolvência, mas deles se afasta exactamente pelas razões que determinaram a não-aplicação daqueles instrumentos de regulamentação.

A título de exemplo, abandona-se o sistema da definição, através de Anexos, das autoridades nacionais competentes, como também dos instrumentos legais em vigor, em cada Estado-membro, evitando, como se referiu, as dificuldades de alteração legislativa comunitária sempre que haja alteração legislativa nacional naqueles precisos aspectos.

Abandona-se, igualmente, alguma regulamentação de índole material, constante da Convenção e do Regulamento, no que respeita aos direitos reais, justamente com vista a evitar dificuldades ao legislador nacional de cada Estado.

50. A Directiva nem sequer define ou oferece parâmetros para a definição da *situação económica difícil* ou da *insolvência*, determinantes da tomada de medidas ou da abertura de processos pelos Estados-membros; não existe qualquer critério de *situação económica difícil*, nem de *insolvência*, diferente do estabelecido pelo Estado-membro de abertura do processo. Por isso, o processo de liquidação é livremente desencadeado pelo Estado-membro de origem.

51. Para exemplo de questões surgidas nos Estados-membros, v. Roberto Cercone, comentário a uma sentença do Tribunal de Frosinone, *Banca Borsa e Titoli di Credito* LIII/323 e ss., 2000.

Finalmente, não acompanha integralmente o regime de saneamento e liquidação de empresas de seguros, objecto de outro projecto de Directiva, produzido simultaneamente, reconhecendo-se, assim, e afirmando-se a especificidade da actividade das instituições de crédito face aos outros agentes do mercado financeiro.

15.2 O projecto de Directiva foi aprovado em Conselho de Ministros da União Europeia de 8 de maio de 2000, com o seguinte Relatório, constante do Documento 2258-ECOFIN:

"No seguimento do Acordo alcançado entre a Espanha e o Reino Unido, no que respeita à aplicação desta Directiva no território de Gibraltar, foram removidos os últimos obstáculos à adopção pelo Conselho, por maioria qualificada, deste importante instrumento do mercado único.

"O texto sofreu importantes alterações desde a sua apresentação inicial tendo em conta a importante legislação, entretanto, adoptada (Segunda Directiva de Coordenação Bancária, Directiva n. 89/646/EC, a Directiva sobre Garantia de Depósitos, Directiva n. 94/19/EC, a Directiva sobre Liquidação Definitiva, Directiva n. 98/26/EC, e a Directiva Codificada, Directiva n. 2000/12/EC, como ainda o projecto em curso da proposta de Directiva Relativa ao Saneamento e Liquidação das Empresas de Seguros).

"A Directiva proposta baseia-se nos princípios da 'unidade' e da 'universalidade', o que requer que as autoridades administrativas ou judiciais dos Estados-membros de origem tenham jurisdição exclusiva, sendo as suas decisões reconhecidas e exequíveis pelos ordenamentos jurídicos dos outros Estados-membros, sem qualquer formalidade, para além do previsto na própria Directiva.

"O art. 23º da Directiva prevê uma excepção ao regime geral. Nos casos ali previstos, os efeitos das medidas de saneamento e liquidação em certos contratos e direitos são regulados pelo Direito aplicável a esses contratos e direitos e não pelo direito do Estado-membro de origem, como, por exemplo, os contratos de trabalho regem-se, exclusivamente, pelo Direito aplicável ao contrato, tendo em vista a protecção do trabalhador."

O projecto de Directiva segue, agora, a demais tramitação burocrática, com vista à sua publicação no *JOCE*.

III – AS NOVAS PERSPECTIVAS DO DIREITO COMUNITÁRIO

16. Objectivos da Directiva

16.1 A Directiva compõe-se de 29 artigos, divididos em cinco títulos. No primeiro título constam o âmbito de aplicação e as definições; no Título II são reguladas as medidas de saneamento; o Título III regula o processo de liquidação; o Título IV contém disposições comuns às medidas de saneamento e aos processos de liquidação; e no Título V contêm-se algumas disposições finais.

Teremos ocasião de percorrer o projecto de diploma, comentando as disposições mais importantes do regime criado.

Antes, porém, vamos identificar os *objectivos*, os *pressupostos* e os *princípios* em que assenta a nova legislação.

16.2 Já acima identificámos os objectivos: vamos comentá-los pela ordem enunciada.

A) Assegurar o mútuo reconhecimento das medidas de saneamento e dos processos de liquidação, em todos os Estados-membros: não se trata, por isso, de criar legislação única ou mesmo harmonizada que se imponha aos Estados-membros. O princípio do mútuo reconhecimento, já bem conhecido da UE, sobretudo no âmbito da constituição e supervisão das constituições de crédito, com boas provas, aliás, traduz-se no reconhecimento, por cada um dos Estados-membros, da legislação interna de cada um dos outros Estados, no pressuposto, obviamente, de que todos eles regulamentam de forma semelhante o núcleo essencial das matérias objecto de reconhecimento mútuo.

Ao prosseguir esse objectivo, a Directiva, do mesmo passo que pretende levar os Estados a regulamentar as medidas de saneamento e os processos de liquidação, respeita as legislações dos vários Estados.

Não são, por isso, criadas normas materiais de aplicação directa. É apenas identificada a legislação aplicável, com o compromisso de que todos os demais países reconhecerão e respeitarão essa legislação.

B) Instituir como regra geral a aplicabilidade da legislação do Estado-membro de origem, excepto quando a própria Directiva preveja diversamente: quer o art. 3º, com relação às medidas de saneamento, quer o art. 10º, relativamente aos processos de liquidação, estabelecem normas uniformes de conflitos, mandando aplicar a lei do Estado-membro de origem, a qual determinará quanto aos processos como quanto aos respectivos efeitos.

Não há, neste ponto, qualquer inovação relativamente, por exemplo, à supervisão das instituições, a qual compete, sempre, ao Estado-membro de origem, e não ao Estado-membro de acolhimento.

Também na presente Directiva a regra geral será a de que a lei aplicável é a do país de origem, ou seja, o país em que a instituição em causa tem sede ou o seu principal centro de interesses.

Desde logo, porém, se admitem excepções. São as do art. 20º – que esperamos comentar mais detalhadamente –, e dizem respeito, fundamentalmente, por razões diferentes, mas sempre por especiais vínculos de conexão, por exemplo, aos contratos de trabalho, aos direitos reais de gozo, aos contratos de compensação e novação, aos acordos de recompra, aos direitos que dependam de inscrição num registo público, às transacções de valores mobiliários efectuadas em mercados regulamentados.

C) Assegurar a protecção de credores residentes em Estados-membros diferentes do Estado-membro de origem: o princípio da "universalidade", adiante comentado, implica que todos os credores ficam em igualdade de circunstâncias perante o devedor insolvente, independentemente do Estado-membro em que tenham domicílio.

Em conformidade com esse princípio, devem, por exemplo, os credores dos Estados-membros de acolhimento ser avisados, através de publicações na imprensa do seu país, dos seus direitos de recurso de eventuais medidas de saneamento já tomadas; devem os mesmos credores, quando conhecidos, ser avisados, pelas autoridades do Estado-membro de origem, dos respectivos direitos, prazos a observar na reclamação dos seus créditos, através de nota pessoal, redigida na sua própria língua ou língua oficial da Comunidade. (arts. 6º, 14º e 17º).

D) Estabelecer canais adequados de informação sobre esta matéria entre as autoridades dos diversos Estados-membros: para tanto, impõe-se às autoridades dos Estados-membros de origem que, sem demora, e por todos os meios adequados, notifiquem as autoridades dos Estados-membros de acolhimento da sua eventual decisão de aprovar quaisquer medidas de saneamento (art. 4º), ou vice versa (art. 5º).

Do mesmo modo, as autoridades administrativas ou judiciais[52] do Estado-membro de acolhimento de uma sucursal de uma instituição de crédito com sede estatutária fora da Comunidade devem informar, sem demora, por todos os meios adequados, as autoridades competentes dos outros Estados-membros de acolhimento em que a instituição tenha criado sucursais, devendo aquelas autoridades coordenar as suas acções (art. 8º, n. 2).

Semelhantemente, devem as autoridades competentes notificar as autoridades

52. As "autoridades administrativas ou judiciais" são definidas pela própria Directiva como sendo as autoridades dos Estados-membros competentes em matéria de medidas de saneamento ou de processos de liquidação. Fica, assim, à livre escolha de cada Estado.

dos outros Estados-membros da decisão de instaurar processos de liquidação (art. 9º, n. 2).

Além disso, os liquidatários[53] ou quaisquer autoridades administrativas ou judiciais asseguram a publicidade da decisão de abertura de processos de liquidação, no *JOCE* e em, pelo menos, dois jornais de circulação nacional de cada Estado-membro de acolhimento (art. 13º).

E) Definir qual o Direito aplicável em casos especiais, designadamente o relativo a contratos de trabalho, direitos reais e outros: o princípio da "unidade", que adiante comentaremos, impõe que seja apenas um o Direito aplicável ao processo. E elegeu-se para aplicável, em princípio, a legislação do Estado-membro de origem, ou seja, do Estado-membro em cujo território se situa a sede estatutária da instituição em causa (art. 1º).[54]

Só em casos muitos especiais, merecedores de especial protecção, se admite como aplicável outra legislação.

E quando as normas de conflitos remetem para outra "lei aplicável" referem-se ao direito interno de cada Estado-membro designado pela norma, com exclusão das normas de direito internacional privado desse Estado.

Por exemplo, para protecção do trabalhador e para que este não seja confrontado com situações imprevisíveis, nos termos do seu contrato de trabalho, a Directiva prevê que os efeitos das medidas de saneamento ou da abertura de um processo de liquidação sejam também determinados pela legislação reguladora do contrato, e não pela legislação do Estado-membro de origem.

Na verdade, entende-se que sairá reforçada a segurança jurídica do trabalhador com a manutenção dos efeitos do seu *contrato de trabalho*, se sujeito à legislação do seu próprio país mesmo em caso de falência; incerto e inseguro seria que os efeitos do contrato pudessem vir a ser determinados por outro ordenamento jurídico, porventura desconhecido.

Assim, também, no que concerne aos direitos reais de gozo sobre imóveis, começando, desde logo, pela classificação dos bens em móveis ou imóveis.

Integrando os *direitos reais de gozo* um dos direitos fundamentais, como é o direito de propriedade,[55] compreende-se que cada sistema jurídico os tipifique, lhes dê um tratamento especial e até os sujeite a registo. Dificilmente, por isso, poderia um sistema jurídico ser substituído por outro quando se tratasse de definir tais direitos no âmbito da insolvência ou da liquidação. Esta a razão pela qual o legislador comunitário manda aplicar, para definição dos efeitos de uma medida de saneamento ou de um processo de liquidação, a legislação do Estado-membro onde o bem imóvel se situa.

Excepção é também a respeitante à definição dos efeitos das convenções de *compensação* e de *novação* (*contractual netting*)[56] e aos *acordos de recompra* (*re-*

53. Também o "liquidatário" é definido pela Directiva como qualquer pessoa ou órgão nomeado pelas autoridades administrativas ou judiciais que tenha por função gerir o processo de liquidação.

54. As definições de "Estado-membro de origem" e de "Estado-membro de acolhimento" são remetidas para a Directiva 2000/12/CE. O primeiro é o Estado-membro no qual uma constituição de crédito tenha sido autorizada; o segundo é o Estado-membro no qual uma instituição de crédito tenha uma sucursal ou preste serviços.

Esta última Directiva "codificou" todas as anteriores Directivas relativas ao acesso à actividade das instituições de crédito e ao seu exercício, as quais ficaram, por isso, revogadas.

55. Assim, pelo menos, é entendido pela Constituição da República Portuguesa.

56. O *contractual netting* encontra-se, hoje, regulado no n. 3 do Anexo III da Directiva 2000/12/CE, de 20.3.2000, que revogou a Directiva 96/10/CE do Parlamento Europeu e do Conselho. Trata-se de contratos bilaterais nos termos dos quais os direitos e obrigações recíprocos são automaticamente compensados de tal modo que resulte fixado um único montante líquido, dando origem a um novo contrato, único e vinculativo, que extingue os contratos anteriores.

purchase agreements),[57] os quais se regulam, exclusivamente, pela lei do Estado-membro aplicável a essas convenções.

Também os direitos relativos a *bens imóveis* ou a *valores mobiliários sujeitos a registo* são definidos pela lei do Estado-membro a que pertence ou onde se situa esse registo.

Entende-se, em todos estes casos, que, por um lado, poderiam sair defraudadas as expectativas do titular do direito, criando-se insegurança jurídica, para além de ser demasiado complexo que um sistema jurídico interferisse noutro cujo registo fosse constituído ou condicionante da transferência desses mesmos direitos.

E se, por recurso ao critério utilizado, não existindo Estado-membro de acolhimento, estes casos fossem regulados por lei de país terceiro?

Em nosso entender, caberá ao Estado de origem decidir se é ou não aconselhável abrir uma excepção à aplicação da sua lei nacional e em que termos o deverá fazer. Aliás, tratando-se de regulamentação intracomunitária e parcial, deverá sempre ser completada pelas normas nacionais de direito internacional privado do Estado de origem, isto é, de abertura do processo.[58]

F) Criar medidas de protecção dos direitos de terceiros que hajam contratado com a instituição de crédito após adopção de uma medida de saneamento ou após a abertura de um processo de liquidação: este objectivo é prosseguido, em primeiro lugar, através da consagração do direito de reclamação de créditos. E para que os credores o possam fazer é obrigatória a publicação de um *aviso de reclamação de créditos*, com indicação dos *prazos* a observar, em jornais de grande divulgação, quer no Estado-membro de origem, quer nos Estados-membros de acolhimento.

De outro lado, quem tenha cumprido uma obrigação em benefício de instituições de crédito, devendo tê-lo feito em benefício do liquidatário, fica totalmente liberado da sua obrigação desde que não tenha tido conhecimento da abertura do processo. Presume-se que não teve conhecimento quem cumpriu antes da execução das medidas; presume-se que teve conhecimento quem cumpriu após a execução das medidas, admitindo-se, no entanto, prova em contrário.

Finalmente, se por acto praticado após a adopção de uma medida de saneamento ou abertura de um processo de liquidação a instituição de crédito vier a dispôr, a título oneroso, de *bens imóveis ou móveis e direitos sujeitos a registo*, a validade do acto é determinada pela lei do Estado-membro em cujo território se situa o bem ou se procede ao registo.

G) Determinar os efeitos das medidas de saneamento e do processo de liquidação relativamente a processos judicias já instaurados: os efeitos das medidas de saneamento ou do processo de liquidação sobre um processo pendente relativo a um bem ou direito de que a instituição de crédito tenha sido privada regulam-se exclusivamente pela lei do Estado-membro em que se encontre pendente o processo.

É para nós absolutamente indispensável que assim seja. Mal se entenderia a suspensão de um processo instaurado com base nos direitos constituídos num Estado-membro para ser julgado noutro Estado-membro onde, eventualmente, fossem diferen-

57. Os *acordos de recompra, contratos de reporte*, modernamente designados por *repos*, são operações mediante as quais um dos agentes vende activos a outro agente e, ao mesmo tempo, e fazendo parte da mesma operação, compromete-se a comprar os mesmos activos numa data futura e a um preço determinado. No fundo, esta operação acaba por consistir num financiamento a determinada taxa de juro, a qual é determinada pela diferença entre os preços de venda dos activos a contado e de recompra a prazo (Bolsa de Derivados do Porto, *Um Mercado de Repos em Portugal*, Porto, Série Moderna Finança, 1996, pp. 7 e ss.; Ignazio Iglésias Araúzo e Jaime Esteban Velasco, *Repos y Operaciones Simultáneas: Estudio de la Normativa*, Banco de España, Servicio de Estudios, 1995, p. 8).

58. Neste mesmo sentido, *Comentário à Convenção*, já citado.

tes a natureza e o conteúdo dos direitos em causa. Acresceriam as dificuldades da prova, sem nenhum benefício para a definição daqueles direitos.

O que a Directiva consagra é que a definição do direito seja operada pela lei e pelo tribunal do Estado-membro onde foi constituído.

Uma vez definido o direito, passará, então, o respectivo processo a apenso do processo principal, a correr no Estado-membro de origem, para que, no âmbito deste, se reconheçam e graduem os créditos.

Tendo esta solução como boa, já não é tão convincente que esta regra deva limitar-se a processos relativos a bens ou direitos de que a instituição de crédito tenha sido privada. E por que não todos os processos em que a instituição seja parte?

Seria esta última a nossa opção, sobretudo tratando-se de processos declarativos. Em nosso entender, a regra da continuação do processo no país em que tenha sido instaurado deveria abranger todos os processos de natureza declarativa em que a instituição em causa fosse parte.

Já a execução poderia correr por apenso ao processo principal, naturalmente, com recurso ao foro do Estado-membro competente para a execução, em função das regras do processo, e no âmbito do direito internacional privado.

17. Princípios orientadores da Directiva

São os seguintes os grandes princípios que vemos consagrados no texto da Directiva:

A) O princípio da supressão de todos os obstáculos à liberdade de estabelecimento e à liberdade de prestação de serviços: de facto, consagra-se a igualdade de todos os credores, independentemente do Estado-membro em que residam ou tenham os seus negócios. Já comentámos suficientemente este aspecto.

B) O princípio da unicidade, através do qual a instituição de crédito e suas sucursais constituem uma única entidade, sujeita à supervisão das autoridades do Estado-membro de origem: o mesmo princípio levará a consagrar a regra da aplicação da lei do Estado-membro de origem às medidas de saneamento e aos processos de liquidação.

C) O princípio do reconhecimento mútuo: seria impensável, com a diversidade existente entre os vários sistemas jurídicos, a harmonização imediata da legislação comunitária.

Com o princípio do mútuo reconhecimento, a que já antes nos referimos, mantém-se a individualidade de cada sistema. Basta que se determine qual o aplicável em cada caso. E isso já vimos antes.

Mas é ainda necessário que cada sistema contenha as normas necessárias e adequadas ao tratamento integral da insolvência quer no que respeita às medidas de saneamento, quer no que respeita aos processos de liquidação.

O princípio do mútuo reconhecimento implica isso mesmo. De outro modo, haveria reconhecimento de quê? A vantagem está em que cada país poderá adoptar as fórmulas que melhor entender, adaptar-se às suas instituições e condicionalismos, para regulação das mesmas matérias essenciais.

O compromisso dos Estados-membros será o de respeitar a legislação dos outros.

Prevenindo eventuais dificuldades internas de cada Estado, acautelando a regulamentação indispensável por cada Estado-membro, o legislador não deixou de identificar as matérias e aspectos que considera essenciais, e impôs que todos os Estados destinatários da Directiva legislem sobre eles.

Assim, cada Estado-membro deverá poder determinar:

- quais os bens que fazem parte da massa falida e o destino a dar aos bens adquiridos após a abertura do processo de liquidação;

• quais os poderes que competem à instituição de crédito e ao seu liquidatário;

• quais as condições de oponibilidade a uma compensação;

• quais os efeitos do processo de liquidação sobre os contratos em vigor em que a instituição seja parte;

• quais os efeitos do processo de liquidação sobre as acções intentadas por credores individuais;

• quais os créditos a reclamar ao passivo da instituição e o destino a dar aos créditos nascidos após a abertura do processo de liquidação;

• as regras relativas a reclamação, verificação e aprovação dos créditos;

• as regras de graduação de créditos, da distribuição do produto e das definições dos direitos dos credores que tenham sido parcialmente satisfeitos após a abertura do processo da liquidação, em virtude de um direito real ou por compensação;

• as condições e efeitos do encerramento do processo de liquidação, nomeadamente por concordata;

• os direitos dos credores após o encerramento do processo de liquidação;

• a imputação das custas e despesas do processo de liquidação;

• as regras referentes a nulidade, anulação ou inoponibilidade dos actos prejudiciais ao conjunto dos credores.

Acabamos de listar, com o maior rigor, o disposto no art. 10º da Directiva, por atribuirmos a esta matéria a maior importância.

Admitindo que todos os ordenamentos jurídicos dos Estados-membros estejam dotados de normas sobre as matérias referenciadas, não é difícil imaginar que muitos deles venham a reconhecer a necessidade de reformulação, de adaptação daquelas normas, se não mesmo a sua criação, com vista à aquisição do equipamento que, agora, lhes é imposto.

Em nosso entender, todos os Estados-membros terão de proceder à revisão da sua legislação para poderem, com clareza, dar satisfação à Directiva.

D) O princípio da universalidade: por força do qual as medidas de saneamento e os processos de liquidação se aplicam em todos os Estados-membros e a todos os credores da instituição, em igualdade de circunstâncias, sem necessidade de qualquer especial formalidade.

E) O princípio da igualdade de tratamento dos credores: designadamente no que toca às possibilidades de reclamação de créditos e ao recurso das decisões tomadas pelas autoridades administrativas ou judiciais.

Designadamente, não podem ser rejeitadas reclamações com o fundamento em que o credor reside no Estrangeiro desde que se trate de Estado-membro. Mas é o país de origem que regula o direito de reclamação dos credores extra-comunitários. Do mesmo modo, é a lei do Estado-membro de origem que determina o prazo da reclamação, as consequências de uma reclamação tardia, a admissibilidade da reclamação de qualquer credor.

18. Pressupostos do funcionamento do regime criado pela Directiva

Convém identificar alguns pressupostos de funcionamento do regime agora criado, os quais são extraídos de outras normas comunitárias ou expressamente instituídos para esse efeito.

Identificamos como *pressupostos*:

• *A instituição de crédito deve ter sede num dos Estados-membros; não tendo sede num dos Estados-membros, a Directiva só é aplicável se a instituição de crédito tiver sucursais em mais do que um Estado-membro.*

• *A Directiva sobre Saneamento e Liquidação pressupõe a manutenção da adesão obrigatória de todas as instituições de crédito aos sistemas de garantia de depósitos.*

• *É indiferente para o legislador comunitário a natureza administrativa ou ju-*

dicial das autoridades competentes ou dos actos por elas praticados.

• *Determinadas medidas, designadamente as relacionadas com as condições de autorização, já beneficiam do reconhecimento mútuo.*

• *Terá de haver coordenação das diversas autoridades administrativas ou judicias, sobretudo no que se refere às medidas de saneamento e processos de liquidação das sucursais de instituições com sede em países terceiros.*

• *Deverá manter-se, sempre, ao longo dos processos que venham a ser instaurados, o papel de acompanhamento antes desempenhado pelas autoridades do país de origem.*

• *É admitida a liquidação voluntária de uma instituição de crédito, desde que se mostre solvente e a isso não obstem as autoridades competentes.*

• *A revogação da autorização do exercício da actividade bancária determina, necessariamente, a abertura do processo de liquidação.*

• *O presente regime em nada prejudica as disposições da Directiva Relativa ao Carácter Definitivo das Operações de Liquidação, no âmbito de sistemas de pagamento (Directiva 98/26/CE).*

• *Não é aplicável às instituições de crédito o regime instituído pela Convenção de Insolvência, nem pelo Regulamento Relativo à Insolvência. Como resulta, por exclusão expressa, do próprio texto destes instrumentos legais.*

19. Noção de "medidas de saneamento" e de "processos de liquidação" no contexto da Directiva

As medidas de saneamento distinguem-se claramente dos processos de liquidação.

As primeiras destinam-se a manter ou restabelecer a situação financeira de uma instituição de crédito.[59]

Como já exemplificámos na descrição do caso português, podem consistir na suspensão de pagamentos, na suspensão de medidas de execução, na redução de créditos, na proibição da prática de certos actos.

O processo de liquidação tem um fim completamente diferente. Com ele visa-se a proceder à distribuição dos bens pelos credores, sob a fiscalização e com o acompanhamento das autoridades administrativas ou judiciais de um Estado-membro.

Em termos gerais, dizem os autores clássicos que "a liquidação é um complexo de actos que é necessário praticar para reduzir os valores da sociedade a uma massa partilhável entre os sócios";[60] ou, então, que é o "conjunto de actos realizados com o fim de dar ao património social uma constituição que, ressalvados os direitos de terceiros e tendo em conta as convenções entre os sócios, ou, na falta delas, os critérios legais, permite atribuir individualmente aos sócios os elementos existentes".[61]

Não é diferente o conceito de liquidação constante da Directiva, nele se incluindo, aliás, as concordatas e outras medidas análogas.[62]

Acresce, no entanto, que quer as medidas de saneamento, quer os processos de liquidação, devem ser fiscalizados ou directamente levados a efeito pelas autoridades administrativas ou judiciais de um dos Estados-membros, sendo o processo de liquidação gerido por um liquidatário (pessoa singular ou colectiva) designado por aquelas autoridades.

59. Zunzunegui (*Derecho* ..., pp. 376 e ss.) distingue *saneamento financeiro*, *saneamento de gestão* e *saneamento patrimonial*.

60. José Tavares, *Sociedades e Empresas Comerciais*, Coimbra, Coimbra Editora, 1924, p. 661.

61. Raúl Ventura, *Dissolução e Liquidação de Sociedades*, Coimbra, Almedina, p. 30.

62. Há, aqui, que distinguir a *liquidação voluntária* da *liquidação forçada*, judicial ou concursal. Em qualquer das modalidades se visa a satisfazer os direitos dos credores, atribuindo o remanescente aos sócios. No caso específico das instituições de crédito poderá sempre ter lugar a intervenção das autoridades competentes do sistema financeiro.

Assim, também, Zunzunegui, *Derecho* ..., pp. 383 e ss.

A especificidade dos conceitos e, naturalmente, da natureza e finalidades das medidas de saneamento, por um lado, e da liquidação, por outro, determinou um tratamento muito diferenciado.

Assim, a Directiva trata em diferentes capítulos as medidas de saneamento e os processos de liquidação.

Vamos ver em que termos.

20. Regime das medidas de saneamento

São diferentes os regimes consoante se trate de instituições de crédito com sede estatutária na Comunidade ou de instituições de crédito com sede fora da Comunidade.

Relativamente à execução de medidas de saneamento em instituições de crédito com sede na Comunidade são as seguintes as principais regras.

20.1 São as autoridades (administrativas ou judiciais) do Estado-membro de origem da instituição que têm competência para determinar a instauração das medidas, aplicando a legislação desse Estado-membro, ainda que relativamente às sucursais situadas noutro Estado-membro.

As medidas assim tomadas produzem efeito imediato em todos os países da Comunidade, sem qualquer outra formalidade, e ainda que a legislação de alguns Estados não as preveja.

20.2 Antes de aplicar quaisquer medidas de saneamento, ou imediatamente após, devem as autoridades comunicar o facto aos Estados-membros de acolhimento das respectivas sucursais. Comunicação inversa terá lugar havendo necessidade de tomar medidas em qualquer das sucursais. Do mesmo modo, a aplicação das medidas deve ser objecto de publicação no *Jornal Oficial das Comunidades Europeias* e nos Estados-membros de acolhimento, com vista ao conhecimento de todos os interessados, desde logo lhes facultando elementos para a respectiva intervenção.

20.3 São absolutamente idênticos os direitos dos credores, conforme tenham o seu domicílio no país de origem ou noutro qualquer Estado-membro.

20.4 Tratando-se de instituições de crédito com sede estatutária fora da Comunidade o que está em causa é, obviamente, a aplicação de medidas de saneamento à sucursal em Estado-membro de acolhimento. Neste caso a competência é deferida a esse Estado-membro, o qual deverá informar as autoridades competentes dos demais Estados-membros em que existam sucursais daquela mesma instituição de crédito. O legislador limita-se, a este propósito, a consignar o dever de as autoridades dos Estados-membros se esforçarem por coordenar as suas acções. Em nosso entender, e sem prejuízo dessa "recomendação", é às autoridades do Estado-membro que desencadeou a tomada das medidas que compete aquela coordenação, nos mesmos termos que ela é deferida ao país de origem quando a instituição tenha sede na Comunidade.

21. Regime do processo de liquidação

Também quanto aos processos de liquidação há dois regimes, consoante a instituição tenha sede na Comunidade ou fora da Comunidade.

Vejamos os principais traços dos respectivos regimes.

21.1 Só as autoridades[63] do Estado-membro de origem têm competência para instaurar processo de liquidação de instituição de crédito (neste incluindo as suas sucursais estabelecidas noutros Estados-membros). E, tal como sucede no regime da Convenção sobre Insolvência, também aqui o processo de liquidação tem de fundamentar-se em situação de insolvência.

63. Já vimos que as autoridades podem ser administrativas ou judiciais. A Directiva nada impõe aos Estados a tal respeito; até porque há Estados-membros, como o Reino Unido e a Irlanda, que adoptam processos colectivos não-judiciais. Estes devem, porém, estabelecer garantias suficientes de acesso aos tribunais. A ideia é a de flexibilizar, o mais possível, a intervenção dos Estados-membros.

Proferida a decisão, esta produz em todos os Estados-membros os mesmos efeitos que no país de origem. Por isso, se possível ainda antes de tomar a decisão, devem as autoridades do Estado-membro de origem dar a conhecer às congéneres dos Estados-membros de acolhimento o projecto da decisão e os efeitos que a mesma desencadeia.

21.2 Não fica vedada a possibilidade da liquidação voluntária,[64] determinada pelos órgãos sociais da instituição; todavia, a deliberação social deve ser precedida de consulta às autoridades do Estado-membro de origem.

Aliás, a liquidação voluntária não impede a adopção de eventuais medidas de saneamento ou a abertura de um processo de liquidação.

Consagra-se, por esta via, o primado dos interesses dos credores, por um lado, e da credibilidade do sistema financeiro, por outro lado, cuja defesa compete, em ambos os casos, às autoridades nacionais.

21.3 A abertura de um processo de liquidação implica, necessariamente, a *revogação da autorização* do exercício da actividade pela Instituição; a actividade poderá, não obstante, ainda prosseguir, mas apenas na medida e enquanto necessária para os efeitos da liquidação, sempre sob o controlo das autoridades do país de origem.

21.4 A instauração do processo de liquidação deve ser publicitada, sendo, porém, os credores conhecidos avisados pessoalmente. Deste aviso deve constar todo o necessário ao cabal exercício dos respectivos direitos.

Os credores com domicílio na Comunidade têm o direito de reclamar os seus créditos ou de apresentar, por escrito, observações quanto a eles, devendo ser reconhecidos e graduados em perfeita igualdade, independentemente do Estado do domicílio do credor.

64. Podendo esta, naturalmente, não ter como fundamento a situação de insolvência, mas, antes, a simples motivação dos sócios.

21.5 Quanto às instituições de crédito com sede estatutária fora da Comunidade há que registar algumas especificidades.

Antes de mais, deve notar-se que o processo só terá lugar quando haja sucursais daquela instituição em mais de um Estado-membro.

Depois, qualquer dos Estados-membros de acolhimento de uma daquelas sucursais poderá desencadear o processo relativamente à sucursal desse Estado, avisando, antes de o fazer, se possível, ou imediatamente após, o outro ou os outros Estados-membros em que também existam sucursais daquela instituição de crédito.

A formulação da obrigação de informar os Estados pode causar perplexidade por não impôr, como seria desejável, que as autoridades comuniquem, sempre, a mera intenção.

Quer-nos parecer que a justificação do regime consagrado naquela fórmula reside no facto de as autoridades poderem ser administrativas ou judiciais. E enquanto tratando-se de autoridades administrativas não parece difícil a comunicação prévia, outro tanto não sucede quando a autoridade competente para a tomada de decisão for judicial. De facto, não parece aceitável impôr a um tribunal que manifeste a intenção da decisão a proferir.

Retomamos aqui as mesmas considerações que fizemos quanto às medidas de saneamento: deve ser coordenada a actuação das várias autoridades, competindo a coordenação, em primeiro lugar, às autoridades do país que tiver em primeiro lugar desencadeado o processo.

22. *Aspectos comuns às medidas de saneamento e aos processos de liquidação*

22.1 Já tivemos oportunidade de mostrar que em certos casos não é aplicável a lei do Estado-membro de origem, mas a legislação de outro Estado-membro que se mostre em especial conexão com a matéria a regular.[65] E essa excepção ao regime da *lex concursus* tem lugar quer no que toca às medidas de saneamento, quer no que respeita aos processos de liquidação.

22.2 Designadamente, dispõe a Directiva que não é aplicável a *lex concursus* quando se trate de aplicar as regras relativas a nulidade, anulação ou inoponibilidade de actos prejudiciais ao conjunto dos credores, quando o beneficiário demonstre que o acto em causa é regulado por lei diferente da do Estado-membro de origem e, ainda, que, naquele preciso caso, essa lei não permite a impugnação do acto, por nenhum meio.

Bem se vê que o que se pretende é a defesa do interessado, garantindo-lhe a legítima expectativa fundada na lei ao abrigo da qual o acto foi praticado.

De outro modo poderiam aquelas expectativas ser defraudadas apenas porque, por razões de circunstância, passasse a ser aplicável a lei de outro Estado-membro.

É também o caso dos *acordos de compensação* e dos *acordos de recompra.*

A Directiva confere à compensação e ao acordo de recompra um tratamento análogo ao dos direitos reais, permitindo ao credor manter esse direito adquirido face à determinação de medidas de saneamento ou ao processo de liquidação.

Para tanto, dispõe a Directiva que os efeitos das medidas de saneamento ou do processo de liquidação sobre as convenções de compensação e de novação entre a instituição de crédito e as suas contrapartes se regulam exclusivamente pela lei do Estado-membro aplicável a essas convenções. O mesmo se diga relativamente aos acordos de recompra (*repurchase agreements*), neste caso com ressalva da excepção que é feita quanto aos bens ou direitos sujeitos a registo, caso em que se aplicará a lei do Estado em que o registo é efectuado.

22.3 Os administradores ou liquidatários podem exercer em todos os Estados-membros os poderes que lhes são conferidos pela lei do Estado-membro de origem, incluindo o poder de designar representantes. Todavia, já no âmbito da execução devem aplicar a lei do Estado-membro em cujo território pretendam agir, não lhes sendo conferido, em caso algum, o direito ao uso da força ou de dirimir conflitos.

IV – ADAPTAÇÃO DAS LEGISLAÇÕES NACIONAIS

23. Obrigatoriedade de proceder a alterações

Das disposições finais do diploma legislativo em análise consta a obrigação de os Estados-membros porem em vigor as disposições legislativas, regulamentares e administrativas necessárias para dar cumprimento à Directiva e de comunicarem à Comissão o texto das principais disposições de direito interno que aprovarem nas matérias relativas a medidas de saneamento e processos de liquidação.

Esta disposição pressupõe, ao que se vê, a necessidade de os Estados-membros adequarem as suas leis internas.

De outro lado, já o dissemos, por força do art. 10º, n. 2, do projecto de Directiva, todos os Estados terão de regular aspectos considerados essenciais destas matérias.

Resulta, assim: se o ordenamento jurídico de um Estado-membro contiver todos os dispositivos do art. 10º, n. 2, não está vinculado a proceder a qualquer alteração; ficará obrigado a proceder a alterações, em conformidade com aquele preceito, no caso contrário.

Não custa crer que os ordenamentos jurídicos contenham já, no essencial, as regras exigidas pela Directiva; duvidamos, no entanto, que os Estados-membros prescindam de adaptar as suas leis internas. Até por questões de autodefesa.

Talvez por isso mesmo tenha o legislador comunitário imposto que as alterações a introduzir deverão conter uma referência

65. *Supra*, n. 16.2, "B" e "E".

à Directiva, embora seja deixada aos Estados-membros a escolha da modalidade da referência. Vai é ficar a saber-se o que é que os Estados modificaram, nos seus ordenamentos jurídicos, para aplicação desta Directiva.

24. *Criação de regimes de direito interno exclusivamente aplicáveis às instituições de crédito*

Quando anteriormente afirmámos que não custa crer que os Estados disponham já das regras exigidas pelo art. 10º, n. 2 da Directiva, estávamos, naturalmente, a pensar nas disposições de carácter geral relativas à insolvência. Ou na regulamentação das providências cautelares preventivas da falência, de carácter geral.

Serão, porém, bastantes e adequadas? Cremos que não.

Terão aqueles regimes aplicação imediata face à remissão da presente Directiva? Também cremos que não.

Por um lado, é, agora, bastante diferente a perspectiva de aplicação; de facto, há que ter em conta o necessário confronto e coordenação com outros sistemas jurídicos.

Por outro lado, a regulamentação geral da falência, da insolvência e da liquidação, já o dissemos, nunca foi adoptada pelo legislador relativamente às instituições de crédito.

Justamente porque a instituição de crédito é profundamente diferente dos demais agentes económicos, pela natureza da sua actividade, pela complexidade do seu património, pela dispersão do seu capital, pela diversidade dos seus credores.

Por essas mesmas razões, aliás, é que também não lhes é aplicável a Convenção Relativa à Insolvência, nem o Regulamento Relativo à Insolvência.

De tudo isso retiramos a convicção firme de que todos os Estados-membros terão de criar um novo regime jurídico, exclusivamente aplicável às instituições de crédito, na dupla perspectiva das medidas de saneamento e dos processos de liquidação.

Ao fazer referência ao caso português, na Primeira Parte deste trabalho, já exemplificámos que existe legislação recente e adequada sobre as medidas de saneamento, carecendo, porém, de regulamentação urgente a insolvência e liquidação.

A presente Directiva vai, com certeza, ser o ponto de partida, constituindo também, parâmetro, dessa regulamentação.

25. *Parâmetros das alterações dos direitos nacionais*

As alterações legislativas estaduais não poderão deixar de ter em conta parâmetros já alcançados no âmbito do direito bancário comunitário, e que já assinalámos, ao enunciar os princípios e os pressupostos da construção da presente Directiva sobre medidas de saneamento e processos de liquidação.

Deste modo, não é admissível que os Estados-membros adoptem formas de defesa dos interesses nacionais, passando, por exemplo, a criar sistemas de registo comercial ou predial ou sistemas de mercados regulamentados, com vista a evitar a aplicação da *lex concursus*.

Do mesmo modo, não será lícito aos Estados-membros criarem, agora, regimes de nulidade ou anulação que, abrigando os agentes económicos das eventuais impugnações, passem a ser apelativos, a constituir chamariz de negócios ou mercados com aquela finalidade.

Pelo contrário, as leis dos Estados têm de contribuir para o desenvolvimento harmonioso e equilibrado das actividades económicas, suprimindo todos os obstáculos à liberdade de estabelecimento e à liberdade de prestação de serviços no interior da Comunidade.

26. *Designação das autoridades competentes*

As autoridades competentes para a gestão das medidas de saneamento e dos processos de liquidação são designadas pelos Estados-membros. E não resulta qualquer imposição, de origem comunitária, quanto àquela designação. Podem, assim, as autoridades competentes ser administrativas ou judiciais.

Cada Estado-membro terá, assim, que solucionar os problemas de direito interno que eventualmente se suscitem, como sucede, no exemplo que demos, no caso português, quanto à constitucionalidade da liquidação pelas autoridades administrativas.

Também a decisão da instauração das medidas ou da abertura do processo de liquidação compete às autoridades nacionais, e, consequentemente, deve ser regulamentada por cada Estado.

Bem se vê, no entanto, que terá de haver similitude de critérios a adoptar pelos diferentes Estados-membros sobre este aspecto essencial.

Também no que concerne ao *segredo profissional* das entidades que superintendem a estes processos compete aos Estados-membros a definição do respectivo regime, podendo ser diferente conforme se trate de autoridades administrativas ou de autoridades judiciais. O que não podem os Estados-membros é prescindir daquele dever de segredo profissional.[66]

27. *Duplo dever de transposição da Directiva e de adaptação do direito interno*

Finalmente, é necessário anotar que a presente Directiva impõe aos Estados-membros um duplo dever.

Por um lado, e como é comum a todas as Directivas, os Estados-membros terão de a transpor para os ordenamentos jurídicos nacionais, para neles ser aplicável, em todos os seus elementos.

Por outro lado, impõe aos Estados que revejam as suas normas internas de direito processual ou substantivo, ou criem outras, se necessário, para poderem dar resposta compatível às situações de saneamento e liquidação de instituição de crédito que venham a suscitar-se. Mas não faculta aos Estados-membros nem orientações, nem objectivos, nem quaisquer outros condicionalismos em que o devam fazer.

Pressupõe-se, no entanto, que estarão sempre presentes os princípios da ordem jurídica comunitária.

V – CONCLUSÕES

28. *Sumário de conclusões*

Gostaríamos de poder sumariar o presente trabalho, extraindo algumas conclusões.

28.1 A primeira conclusão é que a Directiva agora proposta vem dar satisfação a grandes preocupações das autoridades financeiras de todos os Estados-membros, que, até agora, não dispõem de qualquer instrumento de intervenção em caso de situação económica difícil ou de insolvência de instituição de crédito que exerça actividade no espaço comunitário.

28.2 Os Estados-membros dispõem de legislação interna sobre medidas cautelares, preventivas da falência e sobre falência e liquidação – regimes, estes, que, embora modernos, são de todo inadequados para aplicação às instituições financeiras.

28.3 Há sistemas nacionais que já dispõem de normas específicas sobre medidas de saneamento e liquidação de instituições de crédito, como se pretendeu exemplificar com o caso português.

28.4 Todavia, ainda assim aqueles regimes mostram-se desadequados ao figurino da instituição de crédito comunitária que disponha de sucursais noutros Estados-membros, para além do Estado da sede estatutária. Porque tais regimes não são aplicáveis fora do território desse Estado-membro.

É, designadamente, e a título de exemplo, o que ocorre no caso português. Dis-

66. Art. 30º da já citada Directiva 2000/12/CE.

pondo de legislação moderna quanto às medidas de saneamento (criada em 1993), já o mesmo não sucede quanto à liquidação, cujo regime jurídico remonta a 1940. Num caso e noutro, as disposições legais produzem efeitos apenas em território nacional.

28.5 São perfeitamente distintos os conceitos e os instrumentos de intervenção em caso de saneamento ou em caso de liquidação; no primeiro caso visa-se à salvaguarda da instituição; no segundo caso visa-se à distribuição do seu património por credores e accionistas.

28.6 Compete a cada Estado-membro definir quais as autoridades competentes para gerir a aplicação das medidas de saneamento e para superintender aos processos de liquidação. Os Estados-membros podem mesmo optar por entidades administrativas ou judicias. A cada Estado incumbe resolver eventuais conflitos de direito interno que eventualmente se suscitem com essa designação. A título de exemplo, no caso português suscitam-se delicados problemas de constitucionalidade.

28.7 Foi assinada pelos Estados-membros, em 1995, a Convenção Relativa à Insolvência, que está em fase de ratificação, mas que, por disposição expressa, não é aplicável às instituições de crédito.

28.8 Também está em vias de publicação o Regulamento sobre Insolvência, com conteúdo semelhante ao da Convenção e que se pretende vinculativo e directamente aplicável a todas as empresas no espaço comunitário. Todavia, por disposição expressa, também este Regulamento não é aplicável às instituições de crédito.

28.9 Não obstante, quer a Convenção, quer o Regulamento, influenciaram decisivamente as normas da presente Directiva aplicável exclusivamente às instituições de crédito.

28.10 De entre os objectivos da Directiva salientam-se o mútuo reconhecimento das medidas de saneamento e dos processos de liquidação determinados em cada Estado-membro, a protecção dos credores residentes em Estados-membros diferentes do Estado de origem, o estabelecimento de canais de informação adequada e a definição do Direito aplicável.

28.11 De entre os grandes princípios orientadores da Directiva destacam-se: o da unidade e do mútuo reconhecimento, o da liberdade de estabelecimento e prestação de serviços, o da universalidade e o da igualdade de tratamento dos credores.

28.12 São pressupostos da aplicação da Directiva, entre outros: a prestação de serviços por instituição de crédito em território comunitário, a manutenção do princípio do mútuo reconhecimento quanto à constituição e supervisão das instituições de crédito, a coordenação entre as autoridades competentes, a não-aplicação da Convenção e do Regulamento sobre Insolvência.

28.13 As medidas de saneamento são definidas por cada Estado-membro, que regula também a produção dos respectivos efeitos. Já se mostrou, a título de mero exemplo, como são definidas no caso português. Os Estados-membros têm toda a liberdade de escolha dos critérios de aplicação e dos instrumentos a utilizar. A execução dessas regras cabe, igualmente, ao Estado-membro que as definir. Aos outros Estados-membros compete respeitar quer aquela definição, quer aquela execução.

28.14 Os processos de liquidação são estatuídos por cada Estado-membro, que regula também os efeitos que os mesmos produzem. Por força da Directiva, incumbe a cada Estado-membro regulamentar aspectos essenciais daquele processo. Estamos a referir-nos às matérias expressamente previstas no art. 10º.

Também neste caso, é ao Estado-membro que compete tomar a decisão de abertura do competente processo, segundo os critérios que haja previamente definido.

28.15 Estão previstos regimes diferentes para a aplicação de medidas de saneamento e para a abertura de processos de liquidação consoante se trate de instituição com sede na Comunidade ou fora da Comunidade.

28.16 A decisão sobre a instauração de medidas de saneamento e sobre a abertura de processos de liquidação deve ser imediatamente comunicada às autoridades dos outros Estados-membros pelas autoridades do Estado-membro de origem.

28.17 A abertura de processos de liquidação deve, ainda, ser publicitada no *JOCE* e em jornais nacionais de grande divulgação e implica, sempre, a revogação da autorização do exercício da actividade pela instituição em causa, incluindo sucursais.

28.18 É instituída como regra a competência do Estado-membro de origem, que aplicará a sua própria lei, estando previstas algumas excepções.

28.19 Para além da transposição da Directiva, os Estados-membros terão de dotar-se com regimes jurídicos adequados à tomada de medidas de saneamento e à instauração de processos de liquidação.

28.20 Por força do princípio do mútuo reconhecimento, as medidas de saneamento e os processos de liquidação instaurados num Estado-membro produzem os seus efeitos em todos os demais Estados-membros, sem necessidade de qualquer outra formalidade.

28.21 A presente Directiva relativa a medidas de saneamento e liquidação de instituições de crédito *constitui um importante instrumento de realização do Mercado Único*, conforme consta da acta do Conselho de Ministros (ECOFIN) que a aprovou, em Bruxelas, em 8 de maio de 2000.

BIBLIOGRAFIA

Bibliografia citada

ANDRADE, José Robin de. "Reestruturação financeira e gestão controlada como providência de recuperação". *Revista da Banca* 27/77-92. Julho-setembro/1993.

ANTUNES, José Augusto Engrácia. *A Supervisão Consolidada dos Grupos Financeiros*. Porto, Publicações UCP, 2000.

————. *Os Grupos de Sociedades/Estrutura e Organização Jurídica da Empresa Plurissocietária*. Coimbra, 1993.

ARAÚZO, Ignacio Iglésias, e VELASCO, Jaime Esteban. *Repos y Operaciones Simultáneas; Estudio de la Normativa*. Banco de España, Servicio de Estudios, 1995.

ATAÍDE, Augusto. *Curso de Direito Bancário*. Coimbra, Coimbra Editora, 1999.

CALERO, Fernando Sánchez. In: *Revista de Derecho Bancario y Bursátil (RDBB)* 77. 2000.

CANOTILHO, J. J. GOMES, e CASTRO, Paulo Canelas de. "Constitucionalidade do sistema de liquidação coactiva administrativa de estabelecimentos bancários, previsto e regulado no Decreto-lei n. 30.689, de 27 de agosto de 1940". *Revista da Banca* 23/57-87. 1992.

CERCONE, Roberto. "Comentário". In: *Banca, Borsa e Titoli di Credito* LIII. 2000.

CORDEIRO, António Menezes. *Manual de Direito Bancário*. Coimbra, Almedina, 1998.

DIAMOND, Dybuig D. "Bank runs, deposits insurance and liquidity". *Journal of Political Economy*. 1983.

EPIFÂNIO, Maria do Rosário. *Os Efeitos Substantivos da Falência*. Porto, Publicações UCP, 2000.

FERNANDES, Luis A. Carvalho, e LAMAREDA, João, *Código dos Processos Especiais de Recuperação de Empresa e Falência Anotado*. 3ª ed. Lisboa, Quid Juris, 1999.

FLETCHER, Ian F. *The Law of Insolvency*. 2ª ed. Londres, Sweet & Maxwell, 1996.

LASTRA, Rosa Maria. "Banking regulation in the 1990's". *Journal of International Banking Law* 14, 2. 1999.

MATIAS, Armindo Saraiva, *Direito Bancário*. Coimbra, Coimbra Editora, 1998.

NUNES, Fernando Conceição. "As instituições de crédito: conceito e tipologia legais, classificação, actividades legalmente permitidas e exclusivas". *RB* 25/71-112, 1993.

————. *Direito Bancário – Introdução e Sistema Financeiro*. v. I. Lisboa, 1994.

————. "Os deveres do segredo profissional no regime geral das instituições de crédito e sociedades financeiras". *RB* 29/39-63. 1994.

OLAVO, Carlos. "Supervisão em base consolidada". *RB* 1995, pp. 25-71.

PATRÍCIO, Simões. "Aspectos jurídicos da supervisão". *Scientia Juridica* 277. 1999.

PEDRO, António de Jesus. *Instituições de Crédito e Sociedades Financeiras, Regime Geral Anotado*. Lisboa. Ediforum, 1994.

PIRES, José Maria. *Direito Bancário*. Lisboa, Rei dos Livros, 1994.

————. *Direito Bancário*. vs. I ("O Sistema Bancário Português/Anotações ao Regime Geral das Instituições de Crédito e Sociedades Financeiras") e II ("As Operações Bancárias"). Lisboa, 1994 e 1995.

RODIÈRE, René. *Les Procedures Collectives de Liquidation ou de Renflouement des Entreprises en Droit Comparé*. Paris, Economica, 1976.

SANCHA, Ignacio Gómez. La Ley 41/1999, de 12 noviembre, sobre sistemas de pagos y liquidación de valores". *RDBB* 77. 2000.

TAVARES, José. *Sociedades e Empresas Comerciais*. Coimbra, Coimbra Editora, 1924.

TROCKELS, Friedrich. "Le nouveau régime juridique de l'insolvabilité en Allemagne", *Banque et Droit – Révue de Droit des Affaires Internationales* 66. 1999.

VARELA, J. Antunes. "A recuperação das empresas economicamente viáveis". *Legislação e Jurisprudência*. Ano 123. 1990.

VENTURA, Raúl. "A sede no direito interno e direito internacional português". *XXVI RSI* (1977) 146-147/344-391.

————. *Dissolução e Liquidação de Sociedades*. Coimbra, Almedina.

ZUNZUNEGUI, Fernando. *Derecho del Mercado Financiero*. Madri, Marcial Pons, Ediciones Jurídicas y Sociales, 2000.

Outra Bibliografia

ALBUQUERQUE, Pedro. "Falência por cessação de pagamentos". *Estudos de Direito Comercial –Das Falências*. v. I. Coimbra, Almedina, 1989 (pp. 181-217).

ALMEIDA, Carlos Ferreira. "O âmbito de aplicação dos processos especiais de recuperação da empresa e de falência: Pressupostos objectivos e subjectivos". *Revista da Faculdade de Direito da Universidade de Lisboa* 36/383-400. Lisboa, 1995.

AMARAL, Diogo Freitas do. *Curso de Direito Administrativo*. 2ª ed. Coimbra, 1994.

AMOROSINO, Sandro (org.). *Le Banche/Regole e Mercato Dopo il Testo Unico delle Leggi Creditizie*. Milão, 1995.

ANDRADE, Isabel Bustorff Gião de. "As directivas comunitárias sobre prestação de serviços bancários e de investimento". *RB* 34/91-146. 1994.

ANDRIOLI. "Fallimento (diritto privato)". *Enc. Dir.* Milão, 1967 (pp. 264 e ss.).

ANTUNES, José Engrácia. *Liability of Corporate Groups*. Deventer-Boston, Kluwer, 1994.

ARNAUD, H. *La Nationalité des Sociétés dans le Droit des Communautés Européennes*. Diss. Paris, 1975.

ASCENSÃO, José de Oliveira. *Estruturas Jurídicas da Empresa*. Lisboa, AAFDL, 1990.

BATIFFOL, Henri. "Observations sur le problème de la nationalité des sociétés". *Studi in Memoria di Angelo Saffra I*. Pádua, CEDAM, 1962 (pp. 65-78).

————, e LAGARDE, Paul. *Droit International Privé*. 6ª ed., t. I. Paris, LGDJ, 1974.

BELEZA, Miguel. "Intervenção no colóquio sobre o impacto da união econónica e monetária no sistema financeiro". *RB* 24/9-17. 1992.

BOIX SERRANO, R. *Curso de Derecho Bancario*. Madri, Editoriales de Derecho Reunidas, 1986.

BONELLI, Franco. "La nozione di impresa nelle regole di concorrenza del trattato CEE". *La Nozione di Impresa nell'Ordinamento Comunitario*. Milão, 1977 (pp. 45-87).

BONNEAU, Thierry. *Droit Bancaire*. Paris, Montchrétien, 1996.

BONSIGNORI, Angelo. *Diritto Fallimentare*. Turim, UTET, 1992.

BRITO, Maria Helena. "Os contratos bancários e a Convenção de Roma de 19 de junho de 1980 sobre a Lei Aplicável às Obrigações Contratuais". *RB* 28/75-124. 1993.

BRITTAN, Sir Leon. "Rumo ao mercado interno de serviços financeiros: a abordagem da Comissão da CEE". *RB* 11/105-117. 1989.

BROZETTI, Antonella, e SANTORO, Vittorio. *Le Direttive Comunitarie in Materia Bancaria e l'Ordinamento Italiano*. Milão, 1990.

BROZOLO, Luca Radicati di. *Operazioni Bancarie Internazionali e Conflitti di Leggi*. Milão, 1984.

BURANI, Umberto. "Rumo à realização do mercado financeiro europeu; liberalização e transformação". *RB* 10/115-125. 1989.

BUXBAUM, Richard, e HOPT, Klaus. *Legal Harmonization and the Business Enterprise – Corporate and Capital Market Law Harmonization Policy in Europe and the USA*. Berlim/Nova York, Walter de Gruyter, 1988.

CALHEIROS, José Maria de Albuquerque. *O Sector Bancário e a CEE*. Lisboa, 1993.

CALVO CUERVO e outros. *Manual del Sistema Financiero Español*. 8ª ed. 1995.

CAMPOBASSO, Gian Franco. "Gruppi e gruppi bancari: un'analisi comparata". *BBTC* 48/729-748. 1995.

CAMPOS, António de. "Sistema bancário e a recuperação de empresas". *RB* 13/57-75. Janeiro-março/1990.

CANOTILHO, J. J. Gomes, e MOREIRA, Vital. *Constituição da República Portuguesa Anotada*. 3ª ed. Coimbra, 1993.

CAPRIGLIONE, Francesco. *L'Impresa Bancaria tra Controllo e Autonomia*. Milão, 1983.

CARDOSO, Eurico Lopes. *Manual da Acção Executiva*. 3ª ed. Coimbra, Almedina, 1992.

CATROGA, Eduardo. "Intervenção no colóquio sobre a banca no limiar do ano 2000". *RB* 32/63-72. 1994.

CLAROTTI, Paolo. "La coordination des législations bancaires" *254 Revue du Marché Commun* 68/68 e ss. 1982.

——————. "Passo decisivo para o mercado comum dos bancos/Segunda Directiva de Coordenação em Matéria de Crédito". *RB* 12/111-143. 1989.

COLAÇO, Isabel Magalhães. *Direito Internacional Privado III*. Lisboa, 1963.

COOKE, William Peter. "Centros financeiros internacionais/As autoridades perante a desregulamentação e a supervisão". *RB* 4/27-48. 1987.

CORDEIRO, António Menezes. "Saneamento financeiro". *Novas Perspectivas do Direito Comercial*. 1988 (pp. 57-100).

——————. *Direito Bancário/Relatório*. Coimbra, Almedina, 1997.

CORDEIRO, António Robalo. "As coligações de empresas e os direitos português e comunitário da concorrência". *XXIX RDES*. 1987 (pp. 81-113).

CORREIA, António Ferrer. *Lições de Direito Comercial*. 3 vs. Coimbra, 1968/1975.

CORREIA, Luis Brito. *Direito Comercial*. 3 vs. Lisboa, Associação Académica da Faculdade de Direito, 1987/1988, 1989, 1990.

COSTA, Carlos S. "As implicações da criação de um espaço financeiro europeu". *RB* 13/91-115. 1990.

COURBIS, Bernard, e SOUSI, Blanche. "L'euro, réalité monétaire dès 1999". *DS* 1997 (pp. 309-311).

CRANSTON, Ross. *Principles of Banking Law*. Oxford, Clarendon Press, 1997.

CRISÓSTOMO, Ana Cristina Borges Malhão. *Instituições de Crédito com Sede no Estrangeiro*. Lisboa, 1997 (polic.).

CUNHA, Paulo de Pitta e. "Reflexões sobre a União Europeia". *RB* 21/111-124. 1992.

CUNHO, Vittor Luigi. *Le Procedure Concursali*. 2ª ed., vs. I e II. Milão, Giuffrè Editore, 1988.

DEKEUWER-DÉFOSSEZ, Françoise. *Droit Bancaire*. 5ª ed. Paris, 1995.

DESCHANEL, Jean-Pierre. *Droit Bancaire/ L'Institution Bancaire*. Paris, 1995.

ELLINGER. *Modern Banking Law*. Londres, 1987.

FERRO-LUZZI, Paolo, e CASTALDI, Giovanni. *La Nuova Legge Bancaria*. 3 vs. Milão, 1996.

FIDLER, P. J. M., e MA, Oxon. *Pratice and Law of Banking*. 1982.

FRADA, Manuel Carneiro da. *Contrato e Deveres de Protecção*. Coimbra, 1994.

FURTADO, J. Pinto. "Perspectivas e tendências do moderno direito da falência". *RB* 11/63-89. Julho-setembro/1989.

GALGANO, Francesco. *Diritto Commerciale II – Le Società*. Bolonha, Zanichelli Editore, 1990.

GAVALDA, C., e STOUFFET, J. *Droit Bancaire*. 3ª ed. Paris, 1997.

GEORGE, Dominique. "O negócio bancário transfronteiriço e a Segunda Directiva Bancária: a dúvida jurídica resultante da exigência de notificação". *RB* 30/93-104. 1994.

GIANFELICI, Enrico. *Il Segreto Bancario/Norme Civili, Penali e Fiscali*. Milão, 1996.

GOLDMAN, Berthold. "La nationalité des sociétés dans la CEE". *Travaux du Comité Français de Droit International Privé (1966-1969)*. Patis, Dalloz, 1970 (pp. 215-243).

GRUA, François. *Contrats Bancaires*. t. I. Paris, 1990.

GUODE, R. M. *Principles of Corporate Insolvency Law*. Londres, Sweet & Maxwell, 1990.

GUTTERIDGE, M. C., e MEGRAH, Maurice. *The Law of Bankers' Commercial Credits*. 7ª ed. Londres, 1984.

HAMBLIN, Clive. *Banking Law*. Londres, 1985.

IRUJO, José Embid. "Los grupos de sociedades en la Comunidad Económica Europea". In: GARCÍA DE ENTERRÍA, E., CAMPOS, G., e MACHADO, M. *Tratado de Derecho Comunitario Europeo*. v. III. Madri, Civiras, 1986 (pp. 73-110).

JACQUEMIN, Alex. "Le groupe de sociétés: Décentralisation dans la concentration". *Les Groupes de Sociétés*. Séminaire de Liège de 1972, Haye, Martinus Nijhoff (pp. 27-59).

JOSEPH, J., e NORTON, S. J. D. *Bank Regulation and Supervision in the 1990's*. Londres, 1991.

KEUTGEN, Guy. *Le Droit des Groupes de Sociétés dans la CEE*. Louvain, Vander, 1973.

LAMFALUSSY, Alexandre. "A união económica e monetária". *RB* 12/9-18. 1989.

LUIS, Alberto. *Direito Bancário, Temas Críticos e Legislação Conexa (Estudos)*. Coimbra, 1985.

MACHADO, João Baptista. *Lições de Direito Internacional Privado*. 2ª ed. Coimbra, Almedina, 1982.

MALAQUIAS, Pedro Ferreira. "A livre prestação de serviços do domínio da actividade bancária". *RB* 18/151-166. 1991.

MARTÍN REPORTILLO. *Estudios de Derecho Público Bancario*. Madri, 1987 (pp. 175 e ss.).

MINISTÉRIO DAS FINANÇAS/CONSELHO PARA O SISTEMA FINANCEIRO. *Livro Branco sobre o Sistema Financeiro: 1992/ As Instituições de Crédito*. vs. I ("Relatório Principal") e II ("Resumo e Conclusões"). Lisboa, 1991.

MOLLE, Giacomo. *La Banca nell'Ordinamento Giuridico Italiano*. Milão, 1994.

——————. *Manuale di Diritto Bancario*. Milão, Giuffrè Editore, 1975.

MORSE, Sir Jeremy. "Consequências da liberalização dos movimentos de capitais na Comunidade Europeia para os bancos e as seguradoras. Levará esta liberalização a um mercado livre de prestação de serviços financeiros?". *RB* 16/215-219. 1990.

NABAIS, João. "A criação de um fundo de garantia de depósitos". *RB* 9/51-66. 1989.

NIGRO, Alessandro. "La disciplina delle crisi bancarie: la liquidazione coatta amministrativa". *GiurComm.* 1996 (pp. 144-156).

NUNES, F. C. *Direito Bancário: Introdução e Sistema Financeiro.* Lisboa, Faculdade de Direito de Lisboa – Associação Académica, 1994.

PASCUAL, Julián González. *Suspensión de Pagos y Quiebras.* Madri, Centro de Estudios Financieros, 1996.

PERASSI, Marino. "Le autorità ed i poteri di vigilanza nel testo unico". *BBTC* 48-1/660-684. 1995.

PIRES, José Maria Tomé. *Direito Bancário.* 3 vs. 1994/1995.

PORTALE, Giuseppe B. *Le Operazioni Bancarie.* 2 vs. Milão, Giuffrè Editore, 1978.

RATON, José Manuel. *Los Efectos de la Declaración de Quiebra en los Contratos Bilaterales.* Madri, Civitas, 1992.

REEDAY, T. G. *The Law Relating to Banking.* 4ª ed. Londres, 1988.

RIVES LANGE, Jean-Louis, e CONTAMINE-RAYNAUD, Monique. *Droit Bancaire.* 6ª ed. Paris, Dalloz, 1995.

ROCCA, Gioacchino. *Impresa e Società nel Gruppo Bancario.* Milão, 1995.

ROJO, Luis Angel. "Intervenção no colóquio sobre o impacto da união económica e monetária no sistema financeiro". *RB* 24/19-33. 1992.

SANTOS, António Marques. "Algumas reflexões sobre a nacionalidade das sociedades em direito internacional privado e em direito internacional Público" Separata do *BFDUC.* Coimbra, 1985.

SANTOS, Jorge. "A proposta de Segunda Directiva de Coordenação Bancária". *RB* 5/115-141. 1988.

SAVATIER, René. *Les Métamorphoses Économiques et Sociales du Droit Civil d'Aujourd'Hui.* 3ª ed. Paris, 1964.

SILVA, Aníbal Cavaco. *Portugal e a Moeda Única.* Lisboa, 1997.

SIMÕES, Patricio. *Curso de Direito Económico.* 2ª ed. Lisboa (pp. 81-82).

———. "Direito comunitário e a aplicação no sistema bancário português". *BMJ (Documentação e Direito Comparado)* 7. 1981.

SOUSI-ROUBI, Blanche. *Droit Bancaire Européen.* Paris, 1995.

STANLEY CROSSICK e LINDSAY, Margie. *European Banking Law: an Analysis of Community and Member State Legislation.* Londres, Financial Times Business Information, 1983.

VASSEUR, Michel. Droit et Économie Bancaires/Institutions Bancaires, Fasc. A. 4ª ed. Paris, 1985.

———. *Droit et Économie Bancaires: les Operations de Banque.* Paris, Cours de Droit, 1988.

VEIGA, Vasco Soares da. *Direito Bancário.* Coimbra, 1996.

———. "Falência e insolvência". *Direito das Empresas.* Lisboa, INA, 1990.

VIGNERON, Philippe, e SMITH, Aubry. "O conceito de reciprocidade na legislação comunitária: o exemplo da Segunda Directiva Bancária". *RB* 24/125-151. 1993.

XAVIER, Vasco Lobo. "Falência". *Enciclopédica Pólis.* v. I.II. Lisboa, Verbo, 1984 (pp. 1.364-1.368).

Doutrina

ILÍCITO ANTITRUSTE E ACORDOS ENTRE CONCORRENTES

LUÍS FERNANDO SCHUARTZ

1. "Bem-estar social" e ilícito antitruste. 2. O real significado da distinção entre a regra "per se" e a "regra da razão" 3. Acordos horizontais: tipologia e análise: 3.1 Os cartéis "hard-core" – 3.2. Acordos de colaboração entre concorrentes.

O tema das conseqüências antitruste relacionadas aos acordos entre concorrentes é, ao certo, um dos mais ricos em contribuições academicamente credenciadas, tanto no campo da Dogmática como nos da Microeconomia e da Teoria de Organização Industrial. Em face da vastíssima literatura disponível e do indeterminismo que é característico das análises jurídico-econômicas nesse âmbito, é de fato extraordinário o atual grau de convergência das conclusões dos especialistas no que toca aos principais problemas, métodos e parâmetros analíticos aplicáveis.

Não nos parece que existam boas razões para suspeitar desse consenso, nem mesmo boas justificativas para atitudes de ceticismo em relação à solidez dos seus fundamentos. Tratando-se de argumentos instrumentais à aplicação de normas jurídicas, ao contrário, tudo indica que, neste âmbito pelo menos, as lacunas teóricas estejam não numa carência de novos conceitos e critérios de análise e julgamento, mas sim nos esforços de reconstrução do material já existente em termos de diferenciações que sejam juridicamente operacionalizáveis e que possam servir como pontos fixos de referência para autoridades e agentes econômicos.

O presente artigo apresenta-se como sugestão nesse sentido. Sua única preocupação é recolher, selecionar e sistematizar as contribuições mais significativas sobre o assunto, sem quaisquer pretensões de originalidade; e seu único objetivo é inspecionar argumentos teóricos em busca de diretrizes práticas para a racionalização dos procedimentos de aplicação do Direito nos casos concretos.

1. "Bem-estar social" e ilícito antitruste

Um dos traços mais salientes da técnica de definição de ilícitos que se incorporou à Lei 8.884/1994 é o elevado grau de indeterminação no tocante à explicitação das condições necessárias e suficientes para a caracterização de uma determinada conduta como infração. O argumento sistemático que serve de fundamento *teórico* a essa técnica pode ser condensado na idéia de que o *ponto de vista geral* que confere *unidade* às referidas condições está no que se convencionou denominar – seguindo o jargão microeconômico – de "bem-estar social", e de que a maneira mais correta de se operacionalizar tecnicamente esse critério de unidade está na determinação, tanto qualitativa como quantitativa, dos *efeitos líquidos* produzidos pela conduta em questão sobre a referida "grandeza".

Com isso, a análise da natureza (se positivos, negativos ou neutros) e da magnitude dos mencionados efeitos pode aplicar-se virtualmente a *qualquer conduta*; e as conclusões da análise podem valer como razões determinantes das decisões das autoridades acerca da existência, nos casos concretos, de uma infração da ordem econômica de *qualquer espécie*, vale dizer, com base em *qualquer dos incisos* do art. 20 da Lei 8.884/1994. Em outras palavras, os diferentes efeitos econômicos previstos nesses incisos nada mais seriam que *instâncias* de um *tipo genérico* de infração, definível então como produção efetiva ou potencial de efeito líquido *negativo* sobre o bem-estar social.[1]

A expressão "efeito líquido sobre o bem-estar social", pelo menos como usualmente interpretada e aplicada, possui um sentido técnico que pode ser flexibilizado apenas dentro de limites semânticos bem estreitos. O quadro de referência conceitual dentro do qual esse sentido se localiza delineou-se a partir de hipóteses de teoria microeconômica (neoclássica) associadas aos conceitos de *eficiência (alocativa)*, *excedente do consumidor*, *excedente do produtor* e *poder de mercado*.

Nesse referencial teórico, uma determinada configuração econômica (ou mudança entre duas configurações) é "eficiente" se e somente se os ganhos dos agentes econômicos beneficiados por essa configuração (ou por essa mudança) são suficientes para compensar as perdas dos agentes econômicos prejudicados pela mesma – isto é, se e somente se o valor total desses ganhos é maior ou igual ao valor total dessas perdas.[2] Posto dessa maneira, o conceito de eficiência (aqui denominada de eficiência econômica, alocativa ou "potencial de Pareto") irá servir como instrumento de mediação entre a idéia normativa de bem-estar social – agora despida das habituais conotações ético-políticas – e sua operacionalização sob a forma de uma aplicação *tecnicamente controlável* da legislação antitruste.[3] De fato, a tradução do *antitrust*

1. Essa maneira de conceituar juridicamente as infrações da ordem econômica é interessante do ponto de vista doutrinário, vez que possibilita um enfoque teoricamente integrado das análises de condutas *e* estruturas (atos de concentração). O conjunto dos seus defensores mais radicais e fervorosos ficou estigmatizado no meio dos especialistas como "Escola de Chicago". Um representante característico é R. Bork (o autor do *The Antitrust Paradox*, 1978). Um outro é Richard Posner.

2. A definição contém uma ligeira modificação da versão "paretiana" clássica da noção de eficiência alocativa. Cf., a respeito, Hovenkamp, *Federal Antitrust Policy. The Law of Competition and its Practice*, West Group, 1999, pp. 74-76. Cf. também Hal Varian, *Intermediate Microeconomics. A Modern Approach*, Norton, 1993, pp. 299-301, e especialmente o Capítulo 30. Para indicações críticas relativamente a esse paradigma de teoria e análise antitruste, cf. o nosso artigo "Mercados de alta tecnologia. Crise anunciada do direito antitruste?", in M. A. Greco e Ives Gandra da Silva Martins (orgs.), *Direito e Internet*, São Paulo, Ed. RT, 2001, pp. 95-135. É importante registrar, ademais, que esse enfoque – por assim dizer – mais "economicista" de como se deve interpretar e aplicar o direito da concorrência jamais foi absorvido na sua forma "pura" pela práxis dos tribunais e das agências administrativas dos países mais desenvolvidos. Trata-se, na verdade, de um ideal aceito em maior ou menor grau pela doutrina mais autorizada e realizado em maior ou menor grau no plano institucional. Para uma discussão européia, cf. Schmidt, *Wettbewerbspolitik und Kartellrecht*, Fischer, 1993, em especial a Parte 1.

3. A desconsideração de uma dimensão distributiva nesse conceito de "bem-estar social" é um tema dos mais controvertidos na literatura especializada norte-americana. Cf., especificamente no que toca à análise de atos de concentração, Fischer, Johnson e Lande, "Price effects of Horizontal Mergers", *California Law Review* 77/777-826, n. 4, julho/1989; cf. ainda R. H. Lande, "Ascensão e queda (próxima) da eficiência como reguladora do antitruste", *Revista de Direito Econômico* 23/39-65, 1996. É importante registrar, de outra parte, que essas críticas se referem à escolha do "bem jurídico" que deve ser *primariamente* protegido no âmbito antitruste, e estão fortemente pontuadas pela necessidade, que é própria ao Direito Norte-Americano, de legitimar interpretações dogmáticas numa suposta "intenção do legislador". A preocupação distributivista, nesse sentido, não ignora a dimensão alocativa como perspectiva de orientação normativa, nem muito menos

goal (identificado difusamente com o "bem-estar do consumidor") *em termos* do vocabulário microeconômico associado ao conceito de eficiência alocativa lhe garantiria não apenas um significado jurídico com contornos aparentemente precisos, mas também, e sobretudo, a possibilidade – ao menos em princípio – de *mensuração quantitativa* e a daí resultante *univocidade*.

A maneira convencional de se implementar essa possibilidade remete aos conceitos anteriormente mencionados de "excedente" (do consumidor e do produtor) e de "exercício de poder de mercado". O conceito de *excedente do consumidor* refere-se ao valor, acima daquele efetivamente pago, que um consumidor estaria disposto a pagar por uma unidade de um determinado produto para viabilizar seu consumo. O valor total desse excedente pode ser então definido como soma dessas diferenças relativamente a cada consumidor individual e – à parte certas sutilezas matemáticas ligadas ao tipo de função a ser representada – calculado a partir da curva de *demanda* (v. a Figura I, abaixo) do produto em questão;[4] analogamente, define-se o *excedente do produtor* como a diferença entre o valor recebido pela venda de uma unidade de certo produto e o valor associado ao custo de produzi-la. A soma das diferenças relativamente a cada produtor individual caracterizará o valor total desse tipo de excedente, cujo cálculo se processa agora como a mensuração de uma área definida a partir da curva de *oferta* de um dado produto (v. a Figura I, a seguir).[5]

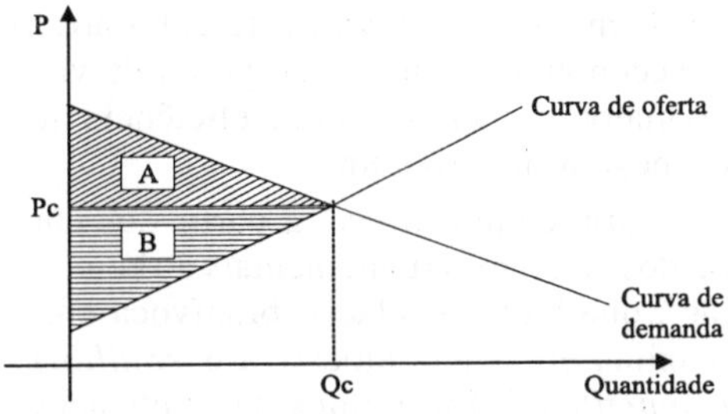

Figura I: *Excedentes do Consumidor* (**A**) *e do Produtor* (**B**) *em Situação de Equilíbrio Competitivo*

Ante o exposto, será então a *soma* dos valores *totais* dos mencionados excedentes que irá *constituir os efeitos líquidos sobre o bem-estar social* associados à configuração econômica que se trata de analisar. De fato, *suposta* a equivalência semântica entre "bem-estar social" e "eficiência alocativa", os critérios de mensuração desta constituem-se, por definição, em critérios de mensuração daquela, e os resultados da mensuração podem valer diretamente como base para a decisão acerca da natureza *e* magnitude dos referidos efeitos líquidos. Já foi dito que o termo "eficiência alocativa" diz respeito a configurações econômicas nas quais, *grosso modo*, somente é possível melhorar a situação de um agente (ou grupo de agentes) piorando a de um outro agente. Rigorosamente falando, configurações com esse atributo representam arranjos econômicos de *máxima* eficiência – *máxima* no sentido do valor máximo de uma função, no caso, a função definida pela soma dos excedentes do produtor e do consumidor. Como essa soma, por outro lado, se expressa numericamente, é igualmente possível falar em *graus* variados de eficiên-

a metodologia de análise, expressa geometricamente nas conhecidas construções de "retângulos e triângulos" dos diagramas de bem-estar, e baseada nos conceitos de poder de mercado e de excedente (do consumidor e do produtor).

4. Precisamente, como a medida da área da região situada abaixo dessa curva e acima daquela correspondente ao preço que está sendo efetivamente pago.

5. Cf. Pepall, Richards e Norman, *Industrial Organization. Contemporary Theory and Practice*, South-Western College, 1999, pp. 32-33; também Carlton e Perloff, *Modern Industrial Organization*, Addison-Wesley, 1999, p. 71; e o antes citado manual de Varian (*Intermediate Microeconomics. ...*), pp. 248-257. A utilização desses conceitos e da correspondente metodologia foi implicitamente incorporada pelo *Guia para Análise Econômica de Atos de Concentração Horizontal*, recentemente publicado sob forma de Portaria Conjunta da SEAE e da SDE (1.8.2001); para uma recepção institucional em um contexto diverso, cf. a Resolução 20, de 9.6.1999, do CADE.

cia, bem como *comparar* diferentes arranjos econômicos entre si do ponto de vista do maior ou menor grau de eficiência que os mesmos incorporam.

Ora, demonstra-se, a partir dos chamados "teoremas fundamentais do bem-estar", que há uma relação biunívoca entre máxima eficiência alocativa e *equilíbrio competitivo*.[6] Em termos de implicações *normativas* para a análise antitruste, já era então esperável que se atribuísse à *concorrência perfeita*[7] o papel de candidato natural para servir de *padrão normativo ideal* para fins de comparação e, sobretudo, de *avaliação* de situações *alternativas* de mercado. Não obstante o caráter excepcionalíssimo da situação de concorrência perfeita na realidade capitalista, o referido padrão normativo poderia funcionar como um ideal para fins *de aproximação*, no seguinte sentido: quanto maior (ou menor) o grau de *afastamento* de uma dada situação de mercado da situação ideal de concorrência perfeita, menos (ou mais) eficiente a situação em questão e, em conseqüência, pior (ou melhor) tal situação da perspectiva da realização de bem-estar social.

No âmbito da dogmática do direito da concorrência, entretanto, foi se cristalizando um ideal normativo menos restritivo no que toca às condições necessárias de realização, ainda que sem deixar de prestar continência ao postulado da maximização do bem-estar social, entendido, conforme exposto, como o valor máximo da soma dos excedentes do produtor e do consumidor (e sem que, ademais, a concorrência perfeita tenha desaparecido de todo do horizonte como estrutura ideal de mercado para fins de análise). Com efeito, passou-se a denominar simplesmente de "concorrência" a qualquer situação ou configuração de mercado em que a quantidade ofertada é maximizada, os preços são iguais aos custos marginais e os demandantes têm liberdade para tomar suas decisões de consumo de acordo com as próprias preferências (e as próprias restrições orçamentárias).[8]

A função de limite ideal de aproximação e padrão comparativo para as análises normativas passou a ser então desempenhada por uma noção, menos rigorosa teoricamente, de "concorrência" (ou "mercado competitivo"), sem que, como antes observado, fosse completamente abandonada a concepção do bem-estar social em termos de eficiência alocativa e a metodologia da "soma dos excedentes" como técnica de determinação qualitativa e mensuração dos impactos sobre o bem-estar social associados a determinadas situações de mercado e às correspondentes (como fatores determinantes) estratégias, atos e condutas dos agentes econômicos.

6. Cf. Varian, *Intermediate Microeconomics...*, pp. 496 e ss.; ainda: Carlton e Perloff, *Modern Industrial Organization*, pp. 56 e ss. e 69-70: "The competitive equilibrium has desirable efficiency and welfare properties. Indeed, no one can be made better off without making someone else worse off in the competitive equilibrium (...). First, production is efficient in the sense that there is no possible rearrangement of resources (such as labor, machines, and raw materials) among firms that can increase the output of one product without reducing the output of at least one other product. Second, consumption is efficient. The value that a buyer places on consuming the good is exactly equal to the marginal cost of producing that good (...). Moreover, no rearrangement of goods among consumers can benefit a consumer without harming at least one other consumer".

7. As principais características dessa estrutura de mercado são, tipicamente, as seguintes: (a) os produtos são homogêneos; (b) todas as informações relevantes sobre preços e quantidades ofertadas estão disponíveis para demandantes e ofertantes; (c) demandantes e ofertantes são *price-takers*; (d) não há custos de transação; (e) não há externalidades positivas ou negativas; e (f) não há barreiras à entrada ou à saída do mercado. Em regra também se exige que o mercado seja "atomístico" (isto é, tenha vários ofertantes e vários demandantes) para ser perfeitamente competitivo.

8. Novamente, há que se recordar que a identificação pura e simples do *antitrust goal* com a maximização da eficiência alocativa jamais foi pacificamente digerida por grande parte dos comentaristas mais autorizados, e especialmente pelos tribunais. O tema da eficiência alocativa apresenta-se relativizado em maior ou menor grau por preocupações com a transferência de renda do consumidor para o produtor em virtude do exercício, por este, de poder de mercado (cf. *infra*).

Essa recepção – ainda que temperada por exigências operacionais do sistema jurídico – de conceitos e instrumentos analíticos da microeconomia neoclássica viabilizou ao direito antitruste não apenas legitimação ideológica para a descoberta de um "bem jurídico" que caberia proteger; mais importante que isso, ela permitiu simultaneamente a definição precisa e "cientificamente" credenciada do *anti-ideal*, ou seja, daquelas situações de mercado tipicamente caracterizadas como *ineficientes* do ponto de vista alocativo, e contra as quais o aparato repressivo e preventivo estatal tem que ser mobilizado – a saber: situações conducentes ao *exercício provável ou efetivo de poder de mercado* (e, no limite, de *poder de monopólio*).

Do ponto de vista técnico, *poder de mercado* quer dizer nada mais que a capacidade de impor, consistente e lucrativamente, preços acima dos custos marginais ("supracompetitivos"), com redução da quantidade ofertada a um nível inferior ao eficiente[9] (e produção do correspondente *deadweight loss* alocativo); ao passo que *exercício* de poder de mercado significa o uso dessa capacidade no sentido de uma efetiva imposição de preços superiores aos competitivos. *Exercício de poder de mercado*, em outras palavras, é o termo que serve para *generalizar* e *traduzir*, teórica, analítica e operacionalmente, expressões que aparecem explicitamente nas legislações antitruste e que têm um significado ambíguo e difuso, tais como *abuso de poder econômico* ou, mesmo, *abuso de posição dominante*.[10]

Poder de mercado é, nessa descrição, o conceito mais geral a partir do qual os demais podem ser construídos como espécies, em função seja do *grau* de poder detido por um ou mais agentes econômicos num

9. Uma definição mais geral deveria incluir também o poder do *demandante* que se manifesta na *redução* de preços a um nível *inferior ao competitivo*. Também nessa hipótese pode-se falar de uma perda de bem-estar social ou de ineficiência alocativa. Cf. Hovenkamp, *Federal Antitrust Policy. ...*, pp. 13-16: "In any event, both price and output will fall below the competitive level when the buyer is a monopsonist. Some productive assets will be assigned to products that would have been the supplier's second choice in a competitive market. As a result, monopsony allocates resources inefficiently just as monopoly does" (p. 14). Também poderá haver uma perda de *eficiência dinâmica*, na medida em que os preços inferiores aos competitivos afetem negativamente as capacidades de investimento e de inovação do agente econômico prejudicado. Cf. os *Guidelines for Collaborations among Competitors* (2000), emitidos pela FTC e pelo Departamento de Justiça Norte-Americano. Para simplificar a nossa exposição, estaremos neste artigo nos referindo, salvo menção em contrário, exclusivamente ao poder de mercado do *ofertante*.

10. O termo "exercício de poder de monopólio", por sua vez, é o que corresponde ao nosso *domínio de mercado*. Cf., a respeito, nosso artigo "*Monopolization, attempt to monopolize* e a interpretação do inciso II do art. 20 da Lei 8.884/1994", *RDM* 119/128-136. Note-se que é a falta de um sentido tecnicamente preciso atribuível às citadas expressões que contribui para as tentativas (felizmente cada vez mais raras entre nós) de interpretá-las segundo critérios mais ou menos extravagantes – por exemplo, etimológicos, gramaticais, políticos, pseudo-sociológicos etc. Para o significado da expressão "posição dominante" no direito da concorrência da UE, cf. Ritter, Braun e Rawlinson, *European Competition Law: a Practitioner's Guide*, Kluwer, 2000, pp. 330-350. No Direito Alemão, além da noção de *marktbeherrschende Stellung* (posição dominante), também se fala, excepcionalmente, em certas espécies de relações de dependência (*Abhängigkeit*) e, no mesmo contexto, em *marktstarkes Unternehmen* (cf. § 26, Abs. 2, da *Gesetz gegen Wettbewerbsbeschränkungen*). Vale dizer que a positivação desse conceito se deu de forma *ad hoc* e pouco sistemática. Trata-se, de qualquer maneira, de um conceito secundário e desprovido de força estruturante na legislação alemã. Algo semelhante verifica-se no Direito Francês. O *Code de Commerce* prevê, além do *abus de position dominante*, também o caso da *exploitation abusive d'un état de dépendance économique* (art. L. 420-2). Aqui, aparentemente, a introdução do conceito parece ter ocorrido de forma mais consistente, na medida em que se exige expressamente, como uma condição de ilicitude, que a conduta do agente investigado possa afetar o "funcionamento ou a estrutura da concorrência" em um mercado relevante. Nesses termos, também a *dépendance économique* poderia ser pensada como instância do conceito mais geral de poder de mercado. No mesmo sentido, cf. Ritter, Braun e Rawlinson, *European Competition Law: ...*, pp. 340 e ss., sobre o conceito de *obligatory trading partner* do direito comunitário europeu, o qual é tratado como uma subespécie do conceito de posição dominante.

dado mercado, seja, ainda, da maior ou menor liberalidade no tocante à *dimensão* (ou dimensões) em que admite expressar-se o poder de mercado. Ambas variáveis podem ser importantes no que se refere à construção de hipóteses para fins de imputação de conseqüências jurídicas diferenciadas. De uma perspectiva teórica, é sem dúvida o *quantum* de poder de mercado detido por um agente econômico a variável fundamental. É essa quantificação, com efeito, que permite estimar variações nos excedentes do consumidor e do produtor e mensurar a "perda de peso morto" (*deadweight loss*) associada ao exercício do correspondente poder, bem como a magnitude da redução de custos eventualmente necessária para compensá-la.

O instrumento convencional para mensuração do poder de mercado de um determinado agente econômico é o chamado "índice de Lerner".[11] Sua expressão é dada pela fórmula $(P - Cm)/P$, onde P é o preço que corresponde ao nível de oferta que maximiza os lucros do agente em questão, e Cm é o respectivo custo marginal. Uma versão equivalente é dada pelo inverso da elasticidade-preço da demanda do produto, ou seja, $(P - Cm)/P = 1/\eta$, onde η (elasticidade-preço da demanda para um intervalo fixado ΔQ) é um número que representa a variação da quantidade demandada dividida pela variação do respectivo preço (isto é, $\Delta P/P/\Delta Q/Q$).[12]

A extraordinária simplicidade do *índice de Lerner* contrasta, entretanto, com a quase-impossibilidade prática relativa à determinação, nas situações concretas, seja do custo marginal Cm, seja da elasticidade da demanda η.[13] *Daí* o recurso a critérios alternativos que *indiquem*, ao menos por presunção, se um agente detém ou não poder de mercado e, em caso afirmativo, qual o grau desse poder. O critério alternativo por excelência utilizado para esse fim é a *participação de mercado*. A função central, do ponto de vista analítico, conferida à delimitação de um *mercado relevante* e ao cálculo dos *market shares* dos agentes nele participantes[14] é nesse exato sentido, *teo-*

11. Cf. Hovenkamp, *Federal Antitrust Policy. ...*, pp. 79 e ss. Hovenkamp define *market power* como "a firm's ability to deviate profitably from marginal cost pricing" (p. 79). Cf., a respeito, também Carlton e Perloff, *Modern Industrial Organization*, pp. 269-272 e 610-611: "A firm (...) has market power if it is profitably able to charge a price above that which would prevail under competition, which is usually taken to be marginal cost" (p. 610).

12. Sobre o critério de definição do *quantum* do aumento de preço que deve ser adotado nas análises antitruste, cf. as observações de Hovenkamp, *Federal Antitrust Policy. ...*, pp. 84-86.

13. Cf. Hovenkamp, *Federal Antitrust Policy. ...*, pp. 80 e ss.; também Calixto Salomão Filho, *Direito Concorrencial*, São Paulo, Malheiros Editores, 1998, pp. 82-83 – o qual, entretanto, se equivoca, a nosso ver, na sua crítica à definição-*standard* de poder de mercado (pp. 74-82). Conforme o exposto, não se trata, como afirma o ilustre autor, de mero "poder de aumentar preços", mas sim, de capacidade de impor, com lucro, preços *acima dos custos marginais* (isto é, preços *supracompetitivos*), com redução da quantidade ofertada abaixo do nível eficiente do ponto de vista alocativo. Um monopolista que não pode aumentar ainda mais os seus preços por razões referentes ao grau de substituibilidade dos seus produtos aos preços correntes *já está exercendo poder de mercado*. Nesse caso, a direção da análise técnica seria a da verificação da existência de eventuais eficiências *produtivas* associadas à conduta investigada que pudessem compensar a ineficiência (*deadweight loss* alocativo) que – cabe ressaltar – não está no aumento do preço em si, mas, sim, na quantidade de produto que deixou de ser ofertada. É por essa razão que, ao contrário do que argumenta o autor (pp. 75-76), é indiscutível a aplicabilidade do conceito de poder de mercado também nas hipóteses de poder do *comprador*. Cf., dentro da temática desse artigo, os *Guidelines for Collaborations Among Competitors*, da FTC e do Departamento de Justiça dos EUA (2000), p. 11, nota 30: "Market power to a buyer is the ability profitably to depress the price paid for a product below the competitive level for a significant period of time and thereby depress output".

14. Apesar da enorme popularidade, faz-se ainda muita confusão em torno do conceito de *mercado relevante*. As mais sutis estão relacionadas (a) à utilização da noção de *elasticidade da oferta* no contexto da *definição do produto relevante*. Conceitualmente, o critério para tal definição está, *exclusivamente*, na substituibilidade do ponto de vista da *demanda*. A análise da oferta entra em cena apenas num segundo momento, qual seja, o da *identificação das empresas participantes* no mercado relevante *além* daquelas que *ofertam correntemente* o produto rele-

ricamente secundária, e se explica como uma espécie de "*second best* metodológico" à luz de lacunas insuperáveis de informação no contexto das análises dos casos concretos.

Com efeito, a determinação *imediata*, qualitativa e quantitativa, de poder de mercado a partir da aplicação do *índice de Lerner* é substituída por um *indício* baseado na correlação positiva *presumida* entre participação de mercado e poder de mercado – presunção que, como se sabe, terá que ser ou confirmada ou desconfirmada no curso da investigação acerca de outros fatores e características, estruturais ou não, do mercado relevante, tais como, em especial, a natureza e o nível das barreiras à entrada,[15] a presença eventual de demandantes e/ou fornecedores com elevado poder de barganha,[16] o grau de rivalidade entre concorrentes e de dinamismo tecnológico no mercado, entre outros.

Exercício de poder de mercado, em resumo, é um conceito capaz de *uniformizar* a categorização jurídica dos vários ilícitos antitruste, uma vez localizado o elemento principal constitutivo desse tipo de ilícito na produção – ou na aptidão para produzir – de efeitos líquidos negativos sobre o bem-estar social. Ademais, tem-se aí a chave para o tratamento juridicamente unificado da *análise de atos de concentração econômica e condutas anticompetitivas*. É claro que há diferenças: se o objetivo da análise estrutural em razão de atos de concentração econômica é a *prevenção* de situações econômicas em que sejam *prováveis* o exercício de poder de mercado e a perda de bem-estar social a ele associada, o objetivo do processo administrativo é tipicamente *repressivo*, na medida em que se trata de punir – ou de fazer cessar – *condutas* de agentes detentores de poder de mercado cujo efeito real ou potencial seja a *produção* de uma perda líquida de bem-estar social. Mas por detrás dessa diferença se escondem preocupações básicas, conceitos técnicos, instrumentos e métodos de análise basicamente idênticos.

Em ambas as hipóteses, de fato, é no *efeito líquido negativo sobre o bem-estar social associado ao exercício, seja efetivo ou provável, de poder de mercado* que está a *incompatibilidade jurídica* com o disposto na legislação antitruste; nos dois casos, é um único conceito normativo de "concorrência" – entendida como situação de mer-

vante (o qual, portanto, deve ter sido já previamente definido); e (b) ao uso indiscriminado da elasticidade-cruzada da demanda como medida da substituibilidade entre produtos tomando por base – para o aumento hipotético de 10% – os preços *correntes*, sem o cuidado de saber se esses preços podem ou não ser considerados suficientemente próximos aos preços *competitivos* (que são os únicos em face dos quais referido uso é justificável). Cf., sobre esse último ponto, as observações de Hovenkamp (*Federal Antitrust Policy.* ..., pp. 102-107) sobre a *Cellophane fallacy* (por referência à decisão da Suprema Corte no caso "United States *vs.* E. I. Du Pont de Nemours & Co.).

15. Sobre o conceito de *barreiras à entrada*, cf. Carlton e Perloff, *Modern Industrial Organization*, pp. 76-83; e Hovenkamp, *Federal Antitrust Policy.* ..., pp. 523-536. No âmbito antitruste é muito comum a distinção entre *committed* e *uncommitted entrants* (ou seja, entre "entrantes comprometidos" e "não-comprometidos"), embora apenas os primeiros sejam entrantes, num sentido rigoroso. Cf. os *Horizontal Merger Guidelines* (1992) da FTC e do Departamento de Justiça Norte-Americano, pp. 11-12 e 27-30. É importante sublinhar que os *Guidelines* refletem, metodologicamente, essa diferença conceitual em termos da distinção entre condições para identificação das *empresas participantes* no mercado relevante (que podem incluir as empresas que não ofertem correntemente o produto relevante mas que possam vir a fazê-lo redirecionando ativos com custos irrecuperáveis baixos e em um período curto de tempo – isto é, os *uncommitted entrants*), de um lado, e condições de *entrada stricto sensu*, de outro lado, cuja análise somente se aplica em face de eventuais entrantes *comprometidos*. Uma entrada comprometida é definida, nesse contexto, como "new competition that requires expenditure of significant sunk costs of entry and exit" (p. 26). Nesse mesmo sentido, cf. o *Guia para Análise Econômica de Atos de Concentração Horizontal*, da SEAE e SDE (itens 33 e 45 e ss.) . Cf. ainda a nota 5, *supra*.

16. Quanto a esse ponto vale, contudo, generalizar a advertência de Hovenkamp, *Federal Antitrust Policy.* ..., p. 537: "A merger is to be evaluated by its impact on all buyers (...), not just on the larger more sophisticated ones".

cado caracterizada por maximização da oferta e pela igualdade entre preços e custos marginais – a servir como contraste positivo para fins comparativos e de avaliação das configurações de mercado alternativas; em ambos, é a soma dos excedentes do produtor e consumidor o método proposto para a qualificação e mensuração do efeito líquido sobre o bem-estar social causalmente imputado a uma determinada conduta ou a um determinado ato de concentração.[17]

Esse referencial básico de análise[18] pode ser agora ilustrado e resumido a partir do que ficou conhecido como *gráfico de Williamson*[19] (v. a Figura II, abaixo).

Figura II: ***Tradeoff*** *de Eficiência Alocativa*

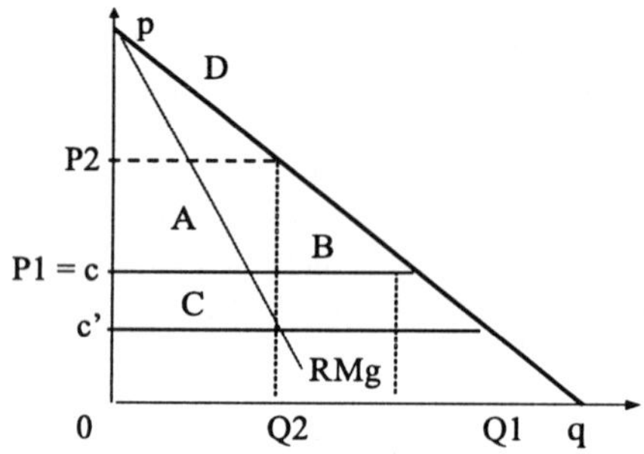

Vamos imaginar que o gráfico reflete uma situação na qual, em virtude de uma conduta anticompetitiva (ou um ato de concentração), haja incremento *simultâneo* de poder de mercado e eficiências (no caso, reduções de custos). O aumento de poder de mercado permite ao agente detentor desse poder uma elevação de preços de *P1* para *P2*, com redução correspondente da quantidade ofertada de *Q1* para *Q2*. O ponto (*P1*, *Q1*) representa o nível competitivo de preços e *output*, ou seja, aquele no qual o preço iguala o custo marginal do produtor e a soma dos excedentes do produtor e do consumidor é máxima. O novo preço *P2* e a nova quantidade ofertada *Q2* correspondem ao nível que agora maximiza o lucro do produtor, isto é, no qual a receita marginal *RMg* é igual ao novo custo marginal c'. A

17. Desnecessário ressaltar que essa lista de características comuns poderia ser estendida a perder de vista. Um exemplo adicional particularmente ilustre está no aparato conceitual e na metodologia usados para delimitar mercados relevantes e analisar suas estruturas. Sobre o nexo interno existente entre os conceitos de *mercado relevante* e *poder de mercado*, cf. M. Possas, "Os conceitos de mercado relevante e de poder de mercado no âmbito da defesa da concorrência", *Revista do IBRAC* 3/82-102, 1996.

18. Note-se que, como previamente advertido, o referido quadro conceitual não se realiza de maneira "pura" na práxis de aplicação do direito antitruste. Em regra, concebe-se o poder de mercado não apenas em termos de preços e quantidades, mas também de variáveis como: qualidade dos produtos ofertados, ritmo e quantidade de inovações em novos produtos, novos processos de produção, novas formas de organização e coordenação etc. Ademais, o predomínio e a relevância do referencial estático na análise de bem-estar são com freqüência questionados. Um excelente exemplo nesse sentido é a incorporação de um conceito *dinâmico* de bem-estar, caracterizado pela importância dos ganhos associados a processos de inovação no longo prazo e responsável por um certo relaxamento no tratamento de certos tipos de acordos de cooperação entre concorrentes e pela aceitação das chamadas *innovation efficiencies* como forma importante de relativizar eventuais perdas de eficiência alocativa causadas por condutas ou atos de concentração. Cf., a respeito, o relatório da FTC com o título *Anticipating the 21st Century: Competition Policy in the New High-Tech, Global Marketplace*, v. I, maio/1996, Capítulo 2, p. 32. Para uma discussão crítica acerca do predomínio do referencial estático na análise de bem-estar, cf. Jorde e Teece (orgs.), *Antitrust, Innovation and Competitiveness*, 1992. O reconhecimento institucional da importância dos ganhos de bem-estar associados a processos de inovação também se manifesta no conceito de *innovation markets*, constante dos *Antitrust Guidelines for the Licensing of Intellectual Property* (1995), da FTC e do Departamento de Justiça Norte-Americano.

19. Cf. Oliver Williamson, "Economies as an antitrust defense: the welfare tradeoffs", *American Economic Review* 58, 1968. Cf. as observações críticas de Fischer, Johnson e Lande, "Price effects ...", *California Law Review* 77/788 e ss. O gráfico é normalmente usado no contexto das análises de atos de concentração, mas o *tradeoff* que ele representa pode, como esquema abstrato, ser aplicado também nas hipóteses de condutas anticompetitivas, especialmente nas sujeitas à "regra da razão".

redução de custos de c para c', decorrente da conduta e representada pela área do retângulo C, é um *ganho líquido de eficiência*, uma vez que mede a diminuição nos custos associada à produção da quantidade $Q2$ (que antes custava $c > c'$). A área da região A, por sua vez, mede a *transferência de renda* dos consumidores para o produtor em razão do aumento no preço de $P1$ para $P2$. Para cada unidade consumida, de fato, os consumidores são agora obrigados a pagar um preço superior ao que eles pagavam anteriormente. Ocorre que, *para fins* do cálculo do efeito *líquido* sobre a *eficiência alocativa* relacionado à conduta, essa área é simplesmente *irrelevante*: o que aqui é *perdido* pelo *consumidor* é *ganho* pelo *produtor*, de modo que a *variação líquida* dos excedentes é igual a 0 (zero). Algo distinto se passa em relação à área do triângulo B. Essa expressa genuína *perda líquida de eficiência*, na medida em que os consumidores estariam dispostos a pagar pelo produto (que deixou de ser ofertado) um valor superior ao que custaria para produzi-lo. Esse diferencial significa, logo, uma perda para o consumidor que não será apropriada por ninguém, ou seja, uma autêntica "perda de peso morto" (*deadweight loss*) em termos alocativos.

A mensagem por detrás desse esquema geral de análise está em que a determinação do *efeito líquido sobre o bem-estar social* depende *unicamente* do cômputo da diferença entre as áreas correspondentes às regiões C e B do gráfico, isto é: dos ganhos líquidos do produtor associados a reduções nos custos decorrentes do comportamento adotado e da "perda de peso morto" – o valor da quantidade de produto que deixou de ser ofertada – em que se materializou o exercício de poder de mercado. Considerado como *critério de licitude* (ou aprovação de atos de concentração), esse *tradeoff* de eficiência alocativa reduz-se à condição: $C - B \geq 0$.[20]

Conforme antecipado, a tradução pura e simples dessa metodologia em Direito aplicado jamais foi aceita unanimemente na literatura especializada (e muito menos na práxis dos tribunais e agências administrativas). As razões são mais ideológicas que "científicas", uma vez que o alicerce teórico em que se baseiam ambas as partes nessa contenda é basicamente o mesmo. O ponto central da crítica ao *efficiency standard* está no absoluto descaso com a transferência de renda do consumidor para o produtor viabilizada pelo exercício de poder de mercado por parte do último. Note-se bem a gravidade do problema. Evitar a transferência de renda do consumidor para o produtor requer que se *impeça o aumento de preços* viabilizado pelo incremento de poder de mercado resultante de uma conduta ou um ato de concentração; ou o surgimento de situações econômicas em que esse aumento de preços seja provável.[21] Ora, *afirmar* a necessidade de se tratar a dimensão distributiva como fundamental na análise antitruste é uma coisa; *implementar* metodológica e juridicamente referida exi-

20. Aqui vale repetir a observação de que a mensuração desse *tradeoff* requer informações que raras vezes vão estar disponíveis para fins de aplicação do Direito. Não obstante, há algumas sugestões no sentido de torná-lo operacional. Uma delas refere-se à utilização de projeções orientadas no chamado "método de Harberger", de acordo com o qual a inequação acima pode ser reescrita em termos da desigualdade: $\Delta c/c \geq \frac{1}{2}(\Delta p/p)^2\eta$, onde $\Delta c/c$ é a variação (redução) nos custos decorrente da conduta, $\Delta p/p$ é a variação (aumento) no preço associada ao exercício de poder de mercado, e η é a elasticidade-preço da demanda ao nível correspondente de *output*. Estimativas baseadas em valores típicos para η permitem então identificar percentuais de redução nos custos que deveriam ser tratados pelas autoridades como suficientes para compensar a ineficiência alocativa ligada ao exercício de poder de mercado. Os percentuais exigidos para essas reduções costumam variar entre valores surpreendentemente baixos (entre 1% e 5%).

21. Cf. Fischer, Johnson e Lande, "Price effects ...", *California Law Review* 77/781: "Congress wanted to block any merger significantly likely to generate higher consumer prices". É muito questionável até que ponto essa exigência não seria *obrigatória* no âmbito do controle de atos de concentração ante o exposto no inciso II do § 1º do art. 54 da Lei 8.884/1994.

gência é outra, muitíssimo diversa.[22] Apesar do forte apelo intuitivo, ainda não está claro como assegurar ao *price standard* plausibilidade suficiente para ameaçar o poder de sedução – pelo menos no plano da teoria – do enfoque alternativo, bem como operacionalizá-lo de modo a afastar a suspeita de que sua aplicação jurídica implique algo próximo a um controle de preços.[23]

2. *O real significado da distinção entre a regra "per se" e a "regra da razão"*

A forte incorporação da microeconomia neoclássica como fundamento de legitimidade "científica" da aplicação da legislação antitruste sugere que essa aplicação contaria com cobertura teórica e metodológica suficiente para possibilitar, em cada caso, a determinação qualitativa, e a quantificação, de modificações no comportamento de variáveis microeconômicas selecionadas (tradicionalmente: preços e quantidades ofertadas) que estejam associadas a prováveis exercícios de poder de mercado por parte de um ou mais agentes econômicos.[24]

Na verdade, o poder de sedução, antes referido, que é próprio ao enfoque de eficiência alocativa explica-se menos pela crença de que o procedimento de aplicação do direito antitruste pudesse ser modelado na práxis de acadêmicos cooperativamente interessados na busca da verdade, que pela expectativa de que a teoria e os métodos que o sustentam possam servir como um *esquema orientador* para a identificação de *relações típicas de causalidade* (ou, melhor, de "associação") entre um certo conjunto de condutas de agentes econômicos, de um lado, e um certo conjunto de situações, por assim dizer, "socialmente indesejáveis", de outro lado.

Entendido nesses termos – vale dizer, como uma espécie de *organizador e sistematizador do discurso dogmático* e de *disciplinador racional da práxis de aplicação do Direito* –, é inquestionável a contribuição do referido enfoque. Se, com efeito, os graus de sistematicidade dessas idéias e de racionalização dessa práxis dependem, em larguíssima escala, da recepção de proposições e métodos de ciência econômica, e se a captura dessas proposições e métodos pelo sistema jurídico está orientada na solução do problema da classificação unívoca de condutas em lícitas ou ilícitas, permitidas ou proibidas, pode-se dizer que ainda não foi apresentada proposta teórica que possa competir, em termos de coerência e funcionalidade jurídica, com o instrumental conceitual e analítico disponibilizado pelo paradigma da eficiência (o que não quer dizer, evidentemente, que ele não possa e deva ser criticado, ou que os paradigmas alternativos até agora formulados apenas de maneira programática devam ser abandonados).

Visto de um ângulo eminentemente pragmático, em suma, o paradigma da bus-

22. Esse problema pode ser percebido nas discussões sobre a questão da *workability* dos modelos, em especial na literatura norte-americana. Cf. Fischer, Johnson e Lande, "Price effects ...", *California Law Review* 77/809 e ss. Esses autores apresentam uma nova versão do *tradeoff* entre poder de mercado e eficiência (da perspectiva do que denominam *price standard*) em termos cuja operacionalização é não menos problemática que a do *efficiency standard* que eles criticam (p. 791): "How much must marginal cost decrease to offset a given increase in market power and ensure that price not increase?".

23. Observações interessantes no sentido das implicações para a análise das eficiências compensatórias podem ser encontradas em Fischer, Johnson e Lande, "Price effects ...", *California Law Review* 77/792 e ss.

24. Para uma crítica da mencionada suposição, cf. o nosso artigo "Fundamentos do direito da concorrência. Racionalidade e legitimidade na aplicação da Lei 8.884/1994", *RDM* 117/57-86. Cf. também a observação de Hovenkamp, *Federal Antitrust Policy*. ..., p. 255: "We sometimes hear the deceptively simple proposition that all the Courts need to do is balance efficiency effects against anticompetitive effects and see which way the scale tips. But Courts are not capable of measuring either efficiency or power over price with anything approaching scientific accuracy. Most such judicial measurements are simply hunches, based on several presumptions about the nature and effects of certain practices".

ca do "máximo" bem-estar social (eficiência alocativa) é, até o presente momento, o único *sistema completo e internamente coerente* de instrumentos de análise de que dispomos para mapear a estrada de incertezas em que somos obrigados a nos mover ao aplicar o direito antitruste. Destituído da pretensão de ser "ciência aplicada", trata-se, como exposto, de um *road map* em que os sinais têm natureza de *presunções a respeito de relações associativas* (ou de causalidade em sentido fraco) entre comportamentos de agentes econômicos, de um lado, e "impactos competitivos" (isto é, efeitos líquidos sobre o bem-estar social), de outro.

Mas não é só isso. Além do serviço de fundamentação doutrinária para o estabelecimento das referidas relações de associação, o mencionado sistema funciona como um repositório de argumentos em face do inestimável propósito de orientar o trabalho das autoridades no sentido (a) da *discriminação dos fatos e das alegações que são, e dos que não são, relevantes* para a investigação; (b) da definição de um *método de análise*, ou seja, do modo *como conduzir essa investigação* para viabilizar a tomada de uma decisão numa ou outra direção; bem como (c) da fixação do *grau de extensão e profundidade* da análise que seria necessário para garantir a plausibilidade da decisão a se tomar (à vista do custo social associado à continuidade da investigação).

Qualquer investigação no contexto de um procedimento de aplicação do Direito (em *qualquer* área do Direito) requer a existência de certas regras, por assim dizer, "parajurídicas" ou de "economia processual", que nos digam que estamos autorizados a decidir pela licitude ou ilicitude de uma prática no instante em que tivermos uma *certa* quantidade de informações e evidências a seu respeito. Onde localizar, em cada caso concreto, essa "certa quantidade" é algo que, em geral, varia ao longo de um contínuo, e as regras destinadas a mapeá-lo estão normalmente implícitas na práxis de aplicação, demandando, daquele que pretende conhecê-las bem, longa experiência prática. No direito antitruste a jurisprudência norte-americana construiu, e a literatura nomeou explicitamente e sistematizou, o uso de duas "super-regras" de mapeamento do extenso contínuo em que se move a análise dos casos concretos, a saber: a regra *per se* e a "regra da razão".[25]

"In fact, all legal analysis is *per se* to one degree or another. The *per se* rule says that once we know a certain amount about a practice we can pass judgement on its legality without further inquiry. The difference between a *per se* and a 'rule of reason' standard lies in how much we need to know before we can make that decision."[26] Hovenkamp utiliza essa afirmação bem no início da seção *5.6b* do seu extraordinário manual, por ele intitulada "The exaggerated distinction between rule of reason and *per se* treatment". A argumentação aí desenvolvida extensamente tem como objetivo relativizar a referida separação, limitando-a exclusivamente aos casos típicos localizados nos pólos de um espectro de análise em que, via de regra, é difusa e ambígua a distribuição dos rótulos *per se* e *rule of reason*.[27] Jamais teria passado pela cabeça de

25. Cf., a respeito, *The Rule of Reason* (uma publicação da ABA, 1999), p. 9: "Antitrust scholars and the more recent Supreme Court decisions suggest that, rather than being a dichotomy, the traditional *per se* standard and comprehensive rule of reason analysis are more accurately viewed as representing opposite ends of a single continuum of antitrust analysis *measuring the reasonableness of the challenged conduct*" (grifos nossos). A questão da *reasonableness*, portanto, refere-se a *ambos os tipos* de regras de análise, não só à regra da razão, como falsamente se supõe.

26. Hovenkamp, *Federal Antitrust Policy. ...*, p. 251.

27. Também no sentido de uma forte relativização dessa distinção, cf. *Antitrust Law Developments*, v. I (1997), publicado pela ABA, pp. 40 e ss., com extensa citação de casos nos quais a aplicação da regra *per se* é precedida de um exame cuidadoso das condições estruturais do mercado, e outros nos quais um *quick-look rule of reason test* é aplicado. Na verdade, pode-se afirmar que há *várias* formulações da *rule of reason* no Direito Norte-Americano. Cf., a respeito, Barry E. Hawk e Nathalie Denaeijer,

Hovenkamp, ou de qualquer comentarista autorizado, contudo, pensar que a caracterização de uma infração como *per se* significasse sua ilicitude *independentemente* da natureza dos seus efeitos concorrenciais. Efetivamente: "Regardless of the standard used *[per se* ou *rule of reason]*, the purpose of the analysis is *always* to assess the effect of the conduct on competition".[28]

Uma investigação antitruste, seja ela qual for, deve ser interrompida em algum ponto. A diferença entre uma análise *per se* e uma que leve o título de "regra da razão" consiste, típica e simplesmente, em que a análise do primeiro tipo pode ser interrompida *em um estágio anterior* que a do outro tipo.[29] Mas em relação a ambos os tipos – repita-se – vale idêntico preceito quanto ao objetivo: "the purpose of the analysis is always to assess the effect of the conduct on competition". A identificação de uma conduta anticompetitiva pode requerer, em suma, uma quantidade maior ou menor de análise sobre as circunstâncias tratadas como relevantes. De acordo com o exposto, toca então a uma *teoria* antitruste a função de estabelecer as necessárias presunções de modo a prover aos trabalhos do analista e do julgador orientação metodológica bastante para permitir uma dosagem eficiente entre tempo e custo social da investigação, de um lado, e consistência técnica da conclusão, de outro. Excluída como está a possibilidade de certeza nesse âmbito, a questão que se coloca diz respeito ao *quantum* de informações acerca do comportamento investigado que se faz necessário coletar e analisar a fim de assegurar plausibilidade técnico-jurídica à decisão que deverá ser tomada.

Isto posto, é um equívoco supor, como fazem alguns, que a regra *per se* representaria uma espécie de estágio arcaico do direito antitruste, claramente inferior, numa escala ideal de racionalidade e sofisticação técnica, à regra da razão.[30] Do ponto de vista teórico não há menos racionalidade e sofisticação no tratamento tipicamente *per se* das chamadas *naked price restraints*, que na *rule-of-reason analysis* que caracteriza o exame de acordos de cooperação tecnológica entre concorrentes. Na verdade, se quiséssemos levar a discussão ao limite, poderíamos mesmo dizer que o arrastamento da análise no caso de um cartel *hardcore* seria uma clara demonstração de irracionalidade e falta de eficiência administrativas.

Ocorre que os efeitos deletérios da mencionada suposição nada são se comparados aos produzidos pela lastimável *opinio* – que já se converteu em verdadeiro dogma – segundo a qual o Direito Brasileiro "não admite" a regra *per se*.[31] Ao que tudo indi-

The Development of Articles 81 and 82: Legal Certainty (texto para discussão): "Use of the singular 'rule of reason' grossly misrepresents the anarchic state of U.S. law (...)" (p. 7). Também: "Over the years Courts, authorities and commentators have formulated 'quick looks' and 'truncated', 'structured', 'flexible' and 'abbreviated' rules of reason (...) which are a sort of a middle ground between the *per se* rule and a full-blown rule of reason" (p. 8).

28. Cf. *Antitrust Law Developments*, p. 41 (grifo nosso).

29. Cf. Hovenkamp, *Federal Antitrust Policy*. ..., p. 252.

30. Às vezes busca-se legitimar essa suposição apelando ao direito comunitário europeu, no qual, segundo tal opinião, não haveria lugar para a "superada" figura da regra *per se*. Mas essa opinião é falsa. Ainda que não se faça menção expressa ao *termo* "regra *per se*" no direito antitruste europeu, o correspondente *conceito* está aí incorporado sob a denominação de *hard-core restrictions* (cf. Barry E. Hawk e Nathalie Denaeijer, *The Development*..., p. 5. V. também, ainda que um pouco mais cautelosos, Ritter, Braun e Rawlinson, *European Competition Law:* ..., p.. 141: "(...) past Commission decisions show that, while there are no so-called *per se* prohibitions as in the United States antitrust law, nearly all forms of price-fixing or market-sharing between competitors are virtually *per se* prohibited and ineligible for exemption".

31. Em face do novo projeto de alteração da Lei 8.884/1994 (divulgado em 24.11.2001), é possível que esse dogma desapareça, em razão da tentativa de expressa positivação da regra *per se* nos casos de acordos horizontais *hard-core*. O importante, contudo, é não perder de vista o verdadeiro significado jurídico dessa regra, a fim de evitar a consolidação de novos dogmas a respeito do assunto (ou mesmo do surgimento de "teses" sobre a "inconstitucionalidade" do dispositivo em questão).

ca, a fonte do erro está na concepção dos termos "*per se*" e "regra da razão" como aplicáveis diretamente sobre o *conceito* de *ilícito antitruste*, como se efetivamente se tratasse de duas *categorias diferentes* de *condutas anticompetitivas*, quais sejam: as tratadas como ilícitos antitruste *independentemente dos seus efeitos* "para a concorrência" em um mercado relevante e as caracterizadas como tais apenas dada essa condição, quando, na realidade, os referidos padrões de análise nada mais são que regras de *economia processual*, isto é, *stop signs* de uma investigação *sempre* orientada na determinação do impacto competitivo líquido produzido pela conduta que está sendo analisada.

Com efeito, a distinção refere-se a tipos diferentes – e, mesmo aqui, não radicalmente diferentes – de *regras de análise* de condutas para fins de determinação qualitativa da natureza de seus prováveis efeitos competitivos.[32] É o reconhecimento dessas regras (fundado em argumentos de procedência científico-econômica sancionados pela experiência acumulada no contencioso administrativo e judicial) e sua formulação explícita sob a forma de critérios de delimitação e distribuição de obrigações referentes à questão *probatória* que tornam um sistema de prevenção e repressão de condutas anticompetitivas suficientemente *previsível*, e isso tanto para as autoridades aplicadoras como para os agentes econômicos privados. Assim é que, bem ao contrário do que se alardeia, os ganhos para o setor privado vinculados à previsão expressa da regra *per se* mais que compensariam os eventuais custos, já que ao pequeno número de condutas sancionáveis sob orientação dessa regra corresponderia um enorme número de condutas cuja *licitude* estaria também assegurada *per se*. Como diz, com a propriedade costumeira, Hovenkamp, "the *per se* rule (...) is a two-edged sword".[33] Da perspectiva do interesse público as vantagens são mais evidentes, e os custos, virtualmente nulos. Com apenas um pouco de exagero, poder-se-ia mesmo dizer que a recepção parcial da regra *per se* como guia de análise antitruste seria um corolário do princípio constitucional da eficiência administrativa.

Daí também o equívoco da posição que pretende estabelecer um paralelismo entre regra *per se* e regra da razão, de um lado, ato administrativo vinculado e ato administrativo discricionário, de outro. De fato, em ambos os casos a *estrutura* da norma jurídica que está sendo aplicada é exatamente a mesma, a saber: "dados certos efeitos, deve-ser a sanção". A diferença está em que no caso da regra *per se* é mais curto o *percurso analítico* para a constatação, pela autoridade, de que esses efeitos estão "dados", ao passo que na aplicação da regra da razão são necessários mais alguns passos. Em conclusão: a decisão é vinculada nos *dois casos*.

32. V., novamente, Herbert Hovenkamp, *Federal Antitrust Policy*. ..., p. 257: "In order to determine the likely effects of a horizontal agreement or other restraints as efficiently as possible, Courts go through a series of steps. Cases that require a small number of steps are the ones we generally call *per se*. Those that require more steps fall into the rule of reason category". Também os *Antitrust Guidelines for Collaborations Among Competitors*, da FTC e do Departamento de Justiça Norte-Americano, 2000, p. 3: "Two *types of analysis* are used by the Supreme Court to determine the lawfulness of an agreement among competitors: *per se* and rule of reason. Certain types of agreements are so likely to harm competition and to have no significant procompetitive benefit that *they do not warrant the time and expense required for particularized inquiry into their effects*" (grifos nossos).

33. *Federal Antitrust Policy*. ..., p. 252. Cf. também a monografia publicada pela ABA (1999) e já citada, *The Rule of Reason*, pp. 2 e ss.: "The benefits associated with the per se approach are, quite naturally, the converse of the costs associated with a rule of reason analysis: business certainty, litigation efficiency, and deterrent effect. These benefits provide real cost savings from the standpoint of litigation expense, the administration of justice, and judicial resources. The clear deterrent value helps constrain some activities, such as price fixing, which otherwise hold the promise of immediate gain and presumably would be far more common absent the per se rule" (p. 3).

Sublinhemos bem o ponto central do argumento. O significado jurídico da regra *per se* pode ser esclarecido a partir de uma sutileza conceitual que está na base da distinção entre tal *standard* e o correspondente à regra da razão. *Per se* e *rule of reason* são, a rigor, padrões de *investigação* antitruste. Não se trata, em hipótese alguma, de rótulos aplicáveis a diferentes *categorias de condutas anticompetitivas*. De fato, uma determinada conduta tem natureza anticompetitiva *se e somente se* a ela se associa a produção de efeitos líquidos negativos sobre o bem-estar em termos do exercício de poder de mercado por parte de um ou mais agentes. A presença do "efeito anticompetitivo", nesse sentido, é, *sempre e necessariamente*, elemento *constitutivo* da definição jurídica de ilícito antitruste.

Em conseqüência, *toda análise* de condutas, como parte essencialmente integrante de um procedimento que conduz à decisão a respeito da existência de ilícito antitruste em um caso concreto, deve ter por conteúdo e objetivo a apresentação de argumentos tecnicamente consistentes que permitam ao final sustentar essa decisão, isto é, argumentos que nos digam qual é a natureza dos efeitos líquidos, "para a concorrência", resultantes da conduta investigada. Logo, a ilicitude *per se* de um determinado *tipo* de conduta (fixação de preços entre concorrentes, por exemplo) não consiste na suposta independência em relação ao *efeito anticompetitivo*, mas sim (o que é muitíssimo diferente) na autorização para *abreviar* o percurso analítico necessário para *provar* que o efeito – real ou provável – *é de fato* anticompetitivo. Mas é justamente esse, por outro lado, o erro conceitual subjacente à opinião dominante, isto é: tomar a *presunção bem fundada* (dados certo estágio de conhecimento e a experiência prática acumulada) do nexo de causalidade entre determinado tipo de conduta e efeito anticompetitivo como *indiferença jurídica* no que se refere à *própria existência do referido nexo causal*. Feito esse esclarecimento, percebe-se que não faz sentido algum imaginar uma "proibição" em nível do *direito positivo* em relação à aplicabilidade da regra *per se* nas investigações de condutas no âmbito antitruste. A decisão de usar ou não tal regra de economia processual faz-se, exclusivamente, no contexto da *análise e interpretação de indícios* de práticas anticompetitivas, e sua aplicação está condicionada apenas ao menor ou maior grau de *racionalidade* (ou de funcionalidade) atribuído, *pelo aplicador*, a essa regra *no referido contexto*.[34]

3. Acordos horizontais: tipologia e análise

Ante o exposto, uma forma de apresentação sistemática das diferentes implicações jurídicas referentes aos acordos entre concorrentes da perspectiva do direito antitruste consiste (a) em percorrer as formas *típicas* nas quais esse gênero de conduta aparece na práxis e (b) em estudá-las conforme seja o grau de complexidade analítico (em termos do *tradeoff* entre poder de mercado e eficiência) requerido para a verificação, nos procedimentos de investigação, das condições necessárias e suficientes para sua caracterização como ilícito antitruste. A vantagem dessa estratégia de apresentação do tema dos acordos entre concorrentes está em que ela revela, de modo particularmente ilustrativo e desmistificador, de que forma a tênue distinção entre regra *per se* e regra da razão está *implicada* na maneira corrente como *aplicamos* o direito antitruste na maioria dos casos concretos; bem assim, como tal distinção, "implícita na nossa práxis", está correlacionada com a nossa maneira habitual de avaliar a *gravidade* das condutas dos agentes econômicos do ponto de vista dos seus prováveis efeitos anticompetitivos. Nesse senti-

34. Daí, também, a *inutilidade* da sua previsão explícita no *direito positivo* (como ocorre com o novo projeto de alteração da Lei 8.884), *salvo* o efeito pedagógico no sentido da destruição do dogma da inadmissibilidade da regra *per se* no Direito Brasileiro.

do, a exposição que segue está articulada em torno de dois grandes tipos de acordos horizontais, classificados *grosso modo* em função da correspondente regra de análise (*per se* ou "regra da razão") aplicável à caracterização do ilícito antitruste, quais sejam: (3.1) os cartéis *hard-core* e (3.2) as demais espécies de acordos de colaboração entre concorrentes.

Antes de entrar diretamente no assunto, contudo, vale um último comentário geral. O tratamento *doutrinário* de uma conduta como sujeita à regra *per se* ou à regra da razão para fins da análise não é algo que cabe à livre escolha do doutrinador, ainda que acredite estar com os melhores argumentos econômicos do seu lado. Assim, quando falamos de uma "distinção implícita na nossa práxis" estamos nos referindo, *primariamente*, à praxis de *aplicação do Direito pelas autoridades*. A ressalva é muito importante, na medida em que essa práxis é *juridicamente* vinculante para o aplicador, não podendo mudar de forma arbitrária de um instante para outro.

3.1 Os cartéis "hard-core"

Em uma primeira aproximação, um cartel é uma associação de agentes econômicos que, expressa ou tacitamente, acordam em coordenar as decisões estratégicas no tocante a variáveis relevantes do ponto de vista concorrencial. Nesse sentido amplo, cartéis de preços (isto é, acordos entre concorrentes para a fixação dos preços de venda) aparecem somente como uma dentre várias espécies de cartel, por exemplo ao lado de acordos cujo objeto é a restrição de quantidades produzidas ou ofertadas, a fixação de condições gerais de compra de insumos, a divisão do mercado em função de critérios geográficos ou tipo de consumidor etc.[35] Mas não há dúvida de que a espécie típica são os acordos entre concorrentes para a fixação de preços e/ou redução das quantidades ofertadas. Por razões de simplificação, as observações que seguem ao longo dessa seção terão – embora sem perda de generalidade quanto às conclusões – como ponto de referência somente esse caso particular de cartel.

Partindo daí, cartéis *hard-core* poderiam ser entendidos como práticas "concertadas" no sentido acima, mas com a qualificação de não poderem ser caracterizadas como *secundárias* (ainda que necessárias de um ponto de vista racional-estratégico) ou *colaterais*, tendo em vista a viabilização de arranjos eventualmente neutros ou mesmo pró-competitivos que envolvam os agentes econômicos em questão (por exemplo, *joint ventures*, consórcios, acordos de organização da produção, distribuição etc.). Cartéis *hard-core* são os vilões por excelência do direito da concorrência. Eles são considerados não apenas por toda parte como ilícitos antitruste, mas em vários ordenamentos também como criminosos.[36]

35. Para uma definição geral, cf. Volker Emmerich, *Kartellrecht*, Beck, 1994, p. 55: "(...) so stellt sich als 'Wesen' eines Kartells heraus, dass mehrere Unternehmen durch einen Vertrag ihr Verhalten auf dem Markt koordinieren, um dadurch den Wettbewerb untereinander auszuschliessen". Em tradução livre: "(...) desse modo se revela que a 'essência' de um cartel consiste em que empresas coordenem, por meio de contrato, o seu comportamento no mercado, de modo a excluir a concorrência entre as mesmas".

36. Por exemplo, nos Estados Unidos. Cf. Hovenkamp, *Federal Antitrust Policy. ...*, pp. 585-586; bem como os *Antitrust Guidelines for Collaborations Among Competitors*, p. 3: "Agreements of a type that always or almost always tends to raise price or to reduce output are per se illegal (...). Types of agreements that have been held *per se* illegal include agreements among competitors to fix prices or output, rig bids, or share or divide markets by allocating customers, suppliers, territories, or lines of commerce. The Courts conclusively presume such agreements, once identified, to be illegal, without inquiring into their claimed business purposes, anticompetitive harms, procompetitive benefits, or overall competitive effects. The Department of Justice prosecutes participants in hard-core cartel agreements criminally". Sobre o tratamento *per se* dos *hard-core cartels* na UE, cf. Barry E. Hawk e Nathalie Denaeijer, *The Development ...*, p. 5: "In horizontal cases, the *per se* rule in the United States is largely limited to basic hard-core cartel practices. This is similar to EC practice. Indeed, the bifurcation of art. 81 and the (theoretical) possibility of an exemption

Cartéis *hard-core* são normalmente tratados como ilícitos *per se* – isto é, a prova do fato do cartel é, em regra, suficiente para autorizar a conclusão de que se trata de conduta cujo efeito líquido sobre o bem-estar social é negativo. Mesmo o mais fanático defensor do dogma da inadmissibilidade da regra *per se* no direito antitruste brasileiro deveria, se minimamente informado, sentir um certo embaraço ao invocar supostos "ganhos de eficiência" na defesa de um acordo explícito de fixação de preços.[37]

Constrangimentos como o mencionado podem aparentemente explicar-se por circunstâncias históricas, mas há também razões de teoria antitruste a garantir-lhes a necessária fundamentação racional. Por um lado, não deixa de ser espantoso, em especial ante o tecnicismo do direito antitruste moderno, o elevado grau de generalização da *consciência de ilicitude* que acompanha as nossas representações normativas acerca dos cartéis *hard-core* – algo que está certamente condicionado por uma tradição que alguns acreditam poder traçar até a época da Roma antiga;[38] por outro lado, a *racionalidade* desse consenso depende da existência de argumentos microeconômicos que nos *autorizem a associar invariavelmente*, para fins de aplicação legal, os cartéis *hard-core* a perdas líquidas de bem-estar social: "Price fixing is said to be 'naked' when it involves no more than an agreement to restrict output or raise price, with no collateral agreements organizing production or distribution. *In that case, the agreement is profitable only if the firms jointly have the power to raise market prices by reducing output*".[39]

A estrutura desse argumento de Hovenkamp é interessante, uma vez que explicita o fundamento que está por detrás da presunção de ilicitude aplicável aos cartéis *hard-core*. De fato, *postas* a premissa *metodológica* de acordo com a qual os agentes econômicos são *racionais* (isto é, aproveitam oportunidades de maximização dos lucros)[40] e a premissa *teórico-econômica* de acordo com a qual a lucratividade do acordo de preços *está condicionada* à detenção conjunta, pelos partícipes, de poder de mercado para o aumento dos preços e a redução das quantidades ofertadas, *segue-se necessariamente* que a prova do *fato do acordo* é *suficiente* para a conclusão no sentido da produção da perda de bem-estar. Em outras palavras: se os agentes são racionais e se os mesmos decidem participar de um acordo dessa natureza, pode-se afirmar que eles detêm – pelo menos em

obscure the fact that *per se* (-like) rules exist under EC law with respect to hard-core cartels (...)".

37. É importante ressaltar que não se está afirmando a *impossibilidade* que um ou outro acordo dessa natureza seja neutro do ponto de vista concorrencial ou, até mesmo, pró-competitivo. Não há argumento *teórico* capaz de excluir, *a priori*, eventuais contra-exemplos que possam valer em face da presunção geral de acordo com a qual acordos horizontais *hard-core* geram efeitos líquidos negativos sobre o bem-estar. A justificativa para um tratamento *per se* em tais hipóteses, contudo, é teórico-econômica apenas *subsidiariamente*. O argumento principal, de fato, é de *política antitruste*. Dessa perspectiva fica mais fácil compreender algumas exceções à proibição de constituição de acordos horizontais *hard-core* praticadas, por exemplo, na União Européia ou na Alemanha. A Comissão Européia admite como possível exceção os chamados *crisis cartels* em situações de reestruturação industrial (mas não em meras dificuldades econômicas conjunturais), sob a condição de que "the principal objective of the agreement is to provide a direct solution to the structural adjustment problem by means of orderly reductions of capacity (...)". Cf. Ritter, Braun e Rawlinson, *European Competition Law: ...*, pp. 172 e ss. (p. 172); na Alemanha, a *Gesetz gegen Wettbewerbsbeschränkungen* (*GWB*) prevê algumas exceções à proibição geral do § 1, I, e do § 25, I, entre as quais cabe destacar o dispositivo também geral expresso no § 8, I, que confere ao Ministro da Economia o poder de autorizar a formação de cartéis quando necessário "aus überwiegenden Gründen der Gesamtwirtschaft und des Gemeinwohls (...)". Cf., a respeito, as observações de Emmerich, *Kartellrecht*, pp. 81 e ss.

38. Cf. Emmerich, *Kartellrecht*, p. 53.

39. Hovenkamp, *Federal Antitrust Policy. ...*, p. 144 (grifos nossos).

40. Sem a qual, diga-se de passagem, seria muito difícil – se não impossível – decidir positivamente qualquer coisa no âmbito da aplicação do direito antitruste.

conjunto – o poder de mercado que está sendo de fato utilizado no sentido da produção da perda de bem-estar (um aumento de preços a um nível superior ao competitivo e uma redução da oferta a um nível inferior ao competitivo).

Nada há de incorreto, pelo menos em princípio, com esse argumento. A conhecida objeção invocada contra a aplicação da regra *per se* – a saber, que a generalização dessa aplicação levaria à punição de acordos entre "bares da esquina" – poderia ser facilmente refutada com redefinições suficientemente restritivas da dimensão geográfica do mercado relevante (em outras hipóteses, o mesmo resultado de preservação da validade da presunção pode ser obtido com ajustes na definição do produto relevante).[41] O problema real, a bem da verdade, não está na aplicabilidade da referida presunção em face de estruturas de mercado supostamente "atomísticas", mas, antes e precisamente, na *prova do fato do acordo* nos casos – muito mais freqüentes, infelizmente – de condutas de agentes econômicos que atuam em mercados com estrutura de *oligopólio*. Como os incentivos para participação num esquema de cartel – e, portanto, também a probabilidade da sua ocorrência – são maiores quando há apenas um pequeno número de empresas no mercado, a questão crucial para a política de repressão não é saber se a regra *per se* deve ou não se aplicar (já que para isso há cobertura teórica bastante), mas, sim, como determinar o *fato* que, na qualidade de condição necessária e suficiente, aciona a aplicação da mencionada regra.

Assim, não se dão por acaso as referências na literatura especializada a um complexo em que aparecem integrados o tratamento teórico dos cartéis e a análise do fenômeno da *cooperação oligopolística*.[42] A predominância do interesse, tanto teórico como prático, em situações nas quais a investigação de um cartel ocorre no contexto de um oligopólio deve-se, em *primeiro* lugar, ao fato de que os acordos explícitos de constituição de cartéis são extremamente raros; dado o já mencionado alto grau de difusão da consciência da ilicitude desse tipo de prática, acordos de formação de cartéis não se deixam explicitar, mas assumem um modo tácito de existência, isto é, a forma de *colusão*. Isto posto, é natural que as atenções (e os recursos públicos) se concentrem nos casos em que seja elevada a expectativa da ocorrência de comportamentos colusivos. Oligopólios, como já exposto, satisfazem essa condição melhor que quaisquer outras estruturas de mercado.

É preciso ter um pouco de cuidado, no entanto, com o uso desse fato. Mercados com estrutura de oligopólio propiciam aos agentes neles atuantes incentivos para a coordenação de suas decisões no sentido de um aumento de preços acima do nível competitivo e uma redução da oferta abaixo desse nível tendo em vista a maximização conjunta dos lucros. Isso, porém, está longe de ser uma condição suficiente para presumir a *existência* da coordenação. Com efeito, incentivos para coordenar decisões de preços ou quantidades a ofertar estão presentes em mercados com *qualquer* estrutura (com a trivial exceção do monopó-

41. Vale notar, uma vez mais, que essas redefinições têm que estar baseadas em evidências empíricas. Não há, desse modo, qualquer razão *a priori* que nos obrigue a assumir, necessariamente, que as empresas detenham poder de mercado. A pergunta que se coloca em termos de *política antitruste* é saber se os possíveis contra-exemplos são – estatisticamente – representativos o bastante para justificar o tempo e as despesas associadas à correspondente investigação.

42. Por exemplo, em Carlton e Perloff, *Modern Industrial Organization*, Capítulo 5. É bem comum nos manuais de organização industrial a utilização de modelos mais ou menos sofisticados quanto às premissas para a descrição de interações entre os agentes econômicos em um oligopólio, cooperativo *ou* não-cooperativo. Os mais conhecidos modelos são os de Cournot, Nash, Stackelberg e Bertrand. Sobre o uso da teoria dos jogos para análise da questão da troca de informações entre competidores, v.: *Competition Policy Implications from Game Theory: an Evaluation of the Commission's Policy on Information Exchange*, texto acessível no *site europa.eu.int/comm/ competition/ speeches/text/sp1996_057b_em.pdf*.

lio). Basta admitir, como é o caso no mundo real, que as curvas de demanda dos agentes no mercado sejam negativamente inclinadas (ainda que o coeficiente de inclinação seja muito pequeno), que o incentivo se verifica.[43] O caráter privilegiado do oligopólio não se explica, portanto, em virtude da presença pura e simples do incentivo para a coordenação estratégica, mas pela suposição de que para cada oligopolista individual, *sob certas condições estruturais*, o referido incentivo em regra é superior ao *incentivo para burlar o esquema de coordenação*.[44]

À "universalidade" do incentivo econômico de tomar parte no esquema de formação do cartel se associa a "universalidade" do incentivo econômico de burlá-lo.[45]

A partir daí, podemos identificar duas categorias de fatores que aumentam a probabilidade de *sucesso* de um cartel e asseguram aos agentes a necessária racionalidade estratégica para a tomada da decisão de participar, a saber: os fatores que facilitam a sua *constituição* e os fatores que facilitam o seu *cumprimento* no sentido da *detecção de eventuais tentativas de burla* e da garantia da sua *estabilidade*.

Quanto aos primeiros, podemos destacar, com Carlton e Perloff, três principais condições necessárias para a constituição de um cartel, a saber: (a) o cartel deve ser capaz de aumentar os preços acima do nível competitivo sem induzir um aumento substancial no grau de competição da parte de empresas não participantes; (b) a sanção jurídica esperada em virtude da formação do cartel deve ser pequena comparativamente aos ganhos econômicos esperados associados à sua efetivação; e (c) os custos econômicos esperados referentes à implementação e ao monitoramento do acordo de cartel devem ser baixos quando comparados aos referidos ganhos.[46]

No que diz respeito aos fatores *facilitadores* da *estabilidade* do cartel – isto é, da detecção de tentativas de burlá-lo – os

43. Para uma exposição completa do argumento, cf. Carlton e Perloff, *Modern Industrial Organization*, pp. 122-124. Reproduzimos no que segue apenas a sua conclusão: "A competitive firm ignores the good it does other firms by reducing its output and increasing the market price; it places no value on the gains of the other firms. This gain by others is an *externality*. Working cooperatively, the cartel members gain from the output reductions of each firm. When all firms belong to the cartel, all the gains from reducing output and raising price go to the cartel, which divides the gains among its members. Here, the externality created by each firm in reducing its output has been internalized by the cartel. As a result, it pays the cartel to reduce total output below the competitive level, even though it would not pay any competitive firm to reduce its output individually" (p. 124). Cf., ainda, Pepall, Richards e Norman, *Industrial Organization*. ..., Capítulo 7.

44. Cf., a respeito, Carlton e Perloff, *Modern Industrial Organization*, em especial p. 121: "Fortunately for consumer, although firms have an incentive to coordinate their activities to restrict market output and raise prices, each member of the cartel has an incentive to 'cheat' on the cartel agreement. Each cartel member wants to produce more output than is best for the cartel collectively. As a result, cartels tend to break apart even without government intervention". V. também Hovenkamp, *Federal Antitrust Policy*. ..., pp. 144 e ss.

45. Hovenkamp, *Federal Antitrust Policy*. ..., p. 147: "Incentives to cheat are present even in the most homogeneous of cartels (...). If the cartel is successful each member will be selling its output at a price such that its own individual marginal revenues exceed its marginal costs. If a member can secretly makes sales at a lower price, it can enlarge its own profits, either by attracting buyers unwilling to pay the cartel but willing to pay the 'shaved' price, or else by stealing buyers from other cartel members".

46. Carlton e Perloff, *Modern Industrial Organization*, pp. 126-137. As condições "b" e "c" são auto-explicativas. Em relação à condição "a", caberia dizer que a mencionada capacidade de aumentar preços depende, fundamentalmente, do grau de elasticidade-preço da demanda aos preços correntes (quanto mais inelástica a curva da demanda a esse nível de preços, maior o aumento de receita associado à elevação dos preços); da parcela de mercado detida pelas empresas cartelizadas (quanto maior essa parcela, menor o risco da perda de vendas para os concorrentes não participantes do esquema); e do nível das barreiras à entrada (quanto mais elevadas essas barreiras, menor é a probabilidade de que empresas não integrantes no mercado relevante passem a nele atuar, forçando o cartel a reduzir preços). Em resumo: do grau de poder de mercado conjunto detido pelas empresas participantes do esquema de cartel.

mencionados autores indicam os seguintes:[47] (a) há apenas um número pequeno de empresas no mercado; os preços (b) não flutuam de maneira independente; e (c) podem ser facilmente conhecidos; bem como (d) os membros do cartel vendem idênticos produtos no mesmo nível da cadeia de distribuição. Os comentários em relação a cada ponto são, brevemente,[48] *ad (a)*: com poucas empresas no mercado torna-se mais fácil o monitoramento recíproco das condutas dos membros, inclusive no que se refere a incrementos de *market share* que indiquem *price-cuttings*; *ad (b)*: mercados caracterizados por mudanças freqüentes no comportamento da demanda, nos custos dos insumos e/ou de outros fatores etc. podem ver seus preços flutuar com mesmo ritmo e intensidade proporcional, de modo a dificultar, aos membros do cartel, a distinção entre atitudes isoladas de seus membros no sentido de burlar o esquema, de um lado, e flutuações causadas por fatores "de mercado", de outro lado; *ad (c)*: é óbvio que a facilidade em conhecer os preços dos concorrentes torna menos custoso e muito mais fácil o monitoramento interno do comportamento dos membros do cartel;[49] e *ad (d)*: se algumas firmas são verticalmente integradas, será mais difícil determinar o nível da cadeia de distribuição no qual ocorre o desvio em relação ao acordo de cartel (nos casos envolvendo redes de distribuidores independentes isso pode ser contornado por meio de práticas de imposição ou, então, sugestão de preços de revenda).

O predomínio dos oligopólios na lista de prioridades de comentadores e autoridades interessadas na análise, prevenção e repressão de cartéis também é devido, em *segundo* lugar, ao fato de que tal estrutura pode em alguns casos, *por si mesma*, conduzir os agentes que atuam nos correspondentes mercados à adoção de comportamentos *paralelos* com *efeitos* econômicos *idênticos* aos que se verificariam na hipótese da existência de acordo explícito de preços. A literatura antitruste referente aos cartéis é plena de referências às dificuldades de separar analiticamente cartéis, de um lado, dos comportamentos coletivos paralelos (*paralelismo consciente*),[50] de outro, os quais se explicam como resultado das decisões individuais racionais dos agentes considerados, *dada a preexistência* de determinadas características estruturais do mercado relevante que são – do ponto de vista causal – inteiramente independentes desse padrão de comportamento.[51]

47. Para uma lista que agrega ambas as categorias de fatores sob forma de seis condições, cf. Hovenkamp, *Federal Antitrust Policy. ...*, p. 145. O tratamento dado por Carlton e Perloff ao tema parece-nos mais adequado, especialmente em face da possibilidade de diferenciar as referidas categorias em termos de condições necessárias, de um lado, e fatores de facilitação, de outro.

48. Os argumentos estão em Carlton e Perloff, *Modern Industrial Organization*, pp. 136-138.

49. Essa condição é mais provável de ocorrer em face de mecanismos que viabilizem a troca de informações entre concorrentes, por exemplo, no contexto de associações comerciais (*trade associations*). Entretanto, "the mere fact that participants in a trade association discuss price or output does not mean that they are going to fix prices or reduce marketwide output" (Hovenkamp, *Federal Antitrust Policy. ...*, p. 173).

50. Para uma outra versão desse "problema do oligopólio", cf. Jonathan B. Baker, *Horizontal Price-Fixing in Cyberspace* (conferência pronunciada em 7.3.1996, por ocasião do evento *The 1996 Antitrust Conference: Antitrust Issues in Today's Economy*): "When one firm in an oligopoly raises its price, and each of the others follows that lead, it takes little effort to imagine the behavior as constituting an agreement. The first price increase is an offer; those that follow are acceptances; as each observes the other's actions, they reach a common understanding (...). Accepting this result by finding agreement whenever oligopolists price in parallel would lead the law into a hopeless swamp. The reason (...) is that it leaves the courts without a remedy. Supposing parallel behavior alone were considered illegal, there would be nothing practical that a court could order the parties to do to correct it. If agreement is evidenced by something beyond merely parallel price behavior, then a court can in principle enjoin that extra 'something'. But if that something is absent, the only remedy is judicial price regulation, a complete non-starter" (p. 4).

51. Cf. Hovenkamp, *Federal Antitrust Policy. ...*, pp. 171 e ss.: "Most forms of parallel behavior,

A importância desse esforço de separação é clara: se o paralelismo que se observa no plano do comportamento estratégico dos agentes é *determinado* por características *estruturais* do mercado relevante que, por assim dizer, lhes são impostas como *parâmetros* nos processos decisórios individuais, a implicação é a *inexistência* de fundamento racional para a *punibilidade* desse padrão de conduta. Não é à toa, portanto, que o paralelismo consciente, *em si*, seja em vários ordenamentos jurídicos caracterizado como padrão de comportamento lícito, como, por exemplo, nos Estados Unidos, na União Européia, na Alemanha e também no Brasil.[52]

A resposta a tal desafio analítico nos planos jurisprudencial e da teoria antitruste ocorreu nos termos da doutrina dos *plus factors*.[53] A idéia central por detrás dessa doutrina consiste na apresentação de condições necessárias e suficientes para *inferir*, a partir do paralelismo entre as condutas dos agentes em mercados oligopolizados e *na ausência* de evidências explícitas de acordo, a existência do último. Em suma: trata-se de decidir, a partir de determinados fatores, se o paralelismo entre comportamentos desses agentes é ou não ilícito; e de fatores *adicionais* à mera observação do comportamento paralelo, em face da insuficiência dessa observação *em si* para bancar uma inferência na direção do acordo de cooperação oligopolística.[54]

A orientação básica para a identificação dos referidos fatores adicionais nos casos concretos pode ser expressa na fórmula da "exclusão da explicação alternativa em termos não-cooperativos". Se, noutras palavras, a hipótese do comportamento colusivo for a *única* explicação plausível para o paralelismo observado, então está-se autorizado a inferir a existência de um acordo; caso contrário – ou seja, existindo uma hipótese alternativa (consistente do ponto de vista técnico) que possa dar conta dos fenômenos observados em termos que impliquem uma relação de concorrência entre os agentes investigados – então tal autorização não apenas inexiste; bem mais que isso, a hipótese alternativa serve – guardadas as regras de distribuição do ônus da prova, obviamente – de *condição suficiente* para uma conclusão *pro reo*.

No nível das interações argumentativas entre acusação e defesa no âmbito do contencioso antitruste isso implica a busca economicamente esclarecida de evidências factuais no sentido de sustentar (defesa) ou afastar (acusação) a consistência das hipóteses alternativas apresentadas.[55] Para am-

standing alone, establish an agreement only infrequently. Indeed, both competition and oligopoly price leadership induce firms to behave like one another. If all are setting their prices at cost and costs rise, prices will likely go up in tandem" (p. 173). Cf., ainda, Paulo Correa, *The Use of Economic Evidence in Cartel Cases* (*paper* apresentado no *International Cartels Workshop*, organizado pelo *Competition Bureau* do Canadá, entre 25 e 27.11.2001, na cidade de Ottawa).

52. Nos Estados Unidos ao menos desde a decisão da Suprema Corte no caso "Interstate Circuit, Inc. *vs.* United States" (1939), ainda que nos julgados das Cortes inferiores se encontre também posição oposta (por exemplo, em *Petroleum Products*, 9th Circ., 1990). No direito comunitário europeu cf. decisão da Corte de Justiça em *Wood Pulp* (1988), na qual se lê que "parallel conduct cannot be regarded as furnishing proof of concertation unless concertation constitutes the only plausible explanation for such conduct.". No que se refere ao Direito Alemão, cf. Emmerich, *Kartellrecht*, pp. 57 e ss.. No Brasil, cf. a decisão do CADE no PA 08000.020787/96-62, de 22.10.1997: "A mera existência de paralelismo de ações entre concorrentes não é suficiente à comprovação de prática concertada" (trecho extraído do voto da então Conselheira-Relatora, a Dra. Lúcia Helena Salgado e Silva).

53. "Courts often say that parallel behavior alone does not establish an agreement unless the plaintiff can also show the presence of certain 'plus factors' making the inference of agreement stronger" (Hovenkamp, *Federal Antitrust Policy*. ..., p. 173).

54. V. Jonathan B. Baker, *Horizontal Price-Fixing in Cyberspace*, p. 4: "What the Courts actually do in parallel pricing cases tells us what an agreement is under antitrust law. Rather than deeming mere conscious parallelism an agreement, Courts first look for certain additional features of firm behavior called 'plus factors'. Parallelism plus something might support an inference of agreement".

55. Cf. Paulo Correa, *The Use of Economic Evidence* ..., p. 4.

bos os lados os limites do lícito localizam-se naquele ponto além do qual é válido inferir que as partes envolvidas estão fazendo algo mais que simplesmente observar seus comportamentos recíprocos no mercado relevante e reagir, independentemente umas das outras, a essas observações; mais precisamente, naquele ponto que já é momento do processo que Jonathan Baker chamou "the forbidden process of negotiation and exchange of assurances".[56]

Logo, é a *eliminação da incerteza inerente aos processos competitivos*, resultante de ações e reações interpretáveis como "processo de negociação e troca de garantias", que faz supor "algo mais" que uma mera interdependência oligopolística, autorizando a inferência de que existe um acordo por detrás do paralelismo.[57] Ainda que não se possa dar uma lista exaustiva ou mesmo obrigatória desses *plus factors*, existem alguns pontos de referência gerais já devidamente cadastrados na literatura especializada,[58] e que caberia elencar a título de conclusão. No tocante *(α)* às características estruturais do mercado:[59] (a) elevado grau de concentração do lado da oferta; (b) relativa pulverização no lado da demanda; (c) homogeneidade dos produtos; (d) nível elevado de barreiras à entrada; (e) transparência das e fácil acesso às informações sobre preços correntes e futuros; *(β)* ao padrão de comportamento dos agentes: (f) estabilidade dos *market shares*; (g) estrutura rígida de preços; *(γ)* à existência dos chamados "mecanismos facilitadores" (*facilitating devices*): (h) a difusão de informativos, análises de mercado etc. que contenham dados sensíveis do ponto de vista concorrencial; (i) a viabilização – institucionalizada ou não – de encontros periódicos entre concorrentes nos quais exista a oportunidade de troca de informações; (j) a implementação de acordos verticais de imposição ou sugestão de preços de revenda.

3.2 Acordos de colaboração entre concorrentes

A primeira – e a principal – preocupação de quem vier a se defrontar com um acordo entre concorrentes deve ser a seguinte: trata-se ou não de um cartel *hard-core*? A questão é diferente da mencionada no final da seção anterior, e que diz respeito a como separar um acordo de cartel do mero paralelismo entre os comportamentos de empresas que atuam em um mesmo mercado relevante. A rigor, o interesse neste último caso não é *distinguir* uma coisa de outra, mas *inferir* uma coisa *a partir* de outra, a saber: um acordo *hard-core* de cartel *não observado* (e que, portanto, se existir, será implícito), a partir dos comportamentos paralelos *observados*. No primeiro caso, ao contrário, o que se pretende verificar é se um determinado acordo *explícito* celebrado entre concorrentes constitui ou não um cartel *hard-core*. Conseqüentemente, o que se busca são critérios de diferenciação entre o *hard-core* e o não-*hard-core*.

A literatura autorizada – em especial a norte-americana – costuma invocar, a essa altura, a distinção já mencionada entre *naked restraints* e *ancillary restraints*. Apesar de ela dar a entender que se trataria de uma distinção entre restrições horizontais "puras" e restrições horizontais *no contexto* de acordos mais amplos em que as primeiras aparecem como parte constitutiva, seu sentido não é exatamente esse. Hovenkamp

56. *Horizontal Price-Fixing in Cyberspace*, p. 5.

57. Para uma ligação direta do problema dos cartéis com essa eliminação de incertezas, cf. Emmerich, *Kartellrecht*, pp. 59 e ss.

58. Cf. Hovenkamp, *Federal Antitrust Policy*. ..., p. 177. V., também, *supra*, as referências aos fatores que viabilizam a *constituição* e a *estabilização* de esquemas colusivos.

59. A rigor, características estruturais do mercado não deveriam ser qualificadas como *plus factors*, na medida em que funcionam como fatores que ajudam a explicar o *comportamento paralelo* dos agentes investigados, isto é, o fenômeno observado ao qual os referidos *plus factors* devem ser *adicionados* para justificar a inferência do acordo. Em outras palavras, a função dos *plus factors* é justamente a de legitimar tal inferência *em face* do paralelismo já previamente constatado.

sugere um outro critério, talhado para o contencioso antitruste: "a restraint is 'naked' if it is formed with the objectively intended purpose or likely effect of increasing price or decreasing output in the short run, with output measured by quantity or quality. By contrast, a restraint is ancillary if its objectively intended purpose or likely effect is lower prices or increased output".[60] As principais vantagens deste critério verificam-se, conforme antecipado, no âmbito dos procedimentos de investigação de condutas, particularmente no que se refere à questão probatória, na medida em que o caráter *naked* ou não de uma restrição horizontal pode ser inferido a partir de uma análise das suas *condições de racionalidade* (ou, o que dá no mesmo, de lucratividade): uma restrição é *pura* quando sua lucratividade é *condicionada* pela detenção *conjunta*, por parte dos envolvidos, de poder de mercado; e ela será *ancilar* quando for lucrativa *independentemente* de os agentes envolvidos, em conjunto, deterem *ou não* poder de mercado suficiente para aumentar seus preços e reduzir as quantidades ofertadas.[61]

Quando uma determinada prática horizontal não se deixa enquadrar na categoria *hard-core* ela cairá na gigantesca vala das condutas investigadas de acordo com a "regra da razão". Em verdade, condutas *hard-core* são apenas a ponta do iceberg que representa o conjunto dos possíveis ilícitos antitruste, e sua relativa proeminência no imaginário de empresários e advogados deve-se em grande parte à sua superior visibilidade. Abaixo da superfície, porém, esconde-se uma miríade de comportamentos e estratégias possivelmente anticompetitivos cujo perigo é, justamente, o de não aparecerem enquanto tais para aqueles que os praticam *in the ordinary course of business*.

Os acordos de colaboração entre concorrentes formam um subconjunto, por assim dizer, privilegiado desse universo. De um lado, eles desfrutam, *dado* seu parentesco com o tipo *hard-core*, de suficiente visibilidade para garantir a necessária prudência e a correspondente profilaxia jurídica; de outro, eles são, na sua maioria e *apesar* desse parentesco, legalmente permitidos. Mais do que isso: acordos de colaboração entre concorrentes são vistos hoje em dia não apenas como neutros ou, então, "benignos" de um ponto de vista concorrencial, mas também como *pró-competitivos*. No plano da política antitruste essa união entre insegurança jurídica e avaliação potencialmente favorável no que se refere à geração de eficiências e ganhos de bem-estar foi responsável pela iniciativa conjunta da FTC e do Departamento de Justiça Norte-Americano de fazer publicar os *Antitrust Guidelines for Collaborations Among Competitors* (2000), em que essa questão é colocada já no início do "Preâmbulo": "In order to compete in modern markets, competitors sometimes need to collaborate (...). Such collaborations often are not only benign but procompetitive. Indeed, in the last two decades, the federal antitrust agencies have brought relatively few civil cases against competitor collaborations. Nevertheless, a perception that antitrust laws are skeptical about agreements among actual or potential competitors may deter the development of procompetitive collaborations (...). The increasing variety and use of competitors collaborations have yielded requests for improved clarity regarding their treatment under the antitrust laws".[62]

60. *Federal Antitrust Policy. ...*, pp. 193 e ss.

61. Hovenkamp, *Federal Antitrust Policy. ...*, p. 193.

62. Cf. os *Antitrust Guidelines for Collaborations Among Competitors* (2000), p. 1. A definição do que seja uma "colaboração entre concorrentes" no contexto desses *Guidelines* vem expressa logo a seguir: "A 'competitor collaboration' comprises a set of one or more agreements, other than merger agreements, between or among competitors to engage in economic activity, and the economic activity resulting therefrom (...). Competitor collaborations involve one or more business activities, such as research and development (R&D), production, marketing, distribution, sales or purchasing. Information sharing and various trade associations also may take place through competitor collaborations" (pp 2-3). No

Não é nossa intenção fazer, aqui, análises jurídicas casuísticas de tipos variados de acordos dessa natureza.[63] O objetivo, ao contrário, é oferecer uma visão panorâmica de aspectos gerais da metodologia de análise dessa espécie de acordos horizontais.[64] Como já indicado, colaborações entre concorrentes, excluindo os acordos tipo *hard-core*, devem ser analisadas segundo a regra da razão.[65] A regra da razão pode ser vista como a prescrição de uma seqüência de passos de análise estruturada como um algoritmo composto de três etapas consecutivas, quais sejam: (a) identificação dos potenciais efeitos anticompetitivos associados à conduta investigada (perdas de bem-estar); (b) identificação dos potenciais ganhos de eficiência ligados à mesma conduta (ganhos de bem-estar); e (c) comparação entre efeitos anticompetitivos e ganhos de eficiência potenciais (o efeito líquido sobre o bem-estar social).[66]

No que diz respeito à identificação dos potenciais *efeitos anticompetitivos* ligados à colaboração, o que se pretende verificar é se o acordo investigado aumenta a probabilidade ou facilita o exercício de poder de mercado sob a forma de um aumento dos preços acima, ou então uma redução da quantidade ofertada, da qualidade de bens e/ou serviços, ou ainda da taxa ou do ritmo das inovações abaixo dos níveis que prevaleceriam na ausência do acordo.[67] Aqui há várias possibilidades. Por exemplo, pode ocorrer que a colaboração seja uma entidade econômica autônoma (sem personalidade jurídica) cujo poder de mercado torna provável o aparecimento de condutas anticompetitivas unilaterais (caracterizáveis como domínio de mercado ou tentativa de dominar mercado); também pode dar-se o caso em que o acordo de colaboração funciona como um mecanismo facilitador de condutas concertadas (via troca de informações sobre preços, quantidades produzidas ou ofertadas, ou outras variáveis sensíveis do ponto de vista das estratégias competitivas das empresas participantes), entre outras hipóteses.

Em tais situações – e supondo, aqui, não se tratar de mera fachada para uma

direito comunitário europeu, cf. *Notice on Cooperation between Enterprises* e *Notice on the Assessment of Cooperative Joint Ventures under Art. [81]*, ambas emitidas pela Comissão Européia. V., ainda, Ritter, Braun e Rawlinson, *European Competition Law: ...*, Capítulo III.

63. Cf. Hovenkamp, *Federal Antitrust Policy. ...*, pp. 202 e ss., e os *Guidelines for Collaborations ...*, pp. 13-15. Um tipo interessante de acordos dessa natureza são as *buying collaborations*, isto é, os acordos entre concorrentes para a compra de insumos.

64. É comum pensarmos nessas várias espécies de acordos sob o rótulo geral de "*joint ventures* cooperativas" (para separá-los das chamadas *joint ventures concentrativas*, que caracterizam genuínos atos de concentração econômica). Nesse sentido, classificar um determinado acordo como *joint venture* absolutamente nada diz sobre seus efeitos competitivos.

65. Essa aparente correlação entre tipos de conduta e tipos de regra de análise aplicável, no entanto, não traduz uma real dicotomia (exceto se equipararmos os acordos *hard-core* às *naked price restraints*). De fato, é possível que o tratamento *per se* de um acordo tipicamente *hard-core* seja "suspenso" quando este puder vir a ser, razoavelmente, considerado como parte constitutiva de um acordo de colaboração. Nesse caso, a regra da razão será aplicada na análise do *todo*. Cf. os *Guidelines for Collaborations ...*, p. 8: "If (...) participants in an efficiency-enhancing integration of economic activity enter into an agreement that is reasonably related to the integration and reasonably necessary to achieve its procompetitive benefits, the Agencies analyse the agreement under the rule of reason, *even if it is of a type that might otherwise be considered per se illegal*" (grifos nossos).

66. A menção aos efeitos "potenciais" não deve passar despercebida. A profundidade no uso da regra da razão depende justamente dessa circunstância. Cf. decisão da Suprema Corte em *Indiana Fed'n of Dentists* (1986): "Since the purpose of the inquiries into market definition and market power is to determine whether an arrangement has the *potential* for genuine adverse effects on competition, proof of *actual* detrimental effects, such as a reduction of output, can obviate the need for an inquiry into market power, which is but a surrogate for detrimental effects" (grifos nossos).

67. Cf. os *Guidelines for Collaborations ...*, p. 10. Note-se que a análise desses efeitos não está limitada ao mercado no qual as partes do acordo concorrem entre si; também os mercados *upstream* e *downstream* poderão ser considerados como "mercados afetados".

naked restraint – o uso da regra da razão nos obriga a indagar acerca das potenciais *eficiências* associadas à colaboração. Analisar os possíveis casos de eficiências geradas por acordos de colaboração entre concorrentes é algo além da pretensão do presente artigo. Os argumentos mais utilizados costumam invocar economias de escala, de custos de transação, economias de escopo, inovações em produtos e processos produtivos, aproveitamento de sinergias etc.[68] De uma perspectiva geral (como a que orienta as nossas observações no presente contexto), é mais proveitoso fazer menção a uma questão relativa à *aceitabilidade* das alegações das partes interessadas no sentido da demonstração de que a conduta sob análise é fonte de ganhos de eficiência que sejam suficientes para compensar os potenciais danos aos consumidores resultantes de exercícios de poder de mercado detido por essas mesmas partes em virtude da conduta analisada.

A questão é a seguinte: deveriam as autoridades antitruste se satisfazer com a demonstração da geração de eficiências *internalizáveis*, ou também é necessário mostrar concretamente seu potencial de conversão em *benefícios aos consumidores*?[69] Essa é uma questão diante da qual os ânimos dos doutrinadores tendem a se aquecer. As considerações feitas acima sobre a disputa entre representantes do enfoque de eficiência alocativa pura, de um lado, e do enfoque distributivista, de outro, encontram justamente neste contexto aplicabilidade imediata.[70] Para aqueles que entendem que basta a demonstração de que a conduta investigada é fonte potencial de eficiências, o interesse se *esgota* nas prováveis reduções de *custos* e/ou incrementos da taxa ou ritmo das inovações; para os que insistem no caráter necessário *mas não suficiente* desse potencial as principais variáveis observadas são preço, qualidade e/ou diversidade dos bens e serviços ofertados (efeitos sobre os custos têm, aqui, uma função apenas instrumental) – isto é, variáveis relacionadas a ganhos imediatos para o consumidor.

Não que os adeptos de um puro *efficiency standard* negligenciem o ponto de vista dos consumidores; muito pelo contrário. Pensar nessa disputa em termos de uma polarização em torno da questão acerca da *categoria de agentes* cujos interesses cabe à legislação antitruste proteger (como se uns estivessem ao lado dos produtores, e os outros ao lado dos consumidores) nos parece, logo, um grave equívoco. Abstração feita das discussões – tipicamente norte-americanas – relativas à identificação da suposta "vontade do Congresso" (*the intent of Congress*), o que está definitivamente em jogo, aqui, é um problema de natureza *operacional*, situado no plano da aplicação do Direito aos casos concretos. Com efeito, uma coisa é exigir que a parte interessada demonstre que a conduta em questão é "razoavelmente necessária"[71] para reduzir custos e promover inovações; outra, diferente, é requerer a *prova* de que tais ganhos do produtor *serão transferidos* para os consumidores sob forma de "goods or services that are cheaper, more valuable to consumers, or brought to market faster than would otherwise be possible".[72]

A nosso ver, a solução do problema é um meio-termo entre as duas posições. Não

68. Tais eficiências podem ocorrer relativamente a qualquer atividade da empresa (na produção, distribuição, *marketing*, publicidade, P&D etc.).

69. Essa questão traduz um problema de política antitruste que é agravado pela aceitação, cada vez mais ampla na literatura e na práxis de aplicação do direito antitruste, de argumentos invocando os chamados ganhos de eficiência *dinâmica*. Cf. Jorde e Teece, *Rule of Reason Analysis of Horizontal Arrangements: Agreements Designed to Advance Innovation and Commercialize Technology*, texto acessível no *site* da FTC; cf. também Hovenkamp, *Federal Antitrust Policy*. ..., pp. 197-198.

70. Cf., *supra*, a parte final da seção 1.

71. Cf. os *Guidelines for Collaborations* ..., pp. 24-25.

72. Cf. os *Guidelines for Collaborations* ..., p. 23. Os *Guidelines* (p. 25) também contam entre as eficiências compensatórias aquelas suficientes para *prevenir aumentos de preços*, de modo apenas a evitar o efeito transferência de renda dos consumidores para o produtor.

se pode negar, por um lado, que é constrangedor tentar justificar uma indiferença jurídica em relação à transferência de renda dos consumidores aos produtores viabilizada pela detenção de poder de mercado por parte dos últimos. A intuição nos diz que uma conduta de um certo produtor que possa implicar transferência de renda do consumidor em seu benefício não deveria ser permitida sob o fundamento (!) de que ela beneficia ainda mais o produtor com reduções de custos. Por mais correto que seja o raciocínio do ponto de vista da "soma dos excedentes", é difícil – se não impossível – render-se a essa conclusão no contexto de um conflito de interesses levado perante uma autoridade obrigada a solucioná-lo. Por outro lado, a operacionalização do enfoque distributivista acaba trazendo o aplicador do Direito para muito próximo de uma interferência em decisões estratégicas que nós gostaríamos de deixar exclusivamente a cargo dos empresários (por exemplo, a decisão de não aumentar ou de reduzir os preços).

A incorporação sistemática de ambas as perspectivas pode dar-se se permitirmos às partes, que carregam o ônus da prova pela demonstração de que as eficiências alegadas serão repartidas com os consumidores, que desse ônus se liberem via argumentos referentes a um momento *anterior* da análise – a saber, a fase em que se determinam o *grau de rivalidade* e o *nível das barreiras à entrada* no(s) mercado(s) afetado(s). Em outras palavras, se for alto "o suficiente" o grau de rivalidade entre as empresas participantes no mercado, e baixo "o suficiente" o nível das barreiras para os potenciais entrantes, valerá a *presunção* de que as eficiências geradas sob a forma de menores custos e de incrementos da taxa e do ritmo das inovações em produtos, processos etc. *serão* repartidas, em um futuro "suficientemente" próximo,[73] com os consumidores.

73. Cf. os *Guidelines for Collaborations ...*, p. 25, nota 51: "In most cases, the Agencies' enforcement decisions depend on their analysis of the overall effect of the relevant agreement over the short term. The Agencies will also consider the effects of cognizable efficiencies with no short-term, direct effect on prices in the relevant market. Delayed benefits from the efficiencies (due to delay in the achievement of, or the realization of consumer benefits from, the efficiencies) will be given less weight because they are less proximate and more difficult to predict".

Doutrina

OS VALORES MOBILIÁRIOS NA NOVA LEI DAS S/A

NELSON EIZIRIK

A Lei 10.303, de 31.10.2001, que reformou a Lei das S/A, ao dar nova redação ao art. 2º da Lei 6.385/1976, disciplinou o instituto dos *valores mobiliários*, fundamental para a regulação do mercado de capitais.

Da mesma forma que ocorre em outros sistemas legais, a noção de *valor mobiliário*, entre nós, é basicamente *instrumental*, uma vez que se destina a delimitar a regulação estatal do mercado de capitais, tido como um mercado de risco, por envolver a captação popular de recursos por parte das companhias abertas e dos demais emissores de tais títulos.

O art. 1º da Lei 6.385/1976, com a redação dada pela Lei 10.303/2001, dispõe que serão disciplinadas e fiscalizadas de acordo com essa lei, dentre outras, as atividades de emissão e distribuição de valores mobiliários no mercado; a negociação e intermediação no mercado de valores mobiliários; a negociação e intermediação no mercado de derivativos, que também são considerados valores mobiliários; a organização, o funcionamento e as operações das Bolsas de Valores e Mercadorias nas quais são negociados valores mobiliários; os serviços de consultor e analista de valores mobiliários.

Assim, a competência da CVM de regulamentar, fiscalizar e aplicar sanções administrativas está circunscrita e limitada aos emissores de valores mobiliários, bem como seus controladores e administradores, assim como às entidades integrantes do sistema de distribuição de valores mobiliários, auditores independentes e demais pessoas que atuam profissionalmente no mercado de valores mobiliários.

A disciplina prevista na Lei 6.385/1976 alcança não só as companhias abertas, como também os demais emissores de valores mobiliários, nos termos de seu art. 2º, § 2º, com a redação dada pela Lei 10.303/2001.

Ao regulamentar a emissão e distribuição de valores mobiliários poderá a CVM, nos termos do § 3º do art. 1º da Lei 6385, em sua nova redação: a) exigir que os emissores de valores mobiliários destinados a distribuição pública se constituam sob a forma de sociedade anônima; b) exigir que as demonstrações financeiras dos emissores, ou que as informações sobre o empreendimento ou projeto para cujo financiamento são distribuídos os valores mobiliários, sejam auditadas por auditor independente registrado na CVM; c) dispensar, na distribuição pública de valores mobiliários, a participação de instituição integrante do sistema de distribuição, atuando como *underwriter*; e d) estabelecer padrões de cláusulas e condições que devam ser adotadas nos títulos ou contratos de investimento destinados a negociação púbica, recusando a admissão ao mercado da emissão que não satisfaça tais padrões.

A noção de *valor mobiliário* foi sendo objeto de *construção legal* nos diversos sistemas legislativos, visando a enquadrar tais títulos à técnica de negociação em massa, dada sua fungibilidade, independentemente de constituírem ou não títulos de crédito.

A legislação brasileira até o advento da Medida Provisória 1.637/1998, posteriormente convertida na Lei 10.198, de 14.2.2001, não havia conceituado os valores mobiliários, os quais eram objeto de enumeração taxativa, mediante instrumentos legais e regulamentares.

A Lei 10.198/2001 constituiu importante marco no direito sobre mercado de capitais ao conferir uma concepção abrangente aos valores mobiliários, mediante adaptação do conceito de *security* do Direito Norte-Americano, tal como entendido pela jurisprudência dos tribunais.

A legislação societária até a edição da Medida Provisória 1.637, de 8.1.1998, convertida na Lei 10.303/2001, não havia conceituado os "valores mobiliários", preferindo o legislador apenas enumerá-los.[1]

Entre nós, a expressão "valores mobiliários" designava os títulos emitidos por sociedades anônimas, ou representativos de direitos sobre tais títulos, passíveis de distribuição no mercado assim como de negociação em Bolsa de Valores e no mercado de balcão, bem como outras formas de investimentos coletivos previstas em leis e regulamentos específicos.

A Lei 6.385/1976, em seu art. 2º, na sua feição original, considerava como valores mobiliários: I – as ações, partes beneficiárias e debêntures, os cupões desses títulos e os bônus de subscrição; II – os certificados de depósito de valores mobiliários; III – outros títulos criados ou emitidos pelas sociedades anônimas, a critério do Conselho Monetário Nacional.

Posteriormente, o Decreto-lei 2.286, de 23.7.1986, estabeleceu, em seu art. 3º, também constituírem também valores mobiliários, sujeitos ao regime da Lei 6.385/1976: a) os índices representativos de carteira de ações; e b) as opções de compra e venda de valores mobiliários.

A Resolução 1.723, de 27.6.1990, do Conselho Monetário Nacional, com base no inciso III do art. 2º da Lei 6.385/1976, dispôs, em seu art. 1º, que são considerados valores mobiliários, para os efeitos da Lei 6.385/1976, as notas promissórias emitidas por sociedades por ações, quando destinadas a oferta pública (*commercial papers*).

A lei e a regulamentação administrativa também passaram a incluir no conceito de *valores mobiliários*: a) as opções em Bolsa (Instrução CVM-14, de 17.10.1980); b) os direitos de subscrição, recibos de subscrição, opções, certificados de depósitos (Resolução CMN-1.907, de 26.2.1992); c) as opções de debêntures (Instrução CVM-193, de 23.9.1992); d) as quotas de fundos imobiliários (art. 3º da Lei 8.668, de 25.6.1993); e) os certificados de investimentos audiovisuais (Lei 8.685, de 20.7.1993, regulamentada pelo Decreto 974, de 8.11.1993); f) os certificados representativos de contratos mercantis de compra e venda a termo de energia elétrica (Resolução CMN-2.405, de 25.6.1997, e Instrução CVM-267, de 1.8.1997); g) os certificados de recebíveis imobiliários – CRI (art. 6º da Lei 9.514, de 20.11.1997, e Resolução CMN-2.517, de 29.6.1998).

Por outro lado, foram excluídos do âmbito de fiscalização da CVM: a) os títulos da dívida pública federal, estadual ou municipal que integram o mercado monetário (Lei 6.385/1976, art. 2º, parágrafo único, I, e art. 1º, § 1º, da Lei 10.198/2001); b) os títulos cambiais de responsabilidade de instituição financeira, como são tipicamente aqueles emitidos pelos bancos (Certificados de Depósito Bancário) ou de aceite de instituição financeira (como são as Letras de Câmbio), nos termos do inciso II do parágrafo único do art. 2º da Lei 6.385/1976 e art. 1º, § 1º, da Lei 10.198/2001; c) as notas promissórias emitidas por instituições financeiras, sociedades corretoras, socieda-

1. Nelson Eizirik e Flávia Parente, "Aplicação do conceito de valor mobiliário no Direito Brasileiro", *Revista da CVM* 27, outubro/1998.

des distribuidoras e sociedades de arrendamento mercantil (Resolução CMN-1.723/1990, art. 2º).

Até o advento da Medida Provisória 1.637/1998, convertida na Lei 10.198/2001, a legislação brasileira adotava uma acepção estrita de *valores mobiliários*, embora o elenco dos títulos tidos como valores mobiliários estivesse aumentando gradativamente, mediante a edição de leis e regulamentos administrativos.

A doutrina[2] há muito salientava a necessidade de adoção de um conceito mais amplo de *valores mobiliários*, que pudesse abarcar as mais diferentes hipóteses de empreendimentos, inclusive os contratos negociados em Bolsas de Mercadorias e de Futuros, assim como quaisquer contratos de investimentos oferecidos publicamente.

A Lei 10.198/2001 estabeleceu, em seu art. 1º, o seguinte: "Art. 1º. Constituem valores mobiliários, sujeitos ao regime da Lei n. 6.385, de 7 de dezembro de 1976, quando ofertados publicamente, os títulos ou contratos de investimento coletivo, que gerem direito de participação, de parceria ou de remuneração, inclusive resultante de prestação de serviços, cujos rendimentos advêm do esforço do empreendedor ou de terceiros".

A redação deste dispositivo teve nítida inspiração no Direito Norte-Americano, já que pela primeira vez afastou-se o legislador brasileiro da mera enumeração dos valores mobiliários, passando a conferir-lhes uma acepção mais ampla.

A principal preocupação do legislador ao editar Lei 10.198 foi a de regular os contratos realizados com derivativos e *commodities*, e em especial os chamados de "contratos de boi gordo". Desde o final de 1997 vinha a CVM defendendo a necessidade de regulamentação dos contratos de investimento lastreados em produtos agropecuários.

O sistema de funcionamento das empresas que negociam com "boi gordo" é semelhante ao de um clube de investimentos: os investidores, chamados de "parceiros proprietários", aplicam seus recursos e os vendedores ou "parceiros tratadores e criadores" encarregam-se da compra, engorda e venda do animal.

O contrato de "boi gordo" pode ser considerado uma espécie de parceria agrícola, prevista no Código Civil nos arts. 1.410 a 1.423, com algumas particularidades, estabelecidas com base no princípio da autonomia contratual.[3]

Com a edição da Lei 10.198/2001, que considera como *valor mobiliário* qualquer contrato de investimento coletivo, ofertado publicamente, que gere lucros que advêm do esforço do empreendedor ou de terceiros, os contratos de "boi gordo" passaram a ser regulados e fiscalizados pela CVM, que, em 23.1.1998, editou a Instrução 270, dispondo sobre o registro das companhias emissoras de títulos e contratos de investimentos coletivos,[4] dentre as quais incluem-se as empresas ligadas à engorda de gado.

A Lei 10.303/2001, ao dar nova redação ao art. 2º da Lei 6.385/1976, visou a: conferir maior sistematicidade ao elenco de valores mobiliários sujeitos ao regime da Lei 6.385/1976; incluir novos títulos e contratos em tal elenco.

Repetindo o disposto no regime anterior, o § 1º do art. 2º da Lei 6.385/1976 dispõe que se excluem do regime da lei: os títulos da dívida pública federal, estadual ou municipal, posto que integram o mercado monetário; os títulos cambiais de res-

2. Nesse sentido: Ary Oswaldo Mattos Filho, "O conceito de valor mobiliário", *RDM* 59/30.

3. A respeito, consulte-se: Haroldo Malheiros Duclerc Verçosa, "A CVM e os contratos de investimento coletivo ("boi gordo" e outros)", *RDM* 108/91 e ss.

4. Haroldo Malheiros Duclerc Verçosa ("A CVM ...", *RDM* 108/100) entende que, por exemplo, o lançamento público de um edifício de *flats*, dos quais a grande maioria deles é destinada para locação centralizada em um *pool* de administração, pode ser considerado investimento coletivo para fins da Medida Provisória 1.637/1998.

ponsabilidade de instituição financeira, como são aqueles emitidos por bancos (Certificados de Depósito Bancário, por exemplo) ou de aceite de financeiras (como são as Letras de Câmbio) que integram o mercado financeiro.

Tais títulos não são considerados valores mobiliários para os efeitos da Lei 6.385/1976, sendo sua negociação objeto de fiscalização por parte do Banco Central.

Nos termos do art. 2º da Lei 6.385/1976, com a redação dada pela Lei 10.303/2001, são considerados valores mobiliários, cuja distribuição pública e negociação é sujeita à fiscalização da CVM: 1) as ações, debêntures e bônus de subscrição; 2) os cupons, direitos, recibos de subscrição e certificados de desdobramento relativos aos valores mobiliários acima referidos; 3) os certificados de depósito de valores mobiliários; 4) as cédulas de debêntures; 5) as cotas de fundos de investimento em valores mobiliários ou de clubes de investimento em quaisquer ativos; 6) as notas comerciais; 7) os contratos futuros, de opções e outros derivativos, cujos ativos subjacentes sejam valores mobiliários; 8) outros contratos derivativos, independentemente dos ativos subjacentes; e 9) quando ofertados publicamente, quaisquer outros títulos ou contratos de investimento coletivo que gerem direito de participação, de parceria ou de remuneração, inclusive resultante da prestação de serviços, cujos rendimentos advêm do esforço do empreendedor ou de terceiros.

Em sua redação original o art. 2º, em seu inciso III, em norma de duvidosa constitucionalidade, dispunha que o Conselho Monetário Nacional – CMN poderia, a seu critério, entender como valores mobiliários outros títulos emitidos por sociedades anônimas, além das ações, partes beneficiárias, debêntures, os cupons de tais títulos e os bônus de subscrição.

Com a nova redação dada ao art. 2º da Lei 6.385/1976 *não* mais existe a possibilidade de ser aumentado o elenco de valores mobiliários, seja pelo CMN, seja pela CVM. Dado o caráter flexível do conceito de "títulos e contratos de investimento coletivo", presume-se que o legislador entendeu que não mais será necessária a ampliação do rol de ativos tidos como valores mobiliários, mediante a edição de normas regulamentares. Assim, a relação de valores mobiliários previstos no art. 2º da Lei 6.385/1976, em sua nova redação, passa a ser *exaustiva*, e não mais exemplificativa.

Os incisos I, II, III e IV do art. 2º da Lei 6.385/1976 com a nova redação repetem a legislação e regulamentação anteriores, porém excluindo do elenco de valores mobiliários as partes beneficiárias, tendo em vista a nova redação dada ao parágrafo único do art. 44 pela Lei 10.303/2001, nos termos da qual ficou vedado às companhias abertas emitir partes beneficiárias.

O inciso I enumera os valores mobiliários de emissão de companhias abertas previstos na Lei 6.385/1976 em sua feição original: ações, debêntures e bônus de subscrição.

Já os incisos II, III e IV, visando a sistematizar a disciplina legal e regulamentar anterior, elencam determinados *direitos* sobre valores mobiliários, de emissão da companhia aberta ou de instituição financeira, como é o caso dos certificados de depósito de valores mobiliários, que são tidos como valores mobiliários para os efeitos legais.

Nos termos do inciso V, constituem valores mobiliários as cotas de fundos de investimento em valores mobiliários ou de clubes de investimento em quaisquer ativos.

As cotas de clubes de investimento serão *sempre* tidas como valores mobiliários, ainda que a carteira do clube seja composta por papéis de renda fixa, como títulos da dívida pública.

Diversa é a situação dos fundos de investimento, cujas cotas podem ser ou não consideradas valores mobiliárias, sem que se logre perceber qual a razão do tratamento diferenciado daquele estabelecido para os clubes de investimento, de vez que ambos constituem carteiras administradas de ativos financeiros.

Tratando-se de um fundo de investimento cujos ativos sejam títulos incluídos no elenco de valores mobiliários (ações, por exemplo) as cotas de sua emissão constituirão valores mobiliários para os efeitos da Lei 6.385/1976. Já no caso de fundo de investimento cuja carteira seja composta por títulos da dívida pública, que estão excluídos do elenco de valores mobiliários, suas cotas não serão consideradas valores mobiliários, cabendo a fiscalização ao Banco Central, não à CVM.

Porém, no caso de fundo de investimento financeiro (FIF) com carteira composta por valores mobiliários e títulos da dívida pública, suas cotas não estão nem incluídas nem excluídas do elenco de valores mobiliários do art. 2º, permanecendo numa espécie de "limbo jurídico" – o que poderá ocasionar conflitos de competência entre a CVM e o Banco Central.

O inciso VI, ao mencionar as notas comerciais (*commercial papers*), confere tratamento *legal* de valores mobiliários a tais títulos, previstos em norma regulamentar (Resolução CMN-1.723/1990).

Nos termos do inciso VII, repetindo a regulamentação vigente, constituem valores mobiliários os contratos futuros, de opções e outros derivativos "cujos ativos subjacentes sejam valores mobiliários".

Já o inciso VIII define como valores mobiliários "outros contratos derivativos, independentemente dos ativos subjacentes".

Ora, se o inciso VIII considera como valores mobiliários *todos* os contratos derivativos, quaisquer que sejam os "ativos subjacentes", a teor da sua dicção, vazada em mau "economês", qual a razão de ser do inciso VII? Trata-se de dispositivos não só pessimamente redigidos como, também, redundantes, uma vez que bastaria dizer "todos os contratos derivativos".

Com efeito, os incisos VII e VIII consideram como valores mobiliários *todos* os contratos derivativos, quer os ativos de que "derivam" sejam valores mobiliários ou não. Assim, tanto um contrato de opção de compra de ações como um contrato futuro de câmbio são tidos como valores mobiliários, por se tratar de derivativos.

A noção de "derivativo" não é jurídica; trata-se de termo traduzido literalmente do Inglês (*derivative*), de uso corrente na prática dos negócios desenvolvidos em mercados futuros. Os derivativos são, genericamente, instrumentos financeiros cujo valor é derivado, resultante de outros instrumentos ou ativos financeiros, como a taxa de juros, índice de um mercado, contrato de opções etc.[5]

Um "derivativo" constitui um contrato, ou mesmo dois contratos conexos, ou um título, cujo valor "deriva", é resultado, do valor de determinado ativo financeiro. Assim, por exemplo, uma opção de compra de ações preferenciais emitidas pela companhia "X" constitui um derivativo, cujo valor, em princípio, resulta da cotação de tais ações, que constituem, no elíptico jargão do art. 2º, VIII, os "ativos subjacentes".

Nos Estados Unidos há grande discussão sobre o *status* legal dos derivativos, principalmente daqueles negociados no mercado de balcão (OTC), que não se enquadram integralmente em qualquer das áreas objeto de regulação no mercado financeiro: sistema bancário, *commodites* e *securities*. Daí decorrem certas "zonas cinzentas", na regulação dos mercados de derivativos, entre a competência da *Securities and Exchange Commission* (SEC), encarregada da fiscalização do mercado de capitais, e a da *Commodities Futures Trading Commission* (CFTC), que fiscaliza os mercados futuros.

Já entre nós, tendo a nova redação do art. 2º deixado claro que *todos* os derivativos são considerados valores mobiliários,

5. Luís Gastão Leães Filho, "*Derivative's suitability*", *RDM* 102/60.

não há dúvida de que a fiscalização das operações com derivativos é de competência da CVM.

Os derivativos são negociados em mercados futuros, que constituem mercados cuja função econômica básica é a de propiciar o *hedge* – ou seja, a proteção contra flutuações de preços ocorridas no mercado à vista.

A função econômica dos mercados futuros é a de oferecer aos que deles participam a possibilidade de fazer uma espécie de "seguro" (*hedge*) contra os riscos provenientes de movimentos adversos ocorridos nos preços do mercado à vista, seja de ativos financeiros, seja de *commodities*.

Nos contratos firmados no mercado futuro a vontade é manifestada com a intenção clara de proteção contra as variações de preços. Não querem as partes comprar ou vender bens ou ativos financeiros para pagamento à vista, nem tampouco para pagamento futuro; o motivo que as leva a optar pelo contrato futuro é a finalidade protetora de tal modalidade de negócio jurídico.[6]

Nos mercados futuros verifica-se a presença de três atores essenciais: o *hedger*, o especulador e o arbitrador.

O *hedger* é aquele que busca a proteção de sua posição à vista mediante a tomada de determinada posição nos mercados futuros. Há dois tipos de *hedgers*: de compra e de venda. O *hedger* de venda busca proteção contra uma eventual redução nos preços de um ativo que pretende vender no futuro; já o *hedger* de compra procura maior segurança frente a uma possível alta de preços de bens que deseja adquirir.

Para se proteger contra os riscos da variação de preços os agentes econômicos que atuam no mercado físico de determinada mercadoria ou ativo financeiro assumem no mercado futuro uma posição igual e inversa àquela que mantêm no mercado à vista; se os movimentos de preços são paralelos, o ganho auferido num mercado compensa a perda verificada no outro. Tal é tipicamente o que ocorre na atuação do *hedger*, que atua no mercado futuro visando a obter uma espécie de "seguro de preços".[7]

Os especuladores são os investidores que objetivam apenas realizar lucros nas operações a futuro, de sorte que ingressam e se retiram do mercado futuro rapidamente, às vezes em um dia, não demonstrando qualquer interesse comercial direto no ativo objeto da negociação. Os especuladores desempenham uma função econômica relevante, que é a de dar liquidez aos mercados futuros, assumindo os riscos que os *hedgers* não desejam suportar.

Com efeito, uma das partes – o *hedger* – deseja a proteção contra os riscos; a outra – o especulador – aceita assumir tais riscos, mediante uma remuneração determinada.

Os especuladores adquirem dois tipos de posições: de *trader* e de *day trader*. Na primeira hipótese o especulador posiciona-se no mercado futuro num dia e liquida a posição no dia seguinte, na semana ou no mês seguinte, sendo certo que não manterá tal posição – de comprador ou de vendedor – até o vencimento do contrato. Já o *day trader*, como a designação bem denota, liquida sua posição no mesmo dia em que a adquiriu.

O arbitrador obtém seu lucro da diferença de preços de determinado bem que é negociado ao mesmo tempo em mais de um mercado, normalmente no curto prazo.

No mercado de derivativos há quatro modalidades de negociações: a termo; a futuro; com opções; com *swaps*.

O contrato a termo constitui um instrumento mediante o qual as partes obri-

6. Fernando A. Albino de Oliveira, *Poder Regulamentar da Comissão de Valores Mobiliários*, tese em Doutoramento em Direito Econômico da Faculdade de Direito da USP, São Paulo, abril de 1989, p. 44.

7. Nelson Eizirik, "Negócio jurídico de *hedging*", *RDM* 90/14.

gam-se à compra e venda de uma determinada quantidade de um ativo em determinada data futura, por um preço predeterminado. Os contratos a termo podem ser negociados em Bolsa, como é o caso dos contratos a termo negociados na BM&F, ou no mercado de balcão.

Já os contratos futuros, embora apresentem características similares, são negociados somente em Bolsas, daí decorrendo sua padronização. A Bolsa na qual são negociados estabelece cláusulas obrigatórias, padronizadas, referentes ao ativo objeto da negociação, a unidade de negociação (o chamado "lote-padrão"), as variações mínima e máxima permitidas em pregão, o tamanho do contrato, os meses de vencimento, o número máximo de vencimentos em aberto, a data de vencimento do contrato e as condições de liquidação no vencimento.

Nos contratos futuros emitidos pela Bolsa, ela, por meio de sua câmara de compensação, garante a eventual inadimplência de qualquer das partes: conforme o jargão bursátil, a Bolsa é *compradora dos vendedores e vendedora dos compradores*. Para garantir a liquidação das operações a Bolsa usualmente requer que as partes depositem margens de garantia, em dinheiro, em títulos ou em carta de fiança bancária; e que acertem, diariamente, o que cada uma deve à outra, em função da cotação dos ativos objeto da negociação, mediante o depósito do chamado "ajuste diário".

No mercado de opções negocia-se o direito de comprar ou de vender determinados títulos; tais direitos são denominados *opções*, que podem ser de compra ou de venda. Nas opções de compra (*calls*) o titular adquire o direito de, se desejar, comprar ao lançador, até uma data fixada, os títulos relativos às opções; nas opções de venda (*puts*) o direito do titular é o de vender os títulos ao lançador. O "prêmio" é o preço da opção, livremente negociado em pregão, que é pago pelo titular ao lançador no dia da operação.

O contrato de *swap* constitui instrumento financeiro mediante o qual um tomador de recursos troca o tipo de fundos que pode obter com maior facilidade por outro, do qual realmente necessita. O *swap* é definido como o contrato mediante o qual as partes ajustam a permuta de fluxos de caixa futuros, de acordo com fórmula prederminada.[8]

Os contratos de *swap* caracterizam-se pela troca de fluxos financeiros, ou da taxa de rentabilidade entre diferentes indexadores, por um certo período de tempo, visando a minimizar os riscos decorrentes das oscilações de tais ativos. Assim, por exemplo, pode-se trocar o risco do Certificado de Depósito Interfinanceiro (CDI) por um Certificado de Depósito Bancário (CDB) prefixado. Ou o risco da variação do Dólar norte-americano por CDI; ou os riscos decorrentes da variação de cotação internacional entre moedas de dois países.

Nos termos do inciso IX do art. 2º da Lei 6.385/1976 com a redação dada pela Lei 10.303/2001, também constituem valores mobiliários, *quando ofertados publicamente, quaisquer outros títulos ou contratos de investimento coletivo, que gerem direito de participação, de parceria ou de remuneração, inclusive resultante da prestação de serviços, cujos rendimentos advêm do esforço do empreendedor ou de terceiros*.

A nova redação do art. 2º repete o conceito de valor mobiliário contido na Lei 10.198/2001, o qual foi nitidamente inspirado na noção de *securitiy* do Direito Norte-Americano.

São os seguintes os traços distintivos de uma *security*, conforme consagrado pela jurisprudência dos Tribunais Norte-Americanos: é a transação em que (1) uma pessoa investe seus recursos (2) em um empreendimento coletivo (3) com a expectativa de obter lucro e (4) cujos esforços advêm daqueles que lançaram o título, ou

8. Rachel Stajn, *Futuros e "Swaps" – Uma Visão Jurídica*, São Paulo, Cultural Paulista, 1999, p. 215.

de terceiros, mas nunca daquele que nele investiu.

Nos termos do art. 2º da Lei 6.385/1976 com a nova redação dada pela Lei 10.303/2001, considera-se que constitui valor mobiliário, quando ofertado publicamente, qualquer título ou contrato de *investimento coletivo*.

Tratando-se de uma venda privada na qual não estejam presentes os elementos caracterizadores da distribuição pública, não se aplica o art. 2º, ainda que preenchidos os demais requisitos componentes do conceito de valor mobiliário.

Tal conceito abrange, inicialmente, todas as modalidades de títulos ou contratos que já eram considerados valores mobiliários na legislação anterior e que não foram enumerados na nova redação do art. 2º: cotas de fundos imobiliários; certificados de investimentos audiovisuais; certificados representativos de contratos mercantis de compra e venda a termo de energia elétrica; e certificados de recebíveis imobiliários.

Ademais, também deverá ser considerado valor mobiliário o título ou contrato em que: a) se caracteriza modalidade de investimento coletivo; b) há fornecimento de recursos (dinheiro ou outros bens suscetíveis de avaliação econômica) por parte do investidor; c) há gestão dos recursos por parte de terceiros, não controlando o investidor o negócio no qual seus recursos foram empregados;[9] d) se trata de um empreendimento comum, cujo sucesso é almejado tanto pelo investidor quanto pelo gestor, havendo entre ambos uma comunhão de interesses econômicos interligados juridicamente; e) existe uma expectativa de obter lucros, ou seja, o investidor, ao decidir pela alocação de seus recursos em um valor mobiliário, visa à obtenção de algum tipo de ganho, benefício ou vantagem econômica, em função do contrato de investimento de risco realizado. Esses lucros podem ser auferidos através de participação, parceria ou remuneração, inclusive resultante de prestação de serviços; e f) o investidor assume os riscos de financiador do negócio (ou os riscos do empreendimento), que são diversos dos riscos comuns comerciais; ou seja, os riscos poderão resultar na perda total ou parcial dos recursos investidos.

9. Embora modernamente, como acentua Ary Oswaldo Mattos Filho ("O conceito ...", *RDM* 59/42), admita-se a participação do investidor na tentativa de obtenção do lucro (como, por exemplo, no caso de *franchising*).

Atualidades

SOCIEDADE ANÔNIMA – DECURSO DO PRAZO PRESCRICIONAL AO EXERCÍCIO DO DIREITO À PERCEPÇÃO DAS VANTAGENS EM FAVOR DO DEBENTURISTA

J. A. PENALVA SANTOS

1. Aplicação às debêntures das regras do direito comum ou da Lei 6.404/1976: 1.1 Conceito de debênture – 1.2 Norma aplicável às debêntures no que concerne à prescrição – 1.3 Fundamento principal. 2. Corrente favorável à aplicação da prescrição vintenária do art. 177 do Código Civil. 3. Prescrição do direito do acionista de receber dividendos. 4. Conclusão.

1. Aplicação às debêntures das regras do direito comum ou da Lei 6.404/1976

1.1 Conceito de debênture

A debênture é um valor mobiliário, porque só a sociedade anônima tem legitimação para emiti-la, *ex vi* do art. 52 da Lei das Sociedades Anônimas e art. 2º, I, da Lei 6.385, de 7.12.1976.

A debênture é título de apresentação, *quérable*, porque compete ao credor procurar o pagamento no lugar indicado no título.

A pretensão à prestação nasce com a apresentação do título à companhia no dia do vencimento. O lugar do pagamento do principal e juros deve constar da cártula, conquanto a lei, por um lapso, a ele não se refira no art.64, *ad instar* do que fez no art. 72, § 2º, "f".

"A debênture é título executivo extrajudicial, porque hábil a servir de *causa petendi* à execução de garantias reais e à decretação da abertura da falência, consoante o art. 68, § 3º, letras 'b', 'c' e 'd', da nova lei e art. 585, item VII, do Código de Processo Civil. Próprio como é a embasar a execução coletiva do obrigado, e *a fortiori* o é para aparelhar a execução singular, quando os pressupostos para esta se reúnam, como o fato da apresentação do título, o fato da dívida e o fato do interesse individual do debenturista" (Eduardo Muniz, "Debênture – Natureza jurídica – Novas normas", *RF* 281/216) .

1.2 Norma aplicável às debêntures no que concerne à prescrição

Primeira orientação do Superior Tribunal de Justiça: acórdão no AgRg 136.415-SP, rel. Min. Nílson Naves, v.u., *DJU* 3.11.1997. Legislações aplicáveis: art. 177 do Código Civil e art. 286 da Lei 6.404/1976.

Agravo regimental improvido.

O Relator, deixando de lado as questões processuais, entendeu que a prescrição do direito comum – ou seja, aquela determinada pelo art. 177 do Código Civil – não se aplica à anulação das assembléias-gerais das sociedades por ações.

1.3 Fundamento principal

A prescrição em direito comum é incompatível com a estabilidade que deve garantir a constituição e desenvolvimento das sociedades anônimas. A prevalecer o encaminhamento que dá para o tema, as deliberações assembleares das sociedades não trariam segurança, podendo ser discutidas até duas décadas após – o que, sob o enfoque empresarial, seria despropositado.

2. *Corrente favorável à aplicação da prescrição vintenária do art. 177 do Código Civil*

A questão submetida a juízo está sujeita à prescrição ordinária do Código Civil quando se trata de anulação de um negócio jurídico celebrado com vício de *representação*, e não de anulação de deliberação assemblear ou de pleito de caráter indenizatório (mas sim desconstitutivo).

O negócio celebrado com vício de *representação* é nulo.

3. *Prescrição do direito do acionista de receber dividendos*

O art. 287, II, "a", da Lei das Sociedades por Ações considera prescrito o exercício do direito ao recebimento de dividendos em três anos, contado o prazo da data em que tenham sido postos à disposição do acionista.

No que concerne ao debenturista, a Lei das Sociedades Anônimas é omissa a respeito da prescrição dos direitos à percepção do respectivo direito, contudo, considerando que, embora se trate de um direito de crédito, não veríamos qualquer obstáculo à equiparação da situação do debenturista ao acionista com respeito à prescrição no recebimento das vantagens a que tem direito em relação às suas debêntures.

Por outro lado, aplica-se o princípio segundo o qual, em função de seu dinamismo, não pode permanecer a sociedade anônima eternamente à espera da apresentação do debenturista para o recebimento de seus ganhos.

Em resumo: os benefícios a que deve fazer jus o debenturista, em nosso entender, prescrevem em três anos, por interpretação analógica com os benefícios pagos ao acionista.

Não se pode também olvidar que o debenturista deve exercer, em princípio, seus direitos em comunhão, e, assim sendo, deve procurar o agente fiduciário e dele obter a designação de uma assembléia-geral de debenturistas a fim de, na mesma, ser discutida e votada a pretensão do interessado, máxime em função do decurso do prazo prescricional do exercício de seus supostos direitos.

A despeito disso, o exercício da cobrança dos créditos decorrentes da emissão das debêntures, segundo o professor Carvalhosa, "constitui direito individual dos debenturistas e de seus acessórios e seus benefícios, consignados na escritura de emissão, e em suas alterações (...) (art. 71)", embora o crédito seja coletivo (Carvalhosa, *Comentários à Lei de Sociedades Anônimas*, v. 1, São Paulo, Saraiva, 1997, pp. 493 e 496).

Eis a lição de Modesto Carvalhosa (*Comentários ...*, v. 1, p. 489): "No que se refere ao valor de pagamento das debêntures, cada titular tem direito a uma determinada quota do empréstimo coletivo contraído pela companhia emissora. Assim, para a companhia a dívida debenturista é una e indivisível, não podendo ser paga parcialmente. E com respeito aos debenturistas o crédito é exigível sempre em conjunto e simultaneamente com os demais quotistas da mesma série. Por outro lado, o direito de exigibilidade subjetiva de apenas uma fração torna devida toda a dívida. Anote-se, por oportuno, outrossim, que casos de dificuldades de caixa ou solvabilidade ou mesmo razões estratégicas tornam conveniente adiar, muitas vezes, a realização de tais direitos" (p. 497).

Leia-se, a propósito, Francisco Campos: "De dois pontos de vista, com efeito, pode ser apreciado o negócio de empréstimo por obrigações: do ponto de vista dos portadores, trata-se para cada um deles distintos, considerando-se o portador como sujeito de um crédito autônomo e podendo, por conseguinte, exercer *ut singuli* o seu direito contra a sociedade devedora" (*Direito Comercial*, pp. 296-298).

Completa Francisco Campos: "Se a falta de pagamento da companhia não afeta a generalidade dos debenturistas, mas apenas a um ou alguns deles, há de admitir-se a ação individual dos prejudicados, sem nenhuma restrição" (p. 302).

Da mesma orientação não discrepa Sylvio Marcondes (*Problemas de Direito Mercantil*, p. 372). "Aliás, a disposição do art. 18 do Decreto-lei 781, de 1938, em caso de impontualidade no pagamento dos juros e no reembolso das obrigações sorteadas, quando tal for o modo de amortização convencionado e ainda que no regime de comunhão, poderá qualquer obrigacionista demandar o seu pagamento ou requerer a falência da sociedade devedora, se, dentro de sessenta dias da data em que a impontualidade se verificar, não tiver sido convocada, pela sociedade devedora, ou pelos obrigacionistas, ou ainda pelo representante destes, já anteriormente nomeados, a assembléia dos obrigacionistas, que deverá deliberar sobre a providência mais conveniente aos interesses comuns.

"Esta disposição não compreende, porém, a hipótese em que a falta do pagamento for ato de origem individual, que não interesse à coletividade dos obrigacionistas – caso em que a ação individual é admitida sem restrições."

Na mesma linha cumpre arrolar-se a posição de Eduardo Muniz no estudo "Debênture – ...", *RF* 281/216.

4. Conclusão

O debenturista pode exercer, em certas hipóteses, individualmente os seus direitos à cobrança do principal, juros e outras verbas previstas na lei e no contrato, por meio de execução extrajudicial prevista no art. 585 do Código de Processo Civil, com a redação da Lei 8.953, de 13.12.1994.

Essa é a orientação do egrégio Superior Tribunal de Justiça (3ª T., Ag. 107.738-SP/AgRg, rel. Min Eduardo Ribeiro, j. 14.10.1997, negaram provimento, *DJU* 9.12.1997, p. 64): "O debenturista pode pedir a falência da companhia, desde que preenchidos os requisitos da lei, inclusive o protesto".

Em suma, a companhia pode: a) pagar o principal, juros e outras verbas – solução que se me afigura muito onerosa; b) recusar-se a pagar tais valores "por dificuldades de caixa ou solvabilidade, ou mesmo razões estratégicas tornam conveniente adiar, muitas vezes, a realização de tais direitos" (Modesto Carvalhosa, *Comentários* ..., v. 1, p. 497), com risco de execução pelo debenturista, nas hipóteses acima referidas; c) recusar-se a pagar ao debenturista com invocação do decurso do prazo prescricional – e, quanto a essa parte, convém encontrar a lei aplicável.

Solução: A aplicação do art. 177 do Código Civil, mediante a invocação à prescrição vintenária, me parece excessiva e fora de propósito, porque a matéria de prescrição na sociedade anônima é regulada pelo Capítulo XXIV da Lei 6.40419/76, afastadas as capitulações do Código Civil.

A crítica a esta tese envolve o fato de não se poder deixar de atentar, outrossim, para a circunstância de que a sociedade anônima é regida por princípios ligados ao dinamismo e agilidade próprios à sua estrutura; razão pela qual é difícil de se admitir prazos extremamente longos para o exercício dos direitos daqueles que com ela contratam, incompatíveis com a sistemática da Lei das Sociedades por Ações.

Exemplo disso pode ser encontrado nos prazos prescricionais previstos na lei das companhias, os quais vão de um a três anos, no máximo.

Acontece que as normas contidas na Lei das Sociedades Anônimas não prevêem especificamente a prescrição do exercício do direito do debenturista à percepção dos valores previstos na cártula do valor mobiliário.

O argumento seria a aplicação por analogia da regra prevista no inciso II, "a", da Lei 6.404/1976, prática que contém inconvenientes, não só pela diferença de tratamento entre as debêntures e as ações, no que concerne às vantagens por eles percebidas, isto é, o valor contido na mesma e os dividendos pagos às ações; como no fato de a aplicação da prescrição, como regra geral, ser *numerus clausus*, fato a impedir a interpretação analógica do instituto aos casos de prescrição não previstos na lei.

Mesmo assim, entendemos se possa admitir essa aplicação, *si et in quantum*. A sugestão, *de lege ferenda*, seria a inserção de uma alínea no inciso II do art. 287 da Lei 6.404/1976, cuja redação seria: "a ação para receber as vantagens constantes da escritura de emissão e do certificado, contado o prazo da data em que as mesmas foram postas à disposição do debenturista".

O motivo prende-se à circunstância de a prescrição somente passar a correr a partir do tempo em que o debenturista poderia exercer seus direitos e não o fez. O certo é que o princípio pode aplicar-se também aos debenturistas em comunhão.

Essas são algumas idéias a respeito do assunto ligado à prescrição do direito à percepção dos direitos pelo debenturista em relação à sociedade anônima.

A RETIRADA JUDICIAL DOS SÓCIOS-COTISTAS E A JUSTA PRESERVAÇÃO DE SEUS DIREITOS NO CURSO DA AÇÃO

JOÃO LUIZ COELHO DA ROCHA

1. O custo patrimonial da retirada dos sócios. 2. A retirada pela dissolução parcial nas sociedades limitadas. 3. A perda do minoritário com o embargo patrimonial e sua compensação. 4. Conclusão.

1. O custo patrimonial da retirada dos sócios

Nas relações internas dos componentes das sociedades de capitais – seja nas tipicamente assim qualificadas, como as sociedades anônimas, seja nas "mistas", "heterodoxas", personalizadas, como as sociedades por cotas – o dissenso do sócio minoritário, seu desconforto com a agregação institucional na sua linha diretiva, sua desavença com a voz de mando, têm representado sempre um problema de delicada solução jurídica.

E a complicação surge pois que sempre se exige, no evento, ponderar-se dois valores em confronto, duas ordens de padronagem axiológica um tanto excludentes, que se oferecem ao legislador e ao julgador: de um lado, a defesa dos interesses econômico-jurídicos do minoritário afrontado e, de outra parte, a pretendida preservação da empresa como célula produtora de riqueza e serviços.

Na mesma encruzilhada, pois, enfrenta-se o compreensível e justificado interesse do sócio em preservar seu patrimônio, o valor real e efetivo de sua fatia societária, e de outro lado encara-se o desiderato também razoável da sociedade, pela voz majoritária, de não sofrer uma grande descapitalização no modo satisfatório dos haveres do sócio, de uma forma que prejudique demais ou até inviabilize seu seguimento corporativo.

No campo das sociedades anônimas debita-se a essa flagrante tensão de interesses o sempre debatido problema do direito de recesso dos minoritários, aquelas hipóteses alçadas à capitulação legal onde, se a empresa, pela força majoritária, decide de algum modo, em uma certa direção, abre ensejo à retirada dos inconformados, com o pagamento a estes de sua parcela de capital.

Na década de 90, diante da iminente venda, por vários meios técnico-jurídicos, do controle de várias empresas estatais, o Governo Federal proporcionou e obteve uma alteração da Lei 6.404/1976 no tocante ao recesso, restringindo as hipóteses de seu cabimento, de modo a não permitir que minoritários naquelas empresas estatais pudessem requerer reembolso do valor de suas ações, naqueles procedimentos.

2. A retirada pela dissolução parcial nas sociedades limitadas

Quanto às sociedades limitadas o trato do assunto teve que experimentar logo uma evolução, ao longo do século XX, que acompanhou a própria e progressiva desafetação daquele tipo societário da classe das sociedades de pessoas, para aproximá-lo da espécie das empresas de capital.

Assim, foi-se abandonando, a propósito das divergências entre sócios, a regra arcaica do Código Comercial que proferia ali a dissolução total da empresa, e o trato da jurisprudência houve por substituir esse desenlace radical, ligado à idéia plena da personalidade da instituição, por uma "dissolução parcial" – ou seja, a saída do sócio divergente, com o recebimento por este de seus haveres sociais.

E neste seguimento o cerco jurisprudencial sinalizou logo para uma apreciação justa, atual, real, do valor econômico das quotas a serem reembolsadas, tornando-se mais seguro e compatível com a realidade, assim a compensação pecuniária daquele que se retira.

"Condição. Há possibilidade da dissolução parcial de uma sociedade por cotas de responsabilidade limitada entre duas pessoas, condicionada, é claro, com a transformação da sociedade por cotas em empresa unipessoal, prevalecendo o interesse social na preservação da empresa, como entidade sócio-econômica, capaz de gerar emprego e fazer circular a riqueza" (TJRJ, 1º Gr. Cs., Embs. 157/95 na Ap. cível 6.743/94, Capital, j. 9.1.1996, rel. Des. Capanema Amorim, v.u., in *Adcoas*).

"Sócio – Retirada de sociedade – Pagamento de haveres – Fundo de comércio. Na sociedade de vários sócios é livre a retirada de qualquer deles, porque ferida a *affectio societatis* para aquele que diverge, sendo livre é sua batida em retirada com paga justa de seus haveres, segundo o apurado pericialmente. Os valores captados devem ser atualizados, certo, ainda, que uma sociedade de ensino, embora de natureza civil, representa valor patrimonial, vez que é negócio que visa ao lucro na prestação de serviços. O nome, o conceito, a localização e tudo mais quanto o compõe se traduzem por valor, o que não deixa de constituir fundo de comércio" (TJRJ, 1ª C. Cível, Ap. 4.025/91, Capital, 5.3.1992, v.u.).

"Em caso de dissolução parcial operada extrajudicialmente, com a renúncia da autora, e conseqüente alteração do contrato social, a apuração de haveres com reembolso da quantia correspondente ao capital do sócio retirante na proporção do último balanço aprovado é inadmissível, havendo necessidade de adoção de critério que reflita a real posição econômica da empresa" (TJSP, 8ª C. de Direito Privado, Ap. cível 5.742-4/7, São Caetano do Sul, j. 11.2.1998, rel. Des. Debatin Cardoso, v.u., *Adcoas* 8.160.400).

Nota *Adcoas*: "Rubens Requião, citado no acórdão, diz: 'Consideramos obsoleto o instituto da dissolução da sociedade comercial na extensão adotada pelo Código. O princípio preservativo da sociedade ou empresa impõe a necessidade de novas fórmulas, que o direito comercial encontrou na exclusão do sócio', sendo a sociedade celebrada por tempo indeterminado, haver a dissolução por vontade de um dos sócios, caso em que será, portanto, parcial. Aquela regra de qualquer sócio poder postular a dissolução da sociedade, caso em que, terminada a liquidação, receberia, de uma só vez, o que lhe pertence, foi amenizada pela jurisprudência, que, apoiando-se no ordenamento jurídico, construiu a solução segundo a qual, sempre que os demais sócios queiram continuar a vida social, e a sociedade tenha condições de continuar operando, a dissolução será parcial, apurando-se e pagando os haveres dos sócios que pretendem deixá-la. Isso não significa, porém, que se aplique a essas hipóteses a disposição do contrato social, mas que, cuidando-se de dissolução parcial, se há de agir como se de dissolução total se tratasse, embora apenas com relação ao sócio que sai, porque, para este, o vínculo social se extingue".

"Na apuração dos haveres para determinação daqueles do sócio que se retira devem ser considerados os seus valores reais e não aqueles do último balanço" (TJRJ, 2ª C. Cível, Ap. 1.485, rel. Des. Murillo Fábregas, 26.8.1993, v.u.).

Em tantos instrumentos de contrato social, alguns de fórmula quase "tabelioa", padronizada, têm-se contemplado hipóteses de reembolso de haveres de sócio retirante, "por morte, por interdição" e às vezes até por "divergência", sempre consignado a rotina compensatória por um parcelamento mensal, mais ou menos longo.

Alguns autores – como Rubens Requião – pretendem que esse tipo de disposição há de ser desprezado na retirada litigiosa (o "recesso" dos quotistas), porque na sua gênese se procurou ali outras hipóteses, como o falecimento ou a interdição, e o pagamento parcelado a sucessores ou responsável (e não a sócios divergentes), mas parece ser o viés dominante aquele que vê na hipótese um concerto de vontades que, aliás, acaba por garantir a solvência da empresa, evitando descapitalizações radicais pelo modo parcelado dos compromissos.

O que se percebe é que, de tempos inflacionários, onde a disposição pelo parcelamento teria o efeito de acarretar perdas ao retirante, aos tempos de equilíbrio monetário, desde 1994, onde a satisfação integral imediata dos haveres deve pesar sofridamente na continuação do negócio, a jurisprudência terá evoluído.

"Sociedade – Dissolução parcial – Sócio retirante – Critério. Em pedido de dissolução de sociedade por retirada de um sócio dentre três, sendo esta parcial, com pagamento dos haveres do sócio retirante na forma do contrato social em parcelamento mensal no prazo de dois anos, e tratando-se de sociedade cujo patrimônio é somente constituído de imóveis e hoje se restringe à administração desses bens, ao contrário de sua finalidade de origem, não se torna razoável tal forma de pagamento, diante da inflação acelerada dos tempos atuais, mas sim o pagamento ao sócio retirante imediatamente após a apuração de haveres através de aludido balanço de determinação" (TJRJ, 6ª C. Cível, Ap. 388, rel. Des. João Carlos Pestana de Aguar Silva, 2.9.1991).

Foi vencido o Des. Mello Serra, tendo o voto a seguinte ementa: "Dissolução e liquidação de sociedade de responsabilidade limitada não são declaradas se o contrato estabelece, em caso de retirada do sócio, como será ele reembolsado do capital, lucro e demais haveres na sociedade, incluindo a forma de pagamento. A sentença que defere a dissolução parcial e a apuração de haveres, em balanço específico, com o pagamento consoante a cláusula contratual, é incensurável".

"Não havendo ofensa a lei de ordem pública nem se vislumbrando hipótese de enriquecimento sem causa, não há razão para negar eficácia a cláusula contratual que estabelece devam os haveres do sócio que se retira ser pagos em parcelas – Aplicação do princípio da força obrigatória dos contratados e incidência, ademais, do disposto no art. 302, 6 e 7, do Código Comercial, Decreto 3.708/1919, art. 2º, e no art. 668 do Código de Processo Civil de 1939, em vigor por força do art. 1.218 da vigente lei processual – Cláusula contratual que se justifica por interessar a continuação da empresa, que se pode inviabilizar caso o pagamento do sócio que se retira deva fazer-se integralmente, de uma só vez" (STJ, 3ª T., REsp 33.458-9-SP, rel. Min. Eduardo Ribeiro, v.u., *DJU* 22.8.1994, p. 21.261).

3. *A perda do minoritário com o embargo patrimonial e sua compensação*

A pura expressão dos princípios legais, porém, e mesmo suas primeiras depurações judiciais não conseguem acompanhar o ritmo sempre mais intenso, vivaz, palpável, da existência diária.

E vemos questões sobre retiradas litigiosas de sócios minoritários se estendendo por tantos anos, em um quadro pactual onde o(s) majoritário(s) permanece(m) no controle, no uso e no desfrute da empresa e de seu aparato patrimonial, enquanto o retirante espera pela final apreciação de valor e início de pagamento (muita vez em prestações alongadas em dezenas de meses) de seus haveres na sociedade.

A iniqüidade, o desbalanço – econômico e até moral – da situação criada, tal como acima se desenhou, parecem estar incomodando os atores mais sérios da cena jurídica, pois que começamos a ver expressada em doutrina e na jurisprudência a construção, supletiva da ordem legal, de se conceder ao sócio retirante, enquanto passam os meses e anos de sua perlenga judicial, uma prestação mensal, paga pela empresa – vale dizer, desembolsada enfim pelos majoritários, controladores –, que corresponda a um certo ressarcimento enquanto a dissolução não se encerra.

4. Conclusão

"Diante da notória e injustificada resistência de sociedade por quotas e sócios permanecentes em cumprir execução de sentenças que mandam apurar os haveres do sócio que se retira do quadro social (art. 15 do Decreto n. 3.708/1919), é juridicamente ponderável antecipar tutela para garantir a rentabilidade do capital explorado durante o período de litigiosidade da liquidação – Incidência do art. 273 do Código de Processo Civil em ação de arbitramento de remuneração de capital" (TJSP, 3ª C. de Direito Privado, AI 095.6561-418, j. 3.11.1998).

O professor Hernani Estrella, na obra *Apuração de Haveres de Sócio* (Rio de Janeiro, Forense, 1992, p. 357), já palmeava esse caminho: "Não raro, o desligamento se deu com o resultado de continuados atritos e divergências entre sócios. Então, tudo se processou num clima de obstinada repulsa e acusações mútuas, excludentes de qualquer entendimento. Nessa emergência, a conclusão judicial da apuração de haveres, embora torne líquido o direito do ex-sócio, não é por si só bastante para levar a entidade devedora, ou os sócios remanescentes, à pronta e direta satisfação".

E o Juiz Carlos David Abrão, da 8ª Vara Cível de São Paulo, em sentença lançada em março de 2001, também abre as portas a essa confirmação do sócio retirante: "Bastante cômoda e confortável a situação do requerido que controla a empresa, não faz pagamento e aguarda o decorrer do tempo, haja vista o pagamento da participação do autor, mas não disponibiliza em Tesouraria suas ações, ou suspende sua efetividade, mas usufruindo desse capital recebe maiores ganhos sem retorno aos dados dessa riqueza".

Enfatiza Sérgio Sahione Fadel (*Antecipação da Tutela no Processo Civil*, São Paulo, Dialética, 1998, p. 26) que a dose de discrição do julgador é mínima, vez que o juiz deve e pode antecipar a tutela sempre que os requisitos ali expressos se entremostrem presentes, a fim de não gerar inocuidade ou dano de difícil reparação.

"Descortina singelamente plausível a antecipação da tutela na demanda remuneratória do capital, como bem enfatizado no acórdão colacionado pelos autores, do Tribunal de Justiça de São Paulo, porquanto sujeitar o retirante às delongas do procedimento e reduzir dia a dia sua capacidade econômica, sem a justa remuneração do valor aplicado, significa excluí-lo do direito subjetivo inelutável."

Tem-se aí considerado um ressarcimento sobre o patrimônio do retirante que está ali bloqueado, uma espécie de taxa de rendimento mínimo que se defere àquele minoritário, para que, durante a longa tramitação judicial, enquanto seus haveres estão bloqueados, indisponíveis, seja ele compensado com alguma renda dali derivada.

Pois a verdade é que, enquanto têm curso – longo curso, como sabem todos – a ação de dissolução formal e a apuração de haveres do sócio minoritário a se retirar, fica este, como é natural, fora do controle e da gestão da empresa (muita vez excluído do acesso a lucros), enquanto seu acerto, sua recuperação patrimonial fica protraída para o fim do processo.

Enquanto isto os majoritários, no desfrute e controle da sociedade, têm em suas mãos também a fração de patrimônio líquido do retirante, embutida nos bens da empresa, e há de se conceber como razoável, justo e coerente com o equilíbrio de direitos, em jogo, que tal minoritário tenha algum ressarcimento que lhe conceda uma contrapartida durante o curso processual e até que seus bens lhe sejam ao fim entregues.

INTERPRETAÇÃO REALISTA DA ALIENAÇÃO DE CONTROLE DE COMPANHIA ABERTA[1]

JORGE LOBO

Não existe conhecimento sem crítica racional, crítica ao serviço da busca da verdade. *(Karl Popper, "Conhecimento e formação da realidade",* A Busca de um Mundo Melhor, *3ª ed., Fragmentos, p. 33)*

1. O art. 254 da Lei das S/A: 1.1 A CDE-14/1974 e o II PND – 1.2 O Anteprojeto e o Projeto de Lei das S/A – 1.3 O art. 254 após a "Emenda Lehmann"– 1.4 A Resolução CMN-401/1976 – 1.5 A revogação do art. 254 da Lei das S/A pela Lei 9.457/1997 – 1.6 A "reconstituição, com alterações", do art. 254 pelo Substitutivo, de autoria do deputado Émerson Kapaz, ao Projeto de Reforma da Lei das S/A – 1.7 O Substitutivo do deputado Antônio Kandir – 1.8 Redação final do art. 254-A. 2. A polêmica alienação de controle de companhia aberta: 2.1 A controvérsia na doutrina nacional: 2.1.1 O ágio pertence exclusivamente aos acionistas controladores – 2.1.2 O ágio deve ser partilhado entre controladores e minoritários – 2.1.3 O ágio pertence a todos os acionistas da companhia aberta – 2.2 A controvérsia na jurisprudência brasileira – 2.3 A controvérsia na legislação, na doutrina e na jurisprudência estrangeiras: 2.3.1 Direito Americano: 2.3.1.1 Legislação americana – 2.3.1.2 Doutrina americana: a) O ágio pertence a todos os acionistas da mesma categoria – b) O ágio pertence a todos os acionistas da companhia – c) O ágio, sob a denominação de "prêmio de controle", pertence exclusivamente ao controlador – 2.3.1.3 Jurisprudência americana: a) "Perlman vs. Feldmann" – b) "Zetlin vs. Hanson Holdings, Inc." – c) "Frandsen vs. Jensen-Sundquist Agency, Inc." – d) "Jones vs. H. F. Ahmanson & Co." – 2.3.2 Direito Francês: 2.3.2.1 Legislação francesa – 2.3.2.2 Doutrina francesa – 2.3.2.3 Jurisprudência francesa – 2.3.3 Direito Inglês – 2.3.4 Direito Belga – 2.4 Síntese da controvérsia. 3. Interpretação realista da alienação de controle da companhia aberta.

1. O art. 254 da Lei das S/A

1.1 A CDE-14/1974 e o II PND

A Exposição de Motivos do Conselho de Desenvolvimento Econômico 14, de 25.6.1974, elaborada pelos Ministros da Fazenda, Mário Henrique Simonsen, e do Planejamento, João Paulo dos Reis Velloso, exortou o legislador, ao se debruçar sobre a reforma do Decreto-lei 2.627/1940, a criar "mecanismos que impeçam que cada ação

1. Palestra proferida na Escola da Magistratura de São Paulo, a convite do Des. Paulo Toledo, no Simpósio "A Reforma da Lei das Sociedades Anônimas"realizado em 20.10.2000.

do majoritário possua um valor potencial muito superior ao de cada ação do minoritário", e o II Plano Nacional de Desenvolvimento (PND), concebido pelo Governo Geisel,[2] ao tratar da revisão da Lei das S/A, proclamou que se deveria "evitar que cada ação dos majoritários possua valor de mercado superior a cada ação do minoritário" – diretrizes que refletiam "a preocupação governamental de proteger os minoritários em face dos controladores".[3]

1.2 O Anteprojeto e o Projeto de Lei das S/A

O Anteprojeto de Lei das S/A, de autoria de Alfredo Lamy Filho e J. L. Bulhões Pedreira, e o Projeto de Lei das S/A, do Poder Executivo, todavia, ignoraram a CDE-14/1974 e o II PND, já que, segundo a Exposição de Motivos do Projeto de Lei das S/A, "garantir às ações dos minoritários valor econômico igual ao bloco de controle seria incoerente, porque aos controladores a lei atribuiu deveres e criou responsabilidades".[4]

1.3 O art. 254 após a "Emenda Lehmann"

Após acirrados debates na Câmara dos Deputados em torno do art. 254 do Projeto, as Emendas 201, 202 e 232, dos deputados Alberto Hoffman, Herbert Levy e Cunha Bueno, que propugnavam a paridade, foram rejeitadas,[5] havendo, entretanto, o Senado, através de proposta do senador Otto Lehmann, alterado a redação do art. 254,[6] para cometer à CVM o dever de zelar para que fosse "assegurado tratamento igualitário aos acionistas minoritários" na hipótese de alienação de controle de companhia aberta.

1.4 A Resolução CMN-401/1976

A Resolução 401, de 22.12.1976, do Conselho Monetário Nacional, ao cuidar da matéria, obrigou o adquirente, nas operações de alienação de controle de companhia aberta, a fazer oferta pública de compra das ações com direito de voto dos demais acionistas da companhia, para garantir "tratamento igualitário ao do acionista controlador".[7]

1.5 A revogação do art. 254 da Lei das S/A pela Lei 9.457/1997

Em 1997, a Lei 9.457, em seu art. 6º, revogou o art. 254, tendo o autor do Projeto de Reforma, deputado Antônio Kandir, justificado a supressão da oferta pública aos minoritários nestes termos: "Dessa maneira, a obrigatoriedade da oferta pública produz o pior dos mundos. Ao mesmo tempo

2. Lei 6.151, de 4.12.1974.

3. Modesto Carvalhosa, *Comentários à Lei de Sociedades Anônimas*, v. 4, t. II, São Paulo, Saraiva, 1998, p. 142.

4. Exposição de Motivos do Projeto de Lei das S/A – Mensagem 204, letra "D".

5. Sobre o tema, leia-se a excelente síntese do professor Modesto Carvalhosa, *Comentários ...*, v. 4, t. II, pp. 143 e ss.

6. Redação do art. 254 após a "Emenda Lehmann":

"Art. 254. A alienação do controle da companhia aberta dependerá de prévia autorização da Comissão de Valores Mobiliários.

"§ 1º. A Comissão de Valores Mobiliários deve zelar para que seja assegurado tratamento igualitário aos acionistas minoritários, mediante simultânea oferta pública para aquisição de ações.

"§ 2º. Se o número de ações ofertadas, incluindo as dos controladores ou majoritários, ultrapassar o máximo previsto na oferta, será obrigatório o rateio, na forma prevista no instrumento da oferta pública.

"§ 3º. Compete ao Conselho Monetário Nacional estabelecer normas a serem observadas na oferta pública relativa à alienação de controle de companhia aberta."

7. Redação da Resolução CMN-401/1976: "I – A alienação do controle de companhia aberta somente poderá ser contratada sob a condição, suspensiva ou resolutiva, de que o adquirente se obrigue a fazer, nos termos desta Resolução, oferta pública de aquisição das ações com direito a voto de propriedade dos demais acionistas da companhia, de modo a lhes assegurar tratamento igualitário ao do acionista controlador".

inibe e dificulta processos de alienação de controle necessários ao saneamento de empresas e produz situação desfavorável aos minoritários, uma vez que o não-saneamento de uma empresa resulta em queda do valor de suas ações, no que se prejudicam, mais que todos, os acionistas minoritários".[8]

1.6 A "reconstituição, com alterações", do art. 254 pelo Substitutivo, de autoria do deputado Émerson Kapaz, ao Projeto de Reforma da Lei das S/A

Em 1999, na Comissão de Economia, Indústria e Comércio da Câmara dos Deputados, o deputado Émerson Kapaz, após examinar os Projetos de Lei 3.115/1997 e 3.519/1997 e 1.000/1999, sobre a Reforma da Lei das S/A, propôs a "reconstituição, com alterações", do art. 254, numerado "254-A", por considerar o dispositivo essencial para proteger os acionistas minoritários, os quais, em regra – destacou o parlamentar –, são abandonados à sua própria sorte nos processos de alienação de controle, esclarecendo caber à CVM, no exercício do poder de defender a escorreita aplicação da lei, fiscalizar e exigir que a oferta pública se estenda aos minoritários nas mesmas condições oferecidas ao bloco de controle.

1.7 O Substitutivo do deputado Antônio Kandir

Em 6 de junho de 2000 o deputado Antônio Kandir, relator da matéria na Comissão de Finanças e Tributação, em seu Substitutivo, sugeriu que o art. 254-A tivesse a seguinte redação:

"Art. 254-A. A alienação do controle de companhia aberta somente poderá ser contratada sob a condição, suspensiva ou resolutiva, de que o adquirente se obrigue a fazer a oferta pública de aquisição das ações com direito a voto de propriedade dos demais acionistas da companhia, de modo a lhes assegurar tratamento igualitário ao do acionista controlador.

"§ 1º. A Comissão de Valores Mobiliários autorizará a alienação de controle de que trata o *caput*, desde que verificado que as condições da oferta pública atendem aos requisitos legais.

"§ 2º. Se o número de ações ofertadas, incluindo as dos controladores ou majoritários, ultrapassar o máximo previsto na oferta, será obrigatório o rateio, na forma prevista no instrumento da oferta pública.

"§ 3º. Compete à Comissão de Valores Mobiliários estabelecer normas a serem observadas na oferta pública de que trata o *caput*.

"§ 4º. As companhias poderão conceder aos seus acionistas sem direito de voto o direito previsto neste artigo em igualdade ou não com as ações com direito a voto, devendo regular no estatuto com precisão e minúcia as condições do exercício deste direito. A posterior modificação do estatuto neste caso obedecerá o disposto no § 1º do art. 136."

1.8 Redação final do art. 254-A

Após votada, na Câmara dos Deputados, a Subemenda Substitutiva às Emendas de Plenário e ao Primeiro Substitutivo ao Projeto de Lei 3.115/1997, o art. 254-A passou a ter a seguinte redação:

"Art. 254-A. A alienação, direta ou indireta, do controle de companhia aberta somente poderá ser contratada sob a condição, suspensiva ou resolutiva, de que o adquirente se obrigue a fazer oferta pública de aquisição das ações com direito a voto de propriedade dos demais acionistas da companhia, de modo a lhes assegurar o preço no mínimo igual a oitenta por cento do valor pago por ação com direito a voto, integrante do bloco de controle.

"§ 1º. Entende-se como alienação de controle a transferência, de forma direta ou indireta, de ações integrantes do bloco de

8. *Apud* Modesto Carvalhosa, *Comentários ...*, v. 4, t. II, p. 148.

controle, de ações vinculadas a acordos de acionistas e de valores mobiliários conversíveis em ações com direito a voto, cessão de direitos de subscrição de ações e de outros títulos ou direitos relativos a valores mobiliários conversíveis em ações que venham a resultar na alienação de controle acionário da sociedade.

"§ 2º. A Comissão de Valores Mobiliários autorizará a alienação de controle de que trata o *caput*, desde que verificado que as condições da oferta pública atendem aos requisitos legais.

"§ 3º. Compete à Comissão de Valores Mobiliários estabelecer normas a serem observadas na oferta pública de que trata o *caput*.

"§ 4º. O adquirente do controle acionário de companhia aberta poderá oferecer aos acionistas minoritários a opção de permanecer na companhia, mediante o pagamento de um prêmio equivalente à diferença entre o valor de mercado das ações e o valor pago por ação integrante do bloco de controle.

"§ 5º. As companhias poderão conceder aos seus acionistas sem direito de voto o direito previsto neste artigo em igualdade ou não com as ações com direito a voto, devendo regular no estatuto com precisão e minúcia as condições do exercício deste direito. A posterior modificação do estatuto neste caso obedecerá o disposto no § 1º do art. 136."

2. *A polêmica alienação de controle de companhia aberta*

2.1 A controvérsia na doutrina nacional

Ao ser publicado o Anteprojeto de Lei das S/A Modesto Carvalhosa insurgiu-se, com indignação, e sustentou, com veemência, que o texto em questão deveria "propor medidas concretas de eqüidade entre acionistas controladores e não-controladores quando da venda das ações de controle da sociedade",[9] na linha preconizada pela Exposição de Motivos CDE-14/1974 e pelo II PND, advertindo que "não existe precedente, em qualquer país, de um anteprojeto que, no seu preâmbulo, declare taxativamente que os acionistas controladores têm o direito de embolsar o *premium* na venda do controle da companhia, não assistindo aos demais acionistas, que ao longo da vida da sociedade contribuíram para o seu capital, qualquer direito nessa transação".[10]

2.1.1 O ágio pertence exclusivamente aos acionistas controladores

Alfredo Lamy Filho e José Luiz Bulhões Pedreira, ao discorrerem sobre o tema, ponderaram: (1º) "toda economia de mercado atribui valor econômico ao controle da companhia, independentemente do valor unitário das ações, que o asseguram"; (2º) "o valor das ações resulta do direito, que confere, de participação nos lucros e no acervo líquido da companhia, enquanto que o controle decorre do poder de determinar e definir suas políticas"; (3º) "o Anteprojeto reconhece a realidade do poder do acionista controlador para atribuir-lhe responsabilidades próprias, de que não participam os acionistas minoritários"; e (4º) "seria, pois, incoerente se pretendesse, para efeitos de transferência desse poder, negar a sua existência e proibir o mercado de lhe atribuir valor econômico".[11]

Fábio Konder Comparato,[12] após admitir que na cessão onerosa das ações do bloco de controle a tendência dos países desenvolvidos é garantir aos acionistas de

9. *A Nova Lei das Sociedades Anônimas. Seu Modelo Econômico*, Rio de Janeiro, Paz e Terra, 1976, p. 119.

10. *A Nova Lei* ..., p. 120.

11. *Fundamentos da Reforma das S/A*, 1ª ed., Rio de Janeiro, AEDE/SBERJ, 1976, pp. 22-23, *apud* Mauro Rodrigues Penteado, "Apontamentos sobre a alienação do controle de companhias abertas", *RDM* 76/17, ano XXVIII, 1989.

12. *O Poder de Controle na Sociedade Anônima*, São Paulo, Ed. RT, 1976, pp. 253-258.

igual categoria tratamento eqüitativo, (1º) atacou a idéia de que o ágio decorrente do poder de controle societário pertence a todos os acionistas; (2º) questionou as causas que permitiriam aos minoritários "pretender essa igualdade de *status* com os titulares do controle, se àqueles não se atribuem, em estrita lógica, os mesmos deveres e responsabilidades inerentes ao exercício do poder de comando na empresa";[13] e (3º) para neutralizar os malefícios que poderiam atingir os não-controladores sugeriu duas medidas: assegurar-lhes o direito de recesso pelo valor contábil de suas ações e a criação de normas para reprimir o *insider trading* praticado por diretores ou controladores da companhia e pessoas a eles ligadas.[14]

Luiz Leonardo Cantidiano defendeu a concepção de que, "se a alienação implicar apenas novos administradores, não sofreriam, em tese, quaisquer minoritários algum tipo de prejuízo, descabendo, portanto, a extensão da oferta pública a qualquer deles, ordinários ou preferenciais. Mas, na hipótese de o novo controlador visar à extinção da companhia, aí, sim, a oferta deveria ser estendida para todos os minoritários, pois todos eles estariam em situação na qual poderiam sofrer prejuízos".[15]

Roberta Nioac Prado afirmou que o prêmio de controle cabe apenas aos controladores, pois, "significando a alienação uma simples mudança de controlador, não entendo que deva haver oferta pública a nenhum acionista, seja ele ordinário ou preferencial. (...), neste caso, o valor que se agrega ao bloco de ações que determinam o controle da empresa diz respeito exclusivamente à possibilidade que esse bloco proporciona àqueles que o detêm de alterar a administração, de forma a dinamizá-la e fazer com que a empresa gere maiores lucros" – obtemperando, contudo, que deve ser dado tratamento igualitário em caso de posterior encerramento das atividades da sociedade, porquanto, "tratando-se de uma alienação de controle em que os adquirentes intencionem extinguir a companhia em um segundo momento (...), aí, sim, entendo que devam estes estender a oferta a todos os minoritários, inclusive aos preferencialistas sem voto (...), porque, neste caso, no preço pago pelo controle estará embutido não apenas o valor de controlar a empresa, mas principalmente todo o seu ativo. Ativo, este, que muitas vezes não se reflete nem no valor de Bolsa e nem mesmo no patrimonial das ações individualmente consideradas, um dos quais podemos citar como exemplo o valor do intangível da empresa que será agregado na incorporadora".[16]

2.1.2 O ágio deve ser partilhado entre controladores e minoritários

Arnoldo Wald ensinou que "a oferta pública prevista no art. 254, embora represente um ônus para o adquirente do controle, pode ser saudável, por representar o veículo através do qual o valor do controle é distribuído entre todos os acionistas com direito a voto".[17]

Egberto Lacerda Teixeira e José Alexandre Tavares Guerreiro asseveraram que "as transferências de controle, envolvendo vultosos ágios pagos apenas aos controladores, podem ainda mais desestimular o investimento acionário. Daí entendermos que a solução adotada na lei vale como medida pragmática, tendo em vista as condições do momento histórico e as características peculiares da conjuntura, justifican-

13. *O Poder* ..., p. 258.

14. Idem, p. 261.

15. *Apud* Roberta Nioac Prado, "Da obrigatoriedade por parte do adquirente do controle de sociedade por ações de capital aberto de fazer simultânea oferta pública, em iguais condições, aos acionistas minoritários – Art. 254 da Lei 6.404/1976 e Resolução CMN-401/1976. É efetivo mecanismo de proteção aos minoritários?", *RDM* 106/91, ano XXXVI, 1997, referindo-se a "Alienação e aquisição de controle", *RDM* 59/62, ano XXIV, 1985.

16. "Da obrigatoriedade ...", *RDM* 106/105.

17. "A proteção dos acionistas minoritários na alienação do controle de companhias abertas", *Revista da CVM* 4/2, n. 13, 1986, *apud* Mauro Rodrigues Penteado, "Apontamentos ...", *RDM* 76/19.

do-se em face da experiência verificada em anos recentes em nosso país".[18]

Guilherme Döring Cunha Pereira dissertou que "o poder de controle é encarado como pertencente à própria sociedade e, indiretamente, à totalidade dos acionistas".[19]

Modesto Carvalhosa alertou que "o acionista minoritário, embora normalmente não tome a iniciativa de promover a capitalização da sociedade, empresta seu esforço para tal mister, (...); ademais, esse tipo de acionista experimenta os efeitos da política de autocapitalização da companhia, usualmente realizada pelo controlador. É, portanto, co-partícipe da valorização patrimonial da empresa, merecendo portanto tratamento igualitário, quando da alienação de seu controle".[20]

Waldírio Bulgarelli enfatizou que "o não-controlador, que não recebeu dividendos durante muito tempo, pela política imposta pelo controlador de fortalecer a empresa, tem direito a reclamar quando o controlador, aproveitando-se dos resultados dessa mesma política, vende com ágio astronômico as suas ações de controle";[21] acrescentando, ainda, que os especuladores e rendeiros, embora também tivessem contribuído com seus recursos para o autofinanciamento da companhia, mesmo querendo, não poderiam, devido ao princípio majoritário, participar ativamente da vida societária e, ademais, que, "ao vender o controle (...) com grandes lucros, está-se vendendo, subjacentemente, os intangíveis e mais propriamente o aviamento da empresa";[22] para deduzir que "o certo será a distribuição, ao menos do ágio, entre todos que contribuíram para o fortalecimento da empresa".[23]

2.1.3 O ágio pertence a todos os acionistas da companhia aberta

Nélson Cândido Motta advogou que "admitir que as ações preferenciais, porque não votam, tenham menos direitos – salvo os direitos políticos – do que as ações ordinárias equivale a reconhecer que o direito de voto possa ser causa de desigualdade entre acionistas, quer em relação ao patrimônio da sociedade, quer em relação ao tratamento que a lei manda dispensar a todos, indistintamente, nos casos de alienação de controle de companhia aberta (...)".[24]

Leslie Amendolara asseverou que, se os acionistas minoritários têm o direito de participar do "prêmio de controle" porque "haviam contribuído com a formação do capital e investido seus recursos nos negócios",[25] este direito deve ser estendido aos preferencialistas, já que eles também contribuíram para a formação do capital social.

2.2 A controvérsia na jurisprudência brasileira

No período de vigência do tratamento igualitário, em um processo em que se discutiu se a CVM deveria ser responsabilizada pelo exame e avaliação indevidos em caso de alienação de controle, em virtude de haver considerado o valor total das ações em poder do novo controlador e que representavam todo o bloco de controle, e não apenas aquelas efetivamente adquiridas – o que teria ocasionado prejuízos aos acio-

18. *Das Sociedades Anônimas no Direito Brasileiro*, 1ª ed., v. 2, São Paulo, Bushatsky, 1979, p. 743.

19. *Alienação do Poder de Controle Acionário*, São Paulo, Saraiva, 1995, pp. 164-171.

20. *Apud* Mauro Rodrigues Penteado, "Apontamentos ...", *RDM* 76, fazendo referência a *Oferta Pública de Aquisição de Ações* (tese), São Paulo, 1978, pp. 142-143.

21. *Regime Jurídico da Proteção às Minorias nas S/A*, Rio de Janeiro, Renovar, 1998, p. 158.

22. Idem, p. 159.

23. Idem, p. 160.

24. "Alienação de controle de instituições financeiras. Acionistas minoritários. Notas para uma interpretação sistemática da Lei das S/A", *RDM* 46/41, ano XXI, 1982, *apud* Roberta Nioac Prado, "Da obrigatoriedade ...", *RDM* 106/91.

25. *Os Direitos dos Acionistas Minoritários: com Alterações da Lei 9.457/1997*, São Paulo, STS, 1998, p. 105.

nistas minoritários, já que, na oferta pública, o montante oferecido não lhes garantia um tratamento igualitário –, a 1ª Turma do Tribunal Federal de Recursos, ao julgar a Ap. cível 140.587-RJ, condenou a CVM a pagar aos minoritários valor equivalente à diferença entre o preço por eles obtido na venda de suas ações e aquele conseguido pelos controladores.[26]

A 1ª Turma do Superior Tribunal de Justiça, ao apreciar o REsp 2.276-RJ, que tratava de participação ou não dos preferencialistas no prêmio de controle, entendeu que a oferta pública só alcançava as ações com direito de voto, já que as preferenciais têm garantidas outras vantagens, dispostas na Lei 6.404/1976.[27]

Ainda o Superior Tribunal de Justiça, numa decisão relativa à incorporação do Banco Financial de Mato Grosso, envolvendo oferta pública prévia para aquisição de controle, estendeu-a aos acionistas sem voto, por considerar a natureza da sociedade (que necessitava de autorização) e que a aquisição do controle era uma providência preliminar à incorporação.[28]

2.3 A controvérsia na legislação, na doutrina e na jurisprudência estrangeiras

2.3.1 Direito Americano

2.3.1.1 Legislação americana

Conforme acentuou Roberta Nioac Prado, não há norma legal no Direito Americano que torne obrigatória a oferta pública na alienação de controle de uma companhia, sendo a proteção aos minoritários expressa apenas nas noções de *disclosure* e de *insider trading*.[29]

2.3.1.2 Doutrina americana

a) *O ágio pertence a todos os acionistas da mesma categoria*: William D. Andrews,[30] contudo, apregoa que todos os acionistas com ações de espécie e classe iguais devem ter a possibilidade de aliená-las igualmente e de partilhar o *premium* proporcionalmente à sua contribuição ao capital, por ser o poder de controle um bem da companhia.

André Tunc recordou que os redatores dos *Principles of Corporate Governance* pensavam que um acionista dominante não deve, sem autorização dos acionistas desinteressados, tirar mais vantagens de sua situação proporcionalmente aos acionistas que estão nas mesmas condições.[31]

b) *O ágio pertence a todos os acionistas da companhia*: Berle e Means,[32] a seu turno, foram além, pois, após qualificarem a alienação de controle da empresa como a venda de um bem social, sustentaram que o valor pago como ágio pelo bloco de controle deve ser distribuído a todos os acionistas da companhia.

c) *O ágio, sob a denominação de "prêmio de controle", pertence exclusivamente ao controlador*: Hoje, nos EUA, prevalece a opinião de que somente o acionista controlador, alienante do controle, faz jus ao prêmio,[33] desde que não haja fraude ou atos de má-fé, acentuando Lewis D. Solomon e Alan R. Palmiter que "a regra geral

26. Reg. 8.803.699, rel. Min. Dias Trindade, in Nelson Eizirik, *Sociedades Anônimas: Jurisprudência*, Rio de Janeiro, Renovar, 1996, pp. 743-746.

27. Reg. 90.0001659-2, rel. Min. Garcia Vieira, in Nelson Eizirik, *Sociedades Anônimas:* ..., pp. 367-372.

28. José Edwaldo Tavares Borba, *Direito Societário*, 6ª ed., Rio de Janeiro, Renovar, 2001, pp. 475-476 (nota de rodapé 1), citando matéria da *Gazeta Mercantil* de 21.10.1993, p. 35.

29. "Da obrigatoriedade ...", *RDM* 106/97.

30. "The stockholder's right to equal opportunity in the sale of shares", *Harvard Law Review* 78/505-563, 1965, *apud* Roberta Nioac Prado, "Da obrigatoriedade ...", *RDM* 106/98.

31. *Le Droit Américain des Sociétés Anonymes*, Paris, Economica, 1985, pp. 158-159.

32. *Apud* Roberta Nioac Prado, "Da obrigatoriedade ...", *RDM* 106/98.

33. Robert W. Hamilton, *The Law of Corporations*, Minnesota, St. Paul, 1987, p. 359, *apud* Osmar Brina Corrêa Lima, *O Acionista Minoritário no Direito Brasileiro*, Rio de Janeiro, Forense, 1994, p. 79.

é a de que os acionistas podem vender suas ações pelo preço que conseguirem, incluído neste o prêmio não disponível aos outros acionistas. Os acionistas controladores não precisam dividir esse prêmio".[34]

Para Easterbrook e Fischel[35] os minoritários não se oporão à alienação de controle se ela puder levar a uma administração mais eficiente, capaz de tornar a companhia mais rentável e suas ações mais valorizadas.

Steven L. Emanuel afirma que a posição do controlador na companhia tem valor econômico e que o controlador hesitaria na alienação caso não recebesse prêmio algum, já que conta com vantagens e privilégios não desfrutados pelos minoritários, advertindo que há exceções ao direito do controlador de vender suas ações livremente,[36] como, *v.g.*: (1) a exceção de pilhagem (*the "looting" exception*), que é a mais importante, pois impede o controlador de transferir suas ações para quem irá pilhar a companhia, se ele tem ciência disso ou tinha como saber; (2) a exceção da venda de voto (*the "sale of vote" exception*), que se verifica quando o bloco de controle é menor que a maioria das ações, mas o vendedor exerce uma influência relevante sobre a diretoria, ou quando o contrato de venda expressamente menciona um pagamento adicional se o alienante entregar parte do controle da diretoria, garantindo a eleição de pessoas indicadas pelo comprador; (3) o desvio de uma oportunidade coletiva (*diversion of collective opportunity*), aplicável a situações em que, por alguma razão, o prêmio de controle deva pertencer à companhia ou a todos os acionistas, dando-se como principais exemplos situações em que "a Corte entende que o prêmio de controle representa uma oportunidade de negócios que a companhia poderia ou deveria perseguir como sociedade e quando o comprador inicialmente tentou comprar a maior parte ou todo o ativo da companhia (...), mas foi chamado pelo controlador que lhe ofereceu seu bloco de ações em troca de um prêmio".[37]

2.3.1.3 Jurisprudência americana

William A. Klein e J. Mark Ramseyer, em seu ótimo livro *Business Associations. Agency, Partnerships, and Corporations*,[38] citam diversos casos de alienação de controle analisados pelas Cortes Americanas, a saber:

a) "Perlman *vs.* Feldmann": Feldmann, acionista controlador e principal diretor da companhia de aço *Newport Steel Corp.*, vendeu suas ações à *Wilport Co.*, uma das destinatárias finais do aço, que visava a criar uma fonte certa de fornecimento no mercado, obtendo por suas ações um valor de US$ 20.00 por ação, embora o preço de mercado fosse US$ 12,00, o que levou os minoritários a alegarem que esse preço incluía uma compensação pela venda de um ativo da empresa, consistente no poder de alocar os produtos fabricados pela companhia numa época em que havia maior demanda e pouca oferta de fornecimento, havendo esse poder sido transferido com a venda e beneficiado apenas ao controlador.

Obtemperaram, ainda, que, como diretor e acionista controlador, Feldmann tinha uma relação fiduciária com a companhia e com os minoritários e, que, não obstante, neste caso, não tenha havido fraude, nem mau uso de informações confidenciais, nem saque, ele obtivera proveitos pessoais de uma oportunidade da companhia.[39]

34. *Corporations. Examples and Explanations*, 2ª ed., Aspen Law & Business, 1994, pp. 411-420.

35. "Corporate control transactions", 91 *Yale Law Journal* 737, 1982, *apud* Lewis D. Solomon e Alan R. Palmiter, *Corporation. ...*, 2ª ed., pp. 411-420.

36. *Corporations*, 3ª ed., Nova York, Emanuel Publishing Corp., 1997, pp. 240-249.

37. Steven L. Emanuel, *Corporations*, 3ª ed., p. 245.

38. 3ª ed., Westbury (New York), The Foundation Press, Inc., 1997, pp. 644 e ss.

39. William A. Klein e J. Mark Ramseyer, *Business Associations. ...*, 3ª ed., pp. 652-656.

Ao tratar deste julgamento, Osmar Brina Corrêa Lima alerta que, em segunda instância, o Tribunal, para reformar a sentença de primeiro grau, baseou-se no seguinte fundamento: "Nós não pretendemos sugerir que o acionista majoritário não possa dispor do seu bloco de ações de controle a terceiros de fora (*outsiders*) sem ter de prestar contas à companhia de seu proveito, ou mesmo nunca fazer isso impunemente, quando o comprador é cliente interessado, atual ou potencial, no produto da sociedade. Entretanto, quando a venda necessariamente resulta no sacrifício desse elemento dos intangíveis (*goodwill*) e conseqüente inusitado proveito para o fiduciário que causou o sacrifício, ele deve prestar contas de seu ganho. Assim, (...), nós pensamos ser juridicamente correto que o fiduciário não possa apropriar-se sozinho do valor desse prêmio".[40]

b) "Zetlin *vs.* Hanson Holdings, Inc.": Neste caso os acionistas controladores venderam suas ações com prêmio, tendo a Corte – ao reconhecer que aquele que investe o capital necessário para adquirir um *status* dominante na companhia tem o direito de controlá-la – decidido que, fora casos de pilhagem no ativo da companhia, usurpação de oportunidade da companhia, burla ou outras condutas de má-fé, o controlador é livre para vender e o comprador é livre para adquirir, pois o prêmio de controle é adicionado pelo investidor que está disposto a pagar pelo privilégio de influir diretamente nos negócios da companhia, não sendo razoável impor, na omissão da lei, que o controle só fosse transferido mediante oferta para todos os acionistas; ressaltando, por fim, que uma mudança tão radical deveria ser realizada pelo Legislativo.[41]

c) "Frandsen *vs.* Jensen-Sundquist Agency, Inc.": Em 1975, Walter Jensen, único acionista da *Jensen-Sundquist Agency, Inc.*, resolveu desfazer-se de suas ações, alienando 52% para seus familiares, 8% para Dennis Frandsen e o restante para terceiros, ficando estabelecido, entre os novos acionistas, um direito de preferência, que assim pode ser resumido: se os majoritários pusessem suas ações à venda, dever-se-ia dar a Frandsen o direito de adquiri-las; se ele não quisesse comprá-las, os majoritários teriam que se dispor a comprar as ações de Frandsen pelo mesmo preço que havia sido por eles fixado.

Grande parte do ativo da *Jensen-Sundquist Agency, Inc.* era composta pela maioria das ações do *First Bank of Grantsburg*, que despertaram o interesse da *First Wisconsin Corp.*, oferecendo esta US$ 88.00 por ação do Banco, constando da proposta, ademais, que cada acionista da *Jensen-Sundquist* receberia US$ 62.00 por ação, que seria transformada em US$ 88.00 em ação do Banco, e que um documento deveria ser assinado pelos minoritários renunciando a qualquer direito que eles porventura pudessem ter naquela transação.

Frandsen discordou da proposta, anunciando que exerceria seu direito de preferência e compraria o bloco majoritário a US$ 62.00 por ação, tendo a companhia decidido, entretanto, alienar suas ações do *First Bank of Grantsburg* ao *First Wisconsin* por US$ 88.00 a ação e depois liquidar-se, para que todos os acionistas fizessem jus ao seguro da sociedade.

Frandsen protestou, pois queria ter certeza de que a alienação do bloco majoritário não tornaria desconfortável a situação dos minoritários, adquirindo suas ações por preço menor, afirmando, além disso, que a *First Wisconsin* era culpada de interferência prejudicial em seus direitos contratuais.

Neste caso o Tribunal não vislumbrou uma venda de ações, já que a idéia da *First Wisconsin* não era tornar-se acionista da *Jensen-Sundquist*, entendendo que Frandsen, na verdade, disputava a aquisição do *First Bank of Grantsburg* e, por fim, que o

40. Pronunciamento da Corte, reproduzido por Osmar Brina Corrêa Lima, *O Acionista Minoritário* ..., pp. 78-79.

41. Klein e Ramseyer, *Business Associations*. ..., 3ª ed., pp. 649-652.

First Wisconsin estava apto para concluir sua proposta sem se preocupar com Frandsen, já que não infringira qualquer texto legal (aí incluída a Lei Antitruste), nem induzira o controlador do *First Bank* a violar o acordo de acionistas.[42]

d) "Jones *vs.* H. F. Ahmanson & Co.": Embora não tenha havido, neste caso, qualquer transferência de controle, a Corte de Apelação achou por bem manifestar-se sobre o assunto e acabar por confirmar que os acionistas majoritários têm uma responsabilidade fiduciária, para com a minoria e a sociedade, de controlar a companhia de maneira justa e eqüitativa, não podendo utilizar seu poder em seu benefício ou em detrimento da minoria; daí por que qualquer uso que envolva a companhia ou o poder de controlá-la deve beneficiar a todos os acionistas proporcionalmente, não devendo conflitar com a conduta correta dos negócios da sociedade, negando, portanto, acolhida à defesa da maioria, que alegou que, no uso de suas próprias ações, não há dever fiduciário.[43]

2.3.2 Direito Francês

2.3.2.1 Legislação francesa

No Direito Francês há normas legais e regulamentares que tornam a oferta pública obrigatória nos casos de alienação de controle de companhia aberta.

Em 1973 a *Association Française des Banques* editou "normas determinando que, quando houvesse transferência de controle acionário de uma instituição financeira com alienante identificado, os minoritários deveriam alienar suas ações, obrigatoriamente, junto com o bloco de controle, pelo mesmo preço e condições";[44] e, em 2.8.1989, a Lei 89-531 deu competência ao Conselho das Bolsas de Valores para regular as ofertas públicas e obrigou "aquele que adquirisse mais de 1/3 das ações votantes de uma empresa (...) a fazer oferta pública de compra dos 2/3 restantes pela chamada *garantie de cours*";[45] e, por fim, em maio/1992 a oferta de compra foi estendida a todas as ações, votantes ou não.[46]

2.3.2.2 Doutrina francesa

André Tunc ensinou que o princípio de que um acionista é livre para vender suas ações pela quantia que lhe for oferecida esbarra, no caso da cessão de controle, em um dever fiduciário; portanto, a venda de ações de um acionista que dirige a sociedade comporta a alienação de uma função ou, pelo menos, do poder de designar quem a exercerá, aduzindo que se a venda for por preço maior que o da Bolsa, por compreender a posição de comando, haverá, então, um proveito ilícito, que deve ser restituído à sociedade.[47]

Michel de Juglart e Benjamin Ippolito doutrinam que a cessão de controle permite, de forma mais simples que as ofertas públicas de venda, que se opere a transferência de controle de uma sociedade.[48]

Ripert e Roblot, no entanto, lecionam que a oferta pública, embora intrincada e custosa, é mais vantajosa, por não obrigar o comprador a adquirir todos os títulos que lhe forem oferecidos.[49]

2.3.2.3 Jurisprudência francesa

Num caso de concentração de sociedades cuja questão era saber se os acionistas minoritários, que se recusaram a ceder suas participações, poderiam se opor à

42. Idem, pp. 644-649.
43. Idem, pp. 657-661.
44. *Apud* Roberta Nioac Prado, "Da obrigatoriedade ...", *RDM* 106/102.
45. Idem, p. 103.
46. Idem, ibidem.
47. *Le Droit Américain ...*, pp. 156-158.
48. *Cours de Droit Commercial avec Travaux Dirigés et Sujets d'Examen*, 7ª ed., v. II, Paris, Éditions Montchrestien, 1983, pp. 843-844.
49. Georges Ripert, *Traité Élémentaire de Droit Commercial*, 10ª ed., t. II, por René Roblot, Paris, Librairie Générale de Droit et de Jurisprudence, 1980, p. 86.

transferência de controle, que levara praticamente ao desaparecimento da sociedade, invocando a nulidade das decisões do conselho de administração e da deliberação da assembléia-geral extraordinária por abuso de direito, a *Cour de Cassation* respondeu que não cabe aos tribunais, mas aos órgãos da sociedade, apreciar a oportunidade de suas decisões, válidas se tomadas regularmente, reafirmando, mais, que os acionistas minoritários podem, se tiverem interesse, se desfazer de seus títulos pelo mesmo preço pago pela cessão do bloco de controle (conforme decisão de 6.3.1973, arts. 91-96, regulamento geral da *Compagnie des Agents de Changé Préc.*).[50]

Em caso de alienação de controle por operação complexa, em duas etapas (aquisição de ações e posterior subscrição em aumento de capital), o *Tribunal de Grande Instance de Paris*, em sentença de 20.1.1988, decidiu que a oferta pública não era necessária, por considerar que, "se a obrigação de manter a cotação deve ser observada quando a compra atinge uma quantidade de títulos suscetível de dar o controle da sociedade emissora, este não é o caso quando o controle é conseguido por uma operação complexa cuja venda dos títulos corresponde apenas a um dos elementos, o outro elemento, ligado ao aumento de capital, excluindo qualquer transferência de ações".[51]

2.3.3 Direito Inglês

Segundo Guilherme Döring Cunha Pereira, o *City Code on Take and Mergers* inglês deu uma diretriz inovadora às ofertas públicas para aquisição de controle de uma companhia, fixando como idéia fundamental garantir as mesmas condições oferecidas ao alienante aos acionistas de classes idênticas;[52] acentuando John H. Farrar que "a principal regra nesse sentido é a que determina que, efetuada a compra de alguma ação da sociedade-alvo quando já se pretendia adquirir o controle por meio de uma futura oferta pública de aquisição, essa oferta deve ser feita a todos os acionistas em termos não menos favoráveis que os da compra isolada".[53]

2.3.4 Direito Belga

A Comissão Bancária belga, entidade governamental sem poder normativo, prega que o prêmio de controle deve pertencer a todos os acionistas e recomenda a oferta pública de aquisição das demais ações para que haja um tratamento igualitário.[54]

2.4 Síntese da controvérsia

Portanto, a propósito da alienação de controle de companhia aberta, há:

(a) os que entendem que o preço do bloco de controle é formado pelo valor patrimonial global das ações cedidas e transferidas aos adquirentes e pelo *premium* correspondente ao valor atribuído pelo mercado ao poder de definir e comandar os destinos da companhia aberta, daí não caber falar em ágio ou sobrepreço, porém em prêmio de controle, que deve pertencer, única e exclusivamente, aos controladores; e

(b) os que sustentam que o controle é um bem intangível, um ativo social da companhia, os quais, à sua vez, se dividem em duas correntes – uma pensa que o ágio que os adquirentes estão dispostos a pagar para deter o controle da companhia aberta deve ser rateado entre controladores e minoritários; outra argumentava que, se o controle é um bem social, todos os acionistas, independentemente da espécie de ações que possuam, merecem beneficiar-se com a venda do controle e participar do rateio do ágio.

50. Michel de Juglart e Benjamin Ippolito, *Cours* ..., 7ª ed., v. II, p. 844.

51. *Revue Trimestrielle de Droit Commercial et de Droit Économique*, Paris, Sirey, 1989, p. 80.

52. John H. Farrar, *Company Law*, Londres, Butterworths, 1985, p. 521, *apud* Guilherme Döring Cunha Pereira, *Alienação do Poder* ..., p. 135.

53. *Apud* Guilherme Döring Cunha Pereira, *Alienação do Poder* ..., p. 135.

54. Idem, p. 145.

Anote-se, por fim, que no Brasil dissertaram, com proficiência, sobre o tema – sem, todavia, adotar uma posição em favor de determinada tese: Fran Martins,[55] J. A. Tavares Guerreiro,[56] Luiz Gastão Paes de Barros Leães,[57] Mauro Rodrigues Penteado,[58] Nelson Laks Eizirik[59] e Wilson de Souza Campos Batalha.[60]

3. *Interpretação realista*[61] *da alienação de controle da companhia aberta*

O ágio é um bem intangível da companhia, que deve ser compartilhado entre controladores, minoritários e, até mesmo, preferencialistas, ou um valor econômico inerente às ações ordinárias nominativas com direito de voto que compõem o bloco de controle, a ele fazendo jus exclusivamente os controladores?

Se pregarmos que o ágio integra o preço do bloco de controle e, portanto, deve pertencer tão-somente aos controladores; ou se advogarmos que o ágio é um sucedâneo da valorização patrimonial da companhia e, por conseguinte, deve ser distribuído entre controladores e minoritários; ou se sustentarmos que o ágio é um bem social e que seu rateio não pode basear-se no fato de ações da companhia serem de diferentes espécies e terem ou não direito de voto, daí dever a lei assegurar a controladores,

55. *Comentários à Lei das Sociedades Anônimas; Lei n. 6404, de 15 de Dezembro de 1976*, v. 3, Rio de Janeiro, Forense, 1978.

56. "Alienação de controle de companhia aberta: o papel das instituições financeiras", *RDM* 30/115-119, ano XVII, 1978 – cabendo ressaltar que, em seu clássico *Das Sociedades Anônimas no Direito Brasileiro*, em co-autoria com Egberto Lacerda Teixeira, o mestre Tavares Guerreiro ensinou que o prêmio de controle deve ser partilhado entre controladores e minoritários.

57. "Alienação de controle de companhia aberta seguida de fechamento de capital (parecer)", *RDM* 113/255-264, ano XXXVII, 1999.

58. "Apontamentos sobre a alienação do controle de companhias abertas", *RDM* 76/15-25, ano XXVIII, 1989.

59. *Reforma das S/A e do Mercado de Capitais*, Rio de Janeiro, Renovar, 1997.

60. *Comentários à Lei das sociedades anônimas: Lei 6404, de 15 de dezembro de 1976*, RJ, Forense, 1977, v.3.

61. No final do século XIX, Oliver Holmes, Juiz da Suprema Corte dos EUA, lançou os fundamentos da Escola de Jurisprudência Sociológica Americana, depois desenvolvidos por Benjamin Cardoso e Roscoe Pound, havendo Pound, de forma lapidar e inovadora, defendido que: (a) o Direito "é uma ciência de engenharia social"; (b) "o Direito deve ser estável e, sem dúvida, não pode permanecer inalterável"; (c) "a tarefa do Direito na resolução dos conflitos de interesses é eminentemente prática, eficaz, executiva"; (d) "a tarefa de engenharia social do Direito é ajustar os interesses em conflito, detectando os de maior prioridade sobre os demais"; (e) "para valorar um problema jurídico ou conflito litigioso é necessário captar o sentido e o alcance de fatos abrangidos pelo problema" (*apud* Maria da Conceição Ferreira Magalhães, *A Hermenêutica Jurídica*, Rio de Janeiro, Forense, 1989, pp. 80-84).

Inspirando-se em Holmes, Cardoso e Pound, eminentes juristas americanos, criaram a Escola do Realismo Jurídico, que, ultrapassando a Escola Sociológica, afirma ser o Direito real, efetivo, concreto, o declarado pelos tribunais ao julgarem casos concretos, e não produto de um método silogístico-dedutivo, frio e mecânico, puramente lógico-racional.

Enquanto nos EUA as Escolas Sociológica e Realista granjeavam adeptos, na Europa se fortalecia e expandia, por inspiração das idéias do Círculo de Viena, da Escola de Upsala e de Cambridge, a Escola do Realismo Empírico, à frente Alf Ross, Lundstedt e o sueco Olivecrona, segundo a qual os juristas não devem pautar-se pelo idealismo metafísico, que prega poder chegar-se ao conhecimento imediatamente através da razão e independentemente dos sentidos e da experiência (o denominado "conhecimento *a priori*"), mas pelo realismo científico, que nega ser possível atingir-se o conhecimento apenas exercitando a faculdade da razão, em especial no campo do Direito, em que devem preponderar o estudo, a observação e a verificação dos fatos e fenômenos sociais, aos quais se aplicará o direito positivo pelos tribunais e se tornará eficaz a norma por sua aceitação por parte da consciência jurídica popular.

Ao nos referirmos a "interpretação realista" da questão do ágio na alienação de controle de companhia aberta pretendemos, inspirados nos cânones das Escolas de Jurisprudência Sociológica Americana, do Realismo Jurídico e do Realismo Empírico, abordar o tema de forma "eminentemente prática, eficaz, executiva", tendo em conta "o sentido e o alcance dos fatos abrangidos pelo problema", "o Direito real, efetivo, concreto", e não o elaborado de forma apriorística, pois, a nosso ver, no campo do Direito o que deve preponderar é o estudo, a observação e verificação dos fatos e fenômenos sociais e se sua aplicação pelos tribunais fará justiça às partes.

minoritários e preferencialistas, indistintamente, o direito à percepção do ágio – estaremos enunciando uma proposição apriorística,[62] porque formulada sem conhecermos mais e melhor as circunstâncias do caso e independentemente das forças que, de fato, devem motivar a aplicação do Direito; estaremos emitindo um juízo de valor,[63] sempre ditado "por predileções de ordem pessoal",[64] baseado na razão prática, que, como diz Kant, por ser prática, deixa de ser razão e passa a ser vontade; e exatamente por ser vontade, e não verdade, a questão do ágio no Direito Brasileiro, ao ser considerado no II PND e na CDE-14/1974, mereceu um tratamento; no Anteprojeto e no Projeto de Lei das S/A, outro; sob o império do art. 254 original, com a redação da *Emenda Lehmann*, outro; após a Lei 9.457/1997, outro; com o Projeto Kapaz-Kandir, outro; e, por fim, na sua definitiva redação, outro – quase se podendo dizer que, no caso do indigitado art. 254 revogado ou art. 254-A, a vontade e a razão (teórica ou pura) estão dissociadas, o que inevitavelmente acarretou, na vigência do superado art. 254, e acarretará, na do art. 254-A, quando de sua aplicação, flagrantes injustiças, consoante se constata dos seguintes exemplos, frutos de nossa faculdade especulativa:

1º. Estabelecendo a Lei das S/A que o ágio é uma parcela integrante do preço de venda das ações de controle, dele devendo beneficiar-se apenas o controlador, estar-se-á fazendo justiça a minoritários e preferencialistas:

(a) Se o controlador delegar, através de contrato sigiloso, a uma instituição especializada em administração de grandes fortunas, a gestão de seu *portfolio* de ações e passar a vida como se acionista rendeiro fosse, fazendo-se representar por procurador nas assembléias-gerais da companhia para atender aos ditames das alíneas "a" e "b" do art. 116 da Lei Brasileira das S/A?

(b) Se o adquirente, após a celebração da compra e venda, realizar um processo de fusão ou incorporação, com perda do valor patrimonial da ação dos minoritários e preferencialistas, embora a eles garantido o direito de recesso, por se enquadrarem no art. 136, IV, c/c o art. 137, II, da Lei das S/A?

(c) Se o adquirente, controlador de empresa concorrente, comprar o controle e, logo após, dissolver, liquidar e extinguir a companhia?

(d) Se, além da venda de suas ações e da função de comandar os destinos da companhia, o controlador deliberar demitir importantes administradores e eleger pessoas de confiança do futuro adquirente?

(e) Se o controlador aproveitar-se de uma oportunidade de negócio que beneficiaria diretamente a companhia e indiretamente a todos os acionistas?

2º. Dispondo a Lei das S/A que o ágio é um bem intangível, que deve ser compartilhado entre controladores e minoritários ou entre todos os acionistas da companhia, estar-se-á fazendo justiça ao controlador:

(a) Se o controlador houver dado mais importância à empresa do que à sua vida pessoal e familiar, a ela se dedicando com abnegação 14 horas por dia, 7 dias por semana, 12 meses por ano, e, sempre que necessário, houver (i) prestado fiança e aval pessoais para beneficiar a companhia; (ii) dado em penhor bens móveis e em hipoteca imóveis próprios, pondo em risco seu patrimônio pessoal, para manter a empresa

62. Para Alf Ross as proposições distinguem-se em apriorísticas e empíricas: "As proposições apriorísticas são verdadeiras tão-só em virtude de sua forma e, por isso, são tautológicas ou analíticas, pois nada dizem a respeito do mundo (...). As proposições empíricas só possuem valor enquanto possam refletir a realidade dos fatos, devendo, portanto, ser verificadas por meio da experiência" (Alaôr Caffé Alves, "Apresentação" à edição brasileira da obra *Direito e Justiça*, de Alf Ross, 1ª ed., Edipro, p. 10).

63. Segundo Alaôr Caffé Alves, para Ross os juízos de valor "são subjetivos, expressões de sentimentos e desejos e não vinculados a propriedades reais do objeto" ("Apresentação" à edição brasileira da obra *Direito e Justiça*, de Alf Ross, p. 9).

64. Karl Popper, *A Lógica da Pesquisa Científica*, 2ª ed., Cultrix, p. 39.

em funcionamento; (iii) acordado com a companhia operação de *lease-back* de bens sociais a juros módicos ou, até mesmo, sem juros, para capitalizar a empresa; (iv) concedido empréstimos e financiamentos, inclusive sem cobrar juros, por possuir geração de caixa própria e disponibilidade ociosa; (v) participado efetivamente da administração dos negócios sociais – enquanto os minoritários e preferencialistas viviam vida de acionista rendeiro, sem a menor preocupação com os destinos da empresa?

(b) Se minoritários e preferencialistas, baseados em informação privilegiada, adquirirem ações em Bolsa às vésperas da alienação de controle de uma empresa fundada e desenvolvida pelo controlador há décadas e que a ela se devotou com denodo?

Da realidade fática também podemos reunir provas contundentes que evidenciam ser temerário fixar-se *a priori* regra cogente sobre matéria tão intrincada:

1º. Durante muitos anos a *Cia. Nacional de Tecidos Nova América*, fundada e controlada por imigrantes italianos, foi a maior indústria de tecidos da América Latina. Na década de 70, no propósito de modernizar-se, manter-se competitiva e rentável e continuar a liderar o *ranking*, contratou com o BNDES um empréstimo de dezenas de milhões de Dólares, destinados quase exclusivamente à aquisição e importação de máquinas e equipamentos ingleses – o que significou o início de sua derrocada, em virtude de duas seguidas maxidesvalorizações da moeda brasileira, que obrigaram os controladores, para honrar os compromissos com o BNDES, a lhe transferir o controle acionário da companhia, posteriormente vendido em leilão público na Bolsa de Valores do Rio de Janeiro para empresários de São Paulo, que imediatamente fecharam a fábrica, no local hoje funcionando a *Nova América Outlet Shopping*, o que leva à pergunta: se o BNDES, ao alienar as ações de controle, houvesse se beneficiado do ágio sozinho, ter-se-ia feito justiça a minoritários e preferencialistas?

2º. O *Ponto Frio*, empresa constituída, na década de 40, a partir de uma pequena loja no Centro do Rio, é, hoje, a maior rede de eletrodomésticos do país em número de estabelecimentos, com 369 pontos, e a segunda em faturamento. Com a morte de seu controlador, em dezembro/1999, antiga divergência, segundo noticiaram os principais jornais e revistas do país, entre a viúva e seu filho, titulares de 56% do capital total da companhia, e o presidente do conselho de administração, principal executivo e acionista detentor de 12,8% do capital social, a quem se atribui o mérito do sucesso do empreendimento, agravou-se, o que motivou a controladora e seu filho a decidirem alienar o controle acionário e, em conseqüência, no regime da Lei 9.457/1997, a perceberem o ágio com exclusividade, o que leva à seguinte indagação: se a controladora e seu filho venderem as ações de controle ("sem nunca terem colocado os pés na empresa", conforme também amplamente divulgado pela mídia), estar-se-á fazendo justiça aos minoritários – inclusive ao principal responsável pelo extraordinário crescimento que experimentou a companhia – e aos preferencialistas?

3º. O *Grupo Gerdau*, o maior produtor de aços longos da América Latina, é controlado pela "família Gerdau" e dirigido por Jorge Gerdau Johannpeter, que se dedica, consoante se lê nos nossos principais jornais e revistas, a exemplo de vários outros membros da família, diariamente, em tempo integral, ao conglomerado. Para concorrer no mercado externo foi necessário implementar o "gerenciamento pela qualidade total" e provocar um "choque de qualidade" na empresa, o que a levou a obter excelentes resultados e merecer o seguinte destaque no jornal inglês *Financial Times:*[65] "A bandeira azul e amarela do grupo siderúrgico brasileiro tremula nas fachadas de 10 unidades espalhadas pelo Uru-

65. Nely Caixeta, "Mister Gerdau", revista *Exame* 4.10.2000, pp. 165-166.

guai, Canadá, Chile, Argentina e Estados Unidos. 'Enquanto muitas empresas de controle familiar viram a globalização trazer o mundo para o Brasil, a *Gerdau* levou seu estilo gerencial e seu conhecimento da indústria siderúrgica para o mundo.' Em vez de esperar, de braços cruzados, que os grandes conglomerados internacionais avançassem sobre a siderurgia brasileira, Gerdau levou a companhia familiar sob o seu comando pelo caminho inverso. Para não correr o risco de ser globalizado um dia, preferiu globalizar-se"[66] – o que leva à pergunta: numa possível alienação do controle do *Grupo Gerdau*, far-se-á justiça aos controladores, que, com incrível afinco, se dedicaram ao crescimento e expansão da companhia, se os mesmos tiverem que dividir o prêmio de controle com os demais acionistas, que se limitaram a investir, colher dividendos periódicos e enriquecer com a valorização de suas ações na BOVESPA?

4º. Criada em 1924, no Rio de Janeiro, pelo comerciante Luiz La Saigne e entregue ao genro, Henrique de Botton, a *Mesbla* foi, durante décadas, uma potência comercial, chegando a ser avaliada em 500 milhões de Dólares e contando com 12.000 empregados e 48 lojas em 18 Estados. Durante os anos 80, transferido o controle acionário a André de Botton, filho de Henrique, e após seus quatro irmãos haverem assumido cargos de direção, André implantou um plano de expansão que, ao fracassar, levou a companhia, a partir de 1990, a experimentar vultosas e sucessivas perdas, que se agravaram em 1994, com o "Plano Real", ficando a *Mesbla* sem crédito e com as prateleiras vazias, o que a levou a impetrar concordata preventiva e, no curso do processo, a fechar as lojas que davam prejuízo e a lograr convencer seus principais credores a se transformarem em acionistas, ficando, ao final de longa negociação, o capital social da *Mesbla* dividido da seguinte forma: 0,4%, pertencente a De Botton, 16%, ao Banco Pactual e a José Paulo Amaral, e 53%, aos Bancos BCN, UNIBANCO e Pontual, havendo estes três Bancos vendido suas ações para Ricardo Mansur, que pretendia uni-la à rede *Mappin*, por ele recém-adquirida, reerguer a *Mesbla* e desenvolver ainda mais o *Mappin*. Quando a situação da *Mesbla* e do *Mappin* tornou-se crítica, devido ao insucesso dos planos de reorganização, José Paulo Amaral foi chamado pelos credores para intervir, sanear a empresa e salvá-la da falência, em meio a notícias da presença no Brasil de representantes de gigantescas lojas de departamentos interessadas na aquisição de ambas as companhias. Se José Paulo Amaral tivesse obtido êxito e, recuperadas as sociedades, Mansur decidisse alienar o controle acionário para investidores externos, ter-se-ia feito justiça aos demais acionistas, que, durante anos, amargaram enormes prejuízos, se Mansur desfrutasse sozinho do prêmio de controle?

Como se vê, se o legislador decidir que o ágio deve ser dividido entre controladores e minoritários, segundo corrente doutrinária predominante, muitas vezes, nas multiformes situações fáticas[67] que se apresentam no complexo, intrincado e sofisticado mundo das empresas, estar-se-á premiando os minoritários em detrimento dos controladores e preferencialistas; outras tantas, se o legislador decidir que o ágio é um bem intangível, que deve ser partilhado entre todos os acionistas, consoante ensinam alguns doutos, estar-se-á premiando os minoritários e preferencialistas em prejuízo dos controladores; outras mais, se o legislador decidir que o ágio é uma parcela integrante do preço de venda das ações de controle, dele devendo beneficiar-se apenas os con-

66. Idem, p. 165.

67. Situações assaz agravadas pelo fato de que o homem não é *anima* incorporada, como pregou a tradição cartesiana, mas uma unidade psicofísica, uma criatura que vive na corrente da vida, tem desejos e paixões, sente alegrias e tristezas, ama e odeia, consoante ressaltou Wittgenstein (in Wittgenstein, *La Naturaleza Humana*, de P. M. S. Hacker, 1ª ed., trad. espanhola, Editorial Norma).

troladores, estar-se-á premiando os controladores esquecendo-se dos minoritários e preferencialistas.

Por isso, pensamos que:

1º. Não há resposta estreme de dúvidas, nem mesmo razoavelmente satisfatória, sobre a polêmica quanto a ser o ágio um bem intangível da companhia ou se integra o preço do bloco de controle; mas há resposta certa para esta outra: se, de forma apriorística, determinar-se que (a) o ágio compõe o preço global das ações de controle ou (b) que o ágio é um ativo da companhia, com certeza absoluta estar-se-á criando a possibilidade de o juiz ser compelido a ignorar as condições peculiares e as circunstâncias especiais do caso concreto submetido a seu julgamento e a aplicar uma regra que não fará justiça a controladores, minoritários e preferencialistas, conforme a opinião que se sustente.

2º. A questão do ágio na alienação de controle de companhia aberta deve ser resolvida não pelo Direito *in abstracto*, mas pelo Direito concreto em ação; não por juízos de valor, mas por juízos de realidade; não por proposições apriorísticas, mas por proposições empíricas, com base nos cânones do Neoempirismo lógico e, em especial, nos da Escola do Realismo Empírico, que é uma tentativa de superar a alternativa entre o realismo psicológico da Escola de Upsala e o realismo comportamentista ou sociológico americano, para a qual "constitui princípio elementar da ciência a necessária definição de um objeto de acordo com qualidades objetivas e não de acordo com quaisquer avaliações apriorísticas baseadas em juízos de valor".[68]

Destarte, com fundamento nos ensinamentos da Escola do Realismo Empírico, em especial quando enfatiza que, "na ciência jurídica, se deve sustentar que o Direito é um fato social, cuja existência e descrição somente podem ser equacionadas em termos puramente fáticos, sensíveis e empíricos, sem necessidade de se recorrer a princípios morais, racionais ou ideológicos",[69] e partindo da premissa de que não se deve, aprioristicamente, formular uma norma legal definindo se o ágio cabe (a) só ao controlador, (b) ao controlador e aos minoritários ou, então, (c) ao controlador, minoritários e preferencialistas, o art. 254-A deveria ter instituído um princípio geral sobre a matéria, cometendo primeiro à CVM[70]

68. Alf Ross, *Direito e Justiça*, 1ª ed., p. 96. Recorde-se, ademais, por oportuno, que, na multiplicidade das filosofias, o ceticismo provocou uma separação metodológica entre os juízos de realidade e os juízos de valor, sendo que os juízos de realidade seriam a expressão de um conhecimento objetivo, empírico e racionalmente fundado, enquanto os juízos de valor – conforme, por todos, ensinou Perelman – por definição são irracionais; não obstante, acentue-se, por indiscutível, que uma análise mais profunda e isenta de paixões concluirá que os juízos de realidade não são inteiramente independentes dos juízos de valor, daí não poder haver um fosso entre os juízos de realidade e os juízos de valor, mas, por igual, não se poder preferir estes em prejuízo daqueles.

69. Alf Ross, *Direito e Justiça*, 1ª ed., p. 11.

70. Para que não se diga, sem conhecer dados concretos, que é inviável o exame pela CVM de *todos* os casos de alienação de controle da companhia aberta, por ela supostamente não possuir adequada infra-estrutura e corpo técnico em número suficiente para se desincumbir bem dessa atribuição, cumpre esclarecer que estão registradas na CVM como companhias abertas apenas 998 sociedades (novembro/2000), sendo que somente 465 companhias (novembro/2000) têm ações negociadas em Bolsa; e, ademais, como ressaltado por Modesto Carvalhosa, a CVM sempre lutou para "dar consistência ao preceito, *[do art. 254]* notadamente quando tratou da matéria da transferência indireta de controle" (*Comentários* ..., v. 4, t. II, p. 145), o que é explicitado no Parecer 86/1982, objeto de estudo de Luiz Leonardo Cantidiano, publicado em *RDM* 56/59, ano XXXIV, 1985. Por fim, a CVM firmou ainda orientação no sentido de: (a) o art. 254 só se aplicar na venda ou permuta de ações cujos titulares estejam no efetivo exercício do controle (Parecer CVM/SJU-58/1978); (b) para garantir o pagamento de igual preço aos minoritários, ter competência de verificar o cálculo do preço pago às ações dos controladores (Parecer CVM/SJU-09/1983); (c) mesmo não tendo havido pagamento de ágio na alienação de controle, ser obrigatória a oferta pública aos minoritários, para que exerçam, querendo, o direito de alienação de suas ações pelo preço pago aos controladores (Parecer CVM/SJU-79/1983); e (d) a oferta aos minoritários dever ocorrer simultaneamente à compra das ações dos controladores (Instrução CVM/SHJU-63/1983) – o que levou o excelente Carvalhosa a concluir que,

e à jurisprudência, em segunda e definitiva instância, o exame e a solução de eventuais conflitos de interesses surgidos entre os acionistas de companhia aberta quanto ao direito ao rateio do ágio com apoio em juízos de realidade, na certeza de que o próprio mercado encontrará meios de se proteger e de evitar litígios.[71]

"para a Comissão (...), o controle possui um valor econômico inerente" (*Comentários* ..., v. 4, t. II, p. 146, recomendando-se a leitura e o estudo de todo o capítulo, que esgota a matéria, inclusive com um amplo e atualizado enfoque sobre a orientação jurisprudencial, do qual nos valemos, mais uma vez, pela segurança que nos inspira seu festejado e ínclito autor).

71. Por fim, como ressaltado por Roberta Nioac Prado ("Da obrigatoriedade ...", *RDM* 106/101), a solução adotada no Direito Americano foi a de deixar o legislador fundar-se em princípios gerais, e para a doutrina e a jurisprudência a análise e a decisão casuística, já que o próprio mercado é capaz de se regular.

Atualidades

A INTERVENÇÃO DO MUNICÍPIO NO DOMÍNIO ECONÔMICO

GIOVANI CLARK

1. O Município e a competência concorrente do art. 24 da Constituição Federal de 1988. 2. O problema posto pela Constituição Estadual. 3. Um estudo de caso tendo por objeto a histórica cidade mineira de Sabará. 4. Sugestões para o aprimoramento da ação do Poder Local no domínio econômico. 5. Referências bibliográficas.

1. O Município e a competência concorrente do art. 24 da Constituição Federal de 1988

Apesar de alguma celeuma no meio jurídico brasileiro e das discussões acadêmicas, o Município Brasileiro possui competência constitucional para legislar sobre direito econômico, bem como para intervir no domínio econômico, em face dos arts. 30, I e II, e 24, I e V, da nossa Carta Magna de 1988.

Portanto, o Município sempre terá a oportunidade de suplementar a legislação federal e estadual, no que couber, para atender ao interesse local, nas matérias de competência concorrente (art. 24, I e V, da CF), assim como legislar nas matérias de suas competência exclusivas (art. 30 da CF), já que nas matérias de competências exclusivas e privativas da União (arts. 21 e 22 da CF) e exclusivas dos Estados-membros (art. 25, §§ 2º e 3º, da CF) fica vedada, constitucionalmente, sua atuação. Se assim não fosse, o art. 30, I e II, da Constituição Federal não faria sentido, e estaríamos contribuindo, ainda mais, para limitar a autonomia do Município em nosso combalido e centralizador Federalismo.

O texto constitucional de 1988, dessa forma, possibilitou ao Poder Local a competência para legislar em direito econômico e, conseqüentemente, atuar na esfera econômica, a fim de se efetivar, em nossa caótica realidade sócio-econômica, os comandos da Constituição Econômica Federal (arts. 170-192 da CF), em busca da distante justiça social. Alias, a própria Constituição Econômica adota o termo "Estado" para lhe imputa o poder/dever de agir no domínio econômico, seja direta ou indiretamente, incluindo, assim, o Município, já que em momento algum faz qualquer restrição a ele (arts. 173-175 da CF).

Contudo, o objeto deste artigo é, fundamentalmente, demonstrar o tratamento da intervenção do Município no âmbito econômico fora dos ditames constitucionais da Carta Magna de 1988, mais precisamente na Constituição do Estado de Minas Gerais de 1989 e na Lei Orgânica do Município de Sabará de 1990. Reforçando, assim, a nossa tese da competência do Poder Local para atuar na vida econômica a fim de implementar os princípios e normas da ordem econômico-constitucional (arts. 170-192 da CF), bem como os comandos da

"Constituição Econômica Municipal", que, obviamente, segue as diretrizes normativas da Constituição Federal.

Minas Gerais não é mais a "Nação do ouro", nem Sabará o seu Município de maior extensão territorial e destaque econômico, como nos tempos da Colônia (1711). Mas, devido à importância do Estado e do Município no cenário histórico e cultural do país, assim como pelas qualidades de seus textos legais maiores, fizemos tais escolhas para análise e estudo.

2. *O problema posto pela Constituição Estadual*

A Constituição Mineira de 1989, incluindo as suas alterações, via emendas, trata dos Municípios em seus arts. 165 a 184. Ela não traz maiores contribuições para o tema em tela, restringindo-se, em regra, a reiterar os comandos da Constituição Federal referentes à autonomia (política, administrativa e financeira) do Município.

Contudo, a Lei Maior do Estado de Minas Gerais deixa explícito o poder/dever dos Municípios Mineiros de intervir no domínio econômico. Primeiramente, determina a incumbência dos mesmos de gerir os interesses de suas populações (art. 165, § 2º) – logicamente, incluindo os econômicos.

Quando a Carta Magna Mineira estabelece os objetivos dos Municípios, em seu art. 166, I a V ("gerir interesses locais, como fator essencial de desenvolvimento da comunidade; cooperar com a União e o Estado e associar-se a outros Municípios, na realização de interesses comuns; promover, de forma integrada, o desenvolvimento social e econômico da população de sua sede e distritos; promover plano, programas e projetos de interesse dos segmentos mais carentes da sociedade; estimular e difundir o ensino e a cultura, proteger o patrimônio cultural e histórico e o meio ambiente e combater a poluição"), percebe-se que os objetivos só podem ser cumpridos com a ação do Poder Local na esfera econômica.

Entre as competências legislativas dos Municípios, temos: elaborar a Lei Orgânica; instituir e arrecadar os tributos de sua competência; fazer o ordenamento planejado do território; estabelecer o uso, parcelamento e ocupação do solo urbano; fazer o Plano Diretor; organizar os serviços públicos municipais, incluindo os transportes coletivos de passageiros; estabelecer o uso e alienação dos bens municipais; elaborar os planos plurianuais, as leis de diretrizes orçamentárias e as leis do orçamento; tratar da caça, da pesca, da conservação da Natureza, da defesa do solo e dos recursos naturais (arts. 170 e 171 da Constituição Mineira). Tais competências possibilitam aos Municípios agir no campo econômico.

A Constituição Estadual Mineira (art. 181) permite ainda aos Municípios: associarem-se para gestão planejada de funções públicas ou serviços de interesse comum; cooperarem com a União e o Estado, de acordo com os termos de convênios ou consórcios, na execução de serviços e obras de interesse para o desenvolvimento local; assim como participarem da criação de entidade intermunicipal para a realização de obras, exercício de atividades ou execução de serviços específicos de interesse comum. Esses comandos normativos da Lei Fundamental Mineira possibilitam o tratamento do desenvolvimento regional e intermunicipal, de forma comum e planejada, com a participação das Comunas.

A Carta Magna de Minas Gerais também assegura aos Municípios de escassas condições de desenvolvimento econômico a assistência técnica e financeira para superar tal condição, mas preservando a autonomia daqueles. A assistência inclui, entre outros serviços: "abertura e manutenção de estrada municipal ou caminho vicinal; difusão intensiva das potencialidades da região; implantação de mecanismo de escoamento da produção regional; implantação de política de colonização, a partir do estímulo à execução de programa de reforma agrária; concessão de incentivos, com o objetivo de fixar o homem no meio rural" (art. 183, § 1º, I, III, IV, VI e VII, da Constituição Mineira). Novamente fica clara a competência do Poder Local para atuar no processo econômico a fim de realizar o desenvolvimento, nesse caso, dos Municípios pobres, com a assistência do Estado.

3. *Um estudo de caso tendo por objeto a histórica cidade mineira de Sabará*

A Lei Orgânica do Município de Sabará, promulgada em 1990, com suas emendas, que segue o mesmo padrão dado para as demais Leis Orgânicas do Estado de Minas Gerais, admite, obviamente, a intervenção do Município Sabarense no domínio econômico, principalmente nos comandos que tratam de seus objetivos prioritários, das competências e da ordem econômica.

O art. 15 da Lei Orgânica Sabarense enumera os objetivos prioritários da Comuna, só possíveis de serem alcançados com a ação da mesma nos campos econômico e social. Tais objetivos são, entre outros: "gerir interesses locais, como fator essencial de desenvolvimento da comunidade; promover, de forma integrada, o desenvolvimento social e econômico da população; promover plano, programas e projetos de interesse dos segmentos mais carentes da sociedade; estimular e difundir o ensino e a cultura, proteger o patrimônio cultural e histórico e o meio ambiente, e combater a poluição" (art. 15, § 1º, I, III, IV e V); "assegurar a permanência da cidade enquanto espaço viável e de vocação histórica, que possibilite o efetivo exercício da cidadania; preservar a sua identidade, adequando as exigências do desenvolvimento à preservação de sua memória, tradição e peculiaridade; proporcionar aos seus habitantes condições de vida compatíveis com a dignidade humana, a justiça social e o bem comum; priorizar o atendimento das demandas sociais de educação, saúde, transporte, moradia, abastecimento, lazer e assistência social" (art. 15, § 2º, I-IV).

Quando a referida Lei Orgânica, em seus arts. 16 e 17, trata da competência do secular Município – que teve sua pujança econômica na extração do ouro, no passado, e na siderurgia, em tempos recentes –, demonstra em quais temas e normas jurídicas pode o Poder Local normatizar e promulgar para intervir na vida econômica. Aliás, algumas das competências são encontradas no art. 30 da Constituição Federal.

São definidas como de competência legislativa privativa do histórico Município – que sonha com a indústria do turismo, mas vive o pesadelo do caos das cidades-dormitórios metropolitanas –, entre outras atribuições: elaborar a Lei Orgânica; legislar sobre assunto de interesse local; suplementar legislação estadual e federal, no que couber; instituir e arrecadar tributos de sua competência e aplicar suas rendas; fazer o ordenamento territorial, mediante planejamento e controle do uso, parcelamento e ocupação do solo urbano; organizar e prestar serviços públicos de interesse local; elaborar o Plano Diretor; elaborar o Orçamento Anual e o Plano Plurianual; firmar acordos e convênios; administrar seus bens e dispor de sua aplicação; desapropriar, por necessidade, utilidade pública ou interesse social; fixar e fiscalizar tarifas e preços públicos; organizar e manter o serviço de fiscalização, necessário ao exercício de seu poder de polícia; conceder e renovar licença para localização e funcionamento das atividades em geral; ordenar as atividades urbanas, fixando condições e horários para funcionamento das atividades; proteger o meio ambiente; estabelecer normas de edificação, loteamento, arruamento e zoneamento urbano e rural, bem como as limitações urbanísticas convenientes à ordenação de seu território, observando a lei federal; permitir ou autorizar o serviço de transporte coletivo municipal de táxi, fixando as respectivas tarifas (arts 16 e 17 da Lei Orgânica estudada).

São também de competência do Município de Sabará, mas agora administrativas, exercidas em conjunto com o Estado e a União, entre outras atribuições: "conservar o patrimônio público; proteger os documentos, as obras e outros bens de valor histórico, artístico e cultural, os monumentos, as paisagens naturais notáveis e os sítios arqueológicos; impedir a evasão, a destruição e a descaracterização de obras de arte e outros bens de valor histórico, artístico e cultural; proteger o meio ambiente e combater a poluição em qualquer de suas formas; preservar as florestas, a fauna e a flora; fomentar a produção agropecuária e organizar o abastecimento alimentar; promover programas de construção de moradias e a melhoria das condições habitacionais e de saneamento básico; auxiliar a União e o Estado no combate às causas da pobreza e os fatores de marginalização, promovendo a integração social dos setores desfavorecidos; fomentar as atividades econômicas e estimular, particularmente, o melhor aproveitamento da terra; dispor, com observância das peculiaridades dos interesses locais, sobre caça, pesca, conservação da Natureza, defesa do solo dos recursos naturais" (art. 18, I, III, IV, VI-X, XIII e XIV, da Lei Orgânica Sabarense). Todas essas competências comuns, encontradas também no art. 23 da Constituição Federal/1988, abrem a possibilidade aos Municípios de agir na esfera econômica, já que, em regra, têm competência legislativa correspondente (art. 24 da CF).

À Câmara Municipal, sem sombra de dúvida, cabe aprovar, mediante sanção do prefeito, a maioria das leis que trazem em seu bojo as normas intervencionistas do Poder Local no domínio econômico, quais sejam: a legislação de política tributária e de distribuição de suas rendas; o orçamento anual, a Lei de Diretrizes Orçamentárias e o Plano Plurianual; "abertura de créditos adicionais e operações de créditos, conforme lei complementar federal; dívida pública, isenção e anistias fiscais, remissão de dívidas; organização dos serviços públicos locais; código de obras ou de edificações; código tributário do Município; aquisição onerosa e alienação de bem imóvel do Município; Plano Diretor; concessão e permissão dos serviços públicos municipais" (art. 41, I-IV, VI-VIII e XI-XIII, da Lei Orgânica de Sabará). Todavia, o Executivo Local também pode editar normas de direito econômico, através de decretos, portarias, circulares e resoluções, dentro dos limites de sua competência e da hierarquia da norma jurídica, como faz o Legislativo Municipal.

Em um capítulo próprio a Lei Orgânica ora estudada trata da ordem econômica, núcleo central da chamada "Constituição Econômica Municipal" (arts. 198-213), dividido em seis seções: "Da Política Urbana", "Do Transporte Público e Sistema Viário", "Da Habitação", "Do Abastecimento", "Da Política Rural", "Do Desenvolvimento Econômico".

A seção "Da Política Urbana" é dividida em duas subseções – "Das Disposições Gerais" e "Do Plano Diretor". Primeiramente deixa claro que a política de desenvolvimento urbano, executada pelo Poder Local, não tem como único instrumento jurídico realizador o Plano Diretor, estendendo-se aos códigos de edificações, posturas e obras; legislação de parcelamento, uso e ocupação do solo; fundos destinados ao desenvolvimento; leis financeiras e tributárias, assim como o tombamento e as desapropriações etc. Estabelece que a política de desenvolvimento urbano, além de respeitar os comandos constitucionais dos arts. 182 e 183 da Carta Magna Federal, objetiva ordenar o pleno desenvolvimento das funções sociais do Município e garantir o bem-estar de seus habitantes, assegurados mediante: "formulação e execução do planejamento urbano; cumprimento da função social da propriedade; distribuição espacial adequada da população, das atividades sócio-econômicas, da infra-estrutura básica e dos equipamentos urbanos e comunitários; integração das atividades urbanas e rurais; participação comunitária no planejamento e controle da execução de programas que lhes forem pertinentes" (art. 199, I-V, da Lei Orgânica do Município de Sabará).

O art. 200 da Lei Orgânica Sabarense estabelece os requisitos, não-exaustivos, que devem ser observados na promoção do desenvolvimento urbano. São eles: "ordenação do crescimento urbano; contenção de excessiva concentração urbana; urbanização, regularização e titulação das áreas ocupadas por população de baixa renda; proteção, preservação e recuperação do meio ambiente, do patrimônio histórico, cultural, artístico e arqueológico; garantia do acesso adequado ao portador de deficiência aos bens e serviços coletivos, logradouros e edifícios públicos, bem como a edificações destinadas ao uso industrial, comercial, de serviços e residencial multifamiliar, respeitadas as vedações do patrimônio histórico-cultural; parcelamento do solo e adensamento condicionados à adequada disponibilidade de infra-estrutura de equipamentos urbanos e comunitários".

Em relação ao Plano Diretor, o art. 202 da lei estudada estabelece os itens obrigatórios a constar em seu bojo, demonstrando, assim, que o mesmo não se limita à divisão espacial do território municipal, mas preocupando-se com aspectos econômicos, sociais, culturais, ecológicos etc.

Os itens obrigatórios do Plano Diretor são: "exposição circunstanciada das condições econômicas, financeiras, sociais, culturais e administrativas do Município; objetivos estratégicos, fixados com vistas à solução dos principais entraves ao desenvolvimento social; diretrizes econômicas, financeiras, administrativas, sociais, de uso e ocupação do solo, de preservação do patrimônio ambiental e cultural, visando a atingir os objetivos estratégicos e as respectivas metas; ordem de prioridade, abrangendo objetivos e diretrizes; cronograma físico-financeiro com previsão dos investimentos municipais" (art. 202, I-V, da Lei Orgânica de Sabará).

A lei analisada determina ainda que os planos plurianuais e os orçamentos anuais sejam compatibilizados com as prioridades e metas do Plano Diretor (art. 202, § 2º, da Lei Orgânica Sabarense). Logicamente, por uma questão de racionalidade e de concentração de esforços financeiros e humanos.

A preocupação com o desenvolvimento regional, metropolitano e intermunicipal não é deixada de lado. A lei estudada determina que o Plano Diretor da histórica Sabará levará em consideração o Plano Diretor metropolitano e dos Municípios vizinhos (art. 202, § 3º, da Lei Orgânica do Município de Sabará).

Por fim, a subseção referente ao Plano Diretor estabelece como operacionalizá-lo e as áreas especiais a serem especificadas no mesmo: "áreas de urbanização preferencial; áreas de reurbanização; áreas de urbanização restrita; áreas de regularização; áreas destinadas à implantação de programas habitacionais; áreas de transferência do direito de construir; áreas para distritos industriais" (art. 203, I-VII, da Lei Orgânica de Sabará).

Na seção "Do Transporte Público e Sistema Viário" (arts. 204 e 205 da Lei Orgânica analisada), determina ao Poder Local o planejamento, controle, organização e delegação da prestação de serviços públicos ou de utilidade pública relativos ao transporte coletivo e individual de passageiros, ao tráfego, trânsito e sistema viário municipal, respeitando a legislação estadual e federal.

Estabelece-se a elaboração de uma lei para o transporte coletivo municipal, indicando diretrizes, objetivos e metas da Administração Pública para o setor, bem como a organização, funcionamento e fiscalização dos serviços de transporte coletivo e de táxi, além dos respectivos direitos dos usuários.

A Lei Orgânica Sabarense determina ainda o funcionamento noturno do transporte coletivo municipal; a possibilidade de fixação do transporte coletivo gratuito, de qualquer tipo, desde que a lei estabelecedora discrimine a fonte de recursos para custeá-lo; impõe o planejamento do transporte coletivo com a participação da sociedade civil organizada e a missão do Executivo Local de fixar as tarifas dos transportes coletivos, táxis e estacionamentos públicos.

A escassez habitacional e a inadequada condição de moradia também são enfrentadas no capítulo da ordem econômica. É fixada a competência do Poder Local para executar política habitacional visando a ofertar moradia a quem não tem – ou seja, a população de baixa ou sem renda –, assim como a melhoria das condições habitacionais (água, luz, calçamento, saneamento, obras de infra-estrutura etc.), consagrando, assim, o recente direito social à habitação (art. 6º da CF), que inclui o acesso à mesma e a sua melhoria.

O Poder Público Municipal, em sua política econômica destinada à habitação, deverá atuar da seguinte maneira: "na oferta de habitação e de lotes urbanizados, integrados à malha urbana existente; na definição de áreas especiais; na implantação de programas para redução do custo de materiais de construção; no desenvolvimento de técnicas para barateamento final da construção; no incentivo a cooperativas habitacionais; consorciando-se a outros municípios da Região Metropolitana visando equacionar a demanda regional; na regularização fundiária e urbanização específica de favelas e loteamentos" (art. 206, I-VII, da Lei Orgânica de Sabará).

A Lei Maior Sabarense prevê o fundo de habitação popular, que terá recursos previstos no orçamento anual, para implementar financeiramente a política habitacional (art. 206, § 2º, da Lei Orgânica do Município de Sabará). Ela estabelece, ainda, que na implementação dos conjuntos habitacionais deve-se preocupar com a geração de empregos para a população residente, através do incentivo à integração econômica (art. 207, § 1º, da Lei Orgânica analisada). Outrossim, a preservação do meio ambiente também não é esquecida, em face da obrigatoriedade do relatório de impacto ambiental e econômico social para a construção de conjuntos habitacionais com mais de 300 unidades (art. 207, § 3º, da Lei Orgânica Sabarense).

A norma jurídica ora analisada, no art. 208, preocupa-se com o abastecimento. Infelizmente, restringindo-se ao abastecimento de alimentos, para melhorar as condições de acesso, não estendendo a outros bens e serviços essenciais, para a população de baixa renda, principalmente. Por sinal, a última terminologia é usada de forma inadequada, já que deveria incluir a população sem renda.

Todavia, já existe algum avanço legislativo quando uma "Constituição Municipal" se preocupa em viabilizar o direito ao consumo de alimentos através de política econômica, sobretudo em um país onde milhares de pessoas sofrem de desnutrição e outras centenas morrem de fome.

A política econômica voltada para o abastecimento, destinada ao acesso das populações carentes aos alimentos, entrosa-se com a política rural – que será analisada posteriormente – e preocupa-se com a produção, distribuição, qualidade, quantidade e preços dos alimentos. Para efetivá-la o Poder Local deve atuar de forma planejada e adotar as seguintes medidas: "planejamento e execução de programas de abastecimento em cooperação com a União e o Estado; dimensionamento da demanda em qualidade, quantidade e valor dos alimentos básicos, consumidos pelas famílias de baixa renda; incentivo à distribuição varejista nas regiões de população de baixa renda; articulação com órgãos federais e estaduais na distribuição de estoques governamentais, prioritariamente aos programas de alimentação popular; estímulo à produção de alimentos básicos através de chácaras e sítios; planejamento e execução de programas de hortas comunitárias, especialmente entre as comunidades de baixa renda" (art. 208, § único, I-VI, da Lei Orgânica de Sabará).

Diante do potencial agrícola de alguns quadrantes territoriais da "velha" Sabará, a sua Lei Máxima dedica os arts. 209 e 210 à política rural. Logicamente, conforme a potencialidade do Município, poderá o texto legal tratar de outro setor econômico, como fez o ora estudado, no caso do turismo.

A "Carta Magna Municipal" determina a intervenção do Poder Local no domínio econômico no setor rural, ou seja, realizar política econômica municipal para a agricultura e pecuária, visando a incentivar as áreas rurais, promovendo seu desenvolvimento, juntamente com a efetivação do bem-estar do trabalhador rural, assim como o fomento da produção agropecuária e a organização do abastecimento alimentar. O texto legal determina ainda que a política agrícola municipal seja compatível com a estadual e a federal, esquecendo-se da metropolitana e a intermunicipal (art. 209, *caput*, da Lei Orgânica estudada).

A política agrícola local, seguindo os mandamentos do art. 187 da Constituição Federal, deve ser planejada e contar com a participação de produtores e trabalhadores rurais (art. 209, § 1º, da Lei Orgânica Sabarense). Infelizmente, deixaram de lado os comerciantes, transportadores, consumidores e ecologistas.

A fim de alçar os objetivos da sua política agrícola, deve o Poder Público Local realizar as seguintes ações (art. 209, § 1º, I-VIII, da Lei Orgânica de Sabará): incentivar a criação de cooperativas de produtores e o uso de tecnologia de baixo custo, compatível com a preservação da Natureza e a realidade municipal; ofertar assistência técnica; incentivar programas de combate à erosão; cuidar da manutenção da fertilidade e recuperação do solo; garantir o cumprimento da função social da propriedade rural; divulgar dados técnicos do setor; estudar as características e potencialidades da zona rural local; preservar o meio ambiente; melhorar as condições de vida na área rural (saúde, educação, eletrificação, habitação).

A Lei Orgânica do Município de Sabará, no art. 210, cria ainda uma escola agrícola municipal para qualificação da mão-de-obra local, objetivando executar sua política econômica para o desenvolvimento rural, com o auxílio de profissionais tecnicamente capazes. Porém, seguindo a nossa cultura jurídica e política conservadora, a mesma não cogita, claramente, de uma reforma agrária municipal.

A última seção da ordem econômica, a sexta, está sob o título "Do Desenvolvimento Econômico", dividida em duas subseções: "Das Disposições Gerais" e "Do Turismo". Inicialmente, fica clara a competência do Município para intervir no domínio econômico, seja direta ou indiretamente. Logicamente, respeitando os comandos da Constituição Econômica de 1988 (arts. 170-192da CF).

Inclusive, a "Constituição Econômica Municipal" praticamente reproduz o art. 174, *caput*, da Constituição Federal/1988, dizendo que o Poder Público Local, como agente normativo e regulador da atividade econômica, exercerá, entre outras competências, as funções de fiscalização, incentivo e planejamento (art. 211, *caput*, da Lei Orgânica de Sabará).

A Lei Máxima Sabarense direciona a atuação da Comuna (art. 211 e seus incisos), não excluindo outros campos, na restrição ao abuso do poder econômico (infelizmente, a Lei 8.884/1994 não abre espaço para tal missão, não visualizando a importância do combate ao abuso do poder econômico privado no âmbito do Município); na proteção e defesa do consumidor; na fiscalização da qualidade, preços, pesos e medidas dos bens e serviços; no apoio às cooperativas, enquanto organização de atividade econômica, e estímulo ao associativismo; e na democratização da atividade econômica. O último campo de atuação – democratização da atividade econômica – abre espaço para a reforma agrária municipal, já que esta democratiza o acesso à propriedade rural e objetiva o cumprimento de sua função social.

O texto ora estudado ainda repete os comandos do art. 179 da Constituição Federal – que se refere ao tratamento jurídico diferenciado para as pequenas e microempresas do Município, a fim de incentivá-las –, bem como os mandamentos do art. 173, §§ 1º, II, e 2º, da Carta Magna de 1988, referentes às empresas públicas e sociedades de economia mista.

Derradeiramente, as disposições gerais do desenvolvimento econômico possibilitam ao Poder Local ceder terras municipais, mediante lei, dentro de sua política econômica de incentivos voltada ao desenvolvimento, para os empreendimentos em geral (art. 211, § 4º, da Lei Orgânica analisada).

Apenas, nessa subseção – ou seja, "Das Disposições Gerais" do desenvolvimento econômico – já se estabelece o poder/dever do histórico Município de Sabará para atuar, direta e indiretamente, no domínio econômico, nos diversos setores (indústria, comércio, serviços, turismo, agricultura, pecuária), através dos fundos de incentivos, concessão de terras municipais, legislação tributária, empresas estatais, realização de obras e estradas, planejamento democrático etc.

Findando o capítulo da ordem econômica, a segunda subseção do desenvolvimento econômico (arts. 212 e 213) traz normas para o turismo de Sabará. Isso em face de suas tradições e do grande acervo do patrimônio histórico e cultural, principalmente barroco, existente em seu território.

Tendo em vista que o turismo é a maior atividade econômica da atualidade, sendo a locomotiva do processo econômico, onde outros setores são os vagões, a Lei Orgânica de Sabará, inovadoramente, impõe ao Poder Local a missão de apoiá-lo e incentivá-lo como forma de promoção do desenvolvimento social e cultural. Inclusive, determina a consagração de verbas no orçamento anual para a política econômica voltada para o desenvolvimento do turismo (art. 213, § 2º, da Lei Orgânica estudada).

A lei ora analisada fixa diretrizes e ações para a intervenção municipal no turismo, tais como: adotar, por lei, um plano de desenvolvimento para o turismo; desenvolver uma infra-estrutura para o setor; estimular e apoiar a produção artesanal local, feiras, exposições, eventos turísticos; divulgar o patrimônio turístico e o calendário de eventos; regulamentar o uso e ocupação de bens naturais e culturais turísticos e proteger o patrimônio histórico-cultural; incentivar a formação de mão-de-obra para o setor e a consciência da população para a importância do turismo (art. 213, I-VI, da Lei Orgânica do Município de Sabará). Podemos notar que existe uma preocupação legal com as diversas complexidades do setor e com as várias espécies de turismo.

É importante salientar que a Lei Orgânica do Município, dentro da esfera local, está no topo da hierarquia da norma jurídica, devendo toda intervenção municipal no domínio econômico obedecer a seus comandos. Lamentavelmente, vários de seus comandos são de conteúdos programáticos, como na Constituição Federal Brasileira, dependendo de normas regulamentadoras, sempre postergadas.

No caso de Sabará, à atuação do Poder Local na vida econômica respeitará, sobretudo, as normas relativas à competência e o capítulo dedicado à ordem econômica, sem se esquecer de que os comandos ditados pela Lei Máxima Municipal para o meio ambiente (art. 188 da Lei Orgânica de Sabará – que é uma "reprodução" do art. 225 da Carta Magna de 1988 – adaptado à realidade local), deverão também ser respeitados a fim de que se alcance o desenvolvimento local sustentável.

4. Sugestões para o aprimoramento da ação do Poder Local no domínio econômico

A análise da Constituição Mineira e da Lei Orgânica do Município de Sabará é importante para aprimorar a tese de competência do Poder Local para intervir no domínio econômico, com vistas a efetivar o desenvolvimento sustentável e os direitos humanos neste país, a partir da esfera local. Tal missão torna-se grandiosa, já que a fome e a violência social no Brasil, provavelmente, matam mais que as guerras entre os Estados soberanos e as lutas civis em certas nações. Obviamente, a referida intervenção deve respeitar a Carta Magna Federal, a Constituição Estadual e as normas jurídicas infraconstitucionais estaduais e federais.

5. *Referências bibliográficas*

ALMEIDA, Fernanda Dias Menezes de. *Competência na Constituição de 1988*. São Paulo, Atlas, 1991 (183 pp.).

CÂMARA MUNICIPAL DE SABARÁ. *Lei Orgânica do Município de Sabará do Estado de Minas Gerais*. Sabará, 18.3.1990 (96 pp.).

MAGALHÃES, José Luiz Quadros. *Poder Municipal*. Belo Horizonte, Del Rey, 1997 (232 pp.).

OLIVEIRA, Cláudio Brandão de (coord.). *Constituição da República Federativa do Brasil (CF/1988)*. 7ª ed. Rio de Janeiro, DP&A, 2000 (359 pp.).

PINTO FEREIRA, Luís. *Comentários à Constituição Brasileira*. 6º v. São Paulo, Saraiva, 1994 (573 pp.).

SANTANA, Jair Eduardo (org.). *Constituição do Estado de Minas Gerais*. Belo Horizonte, Del Rey, 1995 (221 pp.).

SILVA, José Afonso da. *Curso de Direito Constitucional Positivo*. 16ª ed. São Paulo, Malheiros Editores, 1999 (871 pp.).

SOUZA, Washington Peluso Albino de. "A experiência brasileira de constituição econômica". *RF* 305/119-133. Rio de Janeiro, Forense, 1989.

——————. *Constituição Econômica (Estudos)*. Belo Horizonte, Fundação Brasileira de Direito Econômico, 2000 (416 pp.).

——————. *Direito Econômico. Primeiras Linhas de Direito Econômico*. 4ª ed. São Paulo, LTr, 1999 (614 pp.).

——————. *Ensaios sobre o Ciclo do Ouro*. Belo Horizonte, Universidade Federal de Minas Gerais, 1978 (205 pp.).

A PROPRIEDADE INTELECTUAL E A PROTEÇÃO DA BIODIVERSIDADE E DOS CONHECIMENTOS TRADICIONAIS

CLÁUDIA MARINS ADIERS

1. Introdução. 2. Propriedade intelectual: 2.1 Propriedade – 2.2 Propriedade intelectual: 2.2.1 O TRIPS e a Convenção da União de Paris – 2.2.2 O TRIPS e a Convenção sobre Diversidade Biológica – 2.3 Propriedade industrial. 3. Biodiversidade: 3.1 Conservação e gestão sustentável da biodiversidade – 3.2 Princípio da soberania sobre os recursos biológicos: 3.2.1 Princípio da soberania – 3.2.2 Princípio da territorialidade – 3.3 Acesso e transferência de tecnologia. 4. Dos conhecimentos tradicionais. 5. Conclusão. 6. Bibliografia.

1. Introdução

A relevância econômica, tecnológica e social da biodiversidade e dos conhecimentos tradicionais é inquestionável. Causa preocupação aos mais diversos segmentos da sociedade o fato de o Brasil – um país que possui mais de 20% da diversidade biológica do mundo – ainda não ter legislado sobre questões de acesso, transferência e proteção ambiental e intelectual deste capital genético, permanecendo inerte à intensa *biopiratária* da qual o país vem sendo vítima há vários anos.

Ilustrando tal assertiva, vê-se que no mercado de biotecnologia foram aplicados US$ 60 bilhões nos últimos dois anos em todo o mundo, sendo este, segundo investidores estrangeiros, um dos setores mais promissores para investimentos de risco, à medida que as empresas de biotecnologia enquadram-se em três regras básicas de investimento: têm grande potencial de produzir empregos, riqueza e inovações tecnológicas.[1]

A propriedade intelectual é um importante instrumento de proteção desta riqueza, sendo abordados conceitos e princípios norteadores desta área que dizem respeito ao direito internacional. Além disso, outro tema trazido à discussão é a questão do usufruto exclusivo dos povos indígenas sobre as terras por eles ocupadas e o questionamento da repartição eqüitativa dos frutos e riquezas destas – propriedade material – e do proveito econômico obtido a partir do patrimônio intelectual e cultural indígena.

1. Fonte: jornal *Gazeta Mercantil* de 23.1.2001, p. C-4. Esta matéria acrescenta que a *J. P. Morgan* enviou "batedores" ao pólo biotecnológico de Minas Gerais, sendo que, dos US$ 700 milhões de capital de risco destinado anualmente para a América Latina, nos últimos anos o Brasil tem ficado com cerca de US$ 300 milhões.

2. *Propriedade intelectual*

2.1 *Propriedade*

O direito natural à propriedade, de acordo com Wolgran Junqueira Ferreira,[2] funda-se na natureza racional do homem, que necessita de bens de consumo, dos frutos da terra e da terra mesmo e de todos aqueles seres que servem ao homem como meio de cumprir seu fim. Como ser dotado de razão, há de se conceder necessariamente ao homem a faculdade não só de usar, como os demais animais, senão de possuir, como direito estável e perpétuo, assim as coisas que se acabam com o uso e as que, mesmo sendo usadas, não se acabam.

A propriedade,[3] na linguagem jurídica – segundo De Plácido e Silva[4] –, é a condição em que se encontra a coisa, que pertence, em caráter próprio e exclusivo, a determinada pessoa. É, assim, a pertinência exclusiva da coisa atribuída à pessoa.

Nossa Constituição Federal/1988, em seu art. 5º, XXII, garante o direito de propriedade. O instituto é conceituado na doutrina civil,[5] sinteticamente, como a submissão de uma coisa, em todas as suas relações, a uma pessoa. Analiticamente, como o direito de usar, fruir e dispor de um bem e de reavê-lo de quem injustamente o possua. Descritivamente, trata-se de direito complexo, absoluto, perpétuo e exclusivo, pelo qual uma coisa fica submetida à vontade de uma pessoa, com as limitações da lei.

E, em seu inciso XXIII, o art. 5º da Constituição Federal expressa o condicionamento do direito de propriedade à sua função social. Para Gilmar Ferreira Mendes[6] o conceito constitucional de *proteção ao direito de propriedade*[7] transcende a concepção privatística estrita, abarcando outros valores de índole patrimonial; afirma que essa orientação permite que se confira proteção constitucional não só a propriedade privada em sentido estrito, mas, fundamentalmente, às demais relações de índole patrimonial. Segundo o autor a garantia constitucional de propriedade assegura uma proteção das posições privadas já configuradas, bem como dos direitos a serem eventualmente constituídos.[8]

2.2 *Propriedade intelectual*

A propriedade ontelectual é definida pela Organização Mundial da Propriedade Intelectual[9] – OMPI[10] como "a soma dos

2. *Direitos e Garantias Individuais*, 1ª ed., São Paulo, Edipro, 1997, p. 230, em comentário ao art. 5º, XXII, da Constituição Federal/1988.

3. Do Latim *proprietas*, de *proprius* (particular, peculiar, próprio), genericamente designa a qualidade que é inseparável de uma coisa, ou que a ela pertence em caráter permanente (De Plácido e Silva, *Vocabulário Jurídico*, 3ª ed., v. III, Rio de Janeiro, Forense, p. 1.242).

4. Idem, ibidem.

5. Orlando Gomes, *Direitos Reais*, 8ª ed., Rio de Janeiro, Forense, p. 84.

6. *Direitos Fundamentais e Controle de Constitucionalidade*, São Paulo, Celso Bastos Editor, 1998, pp. 148-156.

7. Segundo ele, "embora não aberto, o conceito constitucional de propriedade há de ser necessariamente dinâmico". Acrescenta que: "As limitações impostas ou as novas conformações emprestadas ao direito de propriedade hão de observar especialmente o princípio da proporcionalidade, que exige que as restrições legais sejam adequadas, necessárias e proporcionais" (idem).

8. Assim, a propriedade, enquanto instituto jurídico, obriga o legislador a promulgar complexo normativo que assegure a existência, a funcionalidade, a utilidade privada deste direito, devendo, ainda, compatibilizar o espaço de liberdade do indivíduo no âmbito da ordem de propriedade com o interesse da comunidade, não olvidando que a vinculação social da propriedade, que legitima a imposição de restrições, não pode ir ao ponto de colocá-la, única e exclusivamente, a serviço do Estado ou da comunidade, fazendo-se necessário, portanto – de acordo com o autor –, uma criteriosa ponderação de bens e valores (idem, ibidem).

9. Criada pela Convenção de Estocolmo, de 14.7.1967.

10. A Convenção de Estocolmo estabelece que os objetivos da OMPI são: promover a proteção mundial da propriedade intelectual, através da cooperação entre os Estados, e, quando apropriado, na colaboração com qualquer outra organização internacional, além de assegurar a cooperação administrativa às uniões intergovernamentais (criada pelas Convenções de Paris e Berna e alguns tratados). Para uma

direitos relativos às obras literárias, artísticas e científicas, às interpretações dos artistas intérpretes e às execuções dos artistas executantes, aos fonogramas e às emissões de radiodifusão, às invenções em todos os domínios da atividade humana, às descobertas científicas, aos desenhos e modelos industriais, às marcas industriais, comerciais e de serviço, bem como às firmas comerciais e denominações comerciais, à proteção contra a concorrência desleal e todos os outros direitos inerentes à atividade intelectual nos domínios industrial, científico, literário e artístico".[11]

A globalização[12] cria complexidade e aumenta a interdependência do sistema jurídico em relação ao seu ambiente externo. Surgem novos temas, comportamentos inéditos, atividades econômicas atípicas, agregações políticas pouco usuais, e outros eventos que carecem de regulação jurídica.[13]

A capacidade competitiva dos Estados, frente a este cenário mundial, está intrinsecamente ligada à evolução tecnológica, que capacita as indústrias nacionais a potencializar seus níveis de produção, agregar valor aos seus produtos, tornando-as aptas a enfrentar a acirrada concorrência do mercado internacional. Por isso, as legislações internas dos Estados que regulam a proteção dos direitos relativos à propriedade intelectual tendem ao protecionismo dos interesses desenvolvimentistas nacionais.[14]

O sistema internacional de proteção à propriedade intelectual é formado por uma estrutura de acordos e convenções administrados, no âmbito das Nações Unidas, pela Organização Mundial da Propriedade Intelectual – OMPI e, no âmbito da Organização Mundial do Comércio,[15] o Acordo sobre Aspectos dos Direitos de Proprieda-

listagem completa dos tratados e uniões administrados pela OMPI: *http://www.ompi.org*.

11. "Todavia, no plano jurídico, é necessária a clara idéia da definição de propriedade intelectual, como a de um capítulo do Direito, extensamente submetido a regimes internacionais diversos, compreendendo as disciplinas tradicionalmente definidas como propriedade industrial, os direitos do autor e conexos e outros direitos sobre bens imateriais de vários gêneros" (Otto B. Licks, "O Acordo sobre Aspectos dos Direitos de Propriedade Intelectual Relacionados ao Comércio", in Paulo Borba Casella e Araminta de Azevedo Mercadante (coords.), *Guerra Comercial ou Integração Mundial pelo Comércio? A OMC e o Brasil*, São Paulo, LTr, 1998, p. 608).

12. "Os fatores que levam à globalização do mercado conduzem, quase que necessariamente, a uma uniformidade de proteção jurídica. A racionalidade do sistema exige, pelo menos, que não haja um excesso de condições de desigualdade, induzindo pela legislação do direito intelectual, que conduza uma empresa a instalar unidades fabris em um território onde naturalmente não viria a produzir, ou que afaste a empresa de um território onde naturalmente tenderia a se instalar ou vender. Todos estes fatores vêm efetivamente transformando os sistemas legais nacionais e internacionais de propriedade intelectual" (Denis Borges Barbosa, *Licitações, Subsídios e Patentes, Direito do Desenvolvimento Industrial*, v. II, Rio de Janeiro, Lumen Juris, 1997, p. 94).

13. Celso Fernandes Campilongo, "Teoria do Direito e globalização econômica", in Carlos Ari Sundfeld e Oscar Vilhena Vieira (coords.), *Direito Global*, São Paulo, Max Limonad, 1999, p. 83.

14. "Portanto, o primeiro aspecto a ser considerado, no presente estudo, é o de que a proteção da propriedade intelectual, em nível mundial, na atualidade, é menos uma questão de proteção dos direitos privados nacionais dos Estados (aspecto esse que foi a origem, no final do século XIX, da motivação dos primeiros acordos internacionais sobre propriedade industrial e da proteção dos direitos de autor e conexos e que, naturalmente, continua como grande preocupação dos Estados), mas muito mais um assunto que interessa às próprias relações internacionais, onde vigora um embate entre países industrializados e países em vias de desenvolvimento" (Guido F. S. Soares, "O tratamento da propriedade intelectual no sistema da Organização Mundial do Comércio: uma descrição geral do Acordo TRIPS", in Paulo Borba Casella e Araminta de Azevedo Mercadente (coords.), *Guerra Comercial* ..., p. 661).

15. Referindo-se aos antecedentes históricos do TRIPS, Otto Licks enfatiza: "A crescente frustração demonstrada por alguns países desenvolvidos com o sistema das Nações Unidas para a propriedade intelectual (instituído em 1967), aliada à crescente importância dos produtos e serviços da indústria da propriedade intelectual nas contas de comércio exterior desses países, fomentou a proposta de trazer para o GATT as discussões da matéria" ("O Acordo ...", in Paulo Borba Casella e Araminta de Azevedo Mercadante (coords.), *Guerra Comercial* ..., p. 615).

de Intelectual Relacionados ao Comércio[16] – em Inglês, TRIPS.[17]

2.2.1 O TRIPS e a Convenção da União de Paris

O TRIPS foi recepcionado no nosso ordenamento jurídico através do Decreto 1.355, de 30.12.1994,[18] que promulga a Ata Final que incorpora os Resultados da Rodada Uruguai de Negociações Comerciais Multilaterais do GATT. A Convenção da União de Paris – CUP foi recepcionada através do Decreto 1.263, de 10.10.1994, que ratifica a declaração de adesão aos arts. 1º a 12 e ao art. 28, alínea 1, do texto da Revisão de Estocolmo.

A grande diferença entre estes sistemas[19] está no poder de sanção na área comercial existente no âmbito da OMC,[20] visto que o TRIPS prevê mecanismos de prevenção e solução de controvérsias,[21] possibilitando invocá-los a fim de legitimar retaliações contra os membros inadimplentes – mecanismo inexistente na esfera da OMPI.

O TRIPS recepciona a Convenção de Paris, estabelecendo que os membros cumprirão com o disposto nos arts. 1 a 12 e 19 da Convenção, e nada naquele contido derrogará as obrigações existentes entre os membros em virtude desta.[22] Ele abrange os tipos principais de direitos da propriedade intelectual,[23] estabelecendo um padrão mínimo[24] de garantias e direitos,[25] podendo os membros estabelecer em suas legislações proteções mais amplas, assegurando-se tratamento nacional[26] aos nacionais dos demais membros, sendo previsto o tratamento de nação mais favorecida,[27] que prevê que as vantagens e favorecimentos concedidos aos nacionais de qualquer outro país sejam outorgados aos nacionais dos demais membros.

O Acordo TRIPS não contém qualquer cláusula geral proibindo a concorrência

16. "(...). Tratados internacionais sobre princípios e normas de conduta para atividades do Estado normalmente refletem em práticas domésticas do Estado comuns a todos ou à maioria das partes contratantes. No entanto, os tratados são claramente mais inspirados e refletem mais de perto a prática de algumas das partes contratantes ao invés da maioria delas. O Acordo TRIPS constitui-se de um tratado desta espécie. Ele está baseado numa versão particular da 'Regra da Lei', largamente aplicada nos países industrialmente avançados. (...). Neste sentido, normas substantivas inadequadas não poderão ser propriamente aplicadas e até mesmo as melhores normas substantivas estarão frustradas pela condução defeituosa da solução de controvérsias e de sua aplicabilidade" (Friedl Weiss, "Aspectos de direito internacional público do TRIPS", trad. de Luís Fernando Nigro Correa, com revisão de Paulo Borba Casella e Guilherme Figueiredo Nascimento, in Paulo Borba Casella e Araminta de Azevedo Mercadante (coords.), *Guerra Comercial ...*, p. 584).

17. *Agreement on Trade Related Aspects of Intellectual Property Rights.*

18. Ata aprovada pelo Decreto Legislativo 30, de 15.12.1994 (*DOU* 19.12.1994). O Decreto 1.355/1994 foi publicado no *DOU* 31.12.1994.

19. "Foram duas as críticas que alimentaram os argumentos dos países industrializados ao sistema administrado pela OMPI. A primeira foi a impossibilidade de promover a revisão de algumas convenções (...). A segunda foi a falta de mecanismos de coerção que promovessem o cumprimento dos compromissos assumidos pelos Estados contratantes de tais convenções" (Licks, "O Acordo ...", in Paulo Borba Casella e Araminta de Azevedo Mercadante (coords.), *Guerra Comercial ...*, pp. 617-618).

20. "A OMC é a carta magna desse processo de globalização; eu diria que ela é uma grande codificação do direito do comércio internacional, e é a primeira vez que uma grande codificação jurídica internacional dispõe de mecanismos de sanção eficazes" (Luiz Olavo Baptista, "A nova lei e o TRIPS", *Revista da Associação Brasileira da Propriedade Intelectual*, "Anais do XVI Seminário Nacional de Propriedade Intelectual", São Paulo, 1996, p. 14).

21. Anexo 2 do Acordo OMC: "Understanding on Rules and Procedures Governing the Settlement of Disputes".

22. Art. 2 (1) e (2): Parte I do TRIPS.

23. Art. 1 (2): Parte II do TRIPS.

24. "O TRIPS, como tratado-contrato, tem uma finalidade expressa, com a qual ele foi inserido na nossa ordem jurídica. É a de fixar o piso da proteção concedida à propriedade intelectual no Brasil, isto é, o limite mínimo das garantias e direitos que devem ser outorgados às partes dentro do Direito Brasileiro" (Luiz Olavo Baptista, "A nova lei e o TRIPS", *Revista da Associação Brasileira da Propriedade Intelectual*, "Anais ...", p. 17).

25. Art. 1 (1): Parte I do TRIPS.

26. Art. 3: Parte I do TRIPS.

27. Art. 4: Parte I do TRIPS.

desleal, como possui o art. 10-*bis* da CUP.[28] Entretanto, algumas previsões podem ser encontradas nesta direção, como em seu art. 17;[29] e, de qualquer modo, deixa todo o problema da proibição da concorrência desleal para as legislações nacionais.

Expresso no art. 4º-*bis* da Convenção da União de Paris, o princípio da independência estabelece que cada Estado determina os pressupostos e os efeitos da proteção por este concedido, e, por conseqüência, determina que os direitos paralelos existentes nos diversos Estados são independentes entre si, existindo uma proteção diferente a cada país que a concedeu.

Assim, há uma territorialidade absoluta dos direitos privativos industriais, e, sendo estes independentes, o exercício de um direito no território de certo Estado não teria qualquer repercussão no direito existente em outro Estado, uma vez que a proteção de um direito de propriedade industrial é exclusivamente regida pela legislação do país em virtude da qual este direito foi conferido; e, em contrapartida, o efeito da proteção concedida pela lei interna limita-se ao território em relação ao qual esta lei é aplicável.

2.2.2 O TRIPS e a Convenção sobre Diversidade Biológica[30]

Segundo disposições do TRIPS, foi deixado ao arbítrio dos países-membros da Organização Mundial do Comércio a exclusão ou não, através de suas leis nacionais, da proteção de plantas e animais e dos procedimentos essencialmente biológicos para sua obtenção.[31] Esta incerteza quanto à patenteabilidade de invenções biotecnológicas[32] pode afetar o comércio destes produtos e inibir investimentos em pesquisa e desenvolvimento neste campo, uma vez que se faz necessário que as leis nacionais forneçam respostas mais precisas sobre questões, por exemplo, da distinção entre procedimentos essencialmente biológicos e procedimentos microbiológicos.

O Acordo TRIPS e a Convenção sobre Diversidade Biológica parecem ser contraditórios em seus objetivos e práticas com relação ao acesso e à remuneração aos recursos oriundos da diversidade biológica e dos conhecimentos tradicionais,[33] muito

28. "Art. 10-*bis*. Os países da União obrigam-se a assegurar aos nacionais dos países da União proteção efetiva contra a concorrência desleal."

29. "Art. 17. Os Membros poderão estabelecer exceções limitadas aos direitos conferidos para uma marca, tal como o uso adequado de termos descritivos, desde que tais exceções levem em conta os legítimos interesses do titular da marca e de terceiros."

30. No Brasil esta Convenção foi internalizada através do Decreto 2.519, de 16.3.1998, com regulamentação dos arts. 1º, 8º, "j", 10, "c", 15 e 16, alíneas 3 e 4, através da Medida Provisória 2.126, que igualmente regulamenta o inciso II do § 1º e o § 4º do art. 225 da Constituição Federal.

31. TRIPS, art. 27.3.b: "Os Membros também podem considerar como não-patenteáveis: plantas e animais, exceto microorganismos e processos essencialmente biológicos para a produção de plantas ou animais, excetuando-se os processos não-biológicos e microbiológicos. Não obstante, os Membros concederão proteção a variedades vegetais, seja por meio de patentes, seja por meio de um sistema *sui generis* eficaz, seja por uma combinação de ambos".

32. "Reivindicações para invenções biotecnológicas sempre usam termos genéricos ou funcionais criados com base em um número limitado de exemplos. Esta concepção de esquematizar reivindicações genéricas é uma prática reconhecida e aceita nos sistemas de patente japonês, americano e europeu. Entretanto, a extensão na qual ela é admissível para generalizar os resultados obtidos através de um número limitado de exemplos particulares deve ser decidida caso a caso, considerando as circunstâncias em particular" (Hans-Rainer Jaenichen, "The patentability of biotechnological inventions, chemical compounds, pharmaceutical compositions, plants and animals in the European Patent Office and some aspects of the grant of compulsory licenses", *Revista da Associação Brasileira da Propriedade Intelectual*, "XIV Seminário Nacional de Propriedade Industrial. Anais", Rio de Janeiro, 1994, p. 23 (trad. livre da autora do texto original em Inglês).

33. "A Convenção sobre Diversidade Biológica tem por objetivo a conservação dessa diversidade e a repartição justa e eqüitativa dos benefícios. Se se trata de incentivar esse uso sustentável e de conservar a diversidade, temos de tratar diretamente com as populações que habitam essas áreas e que são seus guardiães efetivos: pelo menos, dentro de uma perspectiva puramente economicista, convencê-los de que

embora sejam constituídos basicamente pelos mesmos Estados-membros, com a notável exceção dos Estados Unidos,[34] que não integram a Convenção.

De acordo com o TRIPS,[35] os países se obrigam a proteger os microorganismos[36] e as variedade de plantas, conferindo direitos exclusivos ao titular; desta forma, diverge dos princípios da Convenção, pois o patenteamento do material genético com intuito meramente economicista pode causar efeitos adversos sobre a diversidade biológica, facilitar o expurgo de materiais identificados e utilizados em comunidades de países em desenvolvimento, sem que haja a justa repartição dos benefícios, contrariando o primado de soberania dos Estados, instituído na Convenção.[37]

O art. 16 da Convenção refere-se ao acesso à tecnologia[38] e à transferência de tecnologia, dispondo que estes "são elementos essenciais para a realização dos objetivos desta Convenção", comprometendo-se cada parte contratante "a permitir e/ou facilitar a outras partes contratantes acesso a tecnologias (...)"; estabelecendo, ainda, que "patentes e outros direitos de propriedade intelectual podem influir na implementação desta Convenção (...) devem cooperar a esse respeito em conformidade com a legislação nacional e o direito internacional para garantir que esses direitos apóiem e não se oponham aos objetivos desta Convenção".

Constata-se, portanto, que a premissa é a existência de uma tecnologia;[39] e, deste

a biodiversidade tem mais importância que uma eventual opção de venda de madeira, criação de gado etc." (Manuela Carneiro Cunha, "Biodiversidade, Justiça e Ética", *Revista do Centro de Estudos Judiciários* 8, Brasília, Conselho da Justiça Federal, maio-agosto/1999).

34. "(...). Na Convenção sobre a Diversidade Biológica a situação era diametralmente oposta, pois os Estados Unidos não são ricos em biodiversidade. Não poderia ser de seu interesse, portanto, a soberania dos países ricos em biodiversidade, mas pobres no domínio tecnológico, para a exploração dos recursos biológicos existentes em seus territórios" (Newton de Lucca, "Biodiversidade, propriedade intelectual e comércio internacional", *Revista do Centro de Estudos Judiciários* 8).

35. Segundo a posição oficial da Comunidade Européia junto à OMPI, os direitos de propriedade intelectual não têm o objetivo de regular o acesso e o uso dos recursos genéticos, regular termos e condições para bioprospecção e comercialização de bens e serviços protegidos pelos direitos de propriedade intelectual. Acrescentam que os órgãos estatais de registro de patentes têm a função de examinar se a invenção vai ao encontro dos critérios de patenteabilidade, e não para agir como uma agência reguladora para a legislação de terceiros países sobre o acesso aos recursos genéticos (WIPO/GRTKF/IC/1/8).

36. "La patentabilidad de microorganismos ha sido admitida en los países industrializados desde 1980. Se interpreta que aquellos incluyen las células y cualquier componente intracelular. Esto ha hecho posible el patentamiento de genes entre otras substancias, sean preexistentes o modificadas. En los Estados Unidos, por ejemplo, son patentables los genes producidos por mutagénesis o técnicas de ingeniería genética, e incluso aquellos cuya existencia natural se ignoraba con anterioridad" (Carlos Correa, "Biodiversidade, propriedade intelectual e comércio internacional", *Revista do Centro de Estudos Judiciários* 8).

37. "Entendo que a Convenção sobre a Diversidade Biológica – ao contrário do que, sob certo ângulo de análise, pode parecer – não terá cedido aos interesses dos países desenvolvidos, mas, preocupada com o valor da diversidade biológica como algo transcendente ao mero interesse circunstancial dos países, singularmente considerados, não adotou a fórmula de ser a diversidade biológica 'patrimônio comum da Humanidade' e sim, de acordo com o terceiro *considerando, preocupação comum à Humanidade*, sintetizando a idéia da preservação da biodiversidade com a sua justa e adequada utilização. Não se trata da noção de titularidade e muito menos de propriedade sobre tais recursos genéticos e sim de soberania para sobre eles legislar, nos limites previstos na própria Convenção" (Newton de Lucca, "Biodiversidade, ...", *Revista do Centro de Estudos Judiciários* 8).

38. Segundo Fisseha-Tsion Menghistu, tecnologia "significa e consiste de informações técnicas gerais ou especializadas, conhecimentos, *know-how*, habilidades e experiências corporificadas em pessoas, documentos ou equipamentos, com aplicação em todos os setores formais e informais da economia para a produção de bens e prestação de serviços, dos mais simples aos mais complexos, bem como para *[propiciar]* o desenvolvimento *[econômico]* como um todo" (cit. por Gabriel Francisco Leonardos, *Tributação da Transferência de Tecnologia*, Rio de Janeiro, Forense, 1997, pp. 67-68).

39. O art. 2º da Convenção – "Utilização de Termos" – assim se refere à "tecnologia": inclui biotecnologia. Por sua vez, o mesmo artigo expressa que "biotecnologia" significa qualquer aplicação tecnoló-

modo, a proteção conferida através dos direitos da propriedade intelectual para a biotecnologia e conhecimentos tradicionais pode ser vista como um incentivo para sua geração e uma condição essencial para a implementação do art. 16[40] da Convenção, que, não obstante ter objetivos diferentes do TRIPS, pode verificar-se neste último – art. 66, § 2 – uma aparente similaridade com aquela, ao determinar que deve haver estímulo aos países-membros de menor desenvolvimento "a fim de habilitá-los a estabelecer uma base tecnológica sólida e viável".

Faz-se necessário que nos documentos de reivindicação de patentes haja a exigência legal de mencionar a utilização dos materiais genéticos e dos conhecimentos tradicionais de como utilizá-los com finalidades práticas.[41] A Decisão[42] da Comissão do Acordo de Cartagena, que estabelece um Regime Comum para o Acesso aos Recursos Genéticos, impõe algumas penalidades caso não seja cumprida esta exigência, ao determinar que os pedidos de patente estariam sujeitos a recusa ou oposição e que a concessão de patentes em favor dos inventores que não cumprem com esta exigência deve ser invalidada ou revogada.[43] Indo além, toda publicação e comunicação ao público de qualquer conhecimento indígena identificável devem ter a sua fonte indicada de modo apropriado, mencionando a comunidade e o local geográfico de onde o conhecimento utilizado se originou.[44]

2.3 Propriedade industrial

A proteção dos direitos relativos à propriedade industrial[45] cresceu em importância a partir dos anos 80, com a chamada "revolução tecnológica",[46] em virtude do valor econômico intrínseco às novas tecnologias. Tal proteção, em um contexto de alta competição de mercados globais, é premissa básica e fator de estímulo para que haja investimentos substanciais em pesquisa e desenvolvimento.

O cenário econômico brasileiro no início dos anos 90 conduzia-se para uma abertura da economia nacional, que era relativamente fechada, protegendo determinados

gica que utilize sistemas biológicos, organismos vivos, ou seus derivados, para fabricar ou modificar produtos ou processos para utilização específica.

40. Determina, ainda, que cada parte contratante "deve adotar medidas legislativas, administrativas ou políticas (...), em particular as que são países em desenvolvimento, que provêem recursos genéticos, tenham garantido o acesso à tecnologia que utilize esses recursos e sua transferência, de comum acordo, incluindo tecnologia protegida por patente e outros direitos de propriedade intelectual (...)".

41. Uma vez que os princípios ativos são isolados destas fontes ou quando sintetizados, o elo entre a invenção e os recursos pode tornar-se tênue para ter algum significado, a menos que aos inventores seja exigido registrar a utilização das informações genéticas contidas nos recursos, e não somente do material físico, tangível (WIPO/IP/GR/00/2).

42. Decisão 391, de 2.7.1996, aplicável na Bolívia, Colômbia, Equador, Peru e Venezuela.

43. Neste mesmo sentido: Lei de Biodiversidade da Costa Rica, n. 7.788, de 24.4.1998.

44. Neste sentido há um Projeto de Lei sobre Proteção e Promoção dos Conhecimentos Indígenas Sul-Africanos, tramitando no Congresso Nacional da África do Sul.

45. Efetua-se tal proteção mediante a concessão de patentes de invenção e de modelo de utilidade, concessão de registro de desenho industrial, concessão de registro de marca, repressão às falsas indicações geográficas e repressão à concorrência desleal, de acordo com o teor do art. 2º e seus incisos da Lei 9.279/1996.

46. O conhecimento tecnológico vem sendo considerado matéria-prima ativadora do progresso sócio-econômico. O fortalecimento da proteção à propriedade intelectual gera um maior investimento em pesquisa e desenvolvimento, pois há uma forte correlação entre o investimento e o desenvolvimento bem-sucedido em países que conferem uma proteção mais rígida àquela, influenciando na política administrativa de empresas transnacionais, comparativamente com aquelas tomadas em países onde não há proteção. Desta forma, um investidor internacional leva em consideração a existência de lei compatível com os padrões internacionais de propriedade intelectual como um dos elementos fundamentais para a tomada de decisão sobre investir ou não em determinado país. Para um aprofundamento sobre o papel da proteção jurídica da tecnologia, v. a tese de Doutorado de Luiz Otávio Pimentel, *Direito Industrial – As Funções do Direito de Patentes*, Porto Alegre, Síntese, 1999.

segmentos das indústrias nacionais.[47] Este protecionismo ensejou sanções comerciais impostas pelos Estados Unidos ao Brasil,[48] pois entendiam que nossos mecanismos de proteção à propriedade industrial eram insuficientes, motivo pelo qual o *United States Trade Representative* (USTR) incluiu o Brasil, dentre outras nações, na *Priority Watch List*, identificando os países cujos regimes de proteção eram considerados inadequados.[49]

A provável frustração de novos investimentos, dificultando a inserção do Brasil no competitivo cenário internacional, refletiu em pressões por parte do Poder Executivo com vistas à internalização, com a maior brevidade, da Ata Final da Rodada Uruguai do GATT, especialmente o texto final do TRIPS, que adota princípios genéricos mundialmente concebidos e reconhecidos, indo ao encontro do fenômeno contemporâneo da globalização da economia.

Outra medida de adequação ao novo cenário mundial foi a aprovação da Lei 9.279, de 14.5.1996, Lei de Propriedade Industrial (LPI), que trouxe uma série de avanços, como a concessão de patente para produtos alimentícios, químico-farmacêuticos, a substituição das indicações de procedência por indicações geográficas, as marcas coletivas e de certificação, o registro de marcas tridimensionais, dentre outros.

O art. 10,[50] IX, dessa lei expressamente dispõe que não será considerado invenção o todo ou parte de seres vivos naturais e materiais biológicos encontrados na Natureza. Igualmente, estabelece no art. 18, III, que não será patenteável "o todo ou parte dos seres vivos, exceto os microrganismos transgênicos[51] que atendam aos três requisitos de patenteabilidade[52] – novida-

47. O art. 9º do antigo Código da Propriedade Industrial (Lei 5.772/1971) elencava uma série de invenções não-privilegiáveis, tais como produtos alimentícios, químico-farmacêuticos, medicamentos, dentre outras áreas excluídas de proteção patentária.

48. O *Trade and Tariff Act* de 1984 obriga o Poder Executivo dos EUA a levar em consideração o nível de proteção 'a propriedade intelectual de um país ao avaliar sua elegibilidade para o programa do Sistema Geral de Preferências Comerciais. O nível de proteção, segundo esta lei, passa a ser um dos fatores na avaliação de ações de um país em relação aos interesses norte-americanos serem classificadas como *injustificable* ou *unreasonable* para fins de abertura de investigação e eventual imposição de sanções comerciais sob a Seção 301 do *Trade Act of 1974*. Deste modo, o Governo Americano utiliza-se de meios coercitivos ao aplicar sanções comerciais contra políticas e práticas comerciais de Estados estrangeiros consideradas prejudiciais aos interesses desse país.

49. Tal dispositivo é conhecido como *Special 301*. Foram apresentadas duas listas: a primeira, chamada de *Watch List*, e a segunda já referida. Outro instrumento jurídico importante no campo da propriedade intelectual é a Seção 337 do *Tariff Act of 1930*, que impede a importação de produtos que infrinjam a legislação norte-americana nesta área. Ao divulgar o *Administrative Intellectual Property Rights Policy*, este país sinalizava que a incapacidade de proteger estes direitos distorce e gera deficiências nos fluxos do comércio internacional, estabelecendo a relação direta entre a questão de propriedade intelectual e o comércio de bens e serviços. As empresas norte-americanas vinham sofrendo perdas devido à inexistência de padrões rígidos de proteção internacionalmente aplicáveis, o que enfatizava a importância econômica da propriedade intelectual, motivo pelo qual esse país deu início às investigações de casos de alegada violação destes direitos em alguns países em desenvolvimento, dentre os quais o Brasil.

50. "IX – Não se considera invenção nem modelo de utilidade: o todo ou parte de seres vivos naturais e materiais biológicos encontrados na Natureza, ou ainda que dela isolados, inclusive o genoma ou germoplasma de qualquer ser vivo natural e os processos biológicos naturais."

51. De acordo com o parágrafo único: "Para os fins desta Lei, microrganismos transgênicos são organismos, exceto o todo ou parte de plantas ou de animais, que expressem, mediante intervenção humana direta em sua composição genética, uma característica normalmente não alcançável pela espécie em condições naturais".

52. Sobre patentes, v.: Luiz Guilherme de Andrade Vieira Loureiro, "Patente e biotecnologia: questões sobre a patenteabilidade dos seres vivos", *RDM* 116/17-76, São Paulo, Malheiros Editores, outubro-dezembro/1999; Luiz Guilherme de Andrade Vieira Loureiro, *A Lei da Propriedade Industrial Comentada*, São Paulo, Lejus, 1999; Patrícia Aurélia Del Nero, *Propriedade Intelectual: a Tutela Jurídica da Biotecnologia*, São Paulo, Ed. RT, 1998; José Carlos Tinoco Soares, *Lei de Patentes, Marcas e Direitos Conexos*, São Paulo, Ed. RT, e *Tratado da Proprie-*

de, atividade inventiva e aplicação industrial[53] – previstos no art. 8º e que não sejam mera descoberta".

Conclui-se, portanto, que não se admite no Brasil a patente sobre uma planta; entretanto, as variedades vegetais são protegidas pela Lei de Proteção dos Cultivares,[54] conferindo ao titular o direito exclusivo à reprodução comercial sobre a estrutura vegetal utilizada na propagação, reprodução e multiplicação de uma cultivar – em outras palavras, sobre a semente.[55] Esta lei confere proteção semelhante a outro instrumento do direito internacional do meio ambiente,[56] denominado "Convenção da União para a Proteção das Obtenções Vegetais" (UPOV).[57]

3. Biodiversidade

O termo "biodiversidade", contração de diversidade biológica, foi introduzido, na metade dos anos 80, pelos naturalistas que se inquietavam pela rápida destruição dos ambientes naturais e de suas espécies e clamavam por que a sociedade tomasse medidas para proteger este patrimônio. Por ocasião da Conferência do Rio de Janeiro (ECO/92)[58] esse termo foi popularizado quando das discussões que resultaram na Convenção sobre Diversidade Biológica.

Segundo a Convenção, a biodiversidade pode ser definida como "a variabilidade dos organismos vivos de qualquer origem, compreendendo, entre outros, os ecossistemas terrestres, marinhos e outros ecossistemas aquáticos e os complexos ecológicos dos quais eles fazem parte. Isto compreende a diversidade no seio das espécies e entre as espécies , bem como aquela dos ecossistemas".

dade Industrial: Patentes e seus Sucedâneos, São Paulo, Jurídica Brasileira, 1998; Newton Silveira, *A Propriedade Intelectual e as Novas Leis Autorais*, São Paulo, Saraiva, 1998.

53. "Se puede defender esta proposición en base a un enfoque del 'estado del arte'. El investigador que descubre, aisla y logra primero la disponibilidad de una nueva enzima, hormona, vitamina o cualquier outro producto natural que tenga propiedades biológicas valiosas, por lo tanto, debe permitírsele obtener protección patentable para el mismo en términos per se. El primer acto de descubrimiento, aislación e identificación de un microorganismo de formación natural valioso, con una clara revelación de aplicación o utilidad industrial, también debe ser reconocido como una invención que merece tener proteción de patente. Tales limitaciones debieran ser restringidas a los casos necesarios en los cuales existan revelaciones del arte previo, a fin de cumplir con los requerimientos de novedad y actividad inventiva con respecto al arte conocido" (Daniel de las Carreras, "Protección de biotecnología", *Revista da Associação Brasileira da Propriedade Industrial* 3/49, maio-junho/1992).

54. Lei 9.456, de 25.4.1997, regulamentada pelo Decreto 2.366, de 5.11.1997. O art. 5º considera "cultivar" a variedade de qualquer gênero ou espécie vegetal superior que seja claramente distinguível de outros cultivares conhecidos por margem mínima de descritores, por sua denominação própria, que seja homogênea e estável quanto aos descritores através de gerações sucessivas e seja de espécie passível de uso pelo complexo agroflorestal, descrita em publicação especializada disponível e acessível ao público, bem como a linhagem componente de híbridos.

55. Lei de Cultivares, art. 3º, XIV e XVI. O art. 9º especifica que o direito exclusivo do titular consiste na produção com fins comerciais, oferecimento a venda ou a comercialização do material de propagação do cultivar.

56. Sobre o assunto, v. Guido F. S. Soares, "As ONGs e o direito internacional do meio ambiente", *Revista de Direito Constitucional e Internacional* 34/7-51, São Paulo, Ed. RT, janeiro-março/2001.

57. Esta Convenção constitui-se em um sistema *sui generis*, pois confere proteção, através de um "Certificado de Obtenção Vegetal", àquele que apresenta uma nova variedade vegetal, pouco importando que ela tenha se originado de uma descoberta ou criação. O titular tem o direito exclusivo de produção, venda, oferta à venda e importação no que se refere à planta protegida, não se aplicando sobre todas as partes do produto.

58. O documento resultante de tal Conferência – a Convenção sobre Diversidade Biológica – foi assinado por 153 países. Tratava-se, principalmente, de fazer uma Convenção como um marco para reagrupar e reforçar um certo número de convenções internacionais que já existiam, tais como a Convenção de Ramsar sobre as Zonas Úmidas ou a da CITES sobre o Comércio Mundial de Espécies da Fauna e Flora Selvagens Ameaçadas de Extinção, que possuíam o mesmo princípio básico: a biodiversidade é um patrimônio comum da Humanidade, que deve ser de livre acesso a todos.

O Dr. Christian Lévêque[59] destaca os usos e o potencial econômico da biodiversidade, qualificando-a como "capital biológico" e como um conjunto de "recursos genéticos"[60] para o melhoramento das espécies cultivadas que os países detentores poderão valorizar como uma verdadeira aposta econômica.[61]

No que tange ao direito de propriedade, a questão sobre a propriedade da biodiversidade tem dois aspectos distintos: os direitos de propriedade sobre os recursos genéticos – propriedade física – e os direitos sobre as contribuições intelectuais para a colocação em atividade do recurso – propriedade intelectual. Esses direitos de propriedade intelectual vinham sendo concedidos e recaíam sobre as inovações efetuadas pelos selecionadores e pelas indústrias químicas ou farmacêuticas. Entretanto, hoje avalia-se que deva ser reconhecido o trabalho efetuado pelas comunidades locais, notadamente em países em desenvolvimento,[62] que criaram e mantiveram as espécies tradicionais, devendo ser remuneradas por suas contribuições à conservação, melhoramento e disponibilidade dos recursos biológicos.

Os países em desenvolvimento questionaram a noção de "patrimônio comum da Humanidade", em favor do conceito de "patrimônio nacional", defendendo que não mais poderiam permitir o livre acesso aos recursos naturais, com enorme potencial econômico, sem que fossem determinadas medidas compensatórias, tais como a transferência de tecnologia, que permitissem indenizar aqueles que se consideravam detentores desses recursos.[63] Por sua vez, os países desenvolvidos defendiam o livre acesso aos recursos biológicos mundiais, considerados como essenciais para o futuro da agricultura e das biotecnologias.[64] Assim, o objetivo de conservação das espécies e dos ecossistemas encontra-se na dicotomia entre uma forte competição entre as transferências de tecnologia e o acesso aos recursos genéticos, refletindo-se no texto final da Convenção: objetiva, portanto, "a conservação da diversidade biológica, a utilização durável dos seus elementos e a justa e eqüitativa divisão das vantagens decorrentes da exploração dos recursos genéticos, notadamente graças a um acesso satisfatório aos recursos genéticos e a uma transferência apropriada das técnicas pertinentes, levando em conta todos os direitos sobre esses recursos e técnicas e graças a um financiamento adequado".[65]

Destacaremos os preceitos norteadores da Convenção: a conservação e gestão sustentável da biodiversidade, princípio da soberania sobre os recursos biológicos e o acesso e transferência de tecnologias.

3.1 Conservação e gestão sustentável da biodiversidade

A Convenção estipula que devem ser privilegiadas a conservação de ecossistemas

59. *A Biodiversidade*, trad. de Valdo Mermelstein, São Paulo, EDUSC, 1999.

60. Recurso genético – segundo o autor – significa que o material tem, efetiva ou potencialmente, um valor econômico ou uma utilidade (*A Biodiversidade*, p. 91). Na Convenção sobre Diversidade Biológica o termo encontra-se definido no art. 2º.

61. Christian Lévêque, *A Biodiversidade*, pp. 21-22.

62. Por serem os primeiros detentores da diversidade biológica, os países em desenvolvimento compreenderam que ela se constituía em uma fonte de ingressos para financiar seu desenvolvimento; não desejavam limitar a convenção aos aspectos da conservação *stricto sensu*, mas pressionavam para a elaboração de uma convenção fundada sobre um regime de *royalties* em troca da exploração do seu capital genético pelos países industrializados.

63. M. A. Hermitte, "La gestion d'un patrimoine commun: l'exemple de la diversité biologique", in M. Barrère, *Terre, Patrimoine Commun*, Paris, La Découverte, 1992, pp. 120-128.

64. A definição dada pela WIPO, encontrada na introdução geral do *Guide on the Licensing of Biotechnology*, é a de que biotecnologia é a técnica que usa os organismos vivos, ou parte destes, para fabricar ou modificar produtos, para aperfeiçoar plantas e animais ou, ainda, desenvolver microorganismos para usos específicos (trad. livre da autora a partir do *Guide on the Licensing of Biotechnology*, WIPO – World Intellectual Property Organization, Genebra, Suíça, 1994, pp. 11-15).

65. Convenção, art. 1º.

e *habitats* naturais e a manutenção e recuperação de populações viáveis de espécies em seus meios naturais e, no caso de espécies domesticadas ou cultivadas, nos meios onde tenham desenvolvido suas propriedades características. Vê-se que há um claro interesse em manter e preservar os conhecimentos e práticas tradicionais das comunidades locais e dos povos indígenas, que possuem interesse pela utilização sustentável dos recursos genéticos.[66]

Questões acerca das relações entre o comércio, meio ambiente e desenvolvimento vêm se tornando assunto de extrema importância nas pautas de organizações internacionais, tais como UNCTAD,[67] GATT/WTO.[68]

O eminente jurista Ives Gandra da Silva Martins fez uma lúcida crítica sobre esta pretensa supervisão internacional dos países industrializados, em 1991, durante um Congresso sobre a Biodiversidade, na Fundação Conrad Adenauer, Alemanha: "Vocês, os Senhores, alemães e europeus, que não conseguiram preservar o seu ambiente, que conseguiram desenvolvimento mediante essa não-preservação, que nos congressos internacionais continuam a defender o direito de poluição porque não conseguem definir regras, porque as nações mais poluidoras são desenvolvidas, pretendem que não possamos crescer de uma forma adequada, sem ferir o ambiente, considerando que a Floresta Amazônica deveria ser intocável, na medida em que os Senhores sejam os titulares dela?"[69]

O referido autor conclui que no final desse Congresso houve um certo consenso no sentido de que a biodiversidade tem que ser preservada, fazendo-se necessário que as comunidades internacionais colaborem com recursos para que haja uma contraprestação nacional, permitindo a permanência das reservas fundamentais para o mundo, sem que o preço seja o subdesenvolvimento dos países onde estão localizadas estas riquezas naturais,[70] respeitando-se os limites da soberania dos mesmos.

Entretanto, não podemos nos eximir de nossa responsabilidade na conservação de nossas próprias riquezas. Segundo um estudo realizado pela organização não-governamental *Conservation International* a Mata Atlântica e o Cerrado Brasileiros são regiões amplamente devastadas, ambas figurando na lista das 25 regiões mais ameaçadas do Planeta. De acordo com tal pesquisa o conjunto de ecossistemas localizados no Litoral Brasileiro assim como a Caatinga também sofrem grandes devastações, a maior parte de origem antrópica.

No caso amazônico as duas maiores pressões sobre a biodiversidade são o extrativismo, principalmente de madeira, e a expansão das fronteiras agrícolas.[71] Agres-

66. "A biodiversidade foi sempre um recurso local comunitário. Um recurso é propriedade comunitária quando existem sistemas sociais que o utilizam segundo princípios de justiça e sustentabilidade. Isso envolve a combinação de direitos e responsabilidades entre os usuários, a combinação de utilização e conservação, um sentido de co-produção com a Natureza e de dádiva entre os membros da comunidade. Há muitos níveis em que a propriedade de recursos e o conceito de acesso a eles diferem entre os sistemas de propriedade privada e os de propriedade comunitária. Sistemas de propriedade comunitária reconhecem o valor intrínseco da riqueza da biodiversidade; sistemas governados pelos direitos de propriedade intelectual vêem esse valor como criado pela exploração comercial" (Vendana Shiva, *Biopirataria – A Pilhagem da Natureza e do Conhecimento*, trad. de Laura Cordellini Barbosa de Oliveira, Rio de Janeiro, Vozes, 2001, pp. 92-93).

67. *United Nations Conference on Trade and Development* (Conferência das Nações Unidas para o Comércio e Desenvolvimento).

68. *World Trade Organization* (Organização Mundial do Comércio).

69. "Proteção da diversidade cultural e biológica", *Revista do Centro de Estudos Judiciários* 8.

70. Segundo estudo elaborado pela Comissão Técnica Nacional de Biossegurança, sob a supervisão de Simone Scholze, 70% da diversidade biológica do mundo pertencem a uma dúzia de países, dentre eles Brasil, Colômbia, Equador, México, Peru, China, Índia, Indonésia. Estima-se que entre 10 a 20% do total de espécies do Planeta estejam em território nacional.

71. De acordo com o pesquisador titular do Instituto Nacional de Pesquisas da Amazônia, Philip Fearnside, a soja representa um perigoso inimigo para

são maior vem ocorrendo na Zona Costeira Brasileira, atingida por derramamentos de petróleo, especulação imobiliária e pelo lançamento de esgotos no mar, sem tratamento prévio, cujos principais agentes impactantes são a ocupação desordenada do Litoral, o alto grau de desmatamento da região e o turismo predatório.[72]

3.2 Princípio da soberania sobre os recursos biológicos

Os Estados têm direitos soberanos[73] sobre os recursos naturais localizados em seus territórios, e as condições de acesso aos recursos genéticos devem ser determinadas pela legislação nacional, estimulando os países a elaborar estratégias nacionais para alcançar esse objetivo, tendo como base as cooperações bilaterais e internacionais.

Passaremos a tratar, de forma sucinta, dos princípios relativos ao direito internacional, de extrema relevância para nosso estudo, como a soberania e a territorialidade.

3.2.1 Princípio da soberania

A Constituição Federal pátria em vigor expressa em seu art. 1º, I, que a soberania[74] é um dos fundamentos de nosso Estado Democrático de Direito, estabelecendo que este rege-se, no que tange a suas relações internacionais, pelo princípio da independência nacional,[75] tratando a soberania como princípio da ordem econômica.[76]

No entender de Rosemiro Pereira Leal, "a realidade econômica de um país não pode mais ser confundida com o conjunto de suas atividades econômicas públicas, empresariais e particulares. (...). Na órbita da atividade econômica de um Estado de Terceiro Mundo, se a ciência econômica e a disciplinação jurídico-econômica não atentarem para uma quarta componente que é a realidade econômica mundial, onde se contêm todas as economias nacionais, as políticas econômicas nacionalmente adotadas e os direitos fundamentais de soberania popular serão fatalmente inócuos".[77]

Em seu estudo, Celso D. de Albuquerque Mello[78] expressa que o Estado, ao consagrar o primado do direito internacional, não está abrindo mão da sua soberania, mas somente interpretando-a tal como ela se mostra no final do século XX, isto é, um feixe de competências que o Estado possui e que lhe é dado pela ordem internacional.

Conclui o autor que na época atual de globalização fica mais difícil distinguir-se os limites da jurisdição doméstica, uma vez que "o Estado é um só e o direito interno e

a biodiversidade da região, pois, segundo ele, a soja provoca um "efeito arrasto", ou seja, junto com a nova cultura é necessário que sejam construídas hidrovias e portos para que a produção consiga chegar ao Exterior (palestra proferida no *V Simpósio de Ecossistemas Brasileiros: Conservação*, Vitória/ES, outubro/2000).

72. Conforme mostra um estudo elaborado pela ONG *SOS Mata Atlântica*, apenas 7,3% dos 1,119 milhão de quilômetros quadrados estão intactos. As áreas mais preservadas estão no Sul do Estado de São Paulo e no Litoral Sul da Bahia. O Litoral Brasileiro, onde está a maior parte da Mata Atlântica, abriga 70% da população nacional.

73. "No plano jurídico, a Convenção sobre a Diversidade Biológica comporta um certo número de obrigações (...). O texto mantém-se muito vago e faz freqüentes referências ao princípio da soberania nacional, preocupação não-habitual em matéria de tratados internacionais" (M. L. Tannon, "Deux conventions peu contraignantes", *Savoi 2. Le Monde Diplomatique*, 1993, pp. 27-28).

74. "Não existe qualquer texto internacional, ou mesmo constitucional, entre as Constituições recentes de Estados novos que não insista fortemente na soberania e independência do Estado. (...). Contudo, o prevalecimento da soberania como instituição consolidada não significa qualquer rejeição ao direito internacional, mas ao contrário, ela é perfeitamente compatível com a aceitação por um Estado de regras de direito internacional que venham a limitar sua liberdade de ação" (Irineu Strenger, *Relações Internacionais*, São Paulo, LTr, 1998, pp. 170-171).

75. Constituição Federal, art. 4º, I.

76. Constituição Federal, art. 170, I.

77. *Soberania e Mercado Mundial*, 2ª ed., São Paulo, Editora de Direito, 1999, p. 43.

78. "O direito internacional público no Direito Brasileiro", in Paulo Borba Casella (coord.), *Dimensão Internacional do Direito*, São Paulo, LTr, 2000.

o Direito Internacional encontram-se entrelaçados";[79] e que o primado da norma jurídica internacional deve ser admitido, sob pena de "ignorar a realidade e acarretar a responsabilidade internacional do Estado,[80] obrigando-o a uma reparação à vítima do seu ato ilícito".[81]

O professor Guido Soares[82] leciona que, atualmente, para que se efetue qualquer análise das relações internacionais, assim como uma precisa definição do que designe o direito internacional, torna-se imprescindível considerar o fenômeno da cooperação internacional[83] como uma realidade vigente entre os Estados. Constata que "no direito internacional do meio ambiente impera uma grande falta de coordenação entre os esforços dos Estados de bem disciplinar o meio ambiente global, regional e até mesmo os domésticos",[84] usando como exemplo de tal insuficiência o fato de a Convenção sobre Diversidade Biológica não ter sido formulada de modo a representar um quadro normativo de referência a todas as formas de vida selvagem.[85]

Conforme salienta Raul José de Galaad Oliveira,[86] o art. 231 da Constituição Federal/1988 reconhece aos índios sua organização social, costumes, línguas, crenças e tradições e os direitos originários[87] sobre as terras que tradicionalmente ocupam, em que, por estarem destinadas à sua posse permanente, cabe-lhes o usufruto[88] das riquezas do solo, dos rios e dos lagos nelas existentes. Como medida de caráter tutelar, o poder soberano nacional declara que essas terras são inalienáveis e indisponíveis; e os direitos sobre elas, imprescritíveis. Deste modo, os grupos indígenas só

79. *Dimensão* ..., p. 303.

80. No que tange a este ponto o Autor disserta que "o Estado só se encontra submetido a uma norma jurídica internacional quando ele dá o seu consentimento. É o que ocorre nos tratados. (...). Nada impede que voluntariamente ele limite a sua soberania. (...). É preciso recordar que a divisão tripartida dos Poderes do Estado é irrelevante para o DIP, porque este surge como uno e indivisível. Qualquer um dos seus Poderes poder acarretar a sua responsabilidade internacional" (*Dimensão* ..., p. 303).

81. Idem, ibidem.

82. "As ONGs ...", *Revista de Direito Constitucional e Internacional* 34.

83. O autor a divide em três modalidades: "*cooperação **latissimo sensu*** são normas mais numerosas e detalhadas, elaboradas pelos Estados seja nas suas relações diretas bi ou multilaterais, em função de assuntos específicos, seja nas suas relações estabelecidas no interior de organizações internacionais; *cooperação **lato sensu***, são as ações conjuntas levadas a cabo entre todos os Estados ou por um certo número de Estados, com vistas a um determinado fim, sejam aquelas concertadas a níveis bilateral ou multilateral, sejam aquelas decorrentes de um dever instituído por uma norma não-escrita; *cooperação **stricto sensu***, dever específico, estatuído em tratados ou acordos internacionais" ("As ONGs ...", *Revista de Direito Constitucional e Internacional* 34/13-14).

84. "As ONGs ...", *Revista de Direito Constitucional e Internacional* 34/27.

85. O autor explica que esta situação é resultante do fato de alguns tratados ou convenções com pertinência ao meio ambiente terem sido adotados em diferentes momentos históricos, contando com número de Estados signatários ou aderentes distintos em cada um ("As ONGs ...", *Revista de Direito Constitucional e Internacional* 34/28).

86. "O preceito da soberania nas Constituições e na jurisprudência brasileiras", *Revista de Informação Legislativa* 146, ano 37, Brasília, abril-junho/2000.

87. "A Constituição Federal reconhece ainda a natureza 'originária' (art 231, *caput*) dos direitos indígenas sobre as suas terras: isto é, o próprio Estado reconhece que os direitos indígenas são anteriores à sua própria criação. O 'usufruto exclusivo' sobre os recursos naturais de suas terras, assegurado constitucionalmente às comunidades indígenas, significa que essas são também 'usufrutuárias exclusivas' dos recursos genéticos existentes em seus territórios – estando ou não associados a conhecimentos tradicionais" (Juliana Santilli, "A proteção aos direitos intelectuais coletivos das comunidades indígenas brasileiras", *Revista do Centro de Estudos Judiciários* 3, Brasília, Centro de Estudos Judiciários, setembro-dezembro/1997).

88. "A simples ocorrência de um determinado recurso genético em uma área indígena dá à comunidade a condição de 'usufrutuária exclusiva' do mesmo, e o acesso a esse dependerá do seu prévio e informado consentimento, em termos mutuamente acordados. As únicas exceções ao usufruto exclusivo que as comunidades indígenas têm sobre os recursos naturais existentes em suas terras são estabelecidas na própria Constituição: (1) o aproveitamento de recursos hídricos e (2) a mineração" (Juliana Santilli, "A proteção ...", *Revista de Estudos Judiciários* 3).

poderão ser removidos de suas terras, *ad referendum* do Congresso Nacional, em caso de catástrofe ou epidemia que ponha em risco sua população, ou no interesse da soberania do país, após deliberação do Congresso Nacional.[89]

3.2.2 Princípio da territorialidade

Pela territorialidade a norma aplica-se no território do Estado,[90] como suposto de ter sido concebida como uma extensão do território nacional. A norma territorial é aplicável apenas no território nacional, atendendo aos interesses internos relativos à nação de origem, sendo obrigatória exclusivamente dentro do território.[91]

Ao comentar o art. 9º da Lei de Introdução ao Código Civil Brasileiro, José Maria Rossani Garcez[92] expressou que os princípios neste contidos devem ter a conotação de normas supletivas, uma vez que, dentro do princípio corrente no direito internacional, existe a prevalência da autonomia da vontade,[93] que permite a escolha pelas partes das normas de regência dos contratos. Continua dizendo que "o preceito do art. 9º deriva, como faz notar Haroldo Valladão,[94] do contido no Código de Direito Internacional Privado, conhecido como Código Bustamante, firmado em Havana em 1928, que dispõe em seu art. 164, de forma concisa: 'o conceito e a classificação das obrigações subordinam-se à lei territorial".[95]

O princípio da territorialidade rege os conflitos de leis no espaço relativos aos direitos reais; o critério jurídico para regular coisas móveis de situação permanente é o da *lex rei sitae*, que importa a determinação do território, espaço limitado no qual o Estado exerce competência. A competência *lex rei sitae* é técnica, porque se situam as relações jurídicas no local onde se encontra o bem, limite imposto pela ordem pública. Acrescenta Maria Helena Diniz: "Em tudo que for relativo ao regime da posse, da propriedade e dos direitos reais sobre coisa alheia nenhuma lei poderá ter competência maior do que a do território onde se encontrarem os bens, que constituem seu objeto".[96]

A proteção jurídica da propriedade intelectual encontra-se governada pelo princípio da territorialidade, cujo reconhecimento e vigência derivam tanto dos tratados internacionais quanto das normas de direito internacional privado internas de cada Estado.

O princípio da territorialidade determina que tal proteção se limite ao território do Estado que a reconhece, seguindo-se, de um lado, que a proteção jurídica se regula única e exclusivamente pela lei nacional, salvo estipulação em contrário nos tratados internacionais,[97] que determine de forma autônoma o objeto, os requisitos ma-

89. Galaad Oliveira, "O preceito da soberania ...", *Revista de Informação Legislativa* 146/158.

90. "Leges non valent ultra territorium."

91. Maria Helena Diniz, *Lei de Introdução ao Código Civil Brasileiro Interpretada*, 2ª ed., São Paulo, Saraiva, 1996, p. 246.

92. *Contratos Internacionais Comerciais*, São Paulo, Saraiva, 1994, p. 55.

93. Sobre autonomia da vontade nos contratos internacionais, v. Nádia de Araújo, *Contratos Internacionais: Autonomia da Vontade, MERCOSUL e Convenções Internacionais*, Rio de Janeiro, Renovar, 1997; "O direito subjetivo e a teoria da autonomia da vontade no *Direito Internacional Privado*", in Paulo Borba Casella (coord.), *Contratos Internacionais e Direito Econômico no MERCOSUL* (Nádia de Araújo, Umberto Celli Júnior e Ricardo da Cunha, colaboradores), São Paulo, LTr, 1996, pp. 31-47; "O direito do comércio internacional", in João Grandino Rodas (coord.), *Contratos Internacionais*, 2ª ed., São Paulo, Ed. RT, 1995, pp. 294-299.

94. Nádia de Araújo leciona que há na doutrina brasileira três correntes distintas sobre a questão da autonomia da vontade, destacando que Haroldo Valladão encabeça uma terceira vertente, partidária da concessão de permissão às partes para escolherem a lei aplicável, sendo esta, segundo a autora, a doutrina que segue uma tendência mundial favorável a este princípio (*Contratos Internacionais* ..., nota 97, p. 104).

95. José Maria Rossani Garcez, *Contratos Internacionais* ..., p. 55.

96. *Lei de Introdução* ..., 2ª ed., p. 247.

97. Devido à internalização dos tratados internacionais, acabam por integrar o ordenamento interno.

teriais e formais, o conteúdo, exceções e limites, assim como as causas e formas de extinção de sua proteção jurídica.

Segundo Pedro Sousa e Silva,[98] significaria dizer-se o seguinte:

a) Os direitos de uso exclusivo sobre um bem imaterial adquirem-se em cada país, independentemente da proteção legal existente em outro país.

b) Os direitos de uso exclusivo são oponíveis a todas as pessoas, incluindo as que têm domicílio ou sede fora do país da proteção. Todavia, abrangem apenas os atos ocorridos no país de proteção.

c) Da existência de direitos de uso exclusivo sobre bens imateriais não é possível presumir que tais direitos foram adquiridos.

d) As leis de cada país de proteção determinam independentemente o nascimento, o conteúdo e o alcance dos bens imateriais; não reenviam a direitos estrangeiros.

O fato de o titular de um direito de propriedade industrial ter colocado produtos seus no mercado de um país estrangeiro não poderá ter qualquer influência sobre os direitos que ele detém no território nacional, visto que a proteção deste direito é exclusivamente regida pela legislação do país em virtude da qual este direito foi conferido; e, em contrapartida, o efeito da proteção concedida pela lei interna limita-se ao território em relação ao qual esta lei é aplicável.

Esta teoria encontra esteio no princípio da independência,[99] consagrado pelo art. 4º-*bis* da Convenção da União de Paris,[100] de que decorrerá uma territorialidade absoluta dos direitos privativos industriais. Sendo independentes os direitos em questão, o exercício de um direito no território de certo Estado não teria qualquer repercussão no direito existente em outro Estado.

A tese que utiliza o princípio da territorialidade em matéria de propriedade industrial tem duas implicações: uma que releva do direito internacional privado o respeito à escolha do Direito aplicável para a proteção de certo direito exclusivo, devendo ser o do país em que seu titular a solicita. A essa lei caberá a determinação das condições, do conteúdo e do alcance dessa proteção. A outra significa que o efeito dessa proteção deverá limitar-se ao território do Estado que a concede; isto é, o direito privativo não poderá ser violado por atos praticados no Estrangeiro ou vice-versa, devendo coincidir o local da proteção e o da contrafação.

De acordo com Friedrich-Karl Beier[101] não decorre deste princípio que para aplicar o direito nacional só se deva considerar a situação de fato existente no interior do país, com exclusão dos fatos ocorridos e dos fatos praticados no Estrangeiro. Prossegue argumentando que esta conclusão se opõe ao princípio da independência dos direitos (art. 4º-*bis* da CUP) em que se baseiam os defensores da territorialidade absoluta: tal princípio refere-se não aos fatos a ter em conta pelas legislações nacionais, mas sim às relações dessas legislações entre si, destinando-se a impedir a aplicação cumulativa de normas de diferentes ordens jurídicas. Nessa medida, significa apenas que as disposições do direito estrangeiro e a existência de direitos paralelos no Exterior não têm, em princípio, qualquer influência sobre a proteção a conceder ao abrigo da lei nacional; são direitos autônomos e independentes, na sua criação e nos seus efeitos.

3.3 Acesso e transferência de tecnologia

A imensa disparidade entre os países desenvolvidos e os em desenvolvimento é

98. *Direito Comunitário e Propriedade Industrial*, Coimbra, Coimbra Editora, p. 87.

99. Este princípio – que significa que cada Estado determina os pressupostos e os efeitos da proteção por si concedida – tem por conseqüência que os direitos paralelos existentes nos diversos Estados seriam independentes entre si, existindo uma proteção diferente a cada país que a concede.

100. No Brasil, Decreto 1.263, de 10.10.1994. O Brasil ratificou a Revisão de Estocolmo, feita em 14.7.1967.

101. *La Territorilité du Droit des Marques et les Échanges Internationaux*, Clunet, 1971, pp. 16-17.

refletida pelo fato de que o desenvolvimento de tecnologia ocorreu exclusivamente nas economias desenvolvidas. Quando transferida para países da periferia, a tecnologia desenvolvida no centro é usada parcialmente para satisfazer as necessidades de consumo de uma pequena elite local, e parcialmente para explorar os recursos físicos e a mão-de-obra barata desses países.[102]

De acordo com a análise de Marcelo Dias Varella e Ana Flávia Barros-Platiau,[103] o maior efeito do processo de globalização foi acelerar e aprofundar relações entre Estados e outros atores desiguais, realçando suas divergências em competitividade, tecnologia, democracia e estabilidade política, criando, pois, novos desafios urgentes aos quais os atores não estavam preparados para responder. Prosseguem dizendo que este processo tem contribuído para consolidar o poder dos Estados fortes de capitanear a institucionalização do cenário internacional – situação reforçada pela desigualdade tecnológica e, recentemente, biotecnológica.[104]

Para muitos países em desenvolvimento a tecnologia adquirida é, na maioria da vezes, aquela originalmente gerada em países desenvolvidos e industrializados. O maior esforço dos países em desenvolvimento para a transformação tecnológica, entretanto, será negociar a aquisição tecnológica, transferência, adaptação, difusão e desenvolvimento, aliando a isto a competência para gerar novos desenvolvimentos e utilizar o conhecimento tecnológico disponibilizado.

O Diretor do *International Law Collaborative*, Cambridge, Herbert Kassman,[105] esclarece que as técnicas formais de transferência de tecnologia incluem o uso de licenças, os acordos de parcerias (contrato de acesso e contrato internacional de *joint venture*[106]), a transferência desta para uma subsidiária de sua propriedade ou para uma empresa *joint venture*. O fornecedor de tecnologia deve estar preparado para reconhecer que, uma vez transferida a tecnologia, os ensinamentos não podem ser retirados, tornando inevitável que os recipientes iniciem seu próprio *portfolio* tecnológico.[107]

Essencialmente, *tecnologia* é conhecimento que vem sendo transformado em "propriedade intangível", através da concessão de direitos exclusivos, definidos segundo leis nacionais e convenções internacionais. A transação comercial destes bens imateriais somente se torna possível à medida que há segurança jurídica de que este direito monopolista será respeitado.[108]

102. O professor R. M. Bell sustenta que "a natureza da tecnologia, e a maneira pela qual ela é disponibilizada, poderia assegurar que haveria pouco ou um insignificante desenvolvimento de tecnologia nas economias periféricas" (trad. livre da autora do original, *Approaches to National Science Policy*, Escócia, Science Policy Research Unit, University of Sussex).

103. "Biotecnologias e biossegurança: fatores agravantes da desigualdade internacional?" *Revista de Informação Legislativa* 145, ano 37, Brasília, janeiro-março/2000.

104. Os autores citam como exemplo o Parlamento Europeu, que adotou, em maio/1998, diretivas sobre biotecnologia sem dispositivos significativos contra a *biopirataria*, o que dificultou o trabalho dos países "vítimas" (Brasil, Índia, Madagascar) dessa prática nas negociações do Protocolo de Biossegurança ("Biotecnologias e biossegurança: ..." *Revista de Informação Legislativa* 145/120).

105. *Transfer of Technology through Investment: Problems and Opportunities*, Nova York, "United Nations Conference on Trade and Development", 1992 (UNCTAD/ITP/TEC/21).

106. Sobre contrato internacional de *joint venture*, v. Carlos Maria Gambaro, "O contrato internacional de *joint venture*", *Revista de Informação Legislativa* 146, ano 37, Brasília, abrol-junho/2000.

107. Por isso, deve-se ter cautela especial com relação à retribuição justa dos direitos garantidos sob patentes, direito autoral e o uso de marcas registradas, como importantes ferramentas de competitividade. As partes devem negociar regulamentações envolvendo questões quanto às limitações e restrições impostas aos países que recebem a tecnologia, no sentido de impor óbices ao seu uso sem a expressa autorização do titular do direito de propriedade intelectual.

108. "Contudo, uma proteção excessiva de tais direitos cria e fortalece monopólio e limita o acesso público a informações úteis. Uma tensão, entretanto, existe entre a utilidade acesso público irrestrito

Djoko Pitono[109] traça em seu artigo[110] algumas considerações acerca dos componentes básicos da tecnologia, que abrangem conceitos ocidentais sobre o tema. Diz que a tecnologia deve ser considerada como a combinação de quatro componentes, todos eles interagindo dinamicamente, que juntos realizam qualquer operação de transformação: ferramentas e instalações de produção;[111] habilidades e experiência de produção;[112] fatos e informações de produção;[113] e planejamentos e elos de produção.[114]

Assim, de acordo com esta descrição, em qualquer fonte de transformação, todos os quatro elementos da tecnologia são exigidos simultaneamente e significam que o *Technoware* é o centro da transformação, que é desenvolvido, instalado e operado pelo *Humanware*, que é o elemento-chave de qualquer operação de transformação e é, por sua vez, guiado pelo *Infoware*, que é gerado e também utilizado pelo *Humanware* pela tomada de decisão e operação do *Technoware*; por sua vez, o *Orgware* adquire e controla o *Infoware*, *Humanware* e *Technoware* para efetuar a transformação.[115]

A pesquisa e o desenvolvimento de novas tecnologias, por envolverem complexos procedimentos de implementação, demandam altos investimentos, motivo pelo qual o preço da tecnologia raramente é determinado pela referência de seu custo de produção. Assim, seu preço é geralmente fixado como uma parte do faturamento dos produtos produzidos a partir desta tecnologia ou *know-how*, e, conseqüentemente, o valor da tecnologia depende muito do modo como aplicados o capital, mão-de-obra e instalações no processo de produção.

4. Dos conhecimentos tradicionais

Segundo definição da WIPO,[116] *conhecimentos tradicionais* são, em uma noção multifacetada, aqueles que envolvem alguns componentes, referidos por termos como "conhecimento indígena", "folclore", "conhecimento de Medicina tradicional", dentre outros, que necessariamente não são conhecimentos antigos, por estarem sendo criados a cada dia, e desenvolvidos como resposta de pessoas e comunidades aos desafios postos por seu meio social e físico.[117]

Os conhecimentos tradicionais surgem como uma questão associada com os recur-

do conhecimento e o desejo de canalizar o conhecimento para o lucro privado" (trad. livre da autora do texto original de Christopher Baker, *Regulation of Technology Flows*, "United Nations Conference on Trade and Development", Nova York, 1990, p. 31).

109. Diretor do *Center for Analysis of S&T Development Indonesian Institute of Sciences*.

110. "Transfer of hi-tech in Indonesia", *Technology Transfer and Development in a Changing International Environment: Policy Challenges and Options for Cooperation*, Nova York, UNCTAD, 1992, p. 66 (UNCTAD/ITP/TEC/21 – texto de trad. livre da autora do original indicado).

111. Ou seja, a tecnologia incorporada em forma de objeto (ou *Technoware*), que inclui todas as instalações físicas necessárias para a operação de transformação, tais como instrumentos, equipamentos, maquinários, estrutura e fábricas (idem).

112. Ou seja, a tecnologia incorporada em forma de pessoal (ou *Humanware*), que inclui todas as habilidades necessárias para a operação de transformação, tais como perícia, proficiência, destreza, criatividade, perseverança e diligência (idem).

113. Ou seja, a tecnologia incorporada em forma de documento (ou *Infoware*), que inclui todos os fatos e números necessários para a operação de transformação, tais como desenhos, contas, especificações, observações, relações e teorias (idem).

114. Ou seja, a tecnologia incorporada em forma de instituição (ou *Orgware*), que inclui as estruturas necessárias para a operação de transformação, tais como sistematização, organizações, redes, gerenciamento e *marketing* (idem).

115. Idem.

116. *World Intellectual Property Organization*, Documento WIPO/RT/LDC/1/4, preparado pelo *International Bureau of WIPO*, distribuído aos participantes do *High Level Interregional Roundtable on Intellectual Property for the Least Developed Countries*, ocorrido em Genebra, setembro/1999.

117. "Los sistemas de saberes indígenas casi siempre son de caráter local o regional, de transmisión oral, aprendidos por observación direta y experiencia personal, se elaboran de manera intuitiva e incluyen compenentes de creencia y emoción subjetiva, generalmente son holísticos y globalizadores y aspiran a la profundidad" (Arturo Argueta Villamar, "Biodiversidade, Justiça e Ética", *Revista do Centro de Estudos Judiciários* 8).

sos genéticos, tendo no art. 8 (j) da Convenção sobre Diversidade Biológica a aplicação do conceito de conservação *in situ*[118] da diversidade biológica, onde os países contratantes, sujeitos à legislação nacional, devem, sempre que possível e apropriado, respeitar, preservar e manter o conhecimento, inovações e práticas de comunidades indígenas[119] e locais, sugerindo que para sua exploração e ampla aplicação faz-se necessário que os países legislem a fim de regulamentar esta matéria.[120]

A fim de regulamentar o supra-aludido artigo, é necessário que sejam definidos os padrões concernentes a disponibilidade, competência e uso sobre os conhecimentos, inovações e práticas das comunidades indígenas e locais, bem como a tomada de medidas concernentes à concessão de proteção dos direitos a estes relativos, que poderiam incluir os direitos de propriedade intelectual.[121]

A outra questão a ensejar uma ação legislativa é quanto à promoção de aplicação de tal conhecimento, inovação ou prática em larga escala industrial, condicionada à aprovação, envolvimento e participação efetiva dos seus legítimos detentores, com retribuição dos benefícios econômicos oriundos desta utilização. Um importante questionamento deve ser feito no que tange ao uso industrial do conhecimento tradicional, que necessariamente implica transferência deste aos potenciais interessados.

A transferência de tecnologia é um processo que, independentemente da modalidade escolhida para tal, compreende três passos – quais sejam, a compreensão, a comunicação e a absorção –, que exige uma documentação sistematizada, que, por outro lado, origina um conjunto peculiar que diz respeito à propriedade intelectual relativamente à comunicação pública da informação, a qual, se feita sem o controle apropriado, pode prejudicar a proteção do conhecimento tradicional, através de patente ou do sistema de segredo industrial.

Para que se possa efetivamente recorrer aos sistemas de proteção dos conhecimentos tradicionais deve-se efetuar um intensivo e amplo programa de reconhecimento, identificação e catalogação destes bens imateriais, criando condições de uso dos meios legais para impedir e punir a *biopirataria*, o uso indevido e o saque indiscriminado dos recursos e conhecimentos indígenas e de comunidades locais, atacando com eficiência as coletas e extrações de materiais genéticos, cuja práticas desrespeitam o direito de propriedade intelectual destes povos.[122]

118. De acordo com a redação do art. 2 da Lei sobre Diversidade Biológica, "conservação *in situ*" significa a conservação de ecossistemas e *habitats* naturais e a manutenção e recuperação de populações viáveis de espécies em seus meios naturaise, no caso de espécies domesticadas ou cultivadas, nos meios onde tenham desenvolvido suas propriedades características.

119. "Não nos opomos em colocar nossos conhecimentos a favor dos não-índios. Uma vez que somos muitos povos com culturas diferenciadas e conhecemos bem os nossos territórios, poderemos contribuir muito com nossa sabedoria para o melhoramento das condições de vida da Humanidade. Mas não aceitamos que nossos conhecimentos sejam utilizados sem a nossa devida autorização. Os pesquisadores e as indústrias não podem se enriquecer às nossas custas, sem sermos devidamente recompensados" (Clóvis Ambrósio Wapixana, "Biodiversidade, Justiça e Ética", *Revista do Centro de Estudos Judiciários* 8 – o autor é líder indígena da tribo Wapixana, em Roraima).

120. No Brasil há uma proposta de emenda constitucional, que tramita no Congresso Nacional desde maio/2000, no sentido de regular sobre o acesso ao patrimônio genético, a proteção e o acesso ao conhecimento tradicional associado, a repartição de benefícios e o acesso à tecnologia e a transferência de tecnologia para sua conservação e utilização. O Governo editou medida provisória (n. 2.052, em 27.7.2000), com consecutivas reedições.

121. De acordo com um documento da WIPO, existem diferentes pontos de vista sobre como conduzir esta questão. Alguns podem preferir explorar a possibilidade de utilização dos mecanismos existentes de propriedade intelectual para proteger o conhecimento tradicional. Outros poderiam preferir o desenvolvimento de um sistema *sui generis* de proteção à propriedade intelectual, onde as características dos mecanismos existentes poderiam ser adaptadas às características peculiares do conhecimento tradicional (WIPO/IP/GR/00/2).

122. "Por meio de patentes e da Engenharia Genética, novas colônias estão sendo estabelecidas.

Algumas comunidades indígenas já vêm se organizando neste sentido, podendo ser citadas a Pemasky[123] (*Proyeto de Estudio para el Manejo de Áreas Silvestres de Kuna Yala*) do Panamá, o *Instituto Amazanga*[124] do Equador e a *Confederación Indígena de Bolívia*[125] (CIDOB).

Este último grupo, através de um Convênio para a Proteção e Reconhecimento dos Conhecimentos Coletivos dos Povos Indígenas, sinaliza claramente a necessidade de formalizar uma solicitação e sua respectiva outorga de permissão para efetuar as investigações nos territórios indígenas, o estabelecimento permanente da figura de co-investigador indígena ou campesino, o registro e a regulação das coletas de materiais e a extração de material genético, publicações com co-autoria comunitária de tal forma que sejam compartilhados os direitos intelectuais e os possíveis benefícios destes resultantes, o pagamento para obtenção de informação de algum membro da comunidade não deve poder ser considerado, de forma alguma, como uma aquisição dos conhecimentos coletivos das comunidades e, em caso de planejar solicitar uma patente, negociar as condições para tal com a organização indígena.[126]

Quando sistemas autóctones de conhecimento e produção interagem com os sistemas econômicos dominantes torna-se importante definir como a bioprospecção irá se efetivar, pois a exploração dos recursos genéticos e bioquímicos de valor comercial não pode ser feita de forma indiscriminada, posto que há muito são conhecidos e utilizados pelas comunidades. Assim, é imprescindível que sejam efetuados contratos de bioprospecção que possam assegurar que uma parte do valor gerado pelo desenvolvimento de produtos biologicamente derivados ou geneticamente modificados seja remetida ao país e povo que têm sido os guardiões da biodiversidade.[127]

A antropóloga Manuela Carneiro da Cunha explica[128] que no Brasil foi concluída uma pesquisa intitulada *Enciclopédia da Floresta*, que revela o que as populações locais, seringueiros e três grupos indígenas conhecem sobre as florestas do Alto Rio Juruá, na Amazônia. A autora salienta que muito do que foi revelado não pode ser publicado, porque não existe regulamentação no Brasil para proteger os direitos dessa população, e se tais informações caíssem em domínio público não haveria como impedir

(...). Resistir à biopirataria é resistir à colonização final da própria vida – do futuro da evolução como também do futuro das tradições não-ocidentais de relacionamento com o conhecimento da Natureza. (...). É a luta pela conservação da diversidade, tanto cultural quanto biológica" (Shiva, *Biopirataria* – ..., p. 28).

123. Este grupo vem estabelecendo acordos de trabalho e contratos diretos com as entidades de pesquisa que têm interesse em efetuar inventários de flora e fauna ou estudos ecológicos em Kuna, devendo os interessados sujeitar-se às regras estabelecidas pelos organizadores (Villamar, "Biodiversidade, Justiça e Ética", *Revista do Centro de Estudos Judiciários* 8).

124. Técnicos indígenas desse Instituto estão efetuando um inventário dos recursos naturais dos territórios indígenas localizados na Selva Amazônica Equatoriana, para que a biodiversidade seja apropriada para o desenvolvimento sustentável dos povos indígenas da região (Villamar, idem).

125. Essa Confederação trabalha em estreita coordenação com o *Centro de Investigación y Documentación para el Desarrollo del Beni* (CIDDEBENI), organismo técnico de apoio, que a partir de diversos processos de intercâmbio de informação decidiram estabelecer uma *Propuesta de Reglamento de Investigación Científica para los Territorios Indígenas y Áreas Campesinas*, bem como um *Convenio para la Protección y Reconocimiento de los Conocimientos Colectivos de los Pueblos Indígenas* (Villamar, idem).

126. Villamar, idem.

127. "À medida que aumenta o interesse da indústria pelos recursos genéticos e bioquímicos, e mais instituições de pesquisa e conservação percebem que precisam ou usar ou enfrentar a perda da diversidade em seus países, ganharão importância os acordos contratuais entre os coletores e supridores de amostras biológicas, e as companhias farmacêuticas e biotecnológicas" (Susan Laird, "Contracts for biodiversity prospecting", *Biodiversity Prospecting*, World Resource Institute, 1994, p. 99).

128. "Biodiversidade, Justiça e Ética", *Revista do Centro de Estudos Judiciários* 8.

que qualquer indústria se apropriasse desses conhecimentos sem qualquer ônus.[129]

Foram salientados pelo jurista Gurdial Singh Nijar os problemas e as preocupações dos países do Hemisfério Sul, que, conforme já mencionado, detêm a maior parte da diversidade biológica do Planeta, concentram-se em estabelecer parâmetros para algumas questões, tais como a distinção entre a criatividade dos povos indígenas e comunidades locais e aquela de interesse de empresas e corporações,[130] a distância dos processos desde a matéria-prima até os produtores finais[131] e desde os produtores até os usuários.[132]

As disposições da Convenção sobre Diversidade Biológica visam a assegurar que os países que concedem acesso aos seus recursos genéticos devem garantir suas remunerações provenientes dos benefícios oriundos de quaisquer inovações comercialmente valoráveis que sejam derivadas destas fontes. Os contratos de bioprospecção e acordos de parceria em pesquisa entre os fornecedores e os usuários destes recursos podem ser mecanismos de extrema importância na busca de equacionar o problema, indo ao encontro de uma solução que atenda às necessidades de ambas as partes.[133]

A posição da Comunidade Européia levada ao conhecimento da WIPO[134] com relação à proteção dos conhecimentos tradicionais é a de apoiar o desenvolvimento de um modelo internacional para a proteção legal dos conhecimentos tradicionais, acreditando que um escopo mais amplo de proteção, incluindo elementos de interesse particular dos países em desenvolvimento, em especial o conhecimento tradicional, poderia aumentar a confiança no sistema internacional de propriedade intelectual.

Acrescentam que, no contexto dos conhecimentos tradicionais, as indicações geográficas[135] poderiam ter um papel complementar para a proteção dos produtos tradicionais, sob certas circunstâncias. Apontam que poderia também ser útil examinar a possível função desta para ir ao encontro de outros objetivos da Convenção sobre Diversidade Biológica, que reconhece a existência de áreas geograficamente definidas que são demarcadas para atender aos obje-

129. De acordo com os dados do *World Resource Institute*, dos 120 princípios ativos isolados de plantas superiores, e largamente utilizados na Medicina moderna, 75% têm utilidades que foram identificadas pelos sistemas tradicionais; menos de 12% são sintetizados por modificações químicas simples, sendo que o restante é extraído diretamente de plantas e depois purificado. O uso do conhecimento tradicional aumenta a eficiência de reconhecer as propriedades medicinais de plantas em mais de 400%.

130. O autor ilustra tal afirmativa expressando que a jurisprudência contemporânea desenha uma distinção entre a criatividade dos povos indígenas e a criatividade de interesse das corporações, afirmando que somente a esta última são outorgados valores e remunerações ("Proteção da diversidade cultural e biológica", *Revista do Centro de Estudos Judiciários* 8).

131. De acordo com dados fornecidos pelo autor, o valor atual do mercado mundial para plantas medicinais derivadas dos conhecimentos dos povos indígenas e comunidades locais está estimado em US$ 43 bilhões (idem).

132. Uma crítica feita pelo autor é a de que as corporações invadem as comunidades do Hemisfério Sul, tomam livremente sua diversidade biológica para matéria-prima, classificam qualquer "melhoria" ou modificação como sendo suas "invenções", e então buscam direitos de propriedade intelectual sobre o produto final (idem).

133. Durante o primeiro encontro do Grupo de Trabalho da Convenção sobre Diversidade Biológica uma disputa conceitual originou-se com relação à natureza dos direitos indígenas sobre seus conhecimentos, inovações e práticas. Um representante de povos indígenas argumentou que estes direitos devem ser reconhecidos como culturais, ao invés de econômicos, explicitando que os direitos das comunidades locais podem ser de, inclusive, recusar o acesso aos seus conhecimentos e recursos genéticos que os têm beneficiando, ao invés de repartir os benefícios econômicos derivados destes (UNEP/CBD 2000).

134. WIPO/GRTKF/IC/1/8.

135. *Indicação geográfica*, como é conceituada pelo TRIPS, art. 22, é a que indica um produto como originário do território de um país-membro, ou região, ou localidade desse território, quando determinada qualidade, reputação ou outra característica do produto seja essencialmente atribuída à sua origem geográfica.

tivos de conservação.[136] Logo, os produtos originários destas áreas poderiam talvez ser identificados como "indicações geográficas" se os produtores decidissem unificar seus padrões de produção coletiva e conhecimento tradicionais.

No que tange a tal sistematização, salienta-se que, ao fazê-lo, corre-se o risco de que os conhecimentos tradicionais venham a ser reconfigurados, sob pena de ocasionar uma completa descaracterização destes, devendo-se ter a preocupação de que um minucioso cuidado metodológico irá ser levado em consideração a fim de assegurar que os resultados não conduzam a um artifício ideológico-cultural.[137] Os sistemas de conhecimentos tradicionais são saberes coletivos próprios de grupos especializados e indivíduos; porém, igualmente existem saberes diferenciados por sexo e atividade, razão pela qual devem ser levados em conta os aspectos históricos e sociais dos povos, para que uma eventual sistematização formal não aniquile as culturas autóctones.[138]

O Brasil possui uma imensa diversidade étnica e lingüística, estando entre as maiores do mundo. São 215 sociedades indígenas, mais cerca de 55 grupos de índios isolados, sobre os quais ainda não há informações objetivas. Têm-se, pelo menos, 180 línguas que são faladas pelos membros destas sociedades, as quais pertencem a mais de 30 famílias lingüísticas diferentes.[139]

Importante ressaltar que pela legislação brasileira[140] os índios são considerados relativamente capazes.[141] Conforme já dito, no que tange às terras indígenas o usufruto[142] assegurado aos índios ou silvícolas compreende o direito à posse, uso e percepção das riquezas naturais e de todas as utilidades existentes nas terras ocupadas, bem assim ao produto da exploração econômica de tais riquezas naturais e utilidades,[143] cabendo ao órgão de assistência a gestão do Patrimônio Indígena, propiciando-se, porém, a participação dos silvícolas e dos grupos tribais na administração dos próprios bens, sendo-lhes totalmente confiado o encargo quando demonstrem capacidade efetiva para o seu exercício.[144]

136. "Art. 2 (**Utilização de Termos**). Para os propósitos desta Convenção: 'Área Protegida' significa uma área definida geograficamente que é destinada, ou regulamentada, e administrada para alcançar objetivos específicos de conservação."

137. A . Argueta, *Historia y Epistemología de las Etnociencias*, México, UNAM, 1997.

138. "La búsqueda de autodeterminaciones locales (comunales) que se gesta y negocía en el contexto institucional del Estado-Nación como confrontación de hecho entre soberanía local y soberanía de Estado (...) y que se ha extendido, en las últimas décadas, a la esfera de las relaciones transnacionales en las que las organizaciones indígenas luchan por las soberanías étnicas (y el patrimonio étnico-nacional: territorio, recursos y medio ambiente) de sus representados, frente a las pretensiones e intervenciones de las entidades transnacionales" (S. Varese, "Parroquialismo y globalización. Las etnicidades indígenas ante el tercer milenio", in S. Varese (coord), *Pueblos Indios, Soberanía y Globalismo*, SL, Abya Yala, 1996, pp. 15-30).

139. *www.funai.gov.br.*

140. A Constituição/1988 veio mudar as concepções ideológicas vigentes, na medida em que reconheceu a permanente diversidade e especificidade cultural dos índios. Também legitimou qualquer processo judicial movido por eles através do Ministério Público, que está encarregado de defendê-los judicialmente (CF/1988, art. 129, V). Igualmente, o Estatuto do Índio (Lei 6.001, de 19.12.1973): "Art. 37. Os grupos tribais ou comunidades indígenas são partes legítimas para a defesa dos seus direitos em juízo, cabendo-lhes, no caso, a assistência do Ministério Público Federal ou do órgão de proteção ao índio".

141. Código Civil, art. 6º, III, e parágrafo único.

142. A professora Maria Helena Diniz, em comentário ao art. 713 do Código Civil, ensina que "o usufruto seria o direito real conferido a alguém de retirar, temporariamente, da coisa alheia os frutos e utilidades que ela produz, sem alterar-lhe a substância". Ao comentar o art. 716 do mesmo diploma legal, acrescenta: "O usufruto, salvo disposição em contrário, estender-se-á aos acessórios da coisa e seus acrescidos, em razão de conseqüência natural do direito real que o vincula ao bem" (*Código Civil Anotado*, São Paulo, Saraiva, 1997, pp. 554-557).

143. Estatuto do Índio: "Art. 39 Constituem bens do Patrimônio Indígena: I – as terras pertencentes ao domínio dos grupos tribais ou comunidades indígenas; II – o usufruto exclusivo das riquezas naturais e de todas as utilidades existentes nas terras ocupadas por grupos tribais ou comunidades indígenas e nas áreas a eles reservadas; III – os bens móveis ou imóveis, adquiridos a qualquer título".

144. Estatuto do Índio, art. 42.

Vê-se que a Constituição, no Título VIII, Capítulo VIII[145] – "Dos Índios" –, restringe a competência da União sobre as terras que estes tradicionalmente ocupam somente para demarcá-las, proteger e fazer respeitar todos os seus bens. Na condição de usufrutuários exclusivos, os povos indígenas têm o direito de posse, uso, percepção; e, no que tange à administração,[146] aí, sim, constata-se que, devido à relativa capacidade civil dos índios, este exercício restaria prejudicado em sua plenitude,[147] a menos que estes demonstrem condições para tal. Parece-nos evidente a posição de nua-proprietária[148] da União – e, portanto, questionável que os usufrutuários venham a repartir com esta os benefícios legalmente previstos como exclusivos a estes.

É necessário averiguar-se a constitucionalidade do projeto de lei do Governo e da medida provisória,[149] cujo teor, no que tange à repartição de benefícios, estabelece que as comunidades indígenas farão jus a percentual dos benefícios decorrentes da exploração econômica de produto ou processo desenvolvido a partir de amostra de componente do patrimônio genético acessado em terras indígenas. Parece-nos que se feriria o preceito constitucional (art. 231, *caput* e § 2º) de usufruto exclusivo[150] permanente dos índios.

Indo mais ao encontro dos interesses das comunidades indígenas está o projeto de lei da senadora Marina Silva ao assegurar o direito de "não permitir a coleta de recursos biológicos e genéticos e o acesso ao conhecimento tradicional em seus territórios, (...) quando se demonstre que essas atividades ameacem a integridade de seu patrimônio natural e cultural".[151]

Juliana Santilli[152] menciona a posição de Gurdial Singh Nijar[153] sobre a vantagem de serem firmados contratos de acesso, a fim de proteger os interesses indígenas contra eventuais tentativas de manipulação, pois estes instrumentos jurídicos são mais fáceis de serem executados fora dos países de origem, à medida que muitos países têm acordos de reciprocidade para cumprimento das decisões judiciais, em contrapartida ao caráter eminentemente territorial da legislação nacional.

145. Constituição Federal/1988:

"Art. 231. São reconhecidos aos índios sua organização social, costumes, línguas, crenças e tradições, e os direitos originários sobre as terras que tradicionalmente ocupam, competindo à União demarcá-las, proteger e fazer respeitar todos os seus bens.

"(...).

"§ 2º. As terras tradicionalmente ocupadas pelos índios destinam-se a sua posse permanente, cabendo-lhes o usufruto exclusivo das riquezas do solo, rios e dos lagos nelas existentes."

146. Código Civil: "Art. 718. O usufrutuário tem direito à posse, uso, administração e percepção dos frutos".

147. "O usufrutuário terá direito à posse, já que tem em mãos o *jus utendi* e o *fruendi*. Sua posse é direta e justa, podendo valer-se dos remédios possessórios não só contra terceiros, mas também contra o nu-proprietário, que tem a posse indireta, se este impedir ou dificultar o livre exercício do usufruto" (*RT* 496/199).

148. "Nu-proprietário. O nu-proprietário é o proprietário do bem que, em razão do usufruto, perdeu o *jus utendi* e o *fruendi*, conservando, porém o conteúdo do domínio, o *jus disponendi*" (*RT* 450/96).

149. Medida Provisória 2.052, art. 21: "§ 1º. Quando os benefícios de que trata o *caput* deste artigo decorrerem de exploração econômica do patrimônio genético acessado em terras indígenas ou em área de comunidade local, a respectiva comunidade fará jus a percentual de sua repartição". Mais: "Art. 22. As comunidades indígenas ou comunidades locais farão jus a percentual de benefício decorrente da utilização de informação do conhecimento tradicional associado, obtida nessas comunidades".

150. "Salienta-se, entretanto, que o direito de usufruto exclusivo não significa que as comunidades indígenas não possam autorizar o acesso de terceiros aos recursos genéticos de que são usufrutuárias. Não significa que só as comunidades indígenas possam empregá-los com suas próprias mãos. Elas podem autorizar o seu acesso a terceiros, desde que isso atenda aos interesses e se faça de forma que não viole a sua integridade cultural" (Santilli, "A proteção ...", *Revista de Estudos Judiciários* 3).

151. Projeto de Lei 306/1995, art. 20.

152. Assessora Jurídica do Instituto Sócio-Ambiental, in "A proteção ...", *Revista de Estudos Judiciários* 3.

153. Membro da organização *Third World Network*, da Malásia, in *Towards a Legal Framework for Protecting Biological Diversity and Community Intelectual Rights – a Third World Perspective*.

Entretanto, essencial que as comunidades indígenas possam estar aptas e efetivamente bem assistidas[154] para que possam fazer valer seus interesses em uma complexa negociação internacional, à medida que se constata a flagrante inferioridade econômica e social destes povos indígenas perante grandes grupos internacionais, cujos interesses são meramente economicistas.

5. *Conclusão*

Considerando o conteúdo e valor do conhecimento e inovações dos povos indígenas e comunidades locais, há certos conceitos na literatura legal e na legislação comparada que viabilizam formas de proteção ou compensação desta propriedade imaterial tradicional, à medida que esta possui valor comercial intrínseco. Assim, poderia ser prevista uma licença de direito ou "pagamento de domínio público",[155] onde seria contemplada a introdução de um sistema que impusesse a obrigação de pagar uma taxa ou retribuição às comunidades indígenas ou locais que tenham produzido e preservado o conhecimento em questão. Outro conceito a ser usado seria o da repressão à concorrência desleal,[156] uma vez que, em termos econômicos, um sistema de propriedade intelectual para estes conhecimentos pode conferir segurança jurídica às relações comerciais entre as comunidades indígenas e locais e as companhias que os consideram úteis e comercializáveis.[157]

A posição do grupo formado por países da América Latina e Caribe[158] levada ao conhecimento da OMPI é a de que os mecanismos existentes para a proteção à propriedade intelectual podem efetivamente ser ferramentas importantes para a proteção dos conhecimentos tradicionais e da biotecnologia. No que tange especificamente às invenções, o sistema de patentes poderia ser usado para a proteção de soluções técnicas que forem industrialmente aplicáveis, que forem universalmente novas[159] e envolverem atividade inventiva,[160] concedendo-se, igualmente, proteção para processos associados aos usos e exploração de recursos genéticos e biológicos que sejam

154. O Projeto do Novo Código Civil Brasileiro, aprovado pelo Senado Federal, assim estabelece ao tratar da personalidade e da capacidade civil, em seu art. 4º:

"São incapazes, relativamente a certos atos ou a maneira de os exercer:

"(...).

"Parágrafo único. A capacidade dos silvícolas será regulada por legislação especial."

155. As noções dos conceitos de "domínio público" e "domínio privado" são essenciais para a propriedade intelectual, que permite certas proteções, sujeitas a definição legal, elencadas na lei na forma de *numerus clausus*. Trabalhos, criações, idéias, soluções e outros assuntos não incluídos na lista não podem ser protegidos como propriedade intelectual e permanecem sujeitos às regras gerais de domínio público, qual seja, podem ser copiados e usados industrial e comercialmente sem que haja a oposição de alguém a reivindicar um direito exclusivo. Ao contrário, os trabalhos que são de "domínio privado" não podem ser copiados, usados e explorados sem o consentimento prévio do titular deste direito.

156. Vários países reconhecem como conduta parasitária aquela consistente na apropriação indevida do trabalho alheio, considerando esta uma prática contrária à concorrência regular, devendo os países reconhecer padrões de conduta segundo os quais a comercialização de expressões da cultura tradicional sem o prévio consentimento dos seus detentores poderia ser qualificada como desleal.

157. O grupo dos países da América Latina e do Caribe encaminhou suas posições no que se refere à proteção dos conhecimentos tradicionais, fazendo menção aos textos legislativos em vigor em alguns países que compõem este grupo (v. WIPO/GRTKF/IC/1/5).

158. WIPO/GRTKF/IC/1/5.

159. A questão da novidade, quando relacionada aos conhecimentos tradicionais, parece que deveria ter uma conotação de novo relativamente a todas as outras pessoas que não pertençam àquele determinado grupo detentor da técnica de utilização dos recursos genéticos e biológicos.

160. Parece-nos razoável afirmar que, até a concepção de um conhecimento tradicional, houve uma concatenação de técnicas que, mesmo não utilizando os mecanismos ocidentais para tal obtenção, exigiu dos detentores observação e acompanhamento que poderíamos qualificar como uma atividade inventiva, sem que fosse exigido um rigor técnico-científico ortodoxo.

conhecidos e utilizados pelas comunidades locais e indígenas, assim, novos produtos de plantas e variedades de plantas destes derivados.

Parece-nos que a proteção por intermédio de indicações geográficas e apelações de origem constitui-se meio bastante apropriado para a defesa dos interesses dos povos indígenas e comunidades locais, desde que tal não redunde em uma descaracterização dos aspectos culturais e sociais destes detentores. Igualmente, através da repressão à concorrência desleal poder-se-ia proteger informações tais como os segredos mantidos pelos nativos e comunidades indígenas que possam ser tecnológica e economicamente valoráveis, possibilitando o acesso a tal conhecimento, sua exploração e comunicação a terceiros sem que isso enseje a vulnerabilidade dos seus titulares. Logo, o controle sobre este conhecimento habilita sua transmissão, tornando-se possível a elaboração de contratos para licenciamento do segredo do conhecimento tradicional, viabilizando a obtenção de lucros com sua exploração comercial.

Quanto à possibilidade de repartição dos benefícios derivados da exploração da biotecnologia e dos conhecimentos tradicionais com a União, mostra-se necessária a definição de percentuais e critérios. Ainda que se flexibilize o usufruto exclusivo e se aceite como possível atribuir-se à União o direito de perceber um percentual sobre a exploração da propriedade física da biodiversidade (devido ao seu papel de nua-proprietária e de tutora), não parece haver qualquer razão jurídica para que o mesmo se dê em relação aos conhecimentos tradicionais, ou seja, sobre a propriedade intelectual destes.

É providencial que não se confunda *poder de tutela* com *direito de exploração*, e nem o dever de proteger os interesses de grupos e comunidades com o poder de se capitalizar através do licenciamento ou alienação de conhecimentos cuja origem remonta a tempos imemoriais, continuamente maturados e transferidos de geração para geração, resistindo ao contato destrutivo da cultura e da tecnologia modernas, que não lhes reconheciam os métodos e nem os efeitos e que, hoje, os usurpam e mascaram como fruto de sua própria inteligência e pesquisa.

Parece conveniente que, havendo uma efetiva repartição de benefícios, no que tange aos conhecimentos tradicionais, haja uma afetação legal destas verbas, ficando sua destinação vinculada ao cumprimento das obrigações constitucionais da União para com as comunidades indígenas que os desenvolveram e conservaram.

Importante ressaltar que o vínculo da União para com a exploração da biodiversidade nas terras indígenas, dado o usufruto exclusivo, deriva tão-somente da relativa incapacidade dos indígenas; assim, com relação ao Projeto de Código Civil Brasileiro, importante que, efetivamente relegando-se a questão da capacidade dos silvícolas para lei especial, se esteja ciente dos perigos que envolvem o tema e dos cuidados que devem ser observados quando de sua elaboração, uma vez que falhas nesta legislação (casuais ou premeditadas) podem vir a permitir a usurpação da biodiversidade nacional e dos conhecimentos tradicionais dos povos indígenas.

Se não houver uma conduta cívica responsável e competente de nossos legisladores, poderemos vir a repetir uma história vergonhosa, iniciada há 500 anos atrás, marcada pela destruição cultural e dirigida à submissão econômica.

6. Bibliografia

ARAÚJO, Nádia de. *Contratos Internacionais: Autonomia da Vontade, MERCOSUL e Convenções Internacionais*. Rio de Janeiro, Renovar, 1997.

————. "O direito do comércio internacional". In: GRANDINO RODAS, João (coord.). *Contratos Internacionais*. 2ª ed. São Paulo, Ed. RT, 1995.

————. "O direito subjetivo e a teoria da autonomia da vontade no direito internacional privado". In: CASELLA, Paulo Borba (coord.). *Contratos Internacionais e Direito Econômico no MERCOSUL* (Nádia de Araújo, Umberto Celli Jr. e Ricardo da Cunha, colaboradores). São Paulo, LTr, 1996.

ARGUETA, A. *Historia y Epistemología de las Etnociencias.* México, UNAM, 1997.

BAKER, Christopher. *Regulation of Technology Flows.* Trad. livre da autora do texto original. Nova York, *United Nations Conference on Trade and Development*, 1990.

BAPTISTA, Luiz Olavo. "A nova lei e o TRIPS". *Revista da Associação Brasileira da Propriedade Intelectual*, "Anais do XVI Seminário Nacional de Propriedade Intelectual". São Paulo, 1996.

BARBOSA, Denis Borges. *Licitações, Subsídios e Patentes, Direito do Desenvolvimento Industrial.* v. II. Rio de Janeiro, Lumen Juris, 1997.

BEIER, Friedrich-Karl. *La Territorilité du Droit des Marques et les Échanges Internationaux.* Clunet, 1971.

BELL, R. M. *Approaches to National Science Policy.* Escócia, Science Policy Research Unit, University of Sussex.

CAMPILONGO, Celso Fernandes. "Teoria do Direito e globalização econômica". In: SUNDFELD, Carlos Ari, e VIEIRA, Oscar Vilhena (coords.). *Direito Global.* São Paulo, Max Limonad, 1999.

CARRERAS, Daniel de las. "Protección de biotecnología". *Revista da Associação Brasileira da Propriedade Industrial* 3. Maio-junho/1992.

CORREA, Carlos. "Biodiversidade, propriedade intelectual e comércio internacional". *Revista do Centro de Estudos Judiciários* 8. Brasília, Conselho da Justiça Federal, maio-agosto/1999.

CUNHA, Manuela Carneiro. "Biodiversidade, Justiça e Ética". *Revista do Centro de Estudos Judiciários* 8. Brasília, Conselho da Justiça Federal, maio-agosto/1999.

DEL NERO, Patrícia Aurélia. *Propriedade Intelectual: a Tutela Jurídica da Biotecnologia.* São Paulo, Ed. RT, 1998.

DINIZ, Maria Helena. *Código Civil Anotado.* São Paulo, Saraiva, 1997.

————. *Lei de Introdução ao Código Civil Brasileiro Interpretada.* 2ª ed. São Paulo, Saraiva, 1996.

FERREIRA, Wolgran Junqueira. *Direitos e Garantias Individuais.* 1ª ed. São Paulo, Edipro, 1997.

GAMBARO, Carlos Maria. "O contrato internacional de *joint venture*". *Revista de Informação Legislativa* 146. Ano 37. Brasília, abril-junho/2000.

GARCEZ, José Maria Rossani. *Contratos Internacionais Comerciais.* São Paulo, Saraiva.

GOMES, Orlando. *Direitos Reais.* 8ª ed. Rio de Janeiro, Forense.

HERMITTE, M. A. "La gestion d'un patrimoine commun: l'exemple de la diversité biologique". In: BARRÉRE, M. *Terre, Patrimoine Commun.* Paris, La Découverte, 1992.

JAENICHEN, Hans-Rainer. "The patentability of biotechnological inventions, chemical compounds, pharmaceutical compositions, plants and animals in the European Patent Office and some aspects of the grant of compulsory licenses". *Revista da Associação Brasileira da Propriedade Intelectual.* "XIV Seminário Nacional de Propriedade Industrial. Anais". Rio de Janeiro, 1994.

KASSMAN, Hebert. *Transfer of Technology through Investment: Problems and Opportunities.* Nova York, United Nations Conference on Trade and Development, 1992.

LAIRD, Susan. "Contracts for biodiversity prospecting". *Biodiversity Prospecting.* World Resource Institute, 1994.

LEAL, Rosemiro Pereira. *Soberania e Mercado Mundial.* 2ª ed. São Paulo, Editora de Direito, 1999.

LÉVÊQUE, Christian. *A Biodiversidade.* Trad. de Valdo Mermelstein. São Paulo, EDUSC, 1999.

LICKS, Otto B. "O Acordo sobre Aspectos dos Direitos de Propriedade Intelectual Relacionados ao Comércio". In: CASELLA, Paulo Borba, e MERCADANTE, Araminta de Azevedo (coords.). *Guerra Comercial ou Integração Mundial pelo Comércio? A OMC e o Brasil*. São Paulo, LTr.

LOUREIRO, Luiz Guilherme de Andrade Vieira. *A Lei da Propriedade Industrial Comentada*. São Paulo, Lejus, 1999.

————. "Patente e biotecnologia: questões sobre a patenteabilidade dos seres vivos". *RDM* 116. São Paulo, Malheiros Editores, outubro-dezembro/1999.

LUCCA, Newton de. "Biodiversidade, propriedade intelectual e comércio internacional". *Revista do Centro de Estudos Judiciários* 8. Brasília, Conselho da Justiça Federal, maio-agosto/1999.

MARTINS, Ives Gandra da Silva. "Proteção da diversidade cultural e biológica". *Revista do Centro de Estudos Judiciários* 8. Brasília, Conselho da Justiça Federal, maio-agosto/1999.

MELLO, Celso D. de Albuquerque. "O direito internacional público no Direito Brasileiro". In: CASELLA, Paulo Borba (coord.). *Dimensão Internacional do Direito*. São Paulo: LTr, 2000.

MENDES, Gilmar Ferreira. *Direitos Fundamentais e Controle de Constitucionalidade*. São Paulo, Celso Bastos Editor, 1998.

MENGHISTU, Fisseha-Tsion. In: LEONARDOS, Gabriel Francisco. *Tributação da Transferência de Tecnologia*. Rio de Janeiro, Forense, 1997.

NIJAR, Gurdial Singh. "Proteção da diversidade cultural e biológica". *Revista do Centro de Estudos Judiciários* 8. Brasília, Conselho da Justiça Federal, maio-agosto/1999.

OLIVEIRA, Raul José de Galaad. "O preceito da soberania nas Constituições e na jurisprudência brasileiras". *Revista de Informação Legislativa* 146. Ano 37. Brasília, abril-junho/2000.

PIMENTEL, Luiz Otávio. *Direito Industrial – As Funções do Direito de Patentes*. Porto Alegre, Síntese, 1999.

PITONO, Djoko. "Transfer of hi-tech in Indonesia". *Technology Transfer and Development in a Changing International Environment: Policy Challenges and Options for Cooperation*. Nova York, UNCTAD, 1992.

SANTILLI, Juliana. "A proteção aos direitos intelectuais coletivos das comunidades indígenas brasileiras". *Revista do Centro de Estudos Judiciários* 3. Brasília, Conselho da Justiça Federal, stembro-dezembro/1997.

SHIVA, Vendana. *Biopirataria – A Pilhagem da Natureza e do Conhecimento*. Trad. de Laura Cordellini Barbosa de Oliveira. Rio de Janeiro, Vozes, 2001.

SILVA, De Plácido e. *Vocabulário Jurídico*. 3ª ed., v. III. Rio de Janeiro, Forense.

SILVA, Pedro Souza e. *Direito Comunitário e Propriedade Industrial*. Coimbra, Coimbra Editora.

SILVEIRA, Newton. *A Propriedade Intelectual e as Novas Leis Autorais*. São Paulo, Saraiva, 1998.

SOARES, Guido F. S. "As ONGs e o direito internacional do meio ambiente". *Revista de Direito Constitucional e Internacional* 34. São Paulo, Ed. RT, janeiro-março/2001.

————. "O tratamento da propriedade intelectual no sistema da Organização Mundial do Comércio: uma descrição geral do Acordo TRIPS". In: CASELLA, Paulo Borba, e MERCADANTE, Araminta de Azevedo (coords.). *Guerra Comercial ou Integração Mundial pelo Comércio? A OMC e o Brasil*. São Paulo, LTr, 1998.

SOARES, José Carlos Tinoco. *Lei de Patentes, Marcas e Direitos Conexos*. São Paulo, Ed. RT.

————. *Tratado da Propriedade Industrial: Patentes e seus Sucedâneos*. São Paulo, Jurídica Brasileira, 1998.

STRENGER, Irineu. *Relações Internacionais*. São Paulo, LTr, 1998.

TANNON, M. L. "Deux conventions peu contraignantes". *Savoi 2. Le Monde Diplomatique*. 1993.

VARELLA, Marcelo Dias, e BARROS-PLATIAU, Ana Flávia. "Biotecnologias e biossegurança: fatores agravantes da desigualdade internacional?". *Revista de Informação Legislativa* 145. Ano 37. Brasília, janeiro-março/2000.

VARESE, S. "Parroquialismo y globalización. Las etnicidades indígenas ante el tercer milenio". In: VARESE, S. (coord.). *Pueblos Indios, Soberanía y Globalismo.* SL, Abya Yala, 1996.

VILLAMAR, Arturo Argueta. "Biodiversidade, Justiça e Ética". *Revista do Centro de Estudos Judiciários* 8. Brasília, Conselho da Justiça Federal, maio-agosto/1999.

WAPIXANA, Clóvis Ambrósio. "Biodiversidade, Justiça e Ética". *Revista do Centro de Estudos Judiciários* 8. Brasília, Conselho da Justiça Federal, maio-agosto/1999.

WEISS, Friedl. "Aspectos de direito internacional público do TRIPS". In: CASELLA, Paulo Borba, e MERCADANTE, Araminta de Azevedo (coords.). *Guerra Comercial ou Integração Mundial pelo Comércio? A OMC e o Brasil.* Trad. de Luís Fernando Nigro Correa, com revisão de Paulo Borba Casella e Guilherme Figueiredo Nascimento. São Paulo, LTr, 1998.

O ACORDO TRIPS E A IMPLEMENTAÇÃO DE POLÍTICAS DE PROPRIEDADE INTELECTUAL NO BRASIL[1]

MARCO AURÉLIO GUMIERI VALÉRIO

1. Introdução. 2. O Acordo TRIPS e a legislação brasileira. 3. O Acordo TRIPS e sua vigência no Brasil. 4. O desenvolvimento da indústria brasileira e a propriedade intelectual. 5. A implementação de políticas de propriedade intelectual no Brasil. 6. Conclusão. 7. Referências bibliográficas.

1. Introdução

O Brasil, apesar de ser signatário da Convenção da União de Paris de 1883, que regulamentou a propriedade intelectual já no final do século XIX, pouco fez no decorrer do século seguinte para introduzir a cultura, estabelecer políticas públicas coerentes e difundir os princípios da propriedade intelectual na sociedade brasileira.

Esse menosprezo é reflexo de políticas governamentais imediatistas de modernização do setor industrial, implementadas de forma aleatória e casuística para dar suporte a uma industrialização incompleta e tardia, que pretendia a implantação de modernos setores industriais.[2]

Em países desenvolvidos a indústria relacionada com a propriedade intelectual, caracterizada hoje como bem de alto valor agregado, vem crescendo continuamente em ritmo mais acelerado do que qualquer outro segmento da economia, gerando aumento da oferta de empregos no setor, valorizando a mão-de-obra empregada, que recebe remuneração muito superior à das demais indústrias.

Esse quadro é reflexo do novo ciclo de evolução das indústrias, chamado de *Terceira Revolução Industrial*, embasado no dinamismo tecnológico, que tem como matéria-prima para os meios de produção o conhecimento, elemento intimamente ligado à criatividade.

Assim, faz-se necessário compreender que os bens imateriais e, por conseguinte, os direitos da propriedade intelectual que os protegem assumirão cada vez mais um grau de importância estratégica e vital para a sobrevivência das indústrias no plano nacional e internacional.[3]

1. Trabalho apresentado no curso de Pós-Graduação da Faculdade de Direito da UNESP, na disciplina "A Organização Mundial do Comércio: a Integração dos Estados no Comércio Global segundo o Tratado de Marraqueshe de 1994" ministrada pela professora Dra. Jete Jane Fiorati.

2. Otto B. Licks, "O acordo sobre aspectos dos direitos de propriedade intelectual, relacionados ao comércio: Anexo 1-C ao Acordo de Marraqueshe constitutivo da Organização Mundial do Comércio (OMC). A negocialização do TRIPS e sua internacionalização", in Paulo Borba Casella e Araminta de Azevedo Mercadante (coords.), *Guerra Comercial ou Integração Mundial pelo Comércio?*, 1ª ed., pp. 613-614.

3. Idem, ibidem, p. 614.

A importância das indústrias da propriedade intelectual para os países desenvolvidos, aliada à frustração demonstrada por estes com o sistema de proteção das Nações Unidas – que, na prática, não possui força coercitiva –, trouxe, por iniciativa norte-americana, a matéria da propriedade intelectual para dentro da pauta de discussões da Rodada Uruguai de Negociações Comerciais Multilaterais do GATT, que deu origem à OMC, Organização Mundial do Comércio.[4]

Assim nasceu o TRIPS,[5] Acordo sobre Aspectos dos Direitos de Propriedade Intelectual Relacionados ao Comércio, parte integrante do Anexo 1-C do Acordo de Marraqueshe, sendo um dos documentos da Ata Final que incorpora os resultados da Rodada Uruguai do GATT, assinada pelo Brasil em 12 de abril de 1994, entrando em vigor em 1º de janeiro de 1995.

Para promover a competitividade no país e inseri-lo em outros patamares no cenário internacional, o Brasil necessitará garantir o acesso da indústria nacional a uma base tecnológica, que estará sob a rígida proteção de várias formas de direitos da propriedade intelectual.

O objetivo deste trabalho é analisar o impacto do Acordo TRIPS sobre a legislação brasileira e a implementação de políticas de propriedade intelectual no Brasil.

2. O Acordo TRIPS e a legislação brasileira

O Brasil, através do Decreto 1.355, de 30.12.1994, ratificou o Acordo sobre Aspectos dos Direitos de Propriedade Intelectual Relacionados ao Comércio (TRIPS), um acordo internacional que mudou bastante as regras do jogo no campo da propriedade intelectual.

Esse Acordo é o diploma internacional multilateral sobre propriedade intelectual mais abrangente celebrado até agora, inserindo o tema, juntamente com poucos outros, como uma das peças mais importantes do sistema multilateral de comércio.[6]

Costuma-se dizer que a Convenção de Paris era uma convenção sem dentes e garras, e o TRIPS, ao contrário, é uma com dentes e garras, determinando prazos e estabelecendo a obrigatoriedade de patenteamento em determinados setores, como a biotecnologia, química fina e alimentos.

Ao ratificar esse Acordo o Brasil teve que rever a legislação sobre propriedade intelectual e direito autoral, fazendo novas leis sobre proteção de *software*, proteção de cultivares, além de outras em estudo, como o projeto de lei de proteção de topografia de circuitos integrados, em fase de discussão no Congresso Nacional.[7]

3. O Acordo TRIPS e sua vigência no Brasil

Com a promulgação do Decreto 1.355, de 31.12.1994, o Acordo TRIPS foi referendado no Brasil dividido em sete partes:[8] I – Disposições Gerais e Princípios Básicos; II – Padrões Relativos à Existência, Abrangência e Exercício de Direitos de Propriedade Intelectual; III – Aplicação de Normas de Proteção dos Direitos de Propriedade Intelectual; IV – Obtenção e Manutenção de Direitos de Propriedade Intelectual e Procedimentos *Inter Partes* Conexos; V – Prevenção e Solução de Contro-

4. A OMC, ou WTO (*World Trade Organization*), foi criada através do *Agreement Establishing the World Trade Organization*, com o intuito de proporcionar uma estrutura institucional comum para a condução de relações comerciais entre os países-membros.

5. *Agreement on Trade Related Aspects of Intellectual Property Rights.*

6. Guido F. S. Soares, "O tratamento da propriedade intelectual no sistema da Organização Mundial do Comércio: uma descrição geral do Acordo TRIPS", in Paulo Borba Casella e Araminta de Azevedo Mercadante (coords.), *Guerra Comercial* ..., 1ª ed., p. 661.

7. Maria Celeste Emerick, "O resultado das estratégias das instituições brasileiras", *Proteção à Tecnologia – Pesquisa FAPESP* 50/11-12.

8. Guido F. S. Soares, "O tratamento ...", in Paulo Borba Casella e Araminta de Azevedo Mercadante (coords.), *Guerra Comercial* ..., 1ª ed., p. 679.

vérsias; VI – Arranjos Transitórios; VII – Arranjos Institucionais: Disposições Finais.

As matérias abrangidas pelo Acordo TRIPS compreendem, segundo consta da Parte II: 1) Direitos de Autor e Direitos Conexos; 2) Marcas; 3) Indicações Geográficas; 4) Desenhos Industriais; 5) Patentes; 6) Topografias de Circuitos Integrados; 7) Proteção de Informação Confidencial; 8) Controle de Práticas de Concorrência Desleal em Contratos de Licença.

No que se refere à vigência do Acordo TRIPS no Brasil, aprovado no conjunto dos atos internacionais adotados na Ata Final de Marraqueshe, pelo Congresso Nacional, o Acordo encontra-se vigente no Brasil desde 1º de janeiro do corrente ano, por força de seus dispositivos de natureza transitória, em particular o art. 65, § 4º.[9]

A introdução deste recurso intertemporal deve-se ao fato de que qualquer ato legislativo de natureza complexa que interfira com um quadro normativo em vigor necessita de dispositivos para definir o começo da vigência do novo diploma.

Segundo Guido Soares esse fato se deve à necessidade de "permitir aos membros da OMC adequar sua legislação interna às obrigações internacionais emergentes daquele Acordo, sob pena de serem as sanções recém-instituídas aplicadas contra eles".[10]

4. O desenvolvimento da indústria brasileira e a propriedade intelectual

Aponta Otto Licks como uma das particularidades do desenvolvimento da indústria brasileira "a descontinuidade do processo de modernização industrial, que se dá de forma aleatória e casuística".[11]

No passado recente a política industrial do país tentou aproveitar a prévia criação de tecnologias de países desenvolvidos em benefício da indústria nacional, de forma a diminuir e a subsidiar as barreiras de entrada em várias atividades.

Acomodados a uma economia fechada que durante décadas os protegeu da concorrência, os empresários nacionais se acostumaram a aguardar a hora em que poderiam comprar a tecnologia produzida em outros países. Além de ser mais barato, não havia concorrência que justificasse o investimento e o esforço de melhorar a competitividade de seus produtos. O Brasil contentava-se com tecnologias ultrapassadas, já desprezadas por seus produtores.

Essa política implementada em suporte de uma industrialização incompleta e tardia foi responsável pelo menosprezo do componente da propriedade intelectual como fator precipitante do desenvolvimento industrial. Por outro lado, em países como os EUA a propriedade intelectual veio em auxílio de empresas que se tornaram gigantes multinacionais.[12]

Funcionou tudo muito bem enquanto o consumidor brasileiro não tinha parâmetros para comparar os produtos fabricados aqui com os de lá fora. Contudo, quando se viu frente a frente com a abertura comercial, o empresariado brasileiro começou a se dar conta do risco que é viver das migalhas dos países desenvolvidos.

5. A implementação de políticas de propriedade intelectual no Brasil

No mundo globalizado, onde *tecnologia* significa ganho de produtividade e maior competitividade, a indústria brasilei-

9. Art. 65, § 4º: "Na medida em que um país em desenvolvimento membro esteja obrigado pelo presente Acordo a estender proteção patentária de produtos a setores tecnológicos que não protegia em seu território na data geral de aplicação do presente Acordo, conforme estabelecido no § 2º, ele poderá adiar a aplicação das disposições sobre patentes de produtos da Seção 5 da Parte II para tais setores tecnológicos por um prazo adicional de cinco anos".

10. "O tratamento ...", in Paulo Borba Casella e Araminta de Azevedo Mercadante (coords.), *Guerra Comercial* ..., 1ª ed., p. p. 678.

11. "O acordo sobre aspectos ...", in Paulo Borba Casella e Araminta de Azevedo Mercadante (coords.), *Guerra Comercial* ..., 1ª ed., p. 613.

12. Idem, p. 615.

ra, com raras exceções, entra na corrida científica em franca desvantagem.

Para Otto Licks, "a implementação de políticas de propriedade intelectual no Brasil revela-se como um exercício na arte de equilibrar objetivos, cuja execução se dá de forma distinta e antagônica".[13]

O primeiro objetivo é tornar o país atrativo ao capital e à alta tecnologia estrangeiros, de forma a angariar investimentos privados do Exterior que financiem o desenvolvimento e a modernização nacional; e o segundo é o de manter uma fatia do mercado interno para a indústria nacional.

Um dos pontos de partida nessa tarefa é fazer o empresariado compreender a importância de contratar cientistas para desenvolver esse trabalho, sensibilizando a empresa para a importância do investimento em tecnologia própria.

Atualmente, só 11% dos mais de 77.000 cientistas brasileiros são absorvidos pelas empresas. Os outros 89% estão em instituições públicas de ensino superior, trabalhando como professores em regime de dedicação exclusiva.[14]

Embora conte com muitos doutores, o Brasil tem patentes de menos, pois quem produz patente é a empresa, e não a Universidade, cuja maior obrigação é criar perguntas, e não responder a elas. O reconhecimento de patentes significa divisas para o país, já que todos que se aproveitam de alguma forma da invenção são obrigados a pagar pelo uso da idéia.

Um exemplo da importância do desenvolvimento de pesquisa no Brasil é a EMBRAER. A empresa brasileira, que desbancou até a empresa canadense *Bombardier* no comércio de aviões comerciais de pequeno e médio porte, está atualmente entre as quatro maiores companhias de aviação do mundo. Os projetos de seus aviões são resultado de anos de pesquisa de seus cientistas, tornando a venda de aviões o primeiro item da pauta de exportações brasileiras.

Graças às pesquisas da EMBRAPA, por exemplo, na cultura de soja, também um dos principais produtos de exportação brasileiros, todo o processo de cultivo foi desenvolvido com tecnologia nacional, aumentando em 55% a produtividade nos últimos 20 anos.

Companhias como a Vale do Rio Doce e a PETROBRÁS, líder na tecnologia de prospecção em águas profundas e produtora do melhor óleo lubrificante do mundo, detendo mais de 20% desse mercado, também têm êxito graças aos enormes investimentos em pesquisa.

Cabe ainda lembrar que no passado, como saída politicamente mais fácil, era facultado ao Estado a opção de implementar políticas que reduzissem a importância da legislação regulatória da propriedade intelectual – atitude tomada pelo Brasil. Contudo, essa opção parece cada vez mais inviabilizada, devido aos compromissos internacionais, à pressão bilateral e à necessidade de atrair investimentos privados.

6. Conclusão

Várias são as causas atribuídas para o acréscimo da importância dos direitos de propriedade intelectual. Verifica-se um aumento percentual significativo da participação das indústrias neste setor, aumentando a oferta de vagas qualificadas, surtindo efeitos inclusive no PIB, além de um crescimento das receitas geradas no Exterior, mediante o pagamento de *royalties* e venda de produtos com alto valor agregado.

O esgotamento do modelo estatal investidor convida à introdução de medidas persuasivas, que provoquem investimentos no Brasil, em detrimentos de outros países competindo pelos mesmos capitais.

A falta de políticas de propriedade intelectual traz problemas de comercialização de tecnologia, tanto nas instituições acadê-

13. Idem, p. 613.

14. Maria Celeste Emerick, "O resultado ...", *Proteção à Tecnologia – Pesquisa FAPESP* 50/12.

micas quanto nas tecnológicas, afetando o número de patentes registradas, gerando poucos contratos negociados e poucas negociações que dêem retorno financeiro.

Não se pode dizer que não haja empenho por parte do Estado Brasileiro em estimular o desenvolvimento científico. O Brasil tem investido cerca de 1,4% do PIB em pesquisa científica, contra 3% do Japão e EUA. O problema é que, aqui, do total investido, 70% são desembolsados pelos cofres públicos. Pode-se imaginar o salto que o Brasil daria se a iniciativa privada decidisse investir em pesquisa.[15]

Todas as empresas que investiram em pesquisa vêm alcançando enormes ganhos de produtividade, por isso estão acordando para a necessidade da pesquisa e têm procurado as Universidades públicas em busca de parcerias. O salto definitivo ocorrerá quando elas perceberem que é fundamental contratar profissionais para desenvolver pesquisa especificamente para suas necessidades.

7. Referências bibliográficas

BEACKINI, Luiz Otávio. "Os meandros do registro de patentes". *Proteção à Tecnologia – Pesquisa FAPESP* 50/15-16. Janeiro-fevereiro/2000.

EMERICK, Maria Celeste. "O resultado das estratégias das instituições brasileiras". *Proteção à Tecnologia – Pesquisa FAPESP* 50/11-12. Janeiro-fevereiro/2000.

LICKS, Otto B. "O acordo sobre aspectos dos direitos de propriedade intelectual relacionados ao comércio: Anexo 1-C ao Acordo de Marraqueshe constitutivo da Organização Mundial do Comércio (OMC). A negocialização do TRIPS e sua internacionalização". In: CASELLA, Paulo Borba, e MERCADANTE, Araminta de Azevedo (coords.). *Guerra Comercial ou Integração Mundial pelo Comércio?*. 1ª ed. 1998 (pp. 607-649).

NUNES, Luiz Antônio Rizzatto. *Manual da Monografia Jurídica.* São Paulo, Saraiva, 1997.

SOARES, Guido F. S. "O tratamento da propriedade intelectual no sistema da Organização Mundial do Comércio: uma descrição geral do Acordo TRIPS". In: CASELLA, Paulo Borba, e MERCADANTE, Araminta de Azevedo (coords.). *Guerra Comercial ou Integração Mundial pelo Comércio?*. 1ª ed. 1998 (pp. 660-689).

15. Luiz Otávio Beakini, "Os meandros do registro de patentes", *Proteção à Tecnologia – Pesquisa FAPESP* 50/15-16.

Atualidades

OS MERCADOS DE FUTUROS

CARLOS AUGUSTO DA SILVEIRA LOBO

Em um mercado de futuros os contratos negociados são ativos financeiros independentes e autônomos dos bens ou direitos que constituem seus objetos. Não se negociam coisas (mercadorias, produtos agrícolas, títulos de credito, ações etc.), nem se processa nesse mercado a circulação de tais bens. No mercado de futuros transfere-se o risco inerente a variações futuras de preços, que se destaca da respectiva operação subjacente e se incorpora nos contratos de futuros por força da atuação de mecanismos mercadológicos.

Para bem compreender essa afirmação é útil examinar o processo evolutivo – e substancialmente transformador – que se iniciou nos mercados *spot* de produtos agrícolas e veio a resultar nos mercados de futuros, conforme hoje os concebemos.

Essa evolução desenvolveu-se principalmente no *Board of Trade of the City of Chicago*, entidade fundada em 1848 para servir como ponto de encontro e recinto de negociações da farta produção agrícola do Meio-Oeste Norte-Americano.

No mercado *spot* dos primeiros tempos negociavam-se produtos agrícolas para pagamento à vista, em dinheiro, contra entrega imediata.

O primeiro passo decisivo na senda que levaria aos modernos mercados de futuros deu-se com a introdução dos contratos de compra e venda a termo, mediante os quais vendedor e comprador convencionavam a entrega da mercadoria e o pagamento do preço em uma data futura, estipulando, contudo, desde logo, no instrumento contratual, o *quantum* do preço.[1]

É fácil imaginar que tais contratos deixavam muito a desejar como instrumentos de mercado. Em primeiro lugar, dificilmente circulavam os direitos e obrigações neles refletidos, porquanto não eram dotados de mecanismos jurídicos que os desligassem do crédito e da idoneidade das pessoas que figuravam como partes contratantes. Em segundo lugar, mesmo que se renunciasse à circulação dos contratos enquanto pendente o termo, o cumprimento das cláusulas contratuais no vencimento se tornava freqüentemente de onerosidade insuportável. Sempre que ocorriam alterações radicais nos preços das mercadorias o cumprimento do contrato se tornava extremamente oneroso para uma das partes, provocando falências e inadimplências. Sofria com isso o próprio mercado, porquanto obrigações nele contratadas vinham a ser inadimplidas com mais freqüência do que a manutenção de um nível mínimo de credibilidade podia admitir.

Ao procurar obviar esse problema, o *Board of Trade of the City of Chicago* desencadeou o processo evolutivo, que veio a destacar os contratos de futuros como ativos financeiros autônomos, desvinculados das mercadorias que lhes servem de base, criando o mercado de futuros.[2]

1. Waine D. Greenstone, "The CFTC and government reorganization", *The Business Lawyer* 33/166, n. 1.

2. Cf., a respeito, artigo de Eduardo Novo Costa Pereira in *RBMEC* 8/165, n. 24.

Foram duas as medidas introduzidas pelo *Board of Trade of the City of Chicago* que provocaram a transformação do até então existente mercado de produtos agrícolas em um mercado de futuros.

Em primeiro lugar, determinou-se que passariam a ser negociados no mercado somente contratos padronizados. Os contratos padronizados em relação a uma determinada mercadoria para entrega em determinado mês tornaram-se, assim, idênticos e intercambiáveis, ou seja, bens fungíveis – tal como acontece com os títulos de massa –, facilitando a circulação dos direitos e obrigações neles refletidos. Os contratos padronizados puderam, então, ser oferecidos como itens de pregão.

O segundo passo foi instituir um mecanismo de *clearing* para garantir o adimplemento de todos os contratos negociados no mercado. O mecanismo de *clearing* atua como se estivesse cortando ao meio cada relação contratual que se fecha nos pregões. Desta forma, cortada ao meio a relação contratual, a *Clearing House* se introduz no lugar do vendedor em face do comprador e no lugar do comprador em face do vendedor, quando da liquidação da operação. É a *Clearing House*, então, que cumprirá a obrigação, sendo a insolvência das partes irrelevante para a boa liquidação das operações do mercado. O sistema veio a ser sucessivamente aperfeiçoado, até o ponto de garantir efetivamente – como hoje ocorre – o cumprimento de todos os contratos negociados no mercado de futuros.[3]

A padronização e a garantia do *clearing* cedo tornaram os contratos negociados no mercado de futuros um valor mobiliário dotado de alto grau de negociabilidade.

Em primeiro lugar, os contratos se despersonalizaram e passaram a ser transferidos como títulos autônomos, desvinculados da idoneidade patrimonial das pessoas que figuram como partes, pois com a garantia do *clearing* tornou-se irrelevante saber quem figura como parte no contrato.

Em segundo lugar, passou a ser possível cumprir um contrato mediante a aquisição de outro contrato idêntico em sentido oposto. Posso cumprir a obrigação de entregar 1.000 sacas de café em outubro/2002 comprando um contrato que me dá o direito de receber 1.000 sacas de café em outubro/2002. Por serem os contratos padronizados, intercambiáveis, idênticos e igualmente garantidos, encontrarei certamente no mercado meios de, pela forma acima, liquidar a minha obrigação.

Daí resultou que os personagens do mercado deixaram de ser apenas os produtores e os interessados em adquirir produtos, bem como seus intermediários. Qualquer pessoa interessada em especular com variações de preços pode ingressar no mercado, sem dispor de uma saca sequer do produto.[4]

Daí decorreu também, e sobretudo, o fato de que no mercado de futuros muito raramente os contratos são liquidados mediante a entrega em espécie da mercadoria neles prevista.[5] Como a causa do vínculo contratual é a transferência de riscos referentes a posições futuras, e não a transferência de uma coisa, na grande maioria dos casos os contratos de futuros são liquidados por diferença, pagando uma das partes à outra, em dinheiro, a diferença entre o preço previsto e a cotação da mercadoria no mercado à vista, no dia do vencimento.

Implantadas essas inovadoras características, o mercado de futuros mudou de substância e de objetivos. Deixou de ser o recinto em que se aproximam pessoas interessadas em vender ou comprar produtos agrícolas e outras mercadorias. Passou a ser

3. Greenstone, "The CFTC ...", *The Business Lawyer* 33/168.

4. Roberto da Cunha Castello Branco, "Mercado futuro de ativos financeiros: uma nota técnica", *RBMEC* 7/333, n. 21.

5. Segundo um relatório do Congresso dos Estados Unidos, em 1973 somente 3% dos contratos futuros foram liquidados em espécie. Hoje essa percentagem será, certamente, menor ainda.

um mercado em que se trocam posições relativas a valores que tomam como referência preços futuros.

De se sublinhar que o mercado de futuros não tem como único efeito o de propiciar a seus participantes a oportunidade de auferir ganhos especulativos, tomando e transferindo riscos. O mercado de futuros tem uma função social importantíssima, pois permite que os agentes econômicos sujeitos a riscos de mudanças de preços (tanto de produtos como de insumos) transfiram esses riscos para aqueles que desejem tomá-los na expectativa de ganho especulativo.[6] Essa proteção contra riscos propicia aos produtores programarem seus custos e seus fluxos financeiros futuros com um razoável grau de precisão. Outra função social importante do mercado de futuros é constituir o mais seguro e isento instrumento para a previsão de preços e valores futuros, eis que, no caso, a previsão se faz não por estimações subjetivas de poucos, mas pela ação da lei da oferta e da procura em um mercado organizado.

A principal função dos mercados futuros não é, portanto, propiciar a circulação de mercadorias e produtos agrícolas, mas sim assegurar aos agentes econômicos, que, pela natureza de suas atividades, se sujeitam naturalmente a riscos de determinada natureza, um mecanismo eficaz (o *hedging*) para se protegerem contra os riscos decorrentes de mudanças de preços no futuro. São esses riscos o objeto das negociações; não as mercadorias ou outros ativos, que servem de base aos contratos de futuros.

Ora, esse mecanismo de *hedging* funciona da mesma forma, não somente para proteger contra riscos de variação futura de preços de mercadorias e produtos agrícolas, como também em relação aos riscos inerentes a qualquer espécie de ativos ou passivos, tangíveis ou intangíveis, cujos valores estejam sujeitos a variações insuspeitadas no futuro.

Percebendo esse potencial de expansão do mercado de futuros, o *Board of Trade of the City of Chicago*, em 1975, introduziu em seus pregões contratos de futuros relativos a cédulas hipotecárias.[7] Assim, pela primeira vez estava presente em um pregão de futuros algo não relacionado com a compra e venda de mercadorias e produtos agrícolas.

Hoje há uma extensa gama de valores futuros nos pregões, ensejando aos usuários a obtenção de *hedging* para quase toda espécie de riscos, não somente os relativos a preços de mercadorias, como também os referentes a valores futuros de diversos ativos financeiros e outros interesses. Há mercados de futuros de câmbio, de juros, de índices de ações e de vários outros valores abstratos cuja variação no futuro acarreta risco para quem exerce uma atividade econômica.

A expansão do mercado de futuros determinou a revisão legislativa do conceito de *commodity* nos EUA. A definição de *commodity* da Seção 2(a)(1) do *Commodity Exchange Act*, que antes compreendia *goods and articles*, passou a abranger também "and all services, rights and interests in which contracts for future delivery are presently or in the future dealt in".

Note-se que esse novo conceito é coerente com o atual estágio evolutivo do mercado de futuros, no qual é o contrato de futuros, e não o bem a ele subjacente, que interessa. É *commodity* tudo aquilo que é ou venha a ser o objeto de um contrato de futuros.

Conceitualmente, os mercados de futuros poderão atuar com quaisquer índices de valores que possam interessar àqueles que necessitem de *hedging* para os diver-

6. Castello Branco ("Mercado futuro ...", *RBMEC* 7) distingue dois tipos de participantes no mercado de futuros: os *hedgers*, que buscam proteção para riscos, e os especuladores, que procuram ganhos especulativos tomando os riscos dos *hedgers*.

7. Robert Willmouth, "Introducing the markets", *The Business Lawyer* 35/702, março/1980.

sos interesses cujos valores futuros estejam sujeitos a flutuações traduzidas ou determinadas por índices.

Entretanto, no Brasil, o art. 1.479 do Código Civil de 1916, ainda em vigor, equipara ao jogo as operações de Bolsa a futuro em que se estipule a liquidação exclusivamente por diferença. Para que essa equiparação não prevaleça[8] os contratos negociados em Bolsas de futuros no Brasil têm de prever uma opção para o credor exigir a liquidação em espécie, ou seja, mediante a entrega do bem que serve de lastro à operação. A previsão da liquidação em espécie não deixa de ser um mero expediente para afastar a incidência do art. 1.479 do Código Civil, pois sabe-se que, pela própria natureza do mercado, as liquidações normalmente se processam por diferença, através da *clearing*. Mas, de qualquer modo, a disposição legal adstringe o mercado, que tem de se limitar aos futuros lastreados em um bem capaz de propiciar a liquidação em espécie.

Nos Estados Unidos a lei federal expressamente exclui do conceito de jogos de azar as operações de futuros quando realizadas em Bolsa disciplinadas pela *Commodity Futures Trade Commission* (CFTC). Por isso mesmo, naquele país a tendência dos mercados de futuros no sentido da abstração já chegou a ponto de se admitir operações em que somente o risco está presente, completamente desligado de qualquer bem ou serviço.

O art. 816 do novo Código Civil, instituído pela Lei 10.406, de 10.1.2002, revoga o art. 1.479, citado, determinando que as disposições referentes ao jogo e à aposta "não se aplicam aos contratos sobre títulos de Bolsa, mercadorias ou valores, em que se estipule a liquidação exclusivamente pela diferença entre o preço ajustado e a cotação que eles tiverem no vencimento do ajuste".

8. As dívidas de jogo são obrigações naturais, e, como tais, não são passíveis de execução forçada (cf. art. 1.477 do CC).

Espaço Discente

CONTORNOS ATUAIS DO CONTRATO DE "FACTORING"

LÍVIO GOELLNER GORON

1. Introdução. 2. Delineamento do contrato de "factoring": 2.1 Breve histórico – 2.2 Elementos do contrato e figuras contratuais afins – 2.3 O "factoring" no direito positivo brasileiro. 3. Aspectos polêmicos da relação contratual: 3.1 "Factoring" e Código do Consumidor – 3.2 "Factoring" e princípio da boa-fé – 3.3 O controle da remuneração do faturizador. 4. Conclusão. 5. Bibliografia.

1. Introdução

O grande desafio do Direito neste início de século XXI talvez seja lidar com a velocidade com que se processam as mudanças econômicas e sociais e com a conseqüente necessidade de regulamentar o que nem mesmo foi sedimentado pela prática social. As sociedades ocidentais, ao mesmo tempo em que se tornam cada vez mais dinâmicas e globalizadas – ou talvez por essa razão –, hoje assistem, perplexas, à perda de referências culturais, políticas, econômicas e jurídicas que as acompanharam por séculos.

Em que pese ao alerta do historiador Eric Hobsbawn quanto à análise de fatos contemporâneos, de quem o narrador é sempre mais um partícipe do que um estudioso,[1] atualmente é possível afirmar, sem maiores receios, que as sociedades ocidentais estão atravessando um amplo e generalizado processo histórico de mudança de paradigmas,[2] fenômeno que se convencionou chamar, com algum arbítrio, de *contemporaneidade* ou *pós-modernidade*.

Não existe um ponto de vista único sobre o fenômeno da pós-modernidade. Podem-se ver na pós-modernidade a idéia de pluralismo, a diversidade de valores, a fuga das categorias, o retorno ao irracionalismo e aos sentimentos, tal como expressa a visão de Erik Jayme.[3] Ou se pode, ainda sem contradição, visualizar nela a exaltação do individualismo, a retirada de cena do Estado do Bem-Estar Social (*Welfare State*),[4] a desregulamentação e o fim do

1. *Era dos Extremos*, p. 13.

2. De fato, apenas as sociedades mais avessas à ideologia e à cultura ditas ocidentais parecem resistir, de forma eficaz, aos sintomas da contemporaneidade (por exemplo, os regimes islâmicos fundamentalistas e o regime socialista chinês, ora em transição para um *capitalismo de Estado*). Mesmo nesses casos é possível argumentar que a globalização já coloca em jogo influências que esses regimes dificilmente poderão conter a longo prazo.

3. "Osservazioni per uma teoria postmoderna della comparazione giuridica", *Rivista di Diritto Civile* 6/817.

4. Para uma análise sobre as origens, o desenvolvimento e o colapso do Estado do Bem-Estar Social, cf. Eric Hobsbawn, *Era dos Extremos*, especialmente pp. 243 e ss. e 393 e ss.

Estado Intervencionista, como observa Carlos Alberto Ghersi.[5]

Ambos os pontos de vista não são excludentes, pois espelham as várias facetas de um processo que atinge todas as instâncias sociais, inclusive o Direito, ameaçando carregar no seu avanço os pilares que sustentam a cultura européia[6] desde o início da História moderna – a saber, a Ética Cristã, o Humanismo, o Iluminismo e o Racionalismo.

Das necessidades sociais mais importantes e mais fortemente afetadas pelo fenômeno da pós-modernidade se encontra sem dúvida a obtenção de crédito e financiamento. Não carece sublinhar que a sociedade moderna é dependente da utilização do crédito nas mais diversas formas, seja como financiamento ao consumo, produção ou exportação. Não é por acaso que as grandes crises econômicas da era moderna, as que atingiram as economias ocidentais de forma mais profunda – a exemplo da Grande Depressão –, estiveram intimamente relacionadas com a expansão desmedida do crédito e a conseqüente quebra do sistema de financiamento, pelo descompasso entre produção e demanda.[7]

Atualmente a concessão de crédito tornou-se o espaço típico das relações contratuais de massa, dos contratos de adesão, das estipulações abusivas e da fuga à regulamentação legal. Um espaço, de certo modo, paradigmático da contemporaneidade.

Entre as formas de financiamento da atividade econômica que conquistaram maior interesse e prosperaram sob o signo das relações contratuais "pós-modernas", complexas e de massa está o *factoring*. Trata-se de um instituto complexo que nasceu e se desenvolveu à sombra do direito positivo, como acontece com boa parte das práticas mercantis, mas que alcançou grande difusão por suas reais ou aparentes vantagens como técnica de financiamento de pequenas e médias empresas.

Segundo informações coletados pela Associação Nacional de *Factoring* (ANFAC), em 1999 existiam mais de 18 milhões e 700 mil Reais somente nas carteiras de créditos da empresas de *factoring* filiadas à referida entidade[8] – o que é muito relevante considerando-se o relativo atraso de sua introdução no Brasil.

O *factoring* é um dos contratos que mais se aproximam de um paradigma pósmoderno de contratação – fator que talvez explique seu considerável êxito. Com efeito, o *factoring* apresenta-se como um contrato maleável, complexo, multilateral, que obedece a várias fontes normativas diferentes. Também é um contrato que se presta a abusos, por se situar numa fronteira indefinida entre o direito comercial e o direito financeiro.

5. *La Posmodernidad Jurídica*, p. 31.

6. É matéria à busca de um melhor consenso até que ponto o racionalismo de índole conceitual e sistematizante influenciou o Direito dos países filiados à tradição anglo-saxônia. Parece certo que o racionalismo não moldou a *Common Law* da mesma forma precisa e indelével como o Direito Continental, mas seria incorreto afirmar que o Direito e a Ciência Jurídica dos países anglo-saxônios não pagaram tributo à necessidade de sua sistematização. Apenas devido à proeminência da tradição, e de uma jurisdição até certo ponto autoritária, é que nações com os EUA e a Inglaterra sistematizaram seus institutos jurídicos de modo diverso e a um ritmo mais vagaroso, embora não deixassem de fazê-lo.

7. Eric Hobsbawn narra assim os dramáticos acontecimentos da Grande Crise de 1929 (*Era dos Extremos*, pp. 104-105): "Quando veio o colapso, claro que este foi muito mais drástico nos EUA, porque a lenta expansão da demanda fora fortalecida por meio de uma enorme expansão de crédito ao consumidor (leitores que se lembram do fim da década de 80 talvez reconheçam o cenário). Os bancos, já atingidos pelo *boom* especulativo imobiliário que, com a tradicional aliança entre otimistas auto-iludidos e a crescente picaretagem financeira, chegara ao auge alguns anos antes do Grande *Crash*, estavam sobrecarregados de dívidas não saldadas, recusaram novos empréstimos para habitação e refinanciamento para os existentes. Isso não os impediu de estourar aos milhares, quando (em 1933) quase metade das hipotecas domésticas americanas ficaram em atraso e 1.000 propriedades por dia eram executadas".

8. Informações disponibilizadas na página de *Internet* da ANFAC (*www.factorig.com.br*).

Sem esquecer a notável importância econômica que o *factoring* assumiu para o impulso dos pequenos empreendedores, tais considerações justificam buscar um exame mais acurado dessa figura contratual, abordando os aspectos polêmicos de seu emprego, característicos dos desafios que o Direito hoje encontra para normatizar as relações sociais.

2. *Delineamento do contrato de "factoring"*

2.1 *Breve histórico*

Ao se colocar em perspectiva histórica um instituto qualquer do direito civil ou comercial existe a tendência de se buscar sua origem na Antigüidade remota, preferentemente no Direito Romano clássico. Imbuídos dessa visão menos prudente, alguns autores sugerem que o *factoring* teria nascido na Roma Antiga, com a prática dos comerciantes de entregarem mercadorias para venda em consignação. Outros vão ainda mais longe, e recuam até o Direito Babilônico para localizar a origem do instituto.

Na realidade, as raízes do *factoring* como hoje é praticado são bem mais recentes, uma vez que remontam ao processo de colonização dos EUA pela Inglaterra.

Durante os séculos XVII e XVIII comerciantes ingleses exportavam grandes volumes de mercadorias para os EUA, destacando-se entre elas os produtos têxteis. Para efetuarem suas vendas em solo americano constituíam agentes naquele país encarregados de receber as mercadorias, vender o produto e realizar a cobrança.[9] Estes agentes possuíam amplo conhecimento do mercado local, dispondo de melhores condições de avaliar os riscos da venda.[10] Verificou-se nestes primórdios, portanto, uma certa confusão com outros contratos mercantis, como a comissão e a representação comercial.

Com o passar do tempo os agentes constituídos em território americano deixaram de se ocupar do recebimento da mercadoria e da sua venda e passaram a se especializar na atividade de cobrança. Em certos casos os agentes chegavam a assumir para si o risco da inadimplência, adiantando ao fornecedor o preço da venda antes que ele fosse pago pelo comprador. Aqui, precisamente, residiu a origem do contrato de *factoring*.

Após a Independência dos EUA, rompidos os laços com a Inglaterra, os agentes de *factoring* passaram a prestar seus serviços aos fornecedores americanos.[11] Inicialmente a operação ficou restrita à venda de lã e tecidos – até hoje o principal mercado do *factoring* nos EUA –, mas em seguida à Grande Crise de 1929, em face da desesperadora necessidade de crédito dos agentes econômicos, o *factoring* espraiou-se para outros setores da Economia.[12] Uma das razões para o particular êxito do *factoring* nos EUA é que o Direito Norte-Americano não conhece o desconto bancário de títulos, forma mais típica de financiamento das empresas comerciais.[13]

Entrementes, na Europa o *factoring* havia desaparecido desde o século XIX, sendo reintroduzido na Inglaterra no começo dos anos 60 por via da influência norte-americana. Daí o instituto se espalhou para outros países europeus, e finalmente para o Brasil.[14]

Em nosso país o *factoring* foi objeto de um pioneiro artigo de Fábio Konder Comparato,[15] publicado em 1972, no qual o autor propunha a expressão "faturização"

9. Fran Martins, *Contratos e Obrigações Comerciais*, 14ª ed., p. 470.
10. Arnaldo Rizzardo, *"Factoring"*, 1ª ed., p. 7.

11. Carlos Alberto de São Tiago Hagstrom, "O *factoring* no Brasil", *RDM* 48/39.
12. Jacobo Leonis, "O contrato de *factoring*", *RF* 253/459.
13. Fran Martins, *Contratos* ..., 14ª ed., p. 470.
14. Fran Martins, *Contratos* ..., 14ª ed., p. 472.
15. In *RDM* 6.

para designar o novo instituto no Direito Brasileiro.[16] Entretanto, foi somente na década de 80 que as operações de *factoring* de fato começaram a ser praticadas no Brasil. Refletindo a crescente difusão da sua prática, foi criada em 1982 a ANFAC – Associação Nacional de *Factoring*.

Em 28.5.1988 a UNIDROIT, entidade dedicada à uniformização do direito privado, realizou um congresso sobre *factoring* na cidade de Ottawa, no Canadá, do qual resultou a convenção UNIDROIT de Ottawa, que foi assinada pelo Brasil.[17]

A Convenção de Ottawa definiu o contrato de *factoring* como sendo um contrato complexo, constituído de diversos serviços prestados cumulativamente, sendo que apenas o contrato formado pela junção de no mínimo dois desses serviços, prestados em base continua, é que caracteriza efetivamente o *factoring*.[18]

2.2 Elementos do contrato e figuras contratuais afins

A complexidade estrutural do contrato de *factoring* não autoriza simplificações que o reduzam a institutos jurídicos já conhecidos. O *factoring* não é pura e simplesmente uma operação financeira. Por outro lado, ele também não é apenas um contrato de compra e venda mercantil, ou um simples contrato de prestação de serviços de assessoria em gestão e administração, embora guarde elementos de todos as operações acima citadas. O *factoring* é um complexo negócio de aquisição futura de bens e serviços, que se concretiza e se consuma com a prestação de serviços.

O *factoring* pode ser visualizado como um contrato de venda de ativos ou de faturamento, tendo no seu núcleo, por assim dizer, a idéia de cessão de créditos.[19] O propósito subjacente ao *factoring* é que uma pequena ou média empresa que necessite de financiamento para seu capital de giro, muitas vezes não dispondo de interesse ou condições de contrair um empréstimo bancário – até mesmo por não conseguir a aprovação de seu cadastro junto às instituições financeiras –, possa alienar o crédito da venda de suas mercadorias ou serviços a uma empresa de *factoring*, antecipando uma receita e garantindo-se contra os riscos da cobrança.

Um exame preliminar da relação contratual de *factoring* revela ao menos três características singulares que emprestam a este contrato uma feição tipicamente pósmoderna, justificando o interesse no seu tratamento sistemático:

(a) O *factoring* consiste em uma relação contratual complexa e dinâmica, assentada em um contrato-base, mas que se prolonga no tempo.

(b) O *factoring* é um contrato multilateral, em que originalmente comparecem duas partes – o faturizador e o faturizado –, mas no desenvolvimento da relação contratual verifica-se um constante afluxo de novos sujeitos, ou seja, faturizador e faturizado entram em contato com uma série dinâmica de devedores dos títulos.

(c) À luz do Direito Brasileiro é o *factoring* objeto de um regime jurídico plúrimo. Não existe uma regulamentação compacta acerca do instituto, e sim uma série de normas mais ou menos específicas que interagem e não raro conflitam entre si, tais como regulamentos, circulares, leis – inclusive de outros setores do Direito –, princípios gerais e costumes.[20]

16. O termo "faturização" é hoje de uso corrente ao lado do original *factoring* e da expressão "fomento mercantil".

17. Jacobo Leonis, "O contrato ...", *RF* 253/504.

18. Ives Gandra da Silva Martins, "*Factoring*", *Revista Jurídica* 240/5.

19. Segundo Ghersi, *apud* Rizzardo, "A cessão de crédito é a espinha dorsal do contrato de factoring", in "*Factoring*", 1ª ed., p. 29.

20. Classificação inspirada pelas observações da professora Dra. Cláudia Lima Marques, "Contratos bancários em tempos pór-modernos", *Revista da Faculdade de Direito da UFRS* 15/39.

Entre as características do *factoring* merecedoras de destaque deve-se mencionar inicialmente que o mesmo apresenta a natureza jurídica de um contrato-base, a identificar um negócio jurídico que comanda o nascimento de outros contratos.[21] Significa isso afirmar que com base no contrato de *factoring* o faturizado se obriga a vender e o faturizador a comprar uma série créditos ao longo da relação contratual, estabelecendo-se tantos negócios sucessivos quantos forem os títulos faturizados. Assim, forçoso é reconhecer que a função econômica da operação de *factoring* não se concretiza no contrato-base, mas em cada nova faturização de títulos que tal contrato propicia, fornecendo o substrato normativo para a relação entre faturizador e faturizado.

Entende-se ainda que se trata de um contrato tipicamente comutativo, por envolver prestações certas e determinadas entre o faturizador e o faturizado.

Existem doutrinadores que atribuem ao contrato de *factoring* natureza aleatória, como Arnaldo Rizzardo[22] e Túlio Egito Coelho.[23] Entretanto, a posição que reconhece no *factoring* uma natureza aleatória não nos parece correta, exatamente porque a prestação do faturizado para com o faturizador consiste na cessão *pro soluto* de um crédito.

A álea relativa à cobrança do crédito faturizado é decerto um risco assumido pelo faturizador, mas que se encontra, não obstante, localizado *fora* do sinalagma contratual. Prova da comutatividade do contrato de *factoring* é que o faturizado responde pelos riscos próprios do crédito, ou seja, se houver algum vício no título ou no negócio de origem ele é obrigado a ressarcir o faturizador.

Outra relevante característica do contrato de *factoring* reside naquilo que a doutrina comercialista denomina de *princípio da globalidade*. Esse princípio expressa que o faturizado deve colocar à disposição do faturizador toda sua carteira de créditos, não podendo escolher vender apenas alguns e reservar outros para si. Do contrário inevitavelmente o faturizado repassaria somente os créditos de difícil recuperação, transferindo ao faturizador apenas os riscos da sua atividade comercial.[24] Desnecessário dizer que, neste caso, a própria natureza do *factoring* e sua função econômica restariam descaracterizadas.

Dos sujeitos típicos do contrato de *factoring* chama-se "factor" ou "faturizadora"[25] à empresa, necessariamente de natureza mercantil, que adquire os créditos; e "faturizada" à pessoa natural ou empresa que os vende.

Na operação de *factoring* a faturizadora compra títulos emitidos pela faturizada, podendo selecionar aqueles que lhe interessam e descartar os demais, e adianta seu valor descontando uma comissão que constitui sua remuneração pelo negócio. O crédito é transferido à faturizadora *pro soluto* – ou seja, o faturizado não responde, em condições normais, pela efetiva liquidação do crédito. De posse dos títulos, a faturizadora então procede à cobrança dos devedores, isto é, dos clientes da faturizada.

Caso o título faturizado não seja liquidado por inadimplência ou insolvência da devedora compete à empresa de *factoring* suportar o respectivo prejuízo. A assunção do risco pelo faturizador constitui, portanto, elemento indissociável do contrato de *factoring* e que melhor o diferencia de operações correlatas como o desconto ou cobrança bancária, nos quais, a despeito da entrega ou cessão do título, inexiste o elemento mercantil da venda ou transferência *pro soluto* do crédito.

21. Clóvis Veríssimo do Couto e Silva, *A Obrigação como Processo*, p. 213.
22. *"Factoring"*, 1ª ed., p. 14.
23. "O *factoring* e a Lei 4.595/1964", RDM 67/113.
24. Fran Martins, "O contrato de *factoring* e sua introdução no Direito Brasileiro", *RF* 262/9.
25. Esta a expressão universalizada por Fábio Konder Comparato.

Em virtude da aceitação do risco pelo faturizador o faturizado só poderá ser responsabilizado pelo pagamento na hipótese de haver irregularidade inerente ao próprio crédito, ou seja, quando presente algum vício do negócio ou do título. Neste caso, e somente nele, o faturizado deverá indenizar o faturizador.

Não deve causar surpresa que a assunção do risco pelo faturizador fique limitada à álea normal do negócio jurídico que motivou a emissão do título faturizado, vale dizer, apenas no que concerne à possibilidade de o devedor do título inadimplir seu pagamento.[26] Já não cabe ao faturizado invocar a exoneração do risco pelo pagamento do título na presença de vícios que atingem a própria substância do negócio, como no caso de operações simuladas, prévia liquidação do crédito, não entrega da mercadoria pelo vendedor ou entrega de produtos impróprios ou dotados de vícios redibitórios etc.[27] Da mesma forma, é o faturizado responsável perante o faturizador quando o título entregue contenha vício de forma que o prive da sua eficácia natural, a exemplo da falta de algum dos requisitos de validade que a legislação cambiária estabelece para sua emissão.

A frustração do crédito por razões que exacerbam o risco normal do inadimplemento, tais como as acima indicadas, constitui um vício no cumprimento da prestação a cargo do faturizado, ao qual não se justifica esteja sujeito o faturizador. Nesta hipótese, compete ao faturizado responder pelo adimplemento do crédito.

É de relevo acrescentar que a responsabilidade do faturizado, a ser definida em ação própria,[28] não consiste apenas no pagamento do principal e acessórios da mora relativos ao crédito faturizado, alcançando ainda a composição de eventuais prejuízos sofridos pelo faturizador em razão do inadimplemento do contrato de *factoring*.

Como se percebe a partir destas considerações, o *factoring* pressupõe em sua base uma relação fiduciária, isto é, de respeito à confiança recíproca entre faturizador e faturizado, além de uma atuação integrada das partes para atingir o fim do contrato.

O exame do comportamento das partes na execução do contrato de *factoring* confirma amplamente essa percepção. Em regra, ao celebrar o contrato de *factoring* o faturizado remete ao faturizador uma relação de todas as suas "contas" ou clientes. O faturizador pode então optar por adquirir créditos de todos eles ou somente de alguns clientes específicos. Diante da flexibilidade que se dispensa ao *factoring*, as partes podem convencionar que o "factor" irá faturizar uma parte dos créditos, e quanto aos demais, que sejam, *v.g.*, de maior risco, atuará somente como mandatário do faturizado para exercitar sua cobrança. Nesse caso o faturizador não adianta o preço do título, nem responde pelo seu pagamento.

É importante ressaltar que, embora o *factoring* envolva uma cessão de créditos, não se verifica nele um *negócio de crédito*

26. Não se estabelece, em princípio, distinção quanto à causa do inadimplemento, desimportando se motivado por insolvência ou simples dificuldades transitórias do devedor. Ainda assim parece cogitável que a *notória* insolvência do devedor ocultada pelo faturizado com propósito malicioso seja equiparada ao vício do negócio, e portanto venha a propiciar a responsabilidade do faturizado pelo pagamento do crédito.

27. Relembrando antiga discussão envolvendo os contratos de desconto bancário de título, é forçoso reconhecer que na operação de *factoring*, caracterizada por um compromisso *contratual* de *cessão de crédito*, o faturizador não se pode valor do princípio da abstração (e de seu corolário, o princípio da inoponibilidade das exceções causais), estando sujeito às defesas materiais que eventualmente o devedor pudesse opor ao sacador/beneficiário original do título.

28. Diferentemente de uma responsabilidade subsidiária *simples*, como a do endossante de título para com seu portador, em princípio não vemos como a responsabilidade do faturizado por vício do negócio ou do título possa ser reconhecida e imposta sem prova e debate nas vias processuais ordinárias. A não ser assim poderia o faturizador, pela simples afirmação unilateral de um vício, desencadear o processo executivo contra o faturizado, em aparente contrariedade ao próprio *due process of law*.

entre o faturizador e o faturizado, isto porque as prestações de um e de outro são simultâneas entre si.[29] No momento em que o crédito é cedido ocorre o desconto da comissão. Não existe, pois, prestação futura.[30]

Ao lado da venda de créditos verifica-se no *factoring* uma prestação contínua de serviços do faturizador ao faturizado. Via de regra, o faturizador passa a ser o responsável pela administração dos créditos a receber da empresa faturizada. Na dependência do que for convencionado pelas partes, o faturizador poderá assumir total responsabilidade pela seleção de riscos, pela avaliação e pela escolha dos compradores da faturizada, sendo comum, em tais casos, que o faturizado consulte o faturizador antes de efetuar uma venda.

A tendência é que, diante da relação de *factoring*, a faturizada perca grande parte de sua autonomia, podendo, em contrapartida, dedicar-se exclusivamente ao processo de produção ou prestação de serviços, uma vez que tenha depositado nas mãos da faturizadora as atividades de cobrança e gestão de crédito. Liberta das atividades ligadas ao gerenciamento das contas a receber, a faturizada pode direcionar seus esforços à sua atividade-fim, ganhando em eficiência e produtividade.

No *factoring*, ao contrário dos contratos comuns de financiamento, não importa tanto a solvência de quem recebe os recursos – o faturizado –, mas sim a solvência dos clientes deste. É isso que o torna tão atraente para empresas em dificuldades financeiras, constituindo uma opção para a rápida reconstituição do capital de giro.[31]

Longe de obedecer a um figurino único e padronizado, como se poderia pensar à primeira vista, o *factoring* terminou por assumir na prática comercial algumas características variadas, adaptando-se às diferentes necessidades do tráfico econômico.

O contrato de *factoring* apresenta-se atualmente sob três formas principais.[32]

A primeira delas é o ***factoring*** *tradicional* ou *convencional*, em que o faturizador adianta ao faturizado o valor do crédito no momento em que recebe a cessão do título, descontando do seu montante a respectiva comissão.

Vislumbram-se, assim, no *factoring* tradicional três características principais: (a) a de financiamento, porque, embora não exista uma operação de crédito, o faturizador adianta uma receita ao faturizado; (b) a de garantia do crédito, porque o faturizador protege o faturizado contra o risco da impontualidade ou insolvência do devedor; (c) e a de gestão de cobrança, pois o faturizador se encarrega das contas a receber, liberando o faturizado dessa atividade.

Existe ainda o ***factoring*** *de maturação*, no qual o faturizador só paga ao faturizado quando do vencimento dos títulos. Nessa modalidade de faturização desaparece o aspecto de financiamento, sobressaindo a noção de garantia do crédito e de gestão de cobrança.[33]

Por último, uma espécie de *factoring* que vem experimentando grande desenvolvimento é aquele voltado à exportação, também conhecido como *forfaiting*, uma operação complexa que se inscreve na categoria dos contratos sem fronteiras, plúrimos, internacionalizados, sobrepairando as ordens jurídicas nacionais.[34] Nessa operação o faturizador compra o título da empresa exportadora, adianta o valor para o exportador e se encarrega de realizar a cobrança no Exterior, junto à empresa importadora.

29. Gonçalo Ivens Ferraz da Cunha e Sá, "O *factoring* e a nova Constituição", *RDM* 73/113.

30. Fran Martins (*Contratos* ..., 14ª ed., p. 474) registra que o fato de o faturizado não se responsabilizar pela solvência do devedor torna o *factoring* um contrato de risco ou especulativo, afastando o elemento creditício – posição da qual ousamos discordar, pelos motivos enunciados no texto.

31. Jacobo Leonis, "O contrato ...", *RF* 253/459.

32. Fran Martins, *Contratos* ..., 14ª ed., p. 477.

33. Idem, ibidem.

34. Sobre a categoria dos "contratos sem fronteiras" cf. Cláudia Lima Marques, "Contratos bancários ...", *Revista da Faculdade de Direito da UFRS* 15/40-41.

A diferença substancial é que nesta espécie de *factoring* intervêm necessariamente duas empresas faturizadoras que coordenam suas atividades entre si: uma atuante no país da empresa exportadora, e outra no país da empresa importadora.[35]

Ainda no que se refere à caracterização do contrato de *factoring* cabe destacar que este, por ser um contrato misto, tangencia em alguns momentos outras espécies contratuais, mas sem se identificar com qualquer delas, pela sua inconfundível singularidade.

O *factoring* não se confunde com o contrato de desconto bancário. No desconto bancário – atividade privativa de instituições financeiras – os títulos entregues ao banco não são vendidos, e sim depositados em garantia de um empréstimo concedido ao cliente.[36] A remuneração do banco que pratica o desconto representa um encargo financeiro, e portanto está submetida à regulamentação do Sistema Financeiro Nacional. Além disto, o desconto pode ser efetuado, em princípio, por quem não é comerciante, originando uma relação de consumo – o que não parece possível tratando-se de uma operação de *factoring*.

O *factoring* tampouco se equipara ao chamado seguro de crédito, sobretudo, como visto, porque não consiste ele em um contrato aleatório. No *factoring* o faturizador tem a obrigação de pagar ao faturizado, no vencimento do título ou antes dele, independentemente de ocorrer a impontualidade do devedor.[37] No seguro de crédito o pagamento somente ocorre quando verificado o sinistro, ou seja, o inadimplemento do crédito.

Embora contenha a prestação de serviços de administração de crédito, o contrato de *factoring* também não se qualifica como contrato de terceirização de serviços. O faturizador exerce a cobrança de créditos em nome próprio, pois a mesma está associada a uma compra de créditos do faturizado. Por isso mesmo não se pode visualizar na atividade do faturizador, exercida também em seu proveito, em linha de princípio, uma prestação de serviços terceirizada.

É evidente, todavia, que o *factoring* gera uma simbiose entre as atividades do faturizador e do faturizado, bem como uma estreita relação baseada na confiança e nas justas expectativas das partes. Essa característica fiduciária é muito importante, e deve ser considerada no tratamento das questões problemáticas surgidas na prática do *factoring*.

2.3 O "factoring" no direito positivo brasileiro

A divulgação do *factoring* no Brasil teve início na década de 70, quando alguns autores, observando o crescente êxito dessa prática de financiamento em outros países, publicaram resenhas e artigos propondo sua adoção pelo Direito Brasileiro.

Não escapou a estes primeiros autores que o *factoring*, de certa forma, já estaria autorizado entre nós por força de dois institutos regulamentados nos Códigos Comercial e Civil. Colocando em relevo que o *factoring* constitui uma operação de compra de ativos, considerados bens móveis, tais doutrinadores invocaram as disposições referentes ao contrato de compra e venda mercantil presentes nos arts. 191 a 219 do Código Comercial. Por outro lado, destacando a natureza de cessão de crédito da qual se reveste o *factoring*, voltaram sua atenção também aos arts. 1.065 a 1.078 do Código Civil.

Observou-se que, por uma feliz coincidência, a regulamentação da cessão de crédito pelo Código Civil fornece o fundamento legal para a principal característica do *factoring*, que é a aquisição do risco pelo faturizador. De acordo com o regime do Có-

35. Haroldo Verçosa, "*Forfaiting* (aspectos técnico jurídicos da uma operação complexa de financiamento ao comércio internacional)", *RF* 323/260-261.

36. Ives Gandra da Silva Martins, "*Factoring*", *Revista Jurídica* 240/6.

37. Jacobo Leonis, "O contrato ...", *RF* 253/465.

digo Civil o cedente não responde pela solvência do devedor, assumindo a responsabilidade tão-somente pela existência do crédito cedido. Fácil é perceber que o grau de responsabilidade do cedente tal como regulado pelo Código Civil coincide com a posição do faturizado na operação de *factoring*.

Apesar de nossa legislação civil e comercial fornecer razoável suporte à prática do *factoring*, como foi devidamente apontado pelos primeiros autores que trataram do tema, a evolução do instituto no Direito Brasileiro viria a se mostrar bastante acidentada.

Em 1982, quando o *factoring* era ainda uma atividade incipiente no país e suas características se encontravam um tanto quanto indefinidas, o Banco Central do Brasil houve por bem editar a Circular 703. Nas considerações introdutórias desse normativo observava o BACEN – não despido de razão – que o *factoring* que começava a ser empregado no Brasil "apresentava, em muitos casos, características privativas de instituições financeiras".[38] Em consideração a essa realidade, a circular emanada do BACEN vinha proibir a constituição de sociedades de *factoring* e a prática de operações de faturização por empresas que não fossem instituições financeiras.[39]

Referida circular teve um impacto considerável sobre a prática do *factoring* no país, uma vez que as empresas de faturização já constituídas passaram a temer sanções pelo exercício de suas atividades, tais como a aplicação de multas e, inclusive, a possibilidade de prisão de seus diretores, por enquadramento em crime financeiro previsto na Lei 4.595/1964.[40] É notório que a orientação adotada pelo BACEN muito contribuiu para retardar o desenvolvimento do *factoring* em nosso país.

Em realidade, a Circular 703 do BACEN deu a partida para uma controvérsia que vigora até hoje sobre a natureza jurídica do *factoring* no Direito Brasileiro.[41] Questiona-se se seria o *factoring* uma atividade privativa de instituições financeiras – com o quê sua prática dependeria de autorização do BACEN, nos termos do art. 18 da Lei 4.595/1964; ou se seria ela uma atividade mercantil, passível de ser exercida por qualquer empresa registrada na Junta Comercial.[42]

A polêmica tem suas raízes mais fundas na controversa definição de *instituição financeira* abrigada pelo art. 17 da Lei 4.595/1964. Define a Lei da Reforma Bancária, no artigo citado, que "instituição financeira é a pessoa jurídica pública ou privada que tenha como atividade principal ou acessória a coleta, intermediação ou aplicação de recursos financeiros próprios ou de terceiros."

O conceito de *instituição financeira* adotado pela Lei da Reforma Bancária é alvo de críticas. Sustentam alguns que a lei avançou em demasia ao incluir no âmbito do Sistema Financeiro as atividades de "coleta, intermediação ou aplicação de recursos financeiros", eis que somente a intermediação caracterizaria, efetivamente, a atividade financeira.[43] Nesse sentido – afirma-se –, caberia uma interpretação restritiva da norma legal para considerar *financeira* tão-somente a atividade de intermediação de recursos, de modo que a empresa que apenas captasse ou, então, somente aplicasse recursos próprios não integraria o Sistema Financeiro Nacional.

Sob esse ponto de vista a empresa de *factoring* não seria entidade financeira, por-

38. Fran Martins, *Contratos* ..., 14ª ed., p. 472.
39. Idem, ibidem, p. 469.
40. Túlio Freitas do Egito Coelho, "O *factoring* ...", 67/113.

41. Idem, ibidem, p. 110.
42. Sobre o tema comentou Eduardo de Sousa Carmo: "As sociedades *factoring* debatem-se, convulsivamente, com uma imagem ilusória, aparentemente imprecisa, de sua natureza jurídica, e com visões espectrificadas de uma ação mercantil que tangencia as instituições financeiras, e que assim poderiam estar sujeitas à fiscalização do Banco Central do Brasil" ("Endosso sem garantia e *factoring*", *RDM* 71/55).
43. Por todos estes, cf. Túlio Freitas do Egito Coelho, "O *factoring* ...", 67/110.

que não intermedeia recursos, isto é, não coleta recursos do mercado para reinvesti-los.

Esta polêmica, no entanto, parece-nos de pouco relevo para a caracterização do instituto, e pode ser facilmente evitada ao se observar que na operação de *factoring* não concorre a aplicação ou empréstimo de recursos, como sucede nas típicas operações financeiras. Com efeito, a empresa faturizadora apenas adquire da faturizada ativos comerciais (= bens móveis), pagando um preço por essa aquisição (como o faria, aliás, na compra de qualquer outro bem). Sob a ótica do Direito Brasileiro o *factoring* configura uma operação de compra e venda mercantil associada a uma cessão de crédito e variada prestação de serviços de gestão, mas com natureza eminentemente comercial, não sendo privativa de instituições financeiras.

Esta solução, que consideramos a única realmente consentânea com a lei brasileira, de fato não tardou a ganhar corpo, e em 1988 o BACEN finalmente modificou sua orientação, editando a Circular 1.359, a qual revogou a malfadada Circular 703.[44]

A partir de então o *factoring* sofreu um forte impulso no país, verificando-se a ampliação do número de empresas dedicadas à atividade e o aumento do valor de carteira de tais instituições.

Em 1994 a Federação Brasileira de *Factoring*, entidade vinculada à ANFAC, lançou algumas luzes sobre a decisão do BACEN que havia revogado a Circular 703, liberando os entraves à prática do *factoring* no Brasil. Em pronunciamento sobre a Circular 1.359 do BACEN a Federação esclareceu que a liberação do *factoring* pelo BACEN se teria devido ao compromisso assumido pelas empresas de *factoring*, através da referida Federação, de não realizar empréstimos com juros e garantias de liquidez e não praticar crédito pessoal e crédito direto ao consumidor.[45] Não por acaso, percebe-se serem estas as operações que maiores problemas suscitavam na prática do *factoring* no Brasil, por adentrarem terreno tipicamente reservado à atuação das instituições financeiras.

Apesar da autorização oficiosa dispensada às operações de *factoring* pelo BACEN, a legislação brasileira só despertou efetivamente para a regulamentação da atividade em 1995, duas décadas depois de sua introdução no país. E o fez inicialmente por intermédio da Lei 8.981/1995, diploma que dispunha acerca da regulamentação do imposto de renda e que trouxe no seu art. 28, § 1º, alínea "c.4", a definição de *factoring* para efeitos fiscais: "*[entende-se por 'factoring' a]* prestação cumulativa e contínua de serviços de assessoria creditícia, mercadológica, gestão de credito, seleção e riscos, administração de contas a pagar e a receber, compras de direitos creditórios e resultantes de vendas mercantis a prazo ou de prestação de serviços".

Não parece simples coincidência que a primeira legislação a tratar do *factoring* no Direito Brasileiro tenha sido um diploma de natureza fiscal. O fato é que o direito tributário quase sempre se revela mais ágil para captar as novas manifestações do Direito, aparentemente porque o interesse em tributá-las seja maior do que o de regulamentá-las.[46]

Em 1996 veio a lume a Resolução 2.144 do Conselho Monetário Nacional, a qual, remetendo ao conceito de *factoring* trazido pela Lei 8.981/1995, preceitua que qualquer operação praticada por empresa

44. Fran Martins observa que a Circular 703 do BACEN foi precedida por uma decisão pioneira do extinto Tribunal Federal de Recursos que determinou o registro dos atos constitutivos de uma empresa *factoring* pela Junta Comercial do Estado do Rio Grande do Sul. Posteriormente uma instrução normativa do DNRC autorizou o registro de entidades com tal objeto social (*Contratos* ..., 14ª ed., p. 496).

45. Arnoldo Wald, "Regime legal das empresas de *factoring*", *Cadernos de Direito Tributário e Finanças Públicas* 16/267.

46. Jacobo Leonis, "O contrato ...", *RF* 253/468.

de *factoring* que não se ajuste a tal definição e seja operação privativa de instituição financeira será tida como ilícito administrativo e criminal.

Por último, foi editada pelo BACEN, em 1996, uma nova circular sobre tema, de n. 2.715, normativo, este, que definiu o *factoring* simplesmente como a "compra de faturamento", agregando à já citada definição da Lei 8.981/1995 um segundo conceito normativo de *factoring* no Direito Brasileiro.

Merece relevo que a classificação do *factoring* como um contrato de natureza comercial, e não financeira – posição que se afigura a mais razoável, diante do que preconiza nossa legislação – parece caminhar a passos largos para a aceitação generalizada na doutrina nacional, apesar do registro de vozes discordantes.[47]

Cumpre destacar que tramita atualmente no Congresso Nacional o Projeto de Lei do Senado 230, de autoria do senador gaúcho José Fogaça, apresentado em 1995, o qual "dispõe sobre as operações de fomento mercantil –*factoring* e dá outras providências".[48-49] Merecem referência no aludido Projeto, cujo teor prima pela concisão, além da reprodução no seu art. 1º da definição de *factoring* utilizada pela Lei 8.981/1995, também a salutar orientação imprimida ao BACEN no sentido de coibir que as empresas de *factoring* realizem operações financeiras.

Como bem-vinda medida regulatória do mercado de *factoring*, prevê ainda o Projeto a criação e organização, pelo Executivo Federal, do chamado "Conselho Federal de Fomento Mercantil", órgão dotado de atribuições normativas e fiscalizadoras.

Finalmente, em disposição que merece elogios, o Projeto torna expresso que o faturizado não responde pela solvência dos créditos repassados ao "factor", esclarecendo de forma taxativa ser o faturizador quem assume os riscos normais da operação.

É ainda digno de destaque, pelos seus reflexos no regime do *factoring*, o Projeto de Código Civil de 1975, oriundo de Anteprojeto organizado por Comissão de Notáveis encabeçada pelo professor Miguel Reale, ora em fase final de tramitação na Câmara dos Deputados.[50]

Como observou o Min. Ruy Rosado de Aguiar Júnior em artigo que redigiu sobre as alterações imprimidas pelo Projeto ao direito obrigacional, o novo Código não regulamenta o contrato de *factoring*.[51] A realidade é que o Anteprojeto data de uma época em que o *factoring* não tinha efetividade no Brasil. Mesmo ao longo do processo legislativo nenhuma proposição foi acrescentada nesse sentido – o que não impede, naturalmente, que o instituto possa ser objeto de uma regulamentação autônoma.

Ainda assim o impacto na nova legislação civil será suficiente para merecer ampla consideração. O primeiro aspecto importante reside no fato de que o Projeto unifica e passa a regular por inteiro as obrigações civis e comerciais, revogando expres-

47. Cabe referir que a natureza comercial do *factoring* não é uma orientação pacífica nos países europeus que o praticam. Apenas como ilustração, registra Arnoldo Wald ("Regime legal ...", *Cadernos de Direito Tributário e Finanças Públicas* 16/261) que na Itália o *factoring* é considerado um contato parafinanceiro, mas com tratamento comercial; na França é um contrato assemelhado ao financeiro e submetido à legislação das entidades financeiras; enquanto na Bélgica é considerado um contrato financeiro típico.

48. Ao tempo da última revisão deste texto (junho/2001) o Projeto 230 havia já transitado pela Comissão de Assuntos Econômicos do Senado, onde fora aprovado, estando em fase final de tramitação na Comissão de Constituição e Justiça da mesma Casa, no aguardo da votação do Relatório apresentado pelo senador Ramez Tebet. O Relatório em questão aprovou um substitutivo ao texto original do Projeto.

49. Arnoldo Wald, "Regime legal ...", *Cadernos de Direito Tributário e Finanças Públicas* 16/270.

50. *Nota da Redação*: em junho de 2001. O Código Civil foi aprovado em janeiro de 2002.

51. "Projeto do Código Civil – As obrigações e os contratos", *RT* 775/25.

samente a I e a III Partes do Código Comercial em vigor. O novo Código revoga, portanto, o capítulo do Código Comercial que trata da compra e venda mercantil, o qual é havido como um dos pilares normativos do *factoring* no Direito Brasileiro.[52]

Ao mesmo tempo em que disciplina as obrigações até agora tidas como comerciais, o Projeto trata de redefinir o contrato como um instrumento que se realiza mediante a cooperação das partes, afinando-se, neste passo, às tendências de publicização e funcionalização do direito privado inauguradas em meados do século passado.[53] Para o regime projetado pelo novo Código não mais existe o contratante egoísta, considerado em seus interesses individuais, e sim contratantes em constante interação, obrigados a respeitar as posições e interesses recíprocos.[54]

Uma visão mais detalhada das alterações imprimidas pelo Projeto ao direito privado fugiria ao escopo deste trabalho. Podem ser citados, no entanto, entre os dispositivos do Código que certamente deixarão sua marca nas relações de *factoring* o art. 156, que resgata e conceitua o instituto da "lesão",[55] e o art. 186, que trata da figura do "abuso de direito".[56] Pode-se antecipar que tais dispositivos, desde que sejam empregados com espírito aberto e adequado manejo técnico, poderão exercer importante papel no controle do *factoring*, especialmente no que se refere à disciplina da remuneração do faturizador.

3. Aspectos polêmicos da relação contratual

3.1 "Factoring" e Código do Consumidor

A aceitação de que o *factoring*, uma vez observadas suas características essenciais, não está submetido à regulamentação do Sistema Financeiro Nacional – posição aqui defendida – não pode representar a emissão de um salvo-conduto para que as empresas de *factoring* imponham condições abusivas na contratação.

E assim parece, em primeiro lugar, porque o *factoring* conta com um relevante papel a desempenhar no financiamento de pequenos e médios empreendimentos, complementando a atuação do Sistema Financeiro Nacional. Diante dessa sua importante função, a relação de *factoring* não pode ser deixada ao inteiro arbítrio das partes.

Também é de se destacar que o direito privado, âmbito ao qual pertence o contrato de *factoring*, há muito deixou de considerar o princípio da autonomia da vontade como único eixo das relações contratuais, tendo incorporado uma crescente intervenção estatal para corrigir distorções e assegurar a realização dos fins do sistema.

Essa nova visão do direito privado relaciona-se proximamente com a formação de microssistemas normativos de índole protetiva,[57] a exemplo do microssistema das re-

52. Norberto da Costa Caruso MacDonald, "O Projeto de Código Civil e o direito comercial", *Revista da Faculdade de Direito da UFRS* 16/141.

53. Refletem essas tendências, ao lado da pioneira jurisprudência alemã centrada no *BGB* – principalmente no pós-I Guerra –, entre outros exemplos, o Código Civil Italiano de 1942, que unificou as obrigações civis e comerciais, e o Código Civil Português de 1966, bem como, em um âmbito mais próximo, a reforma atualizadora da legislação civil argentina realizada em 1968.

54. Ruy Rosado de Aguiar Júnior, "Projeto ...", *RT* 775/21.

55. Segundo o texto do Projeto, "ocorre lesão quando uma pessoa, sob premente necessidade, ou por inexperiência, se obriga a prestação manifestamente desproporcional ao valor da prestação oposta" (art. 157 do Código aprovado). O Código projetado dispõe que o efeito da lesão é a anulabilidade do contrato.

56. "Comete ato ilícito o titular de um direito que, ao exercê-lo, excede manifestamente os limites impostos pelo seu fim econômico ou social, pela boa-fé ou pelos bons costumes" (art. 187 do Código Aprovado). Para Ruy Rosado de Aguiar Júnior trata-se, aqui, possivelmente, da cláusula mais rica contida no Projeto ("Projeto ...", *RT* 775/23).

57. A crescente fragmentação dos regimes jurídicos, com a geração de microssistemas normativos, verdadeiros estatutos do cidadão tomado nas suas diversas funções econômicas e sociais (consumidor,

lações de consumo, entre nós regulamentado pelo Código de Defesa do Consumidor.

A coexistência entre um direito "comum" representado pelas codificações privadas tradicionais, civil e comercial, e microssistemas amplos, como aquele inaugurado pelo Código do Consumidor, de fato coloca à mesa questões muito relevantes para o operador do Direito, sobretudo no campo interpretativo e axiológico. No caso específico do contrato de *factoring* a investigação acerca da possível incidência das normas reguladores do consumo sobre os efeitos dessa relação contratual projeta conseqüências importantes em termos do regime de proteção à figura do faturizado.

Historicamente sabe-se que o *factoring* é um contrato orientado para o financiamento da atividade produtiva, apresentando como seu destinatário a figura do comerciante. Uma vez que o Direito Brasileiro não regulamenta as características do *factoring*, em tese este poderia vir a ser contratado com um particular que não exercesse atividades mercantis. Para tanto se deve ter presente que a regulamentação do *factoring* no Brasil é apenas indicativa, ou seja, não existe qualquer limitação quanto aos sujeitos da relação contratual e quanto à natureza dos créditos comercializados.

Não obstante, parece-nos que a hipótese levantada resulta sobretudo acadêmica, já que o *factoring* pressupõe a existência de uma relação contínua entre faturizador e faturizado, marcada pela emissão habitual de títulos. A bem dizer, não existiria interesse econômico do "factor" em faturizar títulos isolados.

Assim, pode-se concluir que o faturizado não é o destinário final do serviço oferecido pelo "factor" e não atende à definição de consumidor do art. 2º do Código de Defesa do Consumidor, tanto na operação de cessão de crédito como nos serviços de gestão e administração oferecidos pelo faturizador, pois todos eles se integram na sua própria atividade produtiva.[58]

Essa nos parece de fato a conclusão coerente com o regime proposto pelo Código de Defesa do Consumidor. A jurisprudência registra, é bem verdade, decisões que aplicam a legislação consumeirista a contratos de financiamento ou fomento mercantil, baseando-se numa interpretação *maximalista* – em contraposição à *finalista* – do que há de ser considerado *consumo*.

Em linhas gerais, a interpretação professada por estas decisões é que apenas seria comercial a relação caso o adquirente do bem ou serviço intermediasse este bem ou serviço (revenda), ou então o incorporasse diretamente ao seu processo produtivo (insumo direto). Desta feita, seria comercial a relação de um dono de armarinho que comprasse produtos de empresa distribuidora para revendê-los no seu estabelecimento. Seria, no entanto, de consumo a relação do mesmo comerciante quando da contratação de serviço de telefonia e aquisição de aparelho telefônico para ser instalado em sua loja.

Louvou-se nesta orientação a 1ª Câmara de Férias Cível do Tribunal de Justiça do Rio Grande do Sul, em decisão relatada pelo Des. Genaro José Baroni Borges.[59] No caso então julgado – uma ação

inquilino, segurado etc.), tem levado alguns autores a afirmar que vivemos o "ocaso da era da codificação". Várias críticas tecidas ao Projeto de Código Civil Brasileiro referem, de fato, a inconveniência da edição de um novo Código neste quadrante histórico. Entretanto, parece estar ocorrendo atualmente menos a inutilização do Código Civil – como advogam os defensores dessa tese – do que seu reposicionamento estratégico como um "centro axiológico do sistema". Nesta medida restaria espaço para uma codificação privada que, além da matéria residual não abrangida pelos microssistemas, ainda enunciasse princípios e valores aplicáveis a todo o sistema jurídico, balizando sua aplicação.

58. Poder-se-ia cogitar de uma relação de consumo por equiparação, quando, *v.g.*, um não-comerciante fosse vítima de acidente de consumo causado pela faturizadora (CDC, art. 17) ou estivesse exposto à sua prática comercial (CDC, art. 29). Mas aqui nos interessa apenas a hipótese do consumidor contratante (CDC, art. 2º, *caput*).

59. Ap. cível 599475639, j. 11.11.1999.

revisional proposta pela faturizada contra a faturizadora – o Tribunal entendeu de caracterizar a relação de *factoring* estabelecida entre duas empresas como sendo uma relação de consumo, aplicando o Código de Defesa do Consumidor para afastar descontos praticados pela faturizadora que não dispunham de previsão expressa no contrato.

Sob o enfoque da teoria maximalista o dinheiro tomado pelo comerciante a título de financiamento ou fomento mercantil seria sempre uma mercadoria, jamais uma aquisição mercantil. Não obstante, ao ignorar a necessidade de um finalismo não apenas fático, mas também econômico, na aquisição do bem ou serviço,[60] parece-nos que essa teoria enfraquece a aplicação da lei consumeirista, porquanto desconsidera que ao adquirir um insumo indireto o comerciante transfere o encargo econômico da operação aos seus próprios consumidores, descaracterizando sua posição de destinatário final.

Uma alternativa à extensão formal da aplicação do Código de Defesa do Consumidor aos contratos de *factoring* vem sendo professada recentemente no âmbito do Tribunal de Justiça do Rio Grande do Sul ao invocarem certos julgados[61] a lei consumeirista como fonte "indireta" em decisões que envolvem contratos financeiros celebrados com empresas comerciais.

A pretensão de visualizar no Código de Defesa do Consumidor não a fonte formal, mas a inspiração do tratamento jurídico de contratos comerciais – a exemplo do *factoring* –, muito deve ao conceito de "normas narrativas" idealizado pelo jurista alemão Erik Jayme.[62]

O autor em questão identifica nas chamadas normas narrativas um fenômeno pós-moderno de primeira grandeza. São elas normas que narram objetivos e princípios,[63] mas que, todavia, não têm eficácia dispositiva direta sobre a relação jurídica que se pretende regulamentar. Entre as normas assim categorizadas por Erik Jayme podem ser apontadas, sem pretensão exaustiva, fontes tão díspares entre si como projetos de leis, leis revogadas ou derrogadas, códigos-modelo, convenções não ratificadas, e mesmo normas jurídicas consideradas fora do seu estrito âmbito de aplicação mas que, não obstante, de forma oblíqua, intervêm no processo de aplicação do Direito.

Como um fenômeno tipicamente contemporâneo, as normas narrativas confirmariam o dito de Lamounier de que "a lei não comanda mais – ela administra".[64]

A proposição de que a "narração" contida no Código de Defesa do Consumidor inspire o emprego de princípios e valores do referido Código em uma relação comercial formalmente excluída do seu âmbito de incidência tanto carrega de inovadora como de incerta, pois ameaça importantes postulados da segurança jurídica. Com efeito, a transposição de princípios abrigados no Código do Consumidor ao regime jurídico do *factoring* não nos parece possível senão em situações excepcionalíssimas, que justificassem os riscos desse *cross-over* pela existência de uma lacuna normativa na regulamentação do *factoring*. Ainda assim, como veremos adiante, é possível reconhecer que o próprio sistema jurídico já coloca à disposição do operador do Direito soluções mais adequadas para o controle material do contrato de faturização.

3.2 "Factoring" e princípio da boa-fé

Mesmo tendo presente sua função intermediária na circulação de bens e rique-

60. Não por acaso o estudo do Direito Comparado revela que a maior parte das legislações de defesa do consumidor tende a excluir do seu âmbito de aplicação os bens ou serviços integrados a processos de produção ou *utilizados como fomento da atividade produtiva* (insumo indireto), resguardando, desta forma, os casos em que o adquirente não se constitui no destinatário final econômico da operação.

61. Como exemplo a Ap. cível 70001592179, rel. Des. Aymoré Roque Pottes de Melo.

62. Erik Jayme, "Osservazioni ...", *Rivista di Diritto Civile* 6/821 e ss.

63. Cláudia Lima Marques, "Contratos ...", *Revista da Faculdade de Direito da UFRS* 15/38.

64. *Apud* Erik Jayme, "Osservazioni ...", *Rivista di Diritto Civile* 6/818.

zas – o que não permite que se possa falar em uma relação de consumo –, o *factoring* precisa ser visualizado à luz do princípio da boa-fé objetiva, pois esta é uma exigência do sistema condicionada pelas suas próprias características.

Atualmente o eixo da relação contratual deslocou-se da proteção da vontade para a proteção da confiança e das justas expectativas das partes, inspirada pelo princípio da boa-fé objetiva.[65]

A boa-fé é considerada como um padrão ético, um modelo de conduta social ou "*standard* jurídico" pelo qual cada sujeito que intervém na relação obrigacional deve ajustar sua própria conduta ao padrão do homem reto e honesto.[66] A boa-fé também funciona como um princípio limitador do exercício de direitos subjetivos e posições jurídicas.[67]

Em todas as relações contratuais, e mesmo extracontratuais, pode ser reconhecida a incidência do princípio da boa-fé. Entretanto, a apreciação dessa incidência dever ser feita em concreto e de acordo com as circunstâncias de cada caso.[68] Certamente as relações contratuais de massa presentes no mercado de consumo polarizam mais fortemente o princípio da boa-fé do que as relações comerciais típicas[69] (mas todos os contratos mercantis, sem exceção, recebem sua incidência, e alguns se mostram mais permeáveis à boa-fé do que outros[70]).

O contrato de *factoring* cria tipicamente uma relação de aproximação e confiança entre as partes contratantes. Isto parece ser uma decorrência do fato de que no âmbito de uma relação de *factoring* típica o faturizado entrega ao faturizador a gestão e administração de seus ativos e coloca à sua disposição informações sigilosas. Não raro ocorre de o faturizado terminar sendo substituído nas relações com os seus clientes pela figura do faturizador.[71]

Essas peculiaridades sugerem que a relação de *factoring* conta com um forte caráter fiduciário, o qual possibilita a incidência do princípio da boa-fé objetiva para proteger a confiança inspirada nas partes antes, durante e depois da execução do contrato.

É importante ressaltar, dentre as implicações do princípio da boa-fé objetiva, o surgimento de deveres anexos ou laterais para ambos os contratantes na medida em se que forem sucedendo as situações concretas envolvidas no contrato de *factoring*.[72]

65. Judith Martins-Costa, "Crise e modificação da idéia de contrato no Direito Brasileiro", *Revista da AJURIS* 56/57.

66. Judith Martins-Costa, "A noção de contrato na história dos pactos", *Uma Vida Dedicada ao Direito – Homenagem a Carlos Henrique de Carvalho*, p. 511.

67. Cláudia Lima Marques, "Contratos ...", *Revista da Faculdade de Direito da UFRS* 15/43.

68. Judith-Martins Costa, "Crise e modificação ...", *Revista da AJURIS* 56/81.

69. A importância da boa-fé para o direito comercial pode ser dimensionada num fato muitas vezes esquecido: o princípio da boa-fé objetiva ingressou no Código Civil Alemão (*BGB*) – e daí no Direito Moderno – por influência dos tribunais mercantis dos reinos germânicos, que ao longo do século XIX já vinham se servindo, com grande proveito, do conceito de boa-fé (*Treu und Glauben*), invocando-o para estabelecer deveres de conduta segundo um padrão médio de comportamento socialmente exigido dos comerciantes. Para uma explicação detalhada das origens históricas do princípio da boa-fé cf. António Menezes Cordeiro, *Da Boa-Fé no Direito Civil*, v. I, p. 322.

70. A incidência do princípio da boa-fé pode ser vista como uma função do grau de confiança e de proximidade suscitado nas partes de uma relação, daí adquirir especial relevância nos contratos de captação e gestão de ativos ou recursos financeiros. Sobre a importância da boa-fé e dos deveres do tráfego nos contratos bancários e parabancários, cf. António Menezes Cordeiro, *Direito Bancário – Relatório*, pp. 127-128.

71. Fran Martins, "O contrato ...", *RF* 262/10.

72. Deveres anexos ou acessórios são mandamentos éticos de conduta que aderem e se desenvolvem em torno do dever (prestação) principal e dirigem o comportamento das partes rumo à cooperação e à proteção dos interesses recíprocos. Os deveres acessórios constituem-se em deveres de fazer ou não-fazer. Ou seja, fazer ou abster-se, mas sempre tendo em vista a finalidade do negócio, que é seu adimplemento, com consideração pelos interesses da outra parte, considerada colaboradora no desenvolvimento da obrigação.

A jurisprudência brasileira, atenta ao princípio da boa-fé, vem revelando verdadeiros deveres de conduta impostos às partes, ou seja, *standards* de comportamento aceitos socialmente pelos quais as partes devem se pautar nas suas relações negociais. Fala-se, aqui, em deveres anexos, deveres acessórios ou deveres laterais, sendo esta última a tradução literal da expressão alemã *Nebenpflichten*.[73-74]

Torna-se possível identificar na relação de *factoring* um dever de informação do faturizado, ao oferecer um crédito, de fornecer ao faturizador todas as informações relevantes sobre o devedor do título e que possam influir na decisão de comprar ou não o crédito ofertado.[75]

Depois de realizada a cessão do crédito o faturizado tem o dever de prestar todo o auxílio necessário para o faturizador exercer sua cobrança. Isso significa dizer que a atuação do faturizado não se esgota na cessão, mesmo que o faturizador tenha analisado e aprovado previamente o crédito em questão.[76] Por força do princípio da boa-fé o faturizado dispõe de um dever de diligência e lealdade. No caso de haver um litígio entre o faturizador e o devedor do título o faturizado tem o dever, decorrente da boa-fé, de fornecer ao faturizador os documentos que forem necessários para sua defesa.[77]

Por outro lado, pode-se afirmar que o faturizador dispõe de um dever de proteção para com a pessoa do faturizado, devendo agir com boa-fé na escolha e avaliação dos ativos oferecidos. O faturizador não pode recusar a compra de créditos sem justo motivo, por espírito de emulação ou para forçar o faturizado a aceitar um deságio maior na cessão dos créditos.

Outro dever anexo que assume importância no âmbito do contrato de *factoring* é o dever de sigilo. Como visto, no *factoring* que envolve serviços administrativos de contabilidade e gestão o faturizador tem acesso aos livros comerciais do faturizado e adquire um conhecimento da situação interna da empresa.[78] As informações obtidas em razão dessa atividade devem ser mantidas em sigilo pela aplicação do princípio da boa-fé, independentemente de o contrato de *factoring* estabelecer a obrigação de sigilo.[79] Naturalmente, o dever em questão aplica-se durante a relação contratual e após seu encerramento.

A boa-fé objetiva também incide como princípio de interpretação, a exigir, por exemplo, que nos contratos de adesão ditados pelo faturizador – e todos, em princípio, o são – a interpretação seja favorável ao faturizado. Essa aplicação específica do princípio da boa-fé é bastante facilitada no caso do *factoring* e dos contratos mercantis em geral, por existir no Código Comercial Brasileiro uma cláusula geral de interpretação segundo a boa-fé (art. 131, item 1).[80]

73. Para uma apreciação mais extensa sobre essa categoria de deveres cf.: Clóvis do Couto e Silva, *A Obrigação ...*; Judith Martins-Costa, *A Boa-Fé no Direito Privado*.

74. É conhecida a classificação dos deveres anexos proposta por António Menezes Cordeiro em deveres de proteção, deveres de lealdade e deveres de informação ou esclarecimento (*Da Boa-Fé* ..., v. I).

75. Sobre a extensão dos deveres de informar, com especial atenção aos modernos contratos complexos, registrou António Menezes Cordeiro: "À partida, o dever de informação tenderá a abranger tudo quanto, pela natureza da situação considerada, não seja conhecido pela contraparte. Assim, ele será tanto mais intenso quanto maior for a complexidade do contrato e da realidade por ele envolvida" (*Direito Bancário* ..., p. 117).

76. Fran Martins, *Contratos* ..., 14ª ed., p. 479.

77. Idem, ibidem.

78. Jacobo Leonis, "O contrato ...", *RF* 253/462.

79. "A regra do sigilo contratual corresponde a uma concretização da tutela da confiança. Pode-se dizer que a confiança é tanto mais forte quanto maior for a personalização da operação" (António Menezes Cordeiro, *Direito Bancário* ..., p. 147).

80. "Sendo necessário interpretar as cláusulas do contrato, a interpretação, além das regras sobreditas, será regulada sobre as seguintes bases: (...) a inteligência simples e adequada, que for mais conforme à boa-fé e ao verdadeiro espírito e natureza do contrato, deverá sempre prevalecer sobre a rigorosa e restrita significação das palavras."

Sabe-se que a cláusula de interpretação segundo a boa-fé contida no Código Comercial é de raríssima aplicação na jurisprudência mercantil – o que, de resto, reflete o desconforto dos Tribunais Brasileiros com o manejo das cláusulas gerais e conceitos jurídicos indeterminados.[81] Essa constatação, entretanto, não afasta o potencial do art. 131, item 1, do Código Comercial para permitir uma hermenêutica construtiva que afaste abusos de parte a parte na relação contratual de *factoring*.

Evidentemente que a consideração do princípio da boa-fé projeta ainda outras conseqüências sobre a relação de *factoring*, inclusive no tocante à proibição do exercício abusivo de direitos. Como é próprio da aplicação de princípios jurídicos e cláusulas gerais, tais conseqüências devem ser visualizadas nas diferentes situações concretas que se apresentam ao operador do Direito. À partida, porém, é importante reconhecer a possibilidade de aplicação do princípio da boa-fé em face das características do contrato de *factoring*, dadas a natureza fiduciária e a freqüente hipossuficiência do faturizado nessa espécie de relação contratual.

3.3 O controle da remuneração do faturizador

O *factoring* é uma operação dispendiosa quando alinhada junto a outras formas de financiamento, a exemplo do desconto bancário. O maior custo do *factoring* para o faturizado integra a natureza da operação, na medida em que a empresa faturizadora exige daquele uma compensação pelo risco da inadimplência que assume.[82]

Não resta dúvida de que a real atratividade do *factoring* não reside no preço cobrado pelo adiantamento do capital, mas sim na facilidade que esse serviço oferece aos pequenos e médios empreendedores para anteciparem as receitas de suas vendas mercantis. O *factoring* também é vantajoso para o faturizado, por oferecer a este a possibilidade de usufruir de uma gestão profissionalizada de suas contas a receber.

Justamente por se cuidar de um preço mercantil, o valor do "deságio" ou "taxa de risco" do faturizador é muitas vezes difícil de ser dimensionado. Paralelamente a isso, há que se considerar também que o contrato de *factoring*, por dispor de natureza comercial, não obedece à rígida regulamentação do Sistema Financeiro Nacional.

Essas características deram ensejo a que desde a introdução do *factoring* no Brasil ocorressem abusos patrocinados por algumas empresas faturizadoras menos sérias, a tal ponto que entre nós o *factoring* se confundiu com a noção de agiotagem ou empréstimo de dinheiro a juros exorbitantes, prejudicando as inúmeras firmas idôneas que atuam em tal mercado. De qualquer sorte, não se pode negar que o *factoring* potencializa eventuais abusos, pela forma como é calculada a remuneração do faturizador.

Ainda na década de 80, observando no Brasil a ausência de uma regulamentação própria da faturização, Waldírio Bulgarelli alertou para o risco concreto de que instituições financeiras viessem a encampar empresas de *factoring* e assumir indiretamente suas operações, escapando à regulamentação do setor financeiro. Atualmente, en-

81. Uma das exceções que confirmam a regra é o elogiável precedente do Superior Tribunal de Justiça no julgamento do REsp 256.456-SP, da relatoria do Min. Ruy Rosado de Aguiar Júnior. Neste acórdão o Superior Tribunal deu aplicação ao art. 131 do Código Comercial como *cláusula geral da boa-fé* para afastar o desequilíbrio negocial em um contrato mercantil de compra e venda celebrado para fornecimento futuro de frutas cítricas, sob a forma de instrumento de adesão. Em seu voto o Relator consignou: "(...) a boa-fé objetiva impunha às partes a repartição dos prejuízos que decorreram da substancial modificação das condições do mercado, assim como observado na r. sentença. Reza o art. 131 do Código Comercial que o contrato comercial deve ser interpretado conforme a boa-fé. O r. acórdão negou vigência a esse dispositivo ao consagrar a desigualdade expressa nos contratos de adesão".

82. Jacobo Leonis, "O contrato ...", *RF* 253/460.

tre as empresas de *factoring* ativas no mercado – só filiadas à ANFAC são mais de 750 – é muito difícil, se não impossível, sequer contabilizar quantas delas contam com participação de instituições financeiras ou são controladas por elas, direta ou indiretamente.[83]

Os riscos levantados pelo comercialista de São Paulo reforçam a necessidade de se caracterizar adequadamente o preço do *factoring*, de sorte a fornecer algum tipo de baliza para as taxas de deságio praticadas pelas empresas faturizadoras.

Grosso modo, podem identificar-se três elementos considerados pelo faturizador na fixação da taxa ou deságio cobrado pela operação: (a) uma remuneração pela prestação dos serviços, (b) uma taxa pelo risco da inadimplência ou insolvência do devedor e (c) uma taxa de juros pelo prazo de recuperação do crédito.[84]

Todavia, embora se reconheça que esses fatores ingressem no cômputo da remuneração idealizada pelo faturizador, tecnicamente não seria lícito afirmar que exista uma taxa de juros embutida na comissão do "factor". Com efeito, do ponto de vista *jurídico* tal remuneração se compõe de um elemento apenas: o *preço comercial* cobrado pelo faturizador quando da compra do crédito, o qual é descontado à vista do valor adiantado ao faturizado.

Um precedente da 3ª Turma do Superior Tribunal de Justiça assinalou entendimento diverso sobre a composição da remuneração do faturizador.[85]

Na decisão ora comentada o Superior Tribunal de Justiça considerou que a comissão normal do faturizador embute duas rubricas: (a) uma parcela de taxa de juros e (b) uma parcela de remuneração – sendo que a taxa de juros está limitada em 12% ao ano pela Lei de Usura.

83. *Apud* Gonçalo Ivens Ferraz da Cunha e Sá, "O *factoring* ...", *RDM* 73/116.

84. Fran Martins, "O contrato ...", *RF* 262/11.

85. REsp 119.705-RS, j. 7.4.1998.

A respeito manifestou o Relator do acórdão, Min. Carlos Alberto Menezes Direito: "Se não é instituição financeira, não servem para a empresa de *factoring* os precedentes que põem os juros cobrados pelo banco fora do limite legal, deixando de aplicar a chamada Lei de Usura. Por outro lado, a remuneração do factor não sofrerá qualquer abalo com essa correta interpretação da disciplina do direito positivo, no atual estágio sobre a atividade de *factoring*. Na verdade, como assinalou Arnaldo Rizzardo, os contratos de *factoring* não discriminam adequadamente os componentes da comissão, sendo certo, ademais, que remuneração propriamente dita da atividade pode ser livremente avençada pelas partes. E, ademais, há o risco próprio do negócio que há de ser considerado pelo factor para fixar o preço do negócio".

A prevalecer a orientação professada pelo Superior Tribunal de Justiça – que não consideramos a mais correta –, restaria embutida na comissão do *factoring* uma taxa de juros limitada pela Lei de Usura, mas o restante da remuneração do faturizador encontra-se liberado. De qualquer sorte – como sinalizou o próprio Relator da decisão –, raramente a remuneração estipulada pelo faturizador discrimina o que é juro ou encargo financeiro e o que é taxa de risco, de modo que a própria aplicação da Lei de Usura, preconizada no acórdão, ficaria bastante dificultada.

Não apenas esse fato como o reconhecimento da comercialidade do contrato de *factoring* parecem incompatíveis com a posição defendida pelo Superior Tribunal na decisão citada. Há que se reconhecer, porém, que o tema é controverso, e por isso mesmo permanece em aberto, à espera de uma futura definição jurisprudencial.

A linha pouco tênue entre "comissão" e "encargo financeiro" – este, como entendemos, inexistente no *factoring* – não raro acaba sendo estimulada por algumas empresas de *factoring*, que, talvez desconhecendo a real natureza da atividade de fomento mercantil, embutem no contrato uma taxa de juros como se fora ele um financiamento bancário.

Ora, é muito concreto o risco assumido pelo faturizador que assim procede.

Ocorre que o cômputo de juros no contrato de *factoring* importa descaracterizar a natureza mercantil da operação. Na verdadeira operação de fomento mercantil o faturizador não empresta numerário. Ele adquire um crédito do faturizado e assume o risco atrelado ao mesmo, recebendo como pagamento uma comissão.

O mesmo risco sofre o faturizador quando é alterada alguma outra característica própria do *factoring*, como a assunção do risco da cobrança pelo "factor".

Desta feita, caso as partes optem por desnaturar o *factoring* no próprio contrato – dispondo, por exemplo, que o faturizado pagará o valor do título se o faturizador não puder cobrá-lo do devedor –, aquilo que originalmente seria uma comissão se transmuda em juro ou encargo financeiro. Nesta hipótese abre-se caminho livre para a incidência da Lei de Usura (Decreto 22.626/1933), ao efeito de limitar os juros praticados no contrato à taxa anual de 12%, admitindo-se sua capitalização apenas na periodicidade anual.

Considera-se, pois, que se as partes outorgarem um direito de regresso ao faturizador indubitavelmente o contrato deverá recair sob a égide da Lei de Usura, eis que as empresas de *factoring* não integram o Sistema Financeiro Nacional e, portanto, não se beneficiam da liberação dos encargos financeiros ditada pela Lei da Reforma Bancária (Lei 4.595/1964). Daí a cautela que se recomenda às empresas faturizadoras quando da redação de seus contratos, devendo ser observada uma correspondência rigorosa entre as cláusulas do negócio e as características essenciais do fomento mercantil.

É certo que mesmo a estrita observância dos pressupostos do *factoring* não confere ao faturizador uma liberdade absoluta no arbitramento de sua comissão, havendo que se observar um determinado limite para a remuneração praticada no negócio. O risco normal inerente ao *factoring* não justifica o estabelecimento de qualquer remuneração sem atentar para os valores característicos do sistema jurídico.

Esta limitação poderá ser buscada na noção de lesão ou de usura real,[86] ou mesmo na aplicação do princípio da boa-fé objetiva para vedar o enriquecimento ilícito do faturizador em detrimento do faturizado. À míngua de uma norma proibindo a lesão no vigente direito privado brasileiro,[87] a cláusula geral de boa-fé contida no citado art. 131, item 1, do Código Comercial poderá dar margem a uma interpretação restritiva da remuneração quando evidenciada uma cobrança abusiva, muito superior aos usos do comércio.

Nada impede que, no caso de uma eventual revisão judicial do contrato de *factoring*, por lesão ou onerosidade excessiva, se estipule um justo valor para a comissão partindo de uma taxa de juros de 12% ao ano, calculada sobre a previsão de resgate do crédito, somada a uma taxa de risco num percentual compatível com a natureza da operação, considerados os percentuais praticados pelo mercado em situações semelhantes.

Em qualquer hipótese, cabe ao ativismo judicial buscar um equilíbrio, por vezes difícil, entre a contenção de eventuais abusos praticados no mercado de *factoring*, atuando na proteção ao faturizado, e os legítimos interesses do faturizador, que exerce uma atividade lucrativa e tem direito à remuneração pelos riscos que assume no mercado, sob pena de inadvertidamente se promover o desestímulo à prática do fomento mercantil.

86. Calha à consideração o conceito de *usura real* expresso pela Lei de Economia Popular (Lei 1.521/1950): "Obter ou estipular, em qualquer contrato, abusando da premente necessidade, inexperiência ou leviandade da outra parte, lucro patrimonial que exceda o quinto do valor corrente ou justo".

87. O Código Comercial de 1850, assim como o Código Beviláqua, não recepcionaram o instituto da *lesão*.

4. Conclusão

A prática do *factoring* coloca em jogo problemas característicos de uma época pós-moderna, em que o próprio Direito se descobre como sistema dúctil, maleável, convivendo com uma pluralidade de fontes e valores. O desafio reside em alcançar o equilíbrio entre esses elementos do *factoring*, compatibilizando os interesses do faturizador e do faturizado, do fim mercantil que o estimula e do interesse social que o inspira.

Para o Direito Brasileiro o *factoring* é um contrato comercial, contanto que sejam observadas na sua operacionalização as características de uma venda mercantil de ativos sem a responsabilidade subsidiária do faturizado. Conseqüentemente, ao *factoring* não se aplica a regulamentação própria do Sistema Financeiro Nacional.

O contrato de faturização não está, porém, situado num vazio normativo. Mais do que outros contratos comerciais, o *factoring* encontra-se fundado em uma relação de confiança, e por essa razão deve atrair os princípios de inspiração social do direito privado moderno, notadamente o da boa-fé, a fim de cumprir com equilíbrio sua função de estímulo às pequenas e médias empresas, sem prescindir do seu intuito lucrativo.

5. Bibliografia

AGUIAR JÚNIOR, Ruy Rosado de. "Projeto do Código Civil – As obrigações e os contratos". *RT* 775/18.

ALMEIDA COSTA, Mário Júlio de. *Direito das Obrigações*. 5ª ed. Coimbra, Almedina, 1991.

ALTERINI, Atílio Aníbal. "Tendencias en la contratación moderna". *Revista de Direito do Consumidor* 31/104.

BITTAR, Carlos Alberto. *Contratos Comerciais*. 1ª ed. Rio de Janeiro, Forense Universitária, 1990.

———— (coord.). *Novos Contratos Empresariais*. 1ª ed. São Paulo, Ed. RT, 1990.

BULGARELLI, Waldírio. *Contratos Mercantis*. 10ª ed. São Paulo, Atlas, 1998.

CARMO, Eduardo de Sousa. "Endosso sem garantia e *factoring*". *RDM* 71/55.

COELHO, Túlio Freitas do Egito. "O *factoring* e a Lei 4.595/1964". *RDM* 67/109.

COELHO, Wilson do Egito. "O *factoring*" e a legislação bancária brasileira". *RDM* 54/73.

————. "O *factoring* no Brasil". *RF* 303/351.

COMPARATO, Fábio Konder. "*Factoring*". *RT* 249/29.

CORDEIRO, António Manuel da Rocha e Menezes. *Da Boa-Fé no Direito Civil*. v. I. Coimbra, Almedina, 1984.

————. *Direito Bancário – Relatório*. Coimbra, Almedina, 1997.

COUTO E SILVA, Clóvis Veríssimo do. *A Obrigação como Processo*. São Paulo, José Bushatsky Editor, 1976.

CUNHA E SÁ, Gonçalo Ivens Ferraz da. "O *factoring* e a nova Constituição". *RDM* 73/100.

DE LUCCA, Newton. *A Faturização no Direito Brasileiro*. 1ª ed. São Paulo, Ed. RT, 1986.

DE NOVA, Giorgio. "I nuovi contratti". *Rivista di Diritto Civile* 4/192. Ano XXXVI. Julho-agosto/1990.

FERREIRA, Carlos Renato de Azevedo. "A expressão "banco" e as empresas de *factoring*". *RT* 672/90.

————. "*Factoring*". *RDM* 59/68.

GALBRAITH, John Kenneth. *O Novo Estado Industrial*. 1ª ed. São Paulo, Nova Cultural, 1982.

GHERSI, Carlos Alberto. *La Posmodernidad Jurídica*. Buenos Aires, Gowa, 1995.

————. "Posmodernidad jurídica – El análisis contextual del Derecho como contracorriente a la abstracción jurídica". *Revista da Faculdade de Direito da UFRS* 15/21.

HAGSTROM, Carlos Alberto de São Tiago. "O *factoring* no Brasil". *RDM* 48/38.

JAYME, Erik. "Osservazioni per una teoria postmoderna della comparazione giuridica". *Rivista di Dritto Civile* 6/813. Ano XLIII (novembro-dezembro).

LEITE, Luiz Lemos. *"Factoring" no Brasil*. 5ª ed. São Paulo, Atlas, 1997.

LEONIS, Jacobo. "O contrato de *factoring*". *RF* 253/458.

LOBO, Jorge. "Contrato de *factoring*". *RDM* 112/36.

LOPES, Maria Elizabete Vilaça. "O contrato de *factoring* e o Sistema Financeiro Nacional". *RDM* 74/57.

MACDONALD, Norberto da Costa Caruso. "O Projeto de Código Civil e o direito comercial". *Revista da Faculdade de Direito da UFRS* 16/139.

MARINO NETO, José Ernesto. "*Factoring* – Alternativas face às modificações financeiras introduzidas pelos Decretos-leis 2.283/1986 e 2.284/1986". *RDM* 66/67.

MARQUES, Cláudia Lima. "Contratos bancários em tempos pós-modernos". *Revista da Faculdade de Direito da UFRS* 15/21.

MARTINS, Fran. *Contratos e Obrigações Comerciais*. 14ª ed. Rio de Janeiro, Forense, 1997.

————. "O contrato de *factoring* e sua introdução no Direito Brasileiro". *RF* 262/9.

MARTINS, Ives Gandra da Silva. "*Factoring*". *Revista Jurídica* 240/5.

MARTINS-COSTA, Judith Hofmeister. *A Boa-Fé no Direito Privado*. São Paulo, Ed. RT, 1999.

————. "A noção de contrato na história dos pactos". *Uma Vida Dedicada ao Direito – Homenagem a Carlos Henrique de Carvalho*. São Paulo, Ed. RT, 1995.

————. "Crise e modificação da idéia de contrato no Direito Brasileiro". *Revista da AJURIS* 56/56.

RIZZARDO, Arnaldo. *"Factoring"*. 1ª ed. São Paulo, Ed. RT, 1997.

VERÇOSA, Haroldo. "*Forfaiting* (aspectos técnico-jurídicos de uma operação complexa de financiamento ao comércio internacional)". *RF* 323/382.

WALD, Arnoldo. "Regime legal das empresas de *factoring*". *Cadernos de Direito Tributário e Finanças Públicas* 16/260.

Espaço Discente

ANÁLISE ECÔNOMICA DO "FACTORING" NO ÂMBITO DAS PEQUENAS E MÉDIAS EMPRESAS

CRISTIANO GOMES DE BRITO

1. Introdução. 2. Política econômica nacional. 3. As pequenas e médias empresas. 4. O crédito para as pequenas e médias empresas. 5. Efeitos econômicos do "factoring": 5.1 Aspectos positivos – 5.2 Aspectos negativos. 6. Conclusão.

1. Introdução

O Brasil, tentando solidificar sua economia, optou pela diretriz de importação do capital estrangeiro, objetivando realizar suas metas de desenvolvimento econômico e industrial.

Para tanto, abriu seu mercado para os investimentos externos, cedendo às exigências de grupos multinacionais, engendrando formas e meios para a entrada e instalação deste capital no país.

Porém, não cuidou de proteger as pequenas e médias empresas, a quem cabe um papel fundamental para a estabilidade econômica, política e social do país.

Apesar dessa importância, o que se vê atualmente é a falta de incentivo às novas organizações de pequeno e médio porte, não obstante a Constituição Federal (art. 170, IX) determinar tratamento favorecido para as empresas de pequeno porte, e o art. 179 determinar que a União, os Estados, o Distrito Federal e os Municípios dispensarão às microempresas e às de pequeno porte tratamento jurídico diferenciado, visando a incentivá-las pela simplificação de suas obrigações administrativas, tributárias, previdenciárias e creditícias, ou pela eliminação ou redução destas por meio de lei.[1]

Essa falta de incentivo reflete-se principalmente na obtenção de capital para fomento e manutenção da própria mercancia e produção das pequenas e médias empresas, tornando-o cada vez mais escasso, e o capital circulante existente, concentrado nos grandes conglomerados financeiros, tornou-se raro e oneroso.

Em face disso, surgiu a necessidade de novos instrumentos de fomento ao desenvolvimento das pequenas organizações empresariais. E isto se deu com uma antiga praxe dos países anglo-saxões, que ganhou espaço nos países em desenvolvimento: o *factoring*, apresentando-se como um instrumento de apoio e viabilização das pequenas e médias empresas.

Isto porque o contrato de *factoring* é marcado pela grande simplificação nas providências de se conseguir capital de giro. Nesse tipo de contrato um comerciante (faturizado) cede a outro (faturizador), no todo

1. Estatuto da Microempresa, Lei 8.864/1994, e Lei 9.317/1996, que regulamenta o regime tributário das microempresas.

ou em parte, os créditos provenientes de suas vendas mercantis a terceiro, mediante o pagamento de uma remuneração, consistente no desconto sobre os respectivos valores. Esta avença caracteriza-se pelo risco assumido pelo faturizador na liquidação do crédito, pois não há direito de regresso contra o faturizado.[2]

O objetivo do presente trabalho será analisar o *factoring* como instrumento de desenvolvimento econômico da pequena e média empresa, principalmente na captação de recursos, bem como avaliar suas desvantagens, marcadas pelos riscos e altos custos.

2. *Política econômica nacional*

Visando a desenvolver a indústria, o comércio e a economia, o Brasil, tentando chegar ao topo dos países desenvolvidos, optou pela política de abertura da economia para a entrada do capital estrangeiro, aliando-se a isto a privatização de vários setores importantes da economia nacional, como as companhias siderúrgicas, de telefonia e bancárias.

Desta forma, o Brasil cedeu às exigências de grupos externos, engendrando formas e meios para a entrada e instalação do capital estrangeiro em detrimento da empresa nacional.

Agindo assim – abertura total da economia do país ao investimento internacional –, o país não cuidou da proteção às iniciativas de organizações empresárias domésticas, mais precisamente as pequenas e médias empresas.

A economia interna, tradicionalmente assentada sobre os alicerces das pequenas e médias empresas, vem sendo atingida no seu crescimento, haja vista a política de desenvolvimento adotada pelos governos.

Somam-se a essas circunstâncias as facilidades de crédito, de matéria-prima, de incentivos fiscais e de mão-de-obra a baixo custo com que as grandes corporações são beneficiadas, acarretando, por conseqüência, a eliminação dos pequenos grupos produtivos.

3. *As pequenas e médias empresas*

As pequenas e médias empresas[3] sempre contribuíram, em grande escala, para a estabilidade econômica, política e social do país, principalmente por proporcionar uma grande diversidade econômica e por ter uma maior agilidade para se adaptar às mudanças no ambiente econômico.

Sua importância, tanto do ponto de vista econômico como social, pode ser resumida nos seguintes pontos: a) capacidade de absorção de significativo contingente de mão-de-obra a baixo custo e com menores exigências em termos de qualificação; b) importante participação na geração de pro-

2. Salvo se o crédito cedido estiver eivado de vício que o invalide – *v.g.*, se a fatura não corresponder a uma compra e venda efetiva.

3. A Lei 9.841, de 5.10.1999, assim define *microempresa* e *empresa de pequeno porte*: "Art. 2º. Para os efeitos desta Lei, ressalvado o disposto no art. 3º, considera-se: I – microempresa, a pessoa jurídica e a firma mercantil individual que tiver receita bruta anual igual ou inferior a R$ 244.000,00 (duzentos e quarenta e quatro mil Reais); II – empresa de pequeno porte, a pessoa jurídica e a firma mercantil individual que, não enquadrada como microempresa, tiver receita bruta anual superior a R$ 244.000,00 (duzentos e quarenta e quatro mil Reais) e igual ou inferior a R$ 1.200.000,00 (um milhão e duzentos mil Reais)".

Vê-se que a legislação prevê o enquadramento das empresas de acordo com o seu faturamento, mas o Serviço Brasileiro de Apoio às Micro e Pequenas Empresas – SEBRAE, que é uma instituição técnica de apoio ao desenvolvimento da atividade empresarial de pequeno porte, voltada para o fomento e difusão de programas e projetos que visam à promoção e ao fortalecimento das micro e pequenas empresas, adotou o seguinte critério nas suas pesquisas para a classificação das empresas, por porte: ME (Microempresa): na indústria até 19 empregados e no comércio/serviço até 09 empregados; PE (Pequena Empresa): na indústria de 20 a 99 empregados, e no comércio/serviço de 10 a 49 empregados. MDE (Média Empresa): na indústria de 100 a 499 empregados, e no comércio/serviço de 50 a 99 empregados. GE (Grande Empresa): na indústria acima de 499 empregados e no comércio/serviço mais de 99 empregados.

dutos, aumentando significativamente a estabilidade econômica e sua diversificação; c) importante contribuição na solução dos desequilíbrios regionais e no processo de interiorização, dada sua maior flexibilidade em termos locacionais; d) sua ação de complementaridade à grande empresa, operando em setores incompatíveis para a escala desta

Apesar dessa importância, o fenômeno que se vê atualmente é o desincentivo às novas organizações de pequeno e médio porte, mesmo com a Constituição Federal (art. 170, IX) determinando tratamento favorecido para as empresas de pequeno porte e a criação do Estatuto da Microempresa (Lei 8.864/1994).

E o maior problema das pequenas e médias empresas, como sempre foi, é a dificuldade de aquisição de capital, pois as taxas praticadas pelo mercado financeiro inviabilizam qualquer espécie de aporte de capital no empreendimento.

A falta de crédito é um dos principais obstáculos para a criação e o desenvolvimento dos pequenos negócios no Brasil. Há muito tempo as microempresas e empresas de pequeno porte reclamam das dificuldades de acesso ao crédito.

Apesar de responderem por aproximadamente 30% do Produto Interno Bruto (PIB) e 60% dos empregos gerados no país, as microempresas e empresas de pequeno porte recebem apenas 10% dos créditos concedidos pelos bancos oficiais e privados.[4]

Tanto é assim que a obtenção de capital para fomento e manutenção da própria mercancia e produção torna-se cada vez mais escassa e o capital circulante existente, concentrado nos grandes conglomerados financeiros, está cada vez mais raro e oneroso.

Em face disso surgiu a necessidade de novos mecanismos de desenvolvimento à vida das pequenas organizações empresariais, entre os quais o *factoring* se apresenta como um dos mais utilizados instrumentos de apoio e viabilização das pequenas e médias empresas, como se demonstrará adiante.

4. O crédito para as pequenas e médias empresas

Uma das principais características dos contratos de venda ou prestação de serviços consiste na concessão, por parte do vendedor ou do prestador de serviços, de um determinado prazo para o pagamento, denominado como *crédito*, após a entrega das mercadorias ou da prestação dos serviços. Este crédito tornou-se uma prática usual, com tendência a generalizar-se cada vez mais, constituindo, ao mesmo tempo, um elemento preponderante na celebração, ou não, do contrato por parte do adquirente.

O crédito, que marcou um passo avantajado para o desenvolvimento das empresas, facilita grandemente as operações comerciais. Nas atividades comerciais, em que o capital é sempre necessário para que os comerciantes possam realizar operações lucrativas com maior amplitude, a utilização do crédito aumenta consideravelmente essas transações, trazendo benefícios e maiores possibilidades de desenvolvimento do comércio.[5]

Entretanto, o uso do crédito pode causar sérios problemas de capital para o comerciante – *v.g.*, a falta de liquidez –, principalmente quando as empresas estão numa fase de crescimento ou têm dificuldades em recorrer ao crédito bancário, em especial nos períodos de restrições creditícias.

É certo que a sociedade empresária não está obrigada a conceder crédito a quem procura seus produtos ou serviços. Contudo, a competição econômica, por vezes, não lhe dá alternativa. Se não criar facilidades de pagamento a consumidores e adquirentes, a sociedade empresária pode perdê-los para os concorrentes.[6]

4. Fonte: SEBRAE.

5. Fran Martins, *Títulos de Crédito*, 2ª ed., v. II, Rio de Janeiro, Forense, 1999, p. 3.

6. Fábio Ulhôa Coelho, *Curso de Direito Comercial*, v. 3, São Paulo, Saraiva, 2000, p. 131.

Assim, o surgimento da concorrência acirrada entre os comerciantes trouxe a necessidade da concessão de créditos mais vantajosos aos consumidores, como forma de angariar a clientela. Neste passo, surge, então, mais uma preocupação empresarial do comerciante: a administração destes créditos concedidos, pois o crédito representa um elemento de primordial importância no ativo patrimonial da empresa.

A eliminação dos riscos do crédito decorrentes das incertezas do mercado – *v.g.*, a insolvabilidade dos clientes – é a preocupação dominante do empresário moderno, seja ele industrial ou comerciante.

Ou seja, se, de um lado, o crédito permite uma rápida absorção de mercado, do outro, cria situações de dificuldades, como os riscos de eventual inadimplemento e a diminuição da liquidez ou de fluxo de caixa.

Exemplo dessa situação é o industrial ou comerciante que se torna titular de direitos creditórios, somente realizáveis, via de regra, com o decurso de tempo, visto que decorrentes de negócio de crédito.

Nesse ambiente, o *factoring* vem como uma opção para minimizar tais efeitos: se não elimina totalmente o risco, diminui sensivelmente seus efeitos e agiliza o fluxo de caixa, aumentando a liquidez da empresa. Ademais, garante ao comerciante (faturizado) a tranqüilidade na concessão de créditos sem, contudo, guardar preocupação com sua administração, que fica sob a responsabilidade do faturizador.

Essa forma de financiamento constitui, a par da estabilidade no relacionamento e da colaboração na gestão, exemplo de um tipo de relação que tende a se estabelecer entre o faturizador e o faturizado. De fato, por meio dos recursos obtidos no *factoring* permite-se que este tenha acesso a uma fonte de financiamento seguro e constante, ao passo que aquele, conhecendo melhor a empresa, poderá fazer uma avaliação mais precisa da sua solvabilidade e, conseqüentemente, dos riscos que corre.

Com isso cria-se, ao mesmo tempo, entre as partes envolvidas no contrato um liame mais estreito, no nível de gestão de empresa, por meio da prestação de serviços de consultoria comercial por parte da empresa de *factoring*.

Assim, na lição de Fábio Ulhôa Coelho, pode-se dizer, em suma, que o fomento mercantil tem a função econômica de poupar o empresário das preocupações empresariais decorrentes da outorga de prazos e facilidades para pagamento aos consumidores ou adquirentes.[7]

5. *Efeitos econômicos do "factoring"*

5.1 *Aspectos positivos*

O contrato de *factoring*, de forte aceitação por parte dos países desenvolvidos, é tido como uma atividade econômica sistemática cujo objetivo é proporcionar o crescimento e liquidez do capital das pequenas e médias empresas, que não dispõem de capital de giro suficiente para desenvolver suas atividades de forma eficiente.

No Brasil – segundo Luiz Lemos Leite – as dificuldades de obter o capital de giro junto às fontes legais de financiamento e a escalada brutal dos impostos e dos custos financeiros induziram o pequeno e médio empresários a tomar outro rumo em busca dos meios indispensáveis à sua sobrevivência.[8]

A importância do *factoring* consubstancia-se na simplificação das providências de conseguir capital de giro, pois se negocia com títulos não vencidos, sem a burocracia de um cadastro rigoroso de cliente e independentemente da situação econômica da empresa negociadora. Ademais, o recebimento antecipado dos títulos é o alicerce que impulsiona o *factoring*, auxiliando o empreendimento em momentos de pouco capital de giro.

7. *Curso* ..., v. 3, p. 131.
8. Ob. cit., p. 234.

Na realidade, ao conceder adiantamentos, que podem ir de 60% a 80% do valor nominal dos créditos que lhe são cedidos, o *factor* tem nas suas mãos a fórmula capaz de proporcionar liquidez imediata às empresas, capitalizando os créditos comerciais a curto prazo que estas têm em relação aos seus devedores.

Arnaldo Rizzardo explica que daí advém o resultado que todas as empresas buscam e necessitam: converter a conta de ativo realizável em ativo disponível. Reduz-se o ciclo de momentos ou passos entre o investimento e o ingresso de divisas, ou o resultado prático da atividade.[9]

Sublinhe-se que a diminuição dos créditos a curto prazo tem sempre efeitos positivos no balanço, constituindo-se em um elemento importante na atribuição do próprio crédito bancário. Na verdade, o financiamento obtido por meio do *factoring* deve ser considerado complementar e não substitutivo do crédito concedido pelos bancos, até porque a referida operação, embora implicando a mobilização de créditos a curto e, eventualmente, a médio prazos da empresa, só estes mobiliza, e na maior parte das vezes de uma forma parcial (geralmente, o adiantamento cobre só até 80% do valor do crédito cedido).

Quanto aos efeitos financeiros, Luiz Lemos Leite afirma que uma operação de *factoring* é a recomposição do capital de giro da empresa com a transferência de grande parte do seu realizável a curto prazo para disponibilidade imediata, sem criar exigibilidade, melhorando substancialmente sua liquidez imediata. O tradicional fluxo de capitais de giro, dos estoques para a produção e desta para as contas do realizável é sensivelmente encurtado quando se elimina a venda faturada. Desaparece, no passivo, a conta "obrigação por empréstimo" e, no ativo, deixa de figurar a conta "duplicatas a receber".[10]

9. Ob. cit., p. 49.

10. *Factoring*, boletim mensal da ANCOR (Associação Nacional das Corretoras de Valores), s/d, pp. 10/14.

Desta forma, ao realizar a operação de *factoring* o comerciante liquidaria a curto prazo os empréstimos bancários e poderia, em seguida, renovar e complementar seu estoque de mercadorias.

Com isso – afirma Arnaldo Rizzardo – desaparecem as vendas a prazo, passando para vendas à vista. É o que ocorre com a negociação dos títulos. Reduz-se período de tempo entre as saídas e as entradas, em caixa, do dinheiro. Isto leva a pagar as matérias-primas no momento da aquisição, com reflexos inclusive no preço, sempre mais favorável se o pagamento for a prazo.[11]

Assim, como resultado de situações em que as fontes de financiamento (crédito bancário, financiamento de terceiros etc.) se tornaram de difícil acesso, a utilização do *factoring* propicia a previsão relativa aos custos da empresa, aumentando, com isto, seu ativo circulante.

O aumento da liquidez proporcionado ao faturizado permite-lhe uma série de vantagens que, embora difíceis de quantificar com exatidão, se podem sumariar nos seguintes pontos: a) em primeiro lugar, a situação líquida da empresa permite-lhe fazer compras ao seus fornecedores a "pronto pagamento", o que lhe propicia melhores condições contratuais e descontos; b) em segundo lugar, melhora a disponibilidade de capital da empresa, pois permite ao faturizado reduzir drasticamente os débitos a curto prazo, especialmente junto dos bancos, sem ter que recorrer ao caro endividamento a longo prazo.

Economicamente, conclui-se que a institucionalização do *factoring* representa um aumento na produção e, por conseqüência, geração de emprego, criando mais uma opção para reduzir os custos para o médio e pequeno empresários.

Constitui-se, desta forma, em um dos instrumentos de viabilização das empresas nacionais, porque a empresa-cliente obtém capital de giro sem outra garantia que não

11. Ob. cit., p. 50.

suas próprias perspectivas de venda – ou seja, o capital gerado por esses créditos se faz sem a necessidade de se recorrer à emissão de títulos de créditos (que os comerciantes nem sempre estão dispostos a aceitar ou a subscrever).

Ademais, à medida que o *factoring* funciona como agente inibidor da intermediação, facilita o acesso do pequeno empresário a fontes de recursos com custos compatíveis com sua capacidade e se mostra eficiente instrumento de estímulo às atividades econômicas.

Luiz Lemos Leite afirma que o *factoring* é um substituto das operações bancárias, apresentando como vantagens principais dois pontos importantes. O primeiro, a transferência de riscos da empresa usuária – pequena e média empresas – para a *Factoring House*. O segundo, a inexistência de exigência do *floating*, representado pelas reciprocidades e saldos médios, fator que reduz a liquidez das empresas. Tais características contribuirão decisivamente para forçar a baixa dos custos de obtenção do capital de giro pelas pequenas e médias empresas.[12]

Assim, enquanto os bancos se preocupam essencialmente com a consistência patrimonial do requerente do crédito e com as garantias pessoais e reais que este possa oferecer, o *factor* tem sobretudo em atenção a qualidade dos créditos comerciais do faturizado, possibilitando-lhe, por meio da aquisição destes, uma quantidade de meios proporcional ao volume de negócios que este realiza com sua clientela.

Explica Fábio Konder Comparato que o financiamento convencional é concedido em função do financiado, dos seus recursos patrimoniais, do seu índice de liquidez. Em conseqüência, as pequenas e médias empresas, muito embora apresentem boa capacidade de expansão, dispõem de um financiamento forçosamente limitado às suas próprias dimensões. Da mesma forma, a instituição financeira não pode concentrar seus empréstimos a determinada empresa além de certos limites. No *factoring*, ao contrário, o financiamento leva em conta sobretudo os devedores da empresa faturizada. Por conseguinte, uma empresa de porte médio ou pequeno, malgrado a limitação de seus recursos patrimoniais, pode gozar de uma margem de crédito muito superior àquela normalmente oferecida pelos bancos, se sua clientela é de primeira ordem.[13]

Insta dizer, apesar de, em regra, as taxas de juros praticadas pelo sistema financeiro serem semelhantes àquelas aplicáveis pelos bancos, que é necessário resistir à tentação de confrontar o custo dos dois tipos de financiamento, uma vez que se trata de operações com características diversas e que respondem a exigências diferentes.

Não bastassem esses robustos argumentos a favor do *factoring*, ele se tem constituído, também, em importante instrumento de crédito para as empresas concordatárias ou aquelas com restrições cadastrais para operarem com bancos, pois há suprimento de capital, à medida que o nível de exigência e burocracia em nada se assemelha aos bancos, que exigem dos empresários e demais clientes saldo médio, reciprocidades, seguros e outros encargos.[14]

Essa operação, citada no parágrafo anterior, é uma técnica de financiamento que consiste em ajustar os meios de financiamento à disponibilidade e características de determinados elementos do ativo do balanço: neste caso, a qualidade dos créditos comerciais do faturizado. É perfeitamente possível que uma determinada empresa, com escasso patrimônio e frágeis garantias para oferecer aos bancos, possa recorrer ao financiamento oferecido pelo *factor*, em virtude da qualidade dos seu devedores.

Cumpre destacar que o *factoring* não pode nunca ser considerado como um fi-

12. Ob. cit., p. 235.

13. "*Factoring*", *RDM* 6/62.

14. Luiz Alexandre Markusons, "*Factoring*", Porto Alegre, Livraria do Advogado, 1997, p. 21.

nanciamento de último recurso para empresas em má situação financeira.

Entretanto, mesmo com estas inúmeras vantagens financeiras, o *factoring* não pode ser considerado como uma panacéia universal que possa ser utilizada com sucesso por qualquer tipo de empresa. Efetivamente, dados os serviços que presta e as necessidades que satisfaz, o contrato de *factoring* está especialmente voltado para determinadas empresas.

É interessante recordar que a Câmara Nacional de Conselheiros Financeiros, na França, indicou em um estudo – isso em 1966 – as empresas para as quais a faturização é particularmente indicada: 1º) as empresas de recente constituição; 2º) as empresas cuja clientela é dispersa, continuadamente renovada e pouco conhecida pelo fornecedor (principalmente quanto ao comércio internacional); 3º) as empresas em fase de expansão e que não disponham da necessária liquidez para seguir o ritmo da demanda de seus produtos; 4º) as empresas com margem útil muito elevada (indústrias de produtos de luxo, de precisão, de novos produtos); 5º) as empresas que realizam numerosas vendas de valor médio; 6º) as empresas de atividades sazonais (brinquedos, artigos esportivos etc.).

5.2 Aspectos negativos

O *factoring* revela-se, por outro lado, como instrumento perigoso para as pequenas e médias empresas, haja vista o elevado valor das comissões que as empresas de *factoring* cobram dos comerciantes, e que pode revelar prenúncio da insolvência ou incapacidade.

Quanto ao custo das operações, é evidente que pode acarretar a elevação dos preços a níveis não competitivos. Em vista da remuneração paga ao *factor*, o comerciante ou industrial terá que diminuir sua margem de lucro, ou se vê obrigado a vender mais caro os produtos, em função dos custos da operação de *factoring*. Isto seria, na verdade, impraticável, pois agindo assim o comerciante não se manteria no mercado por muito tempo, pois seria excluído naturalmente pelos seus concorrentes.

Esse aspecto é ressaltado por Arnaldo Rizzardo, explicando que há casos em que os encargos, englobando juros e comissão pelo risco, sem incluir a correção monetária, atingem a ordem de 20 a 40% ao mês. Daí infere-se a alta margem entre o custo da mercadoria e o preço na sua colocação junto ao comércio. Constitui este dado um fator determinante da inflação, propiciando a especulação financeira. Proporciona, ainda, a formação de uma classe de pessoas parasitas no setor produtivo, causando verdadeira sangria na economia das empresas. Quando, pois, não vem dirigido e controlado, o *factoring* pode levar à descapitalização e à insolvência dos que dele se socorrem.[15]

E acrescenta que, relativamente às formas comuns de se conseguir o crédito ou financiamentos, e mesmo ao desconto bancário de títulos, verifica-se um custo superior. Além dos juros, correção monetária e eventualmente taxas de operacionalização, estas componentes da remuneração, deverá o cliente pagar um equivalente ao risco ou à margem de insegurança que suporta o *factor* referentemente aos devedores insolventes ou que simplesmente não pagam por várias razões, como: desaparecimento do domicílio, contestações judiciais demoradas ou protelatórias, argüição de exceções pessoais e desconstituição irregular das sociedades.[16]

Sobre o assunto, Jacob Leonis explica que, econômica e financeiramente, o custo do *factoring* é caro, tanto em suas comissões como em juros, quando também se pactua o serviço financeiro, não obstante possamos considerar que com ele se reduzem os gastos fixos ou estruturais das empresas *clientes* – que incidem sobre elas tanto em épocas de pleno rendimento como de recessão – e que os bancos somente con-

15. Ob. cit., p. 51.
16. Ob. cit., p. 52.

cedem créditos em função da solvência que lhes merece o prestatário.[17]

Outra desvantagem do *factoring* para as pequenas e médias empresas é que, na prática, os bancos passam a fornecer uma grande faixa de crédito à empresa de *factoring*, crédito, este, que será utilizado junto a seus clientes – faturizados – na compra de seus créditos.

De fato, a empresa de *factoring*, para comprar os títulos dos comerciantes, irá recorrer ao empréstimo bancário e, posteriormente, financiar os pequenos empresários. A conseqüência desse ciclo será o alto custo do financiamento para o pequeno empresário, pois a empresa de *factoring* irá repassar o custo do financiamento bancário para o empresário, quando ocorrer a compra dos títulos.

No mesmo sentido, Antônio Bertuccelli explica que, em todos os casos, a principal fonte de financiamento para os *factors* são os bancos, e isso não somente quando um ou mais estabelecimentos de créditos participam do capital social das sociedades de *factoring*. Portanto, os recursos financeiros que alcançam as empresas através dos *factors* obtidos do sistema bancário sofrem mais uma intermediação (banco/*factor*/empresa), com relação ao canal distributivo tradicional (banco/empresa). Portanto, mesmo se os bancos concedem taxas mais favoráveis aos *factors*, estes necessariamente têm de elevá-las a nível superior ao daquelas aplicadas pelos estabelecimentos de crédito.[18]

Igualmente, Luiz Alexandre Markusons entende que a mesma parceria existente entre *factoring* e faturizado haverá entre o *factoring* e o banco, que passa a ser o grande fornecedor de matéria-prima (dinheiro) às empresas de *factoring*.[19]

Assim, enquanto o capital das empresas de *factoring* estiver vinculado ao financiamento bancário a faturização não será um forma eficiente de financiamento para as pequenas e médias empresas.

Por isso, às empresas que fabricam ou vendem produtos de destinação popular, ou de preços controlados, ou de pouca comercialização e de baixa margem de lucro, baixa emissão de faturas, com poucos clientes, mas seguros e imutáveis, não é aconselhável esta técnica de operacionalizar o crédito.

É oportuno esclarecer que essa análise, descrita nos parágrafos anteriores, não é absoluta. Será adequado avaliar a viabilidade em cada caso, se a utilização do sistema *factoring* será ou não economicamente interessante para a empresa.

6. Conclusão

O *factoring*, como visto, constitui-se em um importante mecanismo de desenvolvimento das pequenas e médias empresas, pois permitirá a obtenção de capital de giro por meio de títulos não vencidos, independentemente da situação financeira da empresa negociadora, convertendo parte do ativo realizável em capital de giro imediato.

Entretanto, o *factoring* pode revelar-se um mecanismo perigoso de financiamento para as pequenas e médias empresas, pois há uma vinculação das empresas de *factoring* com o sistema bancário, que transmite seus altos custos para a operação do *factoring*.

Para que o *factoring* se torne um instrumento eficiente de "financiamento" às pequenas e médias empresas mister se faz a desvinculação das empresas que operam com o *factoring* dos bancos.

Como narrado, a empresa de *factoring*, para comprar os títulos dos comerciantes, irá recorrer ao empréstimo bancário e, posteriormente, financiar os pequenos empresários. A conseqüência deste ciclo será o alto custo do financiamento, pois a empresa de *factoring* irá repassar o custo do financiamento bancário para o empresário, quando ocorrer a compra dos títulos.

17. "O contrato de *factoring*", *RF* 253/463.
18. "Noções elementares da nova técnica de financiamento às empresas", *RF* 228/193.
19. "*Factoring*", p. 22.

Nesse caso, poder-se-iam operacionalizar créditos paralelos para as empresas, sem os elevados custos do sistema financeiro, para posteriormente serem repassados às pequenas e médias empresas.

Enquanto houver essa vinculação – empresas de *factoring* e banco – o fomento mercantil será um instrumento perigoso para as pequenas e médias empresas, pois os elevados encargos cobrados (juros e comissão pelo risco e correção monetária) certamente acarretarão a insolvência da pequena e média empresa.

Ao invés de contribuir para o crescimento e desenvolvimento de pequenas e médias empresas, o *factoring* tornar-se-á – se já não se tornou – recurso extremo para os comerciantes em grave situação financeira, podendo levá-los, a curtíssimo prazo, à bancarrota.

O escopo do presente trabalho não foi apresentar soluções definitivas, mas, sim contribuir para os debates, apontando e encaminhando possíveis soluções para as questões geradas pelo tema, visando a um futuro aperfeiçoamento da matéria.

AS MICRO E PEQUENAS EMPRESAS COMO PROPULSORAS DO DESENVOLVIMENTO ECONÔMICO E SOCIAL – CONTRIBUIÇÃO PARA O INCREMENTO DAS ATIVIDADES ECONÔMICAS NO ÂMBITO DO MERCOSUL

FERNANDA KELLNER DE OLIVEIRA PALERMO

1. Introdução. 2. Precedentes históricos e normativos. 3. As micro e pequenas empresas: 3.1 Classificação – 3.2 Ciclo de vida – 3.3 Contextualização – 3.4 Globalização – 3.5 Legislação. 4. Atividades econômicas no Mercosul: 4.1 Aspectos positivos e negativos do Mercosul – 4.2 Mercosul, União Européia e as micro e pequenas empresas. 5. Soluções para a propulsão do desenvolvimento: 5.1 Redes, cooperativas e consórcios – 5.2 Integração comunitária. 6. Conclusão. 7. Bibliografia.

1. Introdução

O presente estudo advém de uma análise da conjuntura atual das micro e pequenas empresas no Brasil. Suas perspectivas de crescimento e conseqüente avaliação dos principais fatores que possam ser causas impeditivas deste serão demonstradas no nível do Direito pátrio, para que se possam traçar algumas sugestões para solucionar os percalços que envolvem a retomada do desenvolvimento econômico e social do país pela da inequívoca contribuição de agentes como micro e pequenos empresários através de seu trabalho.

A contribuição deste esforço também deverá ser vicejada ao se tratar dos aspectos atinentes ao Mercado Comum do Sul (Mercosul), que, ao se ver imbuído de uma série de fatos impeditivos para uma atuação eficaz, denota cuidados urgentes para que se efetive como mediador das atividades econômicas entre os países que lhe são integrantes.

Inicialmente, há a necessidade de se perscrutar a respeito dos precedentes históricos e normativos, para que se compreenda o atual estado de contextualização das micro e pequenas empresas na fase de desenvolvimento na qual se encontram.

Esta análise dar-se-á por uma aproximação conceitual, para que através de uma conseqüente classificação se tracem diretrizes sobre seu ciclo de vida, inserindo-as no contexto global, contingente inexorável e premente na atualidade.

As principais leis que lhe dizem respeito também devem ser colocadas, de modo a se poder compreender o limite do avanço jurídico nesta questão e os modos pelos quais este limite ainda pode ser transposto, para que o escopo de fortalecimento e crescimento das micro e pequenas empresas seja alcançado.

Como complementação a estes estudos, buscam-se novos caminhos para o incremento das atividades do Mercosul, através da concepção do atual estado em que se encontra e inserindo-o num plano de aproximação aos caminhos traçados *a priori* pela União Européia, com o surgimento do direito comunitário.

Através desta premissa de aproximação buscam-se modos de integração, os quais indicam que somente a efetiva união em um nível de cooperação entre as partes irá poder tornar o desenvolvimento economicamente viável.

Esta cooperação dar-se-á através do incremento e conseqüente viabilidade jurídica de redes, cooperativas e consórcios, os quais, após estarem consolidados, farão parte da chamada "integração comunitária", tentativa de aproximação do Mercosul com a União Européia.

Com o presente trabalho pretende-se contribuir para que no futuro esta aproximação seja concretizada, de modo a que o desenvolvimento econômico e social seja retomado.

2. *Precedentes históricos e normativos*

Foi o Direito Italiano que melhor sistematizou o capítulo da empresa e mais perfeitamente disciplinou o regime da pequena empresa. A primeira pesquisa no Direito Italiano visa a esclarecer se a pequena empresa é um conceito meramente de ordem quantitativa – hipótese em que ela só diferirá da empresa normal pelo volume de negócios e de relações jurídicas –, ou se a pequena empresa é qualitativamente distinta das demais – conclusão que faria da *piccola impresa* uma nova entidade, com regramento próprio e pouca referência à empresa normal.

Foi árdua a discussão entre os juristas peninsulares, trazendo os partidários de uma e outra corrente os melhores argumentos, quer de Direito, quer de Economia. A conclusão dominante a que a doutrina chegou foi no sentido de sufragar a opinião segundo a qual a relação entre os arts. 2.082 e 2.083 do Código Civil Italiano (de 1942) é de gênero para espécie, pois o conceito de *empresa* acolhido no Código foi o de atividade, e o termo se presta tanto para caracterizar as relações de uma empresa normal como de uma empresa média ou pequena.

Tem-se como conclusão que são aplicáveis à pequena empresa todas as leis e normas que regulam a atividade das demais empresas, salvo, é lógico, as que tragam uma derrogação implícita ou explícita.

Embora seja italiana a melhor sistematização do regime das pequenas empresas, é justo lembrar que foi o Código Alemão do Comércio o primeiro a estatuir um regime especial para os pequenos comerciantes.

Com efeito, já em 1897 o Código Alemão distinguia os comerciantes plenos ou normais dos pequenos comerciantes, para o fim de declarar que não se aplicavam quanto a estes as disposições sobre firma, registro comercial, livros de comércio e mandato mercantil.

Com relação ao precedentes normativos no Direito Brasileiro, Wilson de Souza Campos Batalha[1] atesta que as pequenas atividades autônomas foram objeto de cogitação do legislador brasileiro anteriormente ao Estatuto da Microempresa, Lei 7.256, de 27.11.1984, que foi revogada expressamente pelo novo Estatuto da Microempresa e da Empresa de Pequeno Porte, Lei 9.841, de 5.10.1999.

A Lei 6.586, de 6.11.1978, classificou o *comerciante ambulante* para fins trabalhistas e previdenciários. O Decreto 83.290, de 23.3.1979, estabeleceu a classificação de produtos artesanais e identificação profissional do *artesão*. O Regulamento do IPI (Decreto 87.981, de 23.12.1982) definiu a figura do *mascate*. O *garimpeiro organizado como empresa* foi considerado pelo Parecer Normativo CST-23, de 27.9.1984.

1. *Estatuto da Microempresa*, Rio de Janeiro, Forense, 1989, p. 45.

A Lei 6.939, de 9.9.1981, estabeleceu o regime sumário de registro e arquivamento no Registro do Comércio para as firmas individuais e sociedades mercantis que preencham, cumulativamente, alguns requisitos. O Decreto-lei 1.780, de 14.4.1980, concedeu isenção de imposto sobre a renda em relação às empresas de pequeno porte, dispensando o cumprimento de obrigações acessórias.

3. *As micro e pequenas empresas*

Microempresa é conceito criado pela Lei 7.256/1984 e atualmente regulado pela Lei 9.841, de 5.10.1999, que estabelece normas também para as empresas de pequeno porte, em atendimento ao disposto nos arts. 170 e 179 da Constituição Federal, favorecendo-as com tratamento diferenciado e simplificado nos campos administrativo, fiscal, previdenciário, trabalhista, creditício e de desenvolvimento empresarial.

A microempresa é fruto de uma política de desburocratização, iniciada em 1979, para agilizar o funcionamento dos pequenos organismos empresariais. Consideram-se *microempresa*, para fins de enquadramento no SIMPLES – Sistema Integrado de Pagamento de Impostos e Contribuições de Microempresas e das Empresas de Pequeno Porte, nos termos da Lei 9.317, de 5.12.1996, a pessoa jurídica e a firma individual que tiverem receita bruta anual igual ou inferior a R$ 244.000,00. E *empresa de pequeno porte* a pessoa jurídica e a firma individual que, não enquadradas como microempresas, tiverem receita bruta anual igual ou inferior a R$ 1.200.000,00 (art. 2º da Lei 9.841/1999). Por força da lei, as microempresas devem adotar para sua identificação, em seguida à sua denominação ou firma, a expressão "microempresa" ou, abreviadamente, "ME"; e a empresa de pequeno porte, essa expressão, ou "EPP" (art. 7º). Podem ter natureza comercial ou civil, sendo microempresas e empresas de pequeno porte comerciais apenas as que exercem atividades de natureza comercial.

Em julho/1972 foi fundada uma associação civil, sem fins lucrativos, que teve como sócios fundadores o Banco Nacional de Desenvolvimento Econômico – BNDE, a Financiadora de Estudos e Projetos S/A – FINEP e a Associação Brasileira de Bancos de Desenvolvimento – ABD e cujo objetivo social consistia na prestação de serviços de organização empresarial em todos os seus aspectos, notadamente o tecnológico, econômico, financeiro e administrativo, e como finalidade a adoção de um sistema brasileiro de assistência à pequena e média empresa – entidade, essa, que recebeu o nome de *Centro Brasileiro de Assistência Gerencial à Pequena e Média Empresa* – CEBRAE.

A Lei 8.029/1990, no seu art. 8º, desvinculou da Administração Pública Federal o Centro Brasileiro de Apoio à Pequena e Média Empresa – CEBRAE, mediante sua transformação em serviço social autônomo, criando assim o SEBRAE – Serviço Brasileiro de Apoio às Micro e Pequenas Empresas.

O SEBRAE é uma instituição técnica de apoio ao desenvolvimento da atividade empresarial de pequeno porte, voltada para o fomento e difusão de programas e projetos que visam à promoção e ao fortalecimento das micro e pequenas empresas.

Seu propósito é trabalhar de forma estratégica, inovadora e pragmática para fazer com que o universo dos pequenos negócios no Brasil tenha as melhores condições possíveis para uma evolução sustentável, contribuindo para o desenvolvimento do país como um todo.

Foi criado por lei de iniciativa do Poder Executivo, concebida em harmonia com as confederações representativas das forças produtivas nacionais. Sem essa parceria entre os setores públicos, privado e as principais entidades de fomento e pesquisa do país esse modelo não seria eficaz.

O SEBRAE é predominantemente administrado pela iniciativa privada. Constitui-se em serviço social autônomo – uma sociedade civil sem fins lucrativos que, embora operando em sintonia com o setor público, não se vincula à estrutura pública federal.

A instituição é fruto, portanto, de uma decisão política da cúpula empresarial e do Estado, que se associaram para criá-la e cooperam na busca de objetivos comuns. É, por isso mesmo, uma entidade empresarial voltada para atender ao segmento privado, embora desempenhe função pública.

Dentre os diversos programas de apoio às micro e pequenas empresas destaca-se o programa de incubadora de empresas, que cria um ambiente especialmente planejado para acolher as micro e pequenas empresas nascentes e em operação, que buscam a modernização de suas atividades de forma a transformar idéias em produtos, processos e serviços.

Faz-se mister a análise das micro e pequenas empresas em suas mais diversas vertentes, para que se cumpra o escopo de torná-las propulsoras do desenvolvimento econômico e social no Brasil.

3.1 Classificação

Encontram-se na literatura e publicações pertinentes diversos parâmetros para definir e classificar as empresas que são consideradas micro e pequenas empresas, para fins de estudo e para enquadramento com o intuito de usufruir dos benefícios da lei.

Para fins didáticos, encontra-se em primeiro lugar a classificação referente à estrutura da organização da microempresa e da pequena empresa, na qual o proprietário centraliza quase todas as atividades, exercendo várias funções ao mesmo tempo.

Uma segunda classificação é aquela em que o parâmetro utilizado é o volume monetário ou econômico da empresa. Esta classificação é utilizada pelas leis federais e estaduais para fins de tributação, considerando os limites de faturamento e seu enquadramento como micro e pequena empresa. A Lei federal 9.841, de 5.10.1999, classifica-as de acordo com o limite de R$ 244.000,00 para microempresa, e para as de pequeno porte de R$ 244.000,01 até R$ 1.200.000,00, como já aludido anteriormente. No âmbito estadual a Lei 10.669, de 24.10.2000, alterou os limites a partir de janeiro/2001: microempresa R$ 120.000,00; empresas de pequeno porte "classe A" R$ 720.000,00 e "classe B" R$ 1.200.000,00.

Um terceiro parâmetro, utilizado pelo Instituto Brasileiro de Geografia e Estatística – IBGE e pelo Serviço Brasileiro de Apoio às Micro e Pequenas Empresas – SEBRAE, é a quantidade de pessoas que trabalham nessas empresas. Assim, é considerada microempresa aquela que emprega até 9 pessoas no ramo de atividade de comércio e serviços e até 19 pessoas na indústria. A pequena empresa emprega de 10 a 49 pessoas no comércio e serviços e de 20 a 99 pessoas na indústria.

3.2 Ciclo de vida

No Brasil a maioria das microempresas encerram suas atividades com pouco mais de um ano de exercício social, conforme pesquisas existentes. Algumas conseguem prolongar seu ciclo de vida, desempenhando seu papel na vida econômica e social de sua comunidade como geradoras de empregos e produtos que representam a riqueza da comunidade e de uma nação.

Dentre os principais fatores que contribuem para o encerramento das atividades encontram-se aqueles relacionados à falta de tecnologia. Ações relacionadas à flexibilidade e agilidade nas decisões são indispensáveis para a solução destes problemas.

A obtenção de crédito também está relacionada a uma importante preocupação dos micro e pequenos empresários. O Estatuto da Microempresa (Lei 9.841/1999) estabelece tratamento diferenciado simplificado e facilitado na obtenção de crédito nas instituições financeiras oficiais, assim como o SEBRAE, que, através de suas sedes estaduais e *site* oficial na *Internet*, viabiliza programas de microcrédito, através de editais. O Estatuto também estabelece que o limite de crédito deve ser concedido sem as exigências de garantias, permitindo o aval.

O micro ou pequeno empresário, ao procurar recursos para sua empresa, encontra na burocracia grandes dificuldades. Necessita de tempo e dinheiro para atender a todas as exigências, mesmo que o valor do financiamento seja mínimo. Neste momento de dificuldades, ele busca empréstimos direcionados à pessoa física, com menos burocracia, mas com juros mais elevados. Os lucros obtidos nas vendas de seus produtos não cobrem estes juros. Esta decisão representa para o micro ou pequeno empresário o fechamento de sua empresa.

Para que melhor se avalie as dificuldades burocráticas pelas quais estes empresários passam é necessário que se analise o manual de abertura de empresa passo a passo, fornecido pelo SEBRAE, assim como é imprescindível que se mencione também que a mesma problemática se estende quando há a necessidade de fechamento das micro ou pequenas empresas.

Sem encerramento legal as empresas podem acumular débitos com impostos e taxas. A maioria dos empresários imagina que ao cerrar as portas do estabelecimento os tributos caducarão em cinco anos e o Governo abrirá mão da cobrança de impostos. Desconhecem que, apesar de o tributo caducar após cinco anos, sempre haverá pendência, porque eles são cobrados anualmente. Por isso, para não ocorrer risco de ficar em débito com o Governo, é necessário dar baixa na Junta Comercial ou no Cartório de Registro de Títulos e Documentos para Pessoa Jurídica (em caso de empresas prestadoras de serviços) e pedir o cancelamento do comprovante de inscrição. Em seguida deve-se requerer o encerramento do CNPJ – Cadastro Nacional de Pessoa Jurídica, na Receita Federal; do Número de Inscrição de Registro Estadual, na Secretaria Estadual da Fazenda (as prestadoras de serviço estão isentas dessa inscrição); o Comprovante de Cancelamento de Inscrição, na Prefeitura; e do INSS.

Antes de iniciar o fechamento de uma micro ou pequena empresa é necessário ter conhecimento do Estatuto das Micro e Pequenas Empresas (Lei 9.841/1999). Um dos benefícios proporcionados pela legislação é que as empresas inativas por cinco anos ou mais estarão dispensadas da apresentação de certidões negativas para a Junta Comercial ou para o cartório.

3.3 Contextualização

De acordo com dados do final da década de 90, as micro e pequenas empresas no Brasil correspondem a 97% do total de estabelecimentos do Estado de São Paulo. Desse grupo, 87% são microempresas e 13% são estabelecimentos de pequeno porte.

Para que se contextualize a realidade destas empresas no atual cenário brasileiro, a enumeração de alguns fatores associados ao seu sucesso e insucesso é pertinente.

Os fatores associados ao seu sucesso são:

1) empresa de maior porte (mais de dois empregados);

2) maior escolaridade do proprietário;

3) experiência prévia;

4) experiência como funcionário de empresa em ramo similar;

5) certa disponibilidade de capital;

6) apoio/ajuda de profissionais;

7) foco no cliente/mercado;

8) boa concepção do negócio;

9) vocação e/ou treino; e

10) empreendimento mais maduro (com mais tempo de atividade/experiência).

Já os fatores associados ao seu insucesso são os seguintes:

1) empresa muito pequena (até dois empregados);

2) baixa escolaridade do proprietário;

3) ausência de experiência prévia do proprietário;

4) experiência apenas como autônomo no ramo;

5) falta de capital;

6) falta de apoio profissional (consultoria);

7) pouca preocupação com o cliente/mercado;

8) concepção errônea do negócio;

9) origem associada a pressão social/econômica; e

10) pouco tempo de atividade.

O SEBRAE, sendo constituído para o serviço de apoio a estas empresas, como já explicitado anteriormente, apesar de haver sido idealizado para a geração de bons programas que viabilizem melhor implementação para a continuidade das empresas, vê-se envolvido em denúncias sobre a abertura de CPFs falsos em um de seus programas de apoio, chamado "Brasil Empreendedor".

Este programa, que tem como objetivo fortalecer a micro e pequena empresa e foi lançado pelo Governo Federal em outubro/1999, faz com que o SEBRAE forneça cursos para orientar o micro ou pequeno empresário a tomar empréstimo em bancos com menos riscos (o Governo abriu linhas de crédito no Banco do Brasil, na Caixa Econômica Federal e no Banco do Nordeste).

Sem estrutura própria para cumprir sua meta, o SEBRAE fez parcerias com 656 instituições, às quais deu a tarefa de montar os cursos. Cada instituição recebia do SEBRAE R$ 50,00 por aluno capacitado. Como os pagamentos eram feitos pelos números de CPFs apresentados, abriu-se uma janela para a falsificação.

Sendo o SEBRAE uma entidade privada que trabalha com dinheiro da sociedade, pois é mantida com recursos provenientes do recolhimento de 0,3% sobre a folha de pagamento das empresas (R$ 700.000.000,00 é o orçamento deste ano), faz-se urgente a abertura de procedimento legal que apure os responsáveis por acontecimento tão descabido.

Para uma melhor compreensão da dimensão deste problema, far-se-á a análise da micro e pequena empresa na era da globalização, a seguir.

3.4 Globalização

O processo de globalização que se inicia nas últimas décadas do século XX faz com que os Governos do Ocidente comecem a liberar o comércio, o fluxo de capitais, a privatização de empresas estatais, conscientes de que esta nova arma estratégica sirva para o desenvolvimento da economia de mercado, orientados por organismos tais como o Fundo Monetário Internacional – FMI, Banco Mundial e a Organização Mundial de Comércio – OMC.

O espaço então delegado à sociedade civil por meio de seu pretenso controle sobre a economia de mercado (controle, este, não representado de forma majoritária, pois é feito pelo contingente populacional que detém o poder econômico) é onde melhor se coadunam as forças capitalistas que viabilizam a cultura do neoliberalismo, que vai de encontro aos interesses dos países que possuem a hegemonia econômica mundial.

De acordo com os ensinamentos de Carlos Montaño,[2] esta nova alternativa de legitimação da lógica do capital dentro da órbita da sociedade civil não implica o total afastamento do Estado. Ele apenas se desvencilha das áreas econômicas (lucrativas), privatizando-as, enquanto mantém certo nível de respostas à questão social (em parceria com o chamado "terceiro setor").

Este terceiro setor organiza-se em torno de instituições de promoção daqueles setores prejudicados no mercado, dentre eles as micro e pequenas empresas. Para que isto ocorra aparece a oferta de créditos, capacitação e assessoria através de serviços de apoio como o SEBRAE, por exemplo.

2. *Microempresa na Era da Globalização*, v. 69, São Paulo, Cortez Editora, 1999, p. 55.

De acordo com o autor supracitado,[3] do ponto de vista da sua inserção no mercado, podem-se distinguir duas formas fundamentais de micro e pequenas empresas:

1) aquelas que produzem certa mercadoria ou serviço para o consumidor direto, ou para o distribuidor (ou intermediário comercial); e

2) aquelas que produzem certa mercadoria ou serviço para uma grande ou média empresa.

No primeiro caso, as chamadas "empresas de produção final", por se encontrarem livres no mercado, definem o tipo de produto, sua qualidade, seu preço e seu público-alvo.

Na outra forma, do segundo caso, as chamadas "empresas-satélites" produzem uma mercadoria (ou serviço) para uma grande empresa matriz ou subcontratante. Assim, o mercado destas formas de micro e pequenas empresas está restrito às empresas subcontratadas que utilizam sua produção como insumo.

Estas duas formas fundamentais encontram-se em dificuldades para enfrentar o mercado, pois têm condições menos favoráveis de competitividade, no primeiro caso, e de cooperação, no segundo.

Para que, em face de uma economia globalizada, as micro e pequenas empresas possam se estabelecer de modo coerente e plenamente eficaz, precisam estar aptas a um processo de centralização, por meio de estratégias integracionistas.

Estas estratégias desenvolvem-se tanto no sentido de uma integração vertical, polarizando uma relação complementar (e não concorrencial) entre as micro e pequenas empresas e as grandes empresas, como no sentido de uma integração horizontal, mediante a associação ou cooperação de empresários de micro e pequenas empresas para a compra de matérias-primas, materiais, maquinaria, para a comercialização, para o uso comum de máquinas etc., de forma a conquistar, no conjunto, maior poder que as forças individuais.

As soluções podem ser apontadas tanto em nível nacional como o incremento das relações com os países pertencentes ao Mercosul e deste com a União Européia. Estas questões serão abordadas a seguir, após algumas considerações sobre a legislação nacional que regulamenta as micro e pequenas empresas.

3.5 Legislação

As principais leis que dizem respeito às micro e pequenas empresas são as seguintes:

1. Decreto 3.474, de 19.5.2000, regulamenta a Lei 9.841, de 5.10.1999, que institui o Estatuto da Microempresa e da Empresa de Pequeno Porte.

2. Lei 9.841, de 5.10.1999, Estatuto da Microempresa e da Empresa de Pequeno Porte, regulamenta o tratamento para as micro e pequenas empresas; e

3. Lei 9.317, de 5.12.1996, Lei do SIMPLES Federal, tratamento fiscal concedido às micro e pequenas empresas.

Com a aprovação do novo Estatuto da Microempresa e da Empresa de Pequeno Porte foram revogadas, expressamente, as Leis 7.256/1984 e 8.864/1994, passando, assim, a regular matérias de competência destas legislações, além de prever novos campos de atuação. Também recebeu a denominação de "Estatuto da Microempresa e da Empresas de Pequeno Porte", em razão de ter recepcionado integralmente a Lei do SIMPLES e, principalmente, por tratar de assuntos diversos de interesses destas empresas em um só diploma legal.

Com o advento do novo Estatuto a microempresa e a empresa de pequeno porte continuam a ser regidas por leis distintas, isto porque a Lei do SIMPLES não foi revogada, estando, portanto, em plena vigência.

3. Idem, ibidem, p. 21.

Assim, o novo Estatuto passa a prever tratamento favorecido às microempresas e empresas de pequeno porte nos campos não abrangidos pela Lei do SIMPLES – o que significa que, enquanto o Estatuto tem por objetivo facilitar a constituição e o funcionamento da microempresa e da empresa de pequeno porte, de modo a assegurar o fortalecimento de sua participação no processo de desenvolvimento econômico e social, o SIMPLES estabelece tratamento diferenciado nos campos dos impostos e contribuições, conforme menciona.

Conclui-se, portanto, que são duas as leis das microempresas e empresas de pequeno porte em vigor: o novo Estatuto da Microempresa e Empresa de Pequeno Porte e a Lei 9.317/1996 (SIMPLES). Cada qual com o seu conceito de receita bruta e exigências para enquadramento, próprios.

Assim, nada impede que uma mesma empresa seja considerada microempresa perante o novo Estatuto e empresa de pequeno porte segundo a Lei do SIMPLES. Nada impede também que uma mesma empresa esteja enquadrada como microempresa ou empresa de pequeno porte segundo as regras do novo Estatuto, mas impedida de optar pelo sistema SIMPLES.

Nos campos previdenciário e trabalhista, apoio creditício, desenvolvimento empresarial, a lei prevê que o Poder Executivo estabelecerá mecanismos que facilitem o desenvolvimento das microempresas e empresas de pequeno porte.

Quanto à concessão de créditos há também previsões importantes, as quais da mesma forma necessitam de regulamentação para se tornarem aplicáveis. Para fins de apoio à exportação foram utilizados os conceitos de microempresa e empresa de pequeno porte segundo as regras adotadas pelo Mercosul.

Estes parâmetros foram previstos no documento aprovado pelo Grupo Mercado Comum do Mercosul, através da Resolução 59/1998, tendo sido adotado critérios quantitativo e qualitativo.

Quanto ao *critério quantitativo* utilizam-se dois modos: pessoal empregado e nível de faturamento. Para os fins de classificação prevalecerá o nível de faturamento (o número de pessoas ocupadas será adotado como referência):

- será considerada microempresa em termos industriais aquela cujas vendas anuais sejam de até US$ 400,000.00;
- será considerada empresa de pequeno porte aquela cujas vendas sejam de US$ 400,001.00 a US$ 3,500,000.00;
- com relação ao comércio e serviços será considerada microempresa aquela cujas vendas anuais sejam de até US$ 200,000.00;
- será considerada empresa de pequeno porte aquela cujas vendas sejam de US$ 200,001.00 a US$ 1,500,000.00.

Quanto ao *critério qualitativo* as micro e pequenas empresas não deverão estar controladas por outra empresa ou pertencer a um grupo econômico que em seu conjunto supere os valores estabelecidos.

Outro aspecto interessante que o projeto de lei previa mas que foi vetado pelo Presidente da República, quando sancionou o Estatuto, era o que alterava a lei das cooperativas, permitindo a organização de microempresas e empresas de pequeno porte na formação de cooperativas para fins de desenvolvimento de suas atividades, inclusive cooperativas de crédito.

Segundo as razões do veto a redação final do dispositivo inovaria o próprio conceito de cooperativa singular, pois permitiria a constituição de cooperativas com a adesão de microempresas e empresas de pequeno porte não mais em caráter excepcional.

Como conseqüência, poder-se-iam estabelecer cooperativas de crédito de grande porte no que diz respeito ao número de associados e ao escopo de atividades de seus integrantes. Disso resulta que tal inovação daria margem à criação de bancos cooperativos, tendência incompatível com a política hoje desenvolvida pelo Conselho Monetário Nacional e pelo Banco Central do Brasil.

Há a previsão do surgimento de uma nova sociedade, denominada "sociedade de garantia solidária", que se trata de empresa do tipo sociedade anônima, constituída por sócios investidores e no mínimo 10 microempresas e/ou empresas de pequeno porte que detenham o controle acionário, denominados "sócios participantes". Esta empresa tem como objetivo regular a concessão de garantia pela sociedade aos sócios participantes, mediante uma taxa de remuneração. Trata-se de uma espécie de sociedade que garantirá um fundo de aval aos sócios participantes que se habilitarem.

Para uma análise jurisprudencial de decisões ocorridas nos tribunais sobre questões inerentes às micro e pequenas empresas, faz-se menção às seguintes ementas:

"Microempresa – Isenção de imposto sobre serviços – Município da Capital – Segurança concedida – Apelação parcialmente provida para excluir condenação da impetrada na verba honorária (Súmula n. 512/STF).

"A Lei n. 7.256/1984 firmou o princípio geral de que tanto as pessoas jurídicas como as firmas individuais seriam consideradas microempresas (art. 2º), e o firmou usando de competência constitucional exclusiva, que juridicamente não pode ser delegada aos Estados-membros e aos Municípios. É bem de ver que o conceito de empresa é de natureza jurídica, não cabendo ao legislador municipal pretender alterálo, ainda mais para estabelecer distinção inadmissível, como a ocorrida no caso, em que se discriminou entre pessoas jurídicas e firmas individuais, para privilegiar aquelas e excluir estas últimas dos mesmos benefícios fiscais" (1.9.1986).

"Anistia constitucional – Avalista – Inoponibilidade do avalizado – Dilação – Agravo de instrumento não provido – Possibilidade – Agravo desprovido.

"Doutrina de Pontes de Miranda: 'O benefício da Constituição Federal, relativamente ao afastamento da correção monetária às sociedades mercantis ou aos comerciantes caracterizados como microempresas (pequenos empreendimentos), é pessoal e não aproveita ao avalista'" (27.4.1989).

"Concordata – Microempresa – Exibição do livro 'Diário' determinada – Dispensabilidade desta apresentação, bastando o arquivamento da documentação dos atos e negócios jurídicos que pratique – Inteligência dos arts. 15 de Lei federal n. 7.256/1984 e 12, parágrafo único, da Lei federal n. 8.864/1994 – Mandado de segurança concedido – Voto vencido.

"A microempresa, dispensada de escrituração, não tem dever jurídico de manter e exibir os chamados livros obrigatórios, sequer perante as regras de direito falimentar" (12.6.1995).

"Microempresa – Representação comercial – Imposto de renda – Retenção na fonte sobre comissões recebidas – Isenção.

"As relações tributárias são revestidas de estrita legalidade, pelo quê a isenção por lei concedida somente por lei poderá ser revogada. Não é admissível que ato normativo infralegal acrescente ou exclua alguém do campo de incidência de determinado tributo, quanto mais por analogia, visto que tal hipótese fere a lei (CTN, art. 108, § 1º) e o próprio princípio constitucional da reserva legal.

"É inaceitável a retenção, na fonte, de imposto sobre a renda e proventos de qualquer natureza, tributo ao qual a microempresa dedicada à representação comercial não está obrigada, por força da isenção legalmente concedida.

"O Ato Declaratório n. 24/89-SRF padece de ilegalidade. A microempresa dedicada à representação comercial não está excluída dos benefícios fiscais concedidos às microempresas" (11.7.1996).

4. Atividades econômicas no Mercosul

Primeiramente, é importante que se façam algumas considerações sobre aspectos gerais concernentes ao Mercosul. Mercosul (Mercado Comum do Sul) é um bloco econômico que tem como membros fundadores Brasil, Argentina, Paraguai e Uruguai, sendo que Chile e Bolívia foram aceitos inicialmente como membros associados.

Foi criado visando ao fortalecimento interno das economias dos países integrantes desse bloco econômico, além de facilitar e agilizar suas relações comerciais em comparação ao mercado internacional.

Como seu próprio nome indica, seu objetivo é eliminar as tarifas alfandegárias nas operações de comércio exterior entre seus membros, tornando-os um único mercado, sem barreiras tarifárias. Deve-se destacar que as tarifas alfandegárias dispensadas de pagamento são aquelas destinadas a dar proteção à indústria nacional, ou seja, o imposto de importação e o AFRMM – Adicional ao Frete para Renovação da Marinha Mercante. A isenção do imposto de importação somente ocorrerá se o produto final exportado tiver índice de nacionalização mínimo de 60%, o que é comprovado pela emissão do Certificado de Origem Mercosul.

4.1 Aspectos positivos e negativos do Mercosul

Como bem preleciona Roberto Luiz Silva,[4] existem aspectos positivos e negativos que cercam a execução das propostas do Mercosul.

Quanto aos aspectos positivos o primeiro ponto a destacar é o cenário internacional, marcado por uma forte tendência para a formação de grandes blocos econômicos. Esse fator estimula a classe política à implantação do Mercosul; outro aspecto é o incremento do comércio entre os Estados-partes, a partir de 1995, com a possibilidade de esse organismo se constituir, a médio prazo, numa aliança política inter-regional para preservar vantagens comparativas, já acumuladas pelos países-membros, formar um bloco negociador, em favor de uma política comercial comum, com relação a outros blocos econômicos; por fim, o Mercosul propicia condições político-institucionais para a manutenção do regime democrático nos períodos de maior turbulência.

Considerando-se os aspectos negativos, o primeiro obstáculo do Mercosul é a diferença de potencial existente entre os quatro países. Não se pode, ainda, ignorar a significativa diferença entre as características estruturais das economias de cada um dos Estados-Partes, os estágios em que se encontram os respectivos parques industriais, a necessidade de harmonia fiscal, monetária e cambial, como entraves à integração regional; há também desigualdades entre as unidades de produção dos setores industriais; por fim, há a falta de infra-estrutura nos países-membros.

Estes quatro países-membros assinaram, em 26 de março de 1991, o Tratado de Assunção, para a formação do Mercosul. Sendo uma proposta de integração, visa a promover a inserção competitiva dos quatro países no mercado internacional.

4.2 Mercosul, União Européia e as micro e pequenas empresas

Para que a inserção competitiva aludida acima se efetive é importante que se analise o contexto econômico-jurídico do Mercado Comum Europeu.

4. *Direito Econômico Internacional e Direito Comunitário*, Belo Horizonte, Del Rey, 1995, p. 236.

Segundo os ensinamentos de Benedito Hespanha[5] a situação dos Estados parceiros do Mercosul pressupõe uma autolimitação da soberania nacional e uma transferência do exercício de poderes soberanos. Diferentemente da União Européia, que possui natureza jurídica supranacional, desvinculada do poder soberano dos Estados, a estrutura institucional do Mercosul é de natureza jurídica intergovernamental.

Ao se traçar uma comparação entre as Diretivas da União Européia com as Diretrizes do Mercosul, Carla Izolda Fiuza Costa Marshall[6] assevera que as Diretivas da União Européia diferem fundamentalmente das Diretrizes do Mercosul, pois neste há a necessidade de se passar por um processo de nacionalização das normas, enquanto na União Européia não, pois no momento em que a norma é elaborada já entra em vigor, cabendo ao Estado-membro aplicá-la, sem necessidade de qualquer processo de incorporação à ordem legislativa interna do Estado.

Quando as Diretrizes do Mercosul se tornarem auto-aplicáveis ocorrerá uma grande flexibilização nos institutos jurídicos que pretendem aperfeiçoar as condições de cooperação entre as micro e pequenas empresas dos países-membros do Mercosul. Após esta medida poder-se-á prever que a futura zona de livre comércio Mercosul/União Européia implicará significativas transformações no quadro institucional em que se desenvolve a atividade econômica intercontinental.

É imprescindível ressaltar-se o fato de que o setor privado é uma força de alta magnitude nos processos de integração econômica e deve participar intensamente do processo de estabelecimento da zona de livre comércio intercontinental. As micro e pequenas empresas devem participar, portanto, ativamente das negociações para que possam ser tomadas as oportunas medidas com vistas a enfrentar a nova realidade nas melhores condições possíveis. Para que isto ocorra, serão apresentadas algumas sugestões no próximo item.

5. *Soluções para a propulsão do desenvolvimento*

Muitos são os caminhos a serem perseguidos para a propulsão do desenvolvimento das atividades econômicas no âmbito do Mercosul. Por ora apresentam-se algumas sugestões para a propugnação desse objetivo.

5.1 Redes, cooperativas e consórcios

A desverticalização dos ciclos de produção, rompendo as cadeias integradas de origem fordista, criou um espaço para a micro e pequena empresa também nos setores de tecnologia avançada. E o crescimento do mercado, acessível agora de qualquer parte do mundo, provocou um processo de crescimento da variedade de produtos, que abre novos espaços às micros e pequenas empresas que souberem se inserir, de forma inteligente e maleável, nos muitos nichos abertos ao desenvolvimento.

No entanto, existem elementos de descontinuidade no futuro competitivo que devem ser combatidos através de sistemas econômicos locais, como instrumentos de uma rede ampla. Estes sistemas permitem potencializar recursos que aumentam a velocidade de reação à inovação contínua, basicamente conhecimento, experimentação, relacionamento, sistemas logísticos comunicativos e garantia financeira.

Os novos modelos de desenvolvimento local implicam a participação de toda a sociedade. Com o estudo sistemático e comparado de modelos italianos de implementação de redes, em cooperativas e consórcios, Nélson Casarotto Filho e Luiz Hen-

5. "Uma visão crítica de problemas constitucionais no direito comparado, no direito comunitário e no MERCOSUL", *Revista de Direito Constitucional e Internacional* 30/30, São Paulo, Ed. RT, Ano 8, janeiro- março/2000.

6. "Responsabilidade civil do fabricante por produto defeituoso na União Européia e no Brasil", *Revista de Direito do Consumidor* 25/117-118, São Paulo, Ed. RT, janeiro-março/1998.

rique Pires[7] demonstram que a vontade de se unir, de se associar, pode desencadear um processo extraordinário de desenvolvimento equilibrado; vontade, esta, que pode se manifestar no Brasil e que já vem ocorrendo com uma experiência no Oeste do Estado de Santa Catarina, onde 20 Municípios criaram um fórum que reuniu todos que poderiam dar suporte e promover o desenvolvimento econômico – o *Fórum de Desenvolvimento Regional Integrado.*

Esse Fórum representa a sociedade e visa a integrar os trabalhos das instituições locais, governamentais e privadas, voltadas ao desenvolvimento, como o próprio Governo, bancos, universidades, associações empresariais e rurais, institutos de pesquisa, além de empresas, tanto grandes como médias e pequenas.

Representantes de entidades catarinenses ligadas ao Fórum foram à Província de Bologna, na região italiana da Emilia Romagna, para conhecer os mecanismos que possibilitaram àquela região um PIB acima de US$ 25,000.00 *per capita* e ser ao mesmo tempo um "Eldorado" das pequenas empresas.

Os mecanismos são simples, como o modelo *consórcio de valorização de produto*, cujo exemplo é o Consórcio da Batata Típica da *Bologna*, em que cooperativas e empresas de comercialização, além dos produtores, se uniram num esforço de *marketing* e qualidade para tornar esse produto conhecido além-fronteiras, conseguindo sobrepreços de até 30%.

Na área industrial sobressaem os *consórcios de formação de produto*, em que, por exemplo, pequenos fabricantes, cada um especialista num equipamento, fornecem uma vinícola inteira, simulando uma grande empresa, mas com mais agilidade e flexibilidade. *Consórcios de marcas* e *consórcios de exportação* são outros exemplos.

São importantíssimos, ainda, as cooperativas e os consórcios de garantia de crédito, que possibilitam crédito barato, abundante e ágil para as pequenas empresas. O *Consorcio Artigian Credit Emilia Romagna* apresenta-se como um consórcio formado por 23 cooperativas de garantia de crédito da região, apoiado pelas associações empresariais das pequenas empresas, governos da região, províncias e Câmaras de Comércio. Esse consórcio é uma espécie de ressegurador das cooperativas de garantia, ou seja, ele veio fortalecer o sistema, dando condições melhores às cooperativas e associações para negociações de recursos junto ao sistema bancário.

No Brasil existe um sistema financeiro oficial, com recursos que para inúmeros micro e pequenos empresários são demasiadamente caros. O que falta é justamente um mecanismo que proporcione diminuição de custos operacionais aos bancos, permeabilidade e diminuição do risco. Este mecanismo é o das cooperativas de garantia de crédito e do consórcio de garantia de crédito.

Entretanto, é importante salientar que a experiência italiana recomenda a criação de cooperativas de garantia de crédito, e não cooperativas de crédito. E há uma explicação lógica: a cooperativa de crédito é, na realidade, um banco; e, como banco, terá seus objetivos de lucro nas operações, conflitando com o objetivo dos associados, que é a obtenção de crédito barato.

A legislação brasileira tem que se adequar, pois prevê somente cooperativas de crédito que, em operações de aval, este apenas pode dar-se por convênio com os bancos, e não diretamente nos contratos. Há ainda a exigência de as cooperativas serem setoriais, o que dificulta a criação de cooperativas que abranjam os vários segmentos produtivos de um sistema econômico local.

Para melhor visualização de um modelo geral de rede para o desenvolvimento de um sistema econômico local, Nélson Casarotto Filho e Luiz Henrique Pires[8] propuseram a seguinte figura:

7. *Redes de Pequenas e Médias Empresas e Desenvolvimento Local*, São Paulo, Atlas, 1999, p. 13.

8. *Redes* ..., p. 21.

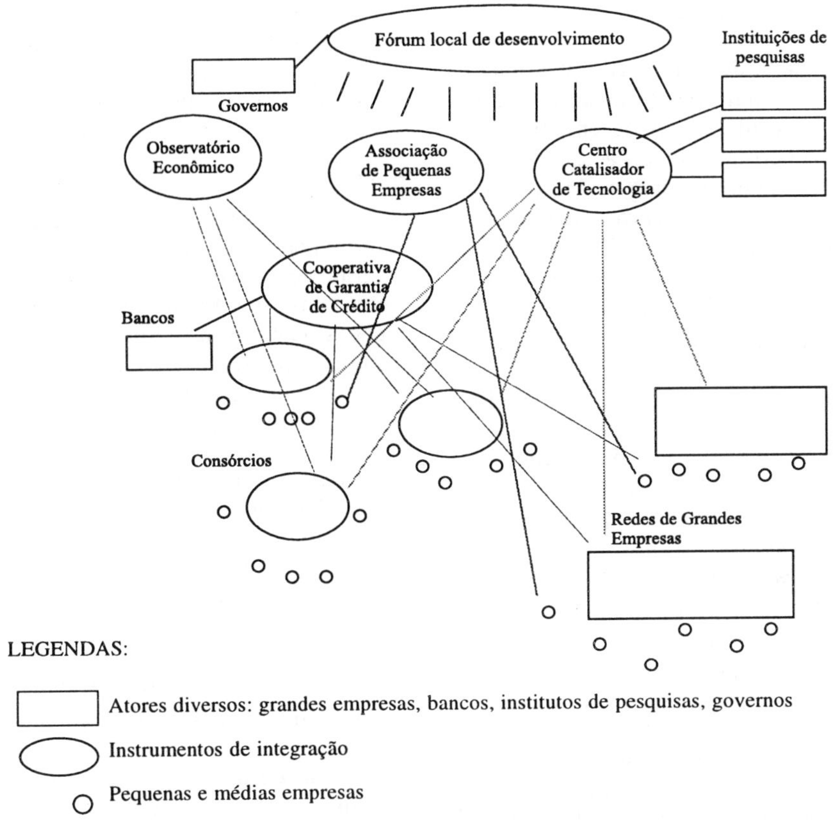

Figura 1.1 Modelo geral de rede para o desenvolvimento de um sistema econômico local.

As cooperativas são também firmemente defendidas na tradição alemã. Frederick L. Mckitrick,[9] ao dissertar sobre a solução institucional dos artesãos alemães, assevera que as cooperativas compensam por várias maneiras se comparadas às desvantagens herdadas do pequeno ofício: recursos de capital limitados que impossibilitam economicamente o poder de compra; capacidade de gerenciamento limitada para organizar leilões, compras, *marketing* etc.; e o comando e conhecimento de um mercado geográfico limitado, especialmente para exportação (em tradução livre).

A partir desta concepção, viceja a capacidade de micro e pequenas empresas se integrarem através do apoio organizacional e creditício de cooperativas, as quais, através de consórcios específicos, viabilizem sua produção para a exportação, para os incrementos das atividades no próprio Mercosul, e posteriormente, criando mecanismos de otimização que venham a facilitar sua ingerência no Mercado Comum Europeu, que pode estar situado próximo a nós, devido a nossas raízes ibéricas.

9. "Flexible and efficient: the institutional solution of german artisans", *European Yearbook of Business History*, v. 1, Hampshire, Ashgate, 1998, p. 27: "Cooperatives make up for several inherent disadvantages of the small shop: limited capital resources that preclude purchasing economically; limited managerial capacity to organize bidding, buying, marketing etc.; and the command over and knowledge of a limited geographical market, especially for export".

5.2 *Integração comunitária*

Partindo-se da premissa de que somente após um estágio de evolução contínua estará o Mercosul apto a se desenvolver nos moldes jurídicos adaptáveis ao que se chamaria "direito comunitário do Mercosul", enquadrar-se-ia este num processo que corroborasse a crescente necessidade de exploração de mercado para fins de exportação em nível de União Européia.

Através dos ensinamentos de Elvira Méndez Pinedo,[10] e através da adaptação advinda dos lindes do direito comparado, demonstrando uma série de estudos feitos para viabilizar as relações de consumo entre os países integrantes da União Européia, retiram-se lições proveitosas para a consecução de uma integração efetiva e comunitária entre os blocos econômicos supracitados.

Estas lições são enumeradas através das seguintes propostas de reforma:

1) criação de mecanismos extrajudiciais que, através de procedimentos como a conciliação, mediação e arbitragem, pudessem informar, dirimir e institucionalizar os conflitos surgidos entre os blocos econômicos;

2) modelo de demanda simplificada para litígios transfronteiriços, que, por ser facilmente disponibilizado na *Internet*, nas línguas de origem dos países-membros, poderia tornar-se um instrumento de comunicação entre cooperativas, consórcios e associações dos diferentes blocos que tivessem questões conflitantes a serem discutidas;

3) criação de um órgão específico para as devidas reclamações: o *Ombudsman* dos blocos em questão;

4) seguros de defesa jurídica, que viabilizariam a consultoria e eventuais procedimentos jurisdicionais entre as partes que não dispusessem de recursos suficientes;

5) cooperação transfronteiriça;

6) programas de formação em direito internacional privado e direito comunitário para juristas e demais partes empenhadas no sucesso das relações entre os blocos.

6. *Conclusão*

É incontestável que o surgimento das micro e pequenas empresas advém de um programa estatal que visa a absorver e empregar parte importante das massas desocupadas ou expulsas do mercado formal – promoção que se faz mediante o desenvolvimento, no próprio Estado, de certas condições sociais (legislação que desburocratize e favoreça sua criação, que reduza ou isente a micro e pequena empresa de certas obrigações tributárias etc.) e financeiras (fundamentalmente, créditos mais acessíveis, mas socializando os custos) para seu fomento, e mediante o estímulo à terceirização, via, fundamentalmente, programas de incentivo à demissão voluntária (PDV) e à flexibilização do contrato de trabalho.

Esta ingerência estatal somente serve para demonstrar sua incapacidade na harmonização entre os setores econômicos, que, após tão numerosas crises, enfrentam grandes problemas. As micro e pequenas empresas, que se apresentam como meios de inserção social no trabalho daquela massa de desempregados advindos das médias e grandes indústrias, não se expressam de modo realmente eficaz para propugnarem melhoria de vida de seus trabalhadores.

O SEBRAE – Serviço de Apoio às Micro e Pequenas Empresas tem condições de oferecer grande colaboração para que estas empresas se sintam consolidadas no mercado. No entanto, existem inegáveis discrepâncias quanto ao seu objetivo e o real comprometimento de seus dirigentes, e urge àqueles que contribuem para que este serviço exista, e seja eficaz, atentar à fiscalização do que realmente ocorre.

O programa de desburocratização para que se ofereçam melhores oportunidades e maior facilitação para se iniciar, ou até mesmo finalizar, um micro ou pequeno empre-

10. *La Protección de Consumidores en la Unión Europea*, Madri, Marcial Pons, 1998. pp. 378-379.

endimento necessita ser revisto, atentando sempre ao pragmatismo.

Devido à imposições da nova ordem global, o sucesso pleno do Mercosul, como instituição transnacional, depende de um sistema de intensa e leal cooperação política e jurídica. Contrariamente à formação das estruturas comunitárias na Europa, o Mercosul fundou-se no modelo de sociedade internacional sob o ponto de vista do direito internacional público, e não do direito comunitário. Ou seja, com órgãos intergovernamentais de representação dos Estados, não se constitui em uma estrutura supranacional, mas em organismo de natureza intergovernamental. A efetiva internacionalização de suas normas depende de decisões isoladas das autoridades internas de cada Estado-parte. Na realidade, no caso do Mercosul o que existe são políticas integracionais, enquanto na União Européia há a fundação de um direito novo: o direito comunitário.

A união entre as micro e pequenas empresas, estimulada pela inserção de regramentos que possibilitem o surgimento de cooperativas de garantia de crédito – as quais, também interligadas através de consórcios, abririam novos e importantes caminhos para o incremento das exportações no Mercosul –, representa o marco inicial de um profundo processo de transformação, no sentido de se criar um direito comunitário próprio aos lindes deste bloco econômico.

Atentando-se sempre ao fato de que os princípios da subsidiariedade e proporcionalidade gozam de uma posição privilegiada no seio do direito comunitário, pois revestem mecanismos de inestimável valor como balizamento e contenção do poder no âmbito comunitário, em todos os níveis de organização, conclui-se que estes mesmos princípios concorrerão para que as Diretrizes do Mercosul sejam auto-aplicáveis, como são as Diretivas da União Européia.

Com esta assertiva, viceja a aproximação integracionista dos blocos econômicos, que, através de soluções práticas, como explicitadas anteriormente, cumprirão seu *iter* finalístico.

7. Bibliografia

BASTOS JÚNIOR, Luiz Magno Pinto. "O papel do Tribunal de Justiça Europeu no processo de integração comunitária". *Revista de Direito Constitucional e Internacional* 34/52-75. Ano 9. São Paulo, Ed. RT, janeiro-março/2001.

BATALHA, Wilson de Souza Campos. *Estatuto da Microempresa*. Rio de Janeiro, Forense, 1989.

CASAROTTO FILHO, Nélson, e PIRES, Luiz Henrique. *Redes de Pequenas e Médias Empresas e Desenvolvimento Local*. São Paulo, Atlas, 1999.

CURCI, Maria Elia. *Estudo sobre Vida e Morte de Microempresas em Franca: Identificação das Causas de Fechamento no Ramo Calçadista*. Dissertação (Mestrado em Administração). Franca, Faculdade de Ciências Econômicas, Administrativas e Contábeis de Franca, 2001 (264 pp.).

FRACAROLLI, Luiz Machado. *Pequena e Média Empresas*. São Paulo, Livraria Pioneira Editora, 1976.

GÁNDARA, Luiz Fernández de la, e CARAVACA, Alfonso Luís Calvo. *Derecho Mercantil Internacional*. Madrid, Editorial Tecnos, 1993.

HESPANHA, Benedito. "Uma visão crítica de problemas constitucionais no direito comparado, no direito comunitário e no Mercosul". *Revista de Direito Constitucional e Internacional* 30/23-25. Ano 8. São Paulo, Ed. RT, janeiro-março/2000.

KINOSHITA, Fernando. "Mercosul e União Européia: consolidação do futuro". *Revista de Direito Constitucional e Internacional* 35/7-23. Ano 9. São Paulo, Ed. RT, abril-junho/2001.

MARSHALL, Carla Izolda Fiuza Costa. "Responsabilidade civil do fabricante por produto defeituoso na União Européia e no Brasil". *Revista de Direito do Consumidor* 25/116-121. São Paulo, Ed. RT, janeiro-marçl/1998.

MARTINS, Fran. *Curso de Direito Comercial*. 15ª ed. Rio de Janeiro, Forense, 1990.

MCKITRICK, Frederick L. "Flexible and efficient: the institucional solution of german artisans". *European Yearbook of Buseness Histores*. v. 1. Hampshire, Ashgate, 1998 (pp. 19-35).

MONTAÑO, Carlos. *Microempresa na Era da Globalização*. v. 69. São Paulo, Cortez Editora, 1999.

MORAES, Francisco Chagas. "Microempresa. Notas à margem do Estatuto". *RT* 619/42-55. Ano 76. São Paulo, Ed. RT, maio/1987.

PETTITI, Priscilla. "Le nuove società di professionisti". *Rivista del Diritto Commerciale* 11-12/1.021-1.036. Roma, Rivista del Diritto Commerciale, 1997.

PINEDO, Elvira Méndez. *La Protección de Consumidores en la Unión Europea*. Madri, Marcial Pons, 1998.

SEBRAE (SERVIÇO BRASILEIRO DE APOIO ÀS MICRO E PEQUENAS EMPRESAS). *Mercosul*. São Paulo, 2001 (disponível em *http://www.sebraesp.com.br/sebrae/sebraenovo/comex/comex-fag7.htm*, acesso em 7.10. 2001).

————. *Microempresa*. São Paulo, 2001 (disponível em: *http://intramine/cgi-bin*, acesso em 15.1.2001, e *http://intramine/internet/microempresa/abertura*, acesso em 2.10.2001).

SILVA, Roberto Luiz. *Direito Econômico Internacional e Direito Comunitário*. Belo Horizonte, Del Rey, 1995.

SZTAJN, Rachel. "Nótulas sobre o novo Estatuto da Microempresa". *RDM* 116/97-100. Ano 38. São Paulo, Malheiros Editores, outubro-dezembro/1999.

Jurisprudência Comentada

EXECUÇÃO DE CESSÃO DE CRÉDITO – ALIENAÇÃO EM FRAUDE À EXECUÇÃO – INEFICÁCIA – ADQUIRENTE FALIDO – NUMERÁRIO ENTREGUE AO EXEQÜENTE

Comentários de
HÉLIO DA SILVA NUNES
ao acórdão do REsp 201.385-SP, da 1ª Turma do STJ

REsp 201.385-SP (registro 99.0005248-0)

Rel. Min. Humberto Gomes de Barros

j. 14.11.2000

DJU *2.4.2001*

Ementa*: Processual – Execução de cessão de crédito – Alienação em fraude à execução – Ineficácia – Adquirente falido – Numerário entregue ao exeqüente.*

Se o bem alienado em fraude à execução veio a ser desapropriado, o valor da respectiva indenização deve ser levado ao juízo onde se processa a execução, nada importando a circunstância de o adquirente-expropriado encontrar-se falido. O produto do bem alienado em fraude à execução só integra a massa falida, na medida em que ultrapassa o valor suficiente à satisfação do exeqüente fraudado (CPC, arts. 592-593).

ACÓRDÃO

Vistos, relatados e discutidos estes autos: Acordam os Srs. Ministros da 1ª Turma do Superior Tribunal de Justiça, na conformidade dos votos e das notas taquigráficas a seguir, prosseguindo no julgamento, após o voto-vista do Sr. Min. Francisco Falcão, acompanhado pelo Sr. Min. Garcia Vieira, por maioria, vencido o Sr. Min. José Delgado, dar provimento ao recurso. Votaram de acordo com o Sr. Ministro-Relator os Srs. Mins. Francisco Falcão e Garcia Viera. Ausente, justificadamente, nesta assentada, o Sr. Min. Mílton Luiz Pereira.

Brasília-DF, 14 de novembro de 2000 – *José Delgado*, Presidente – *Humberto Gomes de Barros*, Relator.

RELATÓRIO

O Sr. Min. Humberto Gomes de Barros: Cuida-se de recurso especial interposto contra o acórdão do Tribunal de Justiça do Estado de São Paulo, resumido assim: "Falência – Execução singular onde se reconheceu a ocorrência de fraude relativamente à sessão de crédito existente em ação de desapropriação, de titularidade de sócio solidário da falida – Importância que deve ser remetida ao juízo da falência, a quem compete decidir todas as questões relativas aos interesses da massa falida e seus credores – Universalidade e indivisibilidade do juízo falimentar – Agravo não provido" (fls. 183).

Agasalhado nas alíneas "a" e "c" do permissivo constitucional, o Banco do Brasil S/A queixa-se de afronta aos arts. 593, II, do Código de Processo Civil e 7º, § 2º, da Lei de Falências, bem como dissídio pretoriano. Pede "a remessa do valor correspondente à cessão de crédito declarada em fraude à execução ao Juízo da execução promovida pelo ora recorrente" (fls. 199), dizendo ser incompetente o Juízo falimentar.

É o relatório.

VOTO

O Sr. Min. Humberto Gomes de Barros (***Relator***): Leio o relatório que orientou a formação do acórdão recorrido:

"Trata-se de agravo de instrumento interposto contra despacho que, nos autos de desapropriação promovida pelo Município de Cubatão contra o agravado e outros, indeferiu pedido de remessa de numerário depositado pela expropriante ao Juízo da 3ª Vara Cível, onde está em curso ação de execução promovida pelo agravante contra os expropriados, e determinou a remessa ao Juízo da falência da agravada.

"Alega o agravante que o referido corresponde à cessão de crédito que se efetuou em fraude à execução, reconhecida pelo Juízo da 3ª Vara Cível. Não se trata, pois, de fraude contra credores. Além disso, não se trata de ato alcançado pelo termo legal de quebra. Por essas razões, a importância deve ser remetida ao Juízo da execução. Para tal finalidade, pede-se dê provimento ao recurso" (fls. 183-184).

Como se percebe, o numerário, cujo destino se discute, foi apurado na desapropriação de bem anteriormente adquirido em fraude à execução, por pessoa que depois veio a falir.

Sem ser nula, a venda em fraude à execução é ineficaz relativamente à vítima da fraude. Se assim ocorre, o bem adquirido pelo ora falido continuou penhorado, no antigo processo de execução. O valor resultante de sua desapropriação deve, pois, ser entregue ao exeqüente. Fazer com que ele se integre à massa é negar vigência aos arts. 592 e 593 do Código de Processo Civil.

Dou provimento ao recurso.

VOTO

O Sr. Min. José Delgado (***Presidente***): Com o meu pedido de vênia por divergir do eminente Ministro-Relator, conheço do recurso, porém nego-lhe provimento.

ESCLARECIMENTOS

O Sr. Min. Humberto Gomes de Barros (***Relator***): Sr. Presidente, V. Exa. está com os fatos mais presentes na memória. O Banco do Brasil executava uma entidade. Nessa execução, ele penhorou os créditos relativos a uma desapropriação. Não é isso?

O Sr. Min. José Delgado (***Presidente***): O Banco do Brasil iniciou essa execução antes de ser decretada a falência da empresa.

O Sr. Min. Humberto Gomes de Barros (***Relator***): Quando ele fez a execução, esses bens foram alienados a terceiros.

O Sr. Min. José Delgado (***Presidente***): O Banco do Brasil, como não encontrou bens na empresa, penhorou o crédito que o sócio havia transferido a um terceiro. Reconheceu-se que esse crédito foi em fraude à execução. Sendo essa transferência reconhecida como fraude, estou defendendo que esse bem voltou integralmente para o patrimônio de quem o transferiu, de seu proprietário, que essa transferência foi anulada. Por quê? Porque foi feita em fraude à execução.

Se há algo a ser discutido, que seja entre o transmitente e o transmitido. Mas não é o caso aqui debatido. Então, ao voltar o bem para o poder do sócio, o que se faz? Há a penhora no rosto dos autos da desapropriação desse bem, do valor que foi depositado correspondente ao mesmo. Houve a penhora, e aí vem a decretação da falência.

O Sr. Min. ***José Delgado*** *(**Presidente**)*: (Lê): "Em data de 9 de junho de 1989, o Banco (...)de todos os sócios".

Daí vem o reconhecimento da fraude à execução.

VOTO-VISTA (vencido)

O Sr. Min. ***José Delgado*** *(**Presidente**)*: A questão examinada no presente recurso especial consiste em determinar-se os efeitos concretos, no âmbito processual, de decisão que reconheceu existência de bem alienado em fraude à execução que, posteriormente, veio a ser desapropriado, em face de falência do adquirente-expropriado. Busca-se definir se, em tal situação, o produto do bem alienado em fraude à execução integra a massa falida ou deve permanecer no juízo da execução.

O eminente Relator posicionou-se do modo que consta na ementa do seu judicioso voto:

"Processual – Execução de cessão de crédito – Alienação em fraude à execução – Ineficácia – Adquirente falido – Numerário entregue ao exeqüente.

"Se o bem alienado em fraude à execução veio a ser desapropriado, o valor da respectiva desapropriação deve ser levado ao juízo onde se processa a execução, nada importando a circunstância de o adquirente-expropriado encontrar-se falido. O produto do bem alienado em fraude à execução só integra a massa falida, na medida em que ultrapassa o valor suficiente à satisfação do exeqüente fraudado (CPC, arts. 592-593)."

Com vista dos autos, emito o meu pronunciamento.

Inicio as minhas reflexões fazendo o registro, embora desnecessário, de que a fraude à execução, quando reconhecida, "(...) ocorre um juízo de ineficácia do ato, sendo exaustiva a lição da doutrina, sob esse aspecto", conforme lembra Yussef Said Cahali, em sua obra *Fraude contra Credores*, Ed. RT, 2ª ed., p. 101.

Em nota de rodapé, o referido autor faz lembrar que esse é o posicionamento defendido pela doutrinação de Pontes de Miranda, *Comentários ...*, v. IX, p. 463; Mário Aguiar Moura, "Fraude em execução ...", *AJURIS* 12/66; Amaral Santos, *Primeiras Linhas de Direito Processual Civil*, v. III, n. 879, p. 251; Orlando de Souza, *Processo de Execução*, p. 84; 3ª Câmara Cível do TJSP, Ap. cível n. 21.047-1, 15.6.1982.

Em conseqüência, havendo o reconhecimento judicial, na fraude à execução, da ineficácia do ato fraudulento, a conseqüência imediata é que a venda do bem, tal como vício, será imponível em relação ao credor prejudicado, com efeitos *ex tunc*.

Existindo, portanto, a consolidação do reconhecimento da fraude à execução praticada pelo devedor, o bem transmitido a terceiro com essa característica ilegal integra-se livremente ao processo de execução, passando a receber a constrição da penhora e seguindo-se, normalmente, os demais atos de execução.

Em outras palavras: inexiste, para o processo de execução movido pelo credor contra o devedor, a transação de transferência do bem penhorado para terceiro, em razão de tal ato ter sido contaminado pela fraude e, conseqüentemente, considerado nulo.

Consubstanciada essa situação jurídica, de absoluta proteção aos direitos do credor e de sublimação ao princípio da moralidade a ser seguido nas relações jurídicas até mesmo patrimoniais, resta examinar o âmago da questão em debate e consistente no seguinte: qual o destino a ser dado ao numerário depositado por entidade que desapropriou esse bem garantidor da execução, em caso de ter sido decretada a falência do devedor? Esse valor correspondente à indenização deve ser entregue ao juízo falimentar para compor o acervo financeiro e patrimonial da massa falida ou pertencer, exclusivamente, ao juízo de execução, para atender, tão-somente, aos interesses da parte exeqüente?

Eis a questão.

Os autos revelam que:

a) em data de 9.6.1989, o Banco do Brasil, ora recorrente, ingressou com execução cambial contra o Frigorífico Apene Ltda. – e seus avalistas, entre esses Fuad Apene;

b) para garantia da execução, houve a penhora, no rosto dos autos de uma ação desapropriatória em curso, de valores que os avalistas iriam receber, como indenização de bem expropriado pelo Poder Público;

c) esse ato de penhora ocorreu em data de 28.4.1995;

d) em 6.10.1992, quando a execução do Banco do Brasil já estava distribuída, Fuad Apene, um dos avalistas executados, cedeu parte de seu crédito a terceiro, o que foi, posteriormente, considerado em fraude à execução;

e) em data de 15.12.1993, foi decretada a falência da empresa Frigorífico Apene Ltda.;

f) conforme decisão de fls. 163-166, determinou-se a arrecadação, para fins de constituir o patrimônio da massa falida, dos bens de todos os sócios;

g) em face dessa decisão, a importância correspondente ao processo desapropriatório e pertencente ao sócio da empresa falida, Fuad Apene, foi arrecadada;

h) insurge-se o Banco do Brasil contra essa arrecadação sob a alegação de que a importância, após ter afastado os efeitos da cessão de crédito de seu total feito a terceiros por Fuad Apene, deve permanecer para garantir, exclusivamente, a liquidação da execução movida contra o próprio Fuad Apene, sócio e avalista dos débitos da empresa falida.

Posto o panorama acima descrito, verifico que o acórdão recorrido desenvolveu as razões e conclusão que cito, de modo integral (fls. 184-186):

"Quanto ao mérito, a decisão foi também acertada. O douto Procurador de Justiça bem elucidou a matéria em discussão. Merecem transcrição algumas das considerações por ele expendidas, com base nos arts. 7º, § 2º; 23 e 24 da Lei de Falências:

"'Esqueceu-se ele *[o agravante]* que o juízo da falência é indivisível e competente para todas as ações e reclamações sobre bens, interesses e negócio da massa falida, as quais serão processadas na forma determinada nesta lei. E que ao juízo da falência devem concorrer todos os credores do devedor comum, comerciais ou civis, alegando e provando os seus direitos, motivo pelo qual as ações ou execuções individuais dos credores, sobre direitos e interesses relativos à massa falida, inclusive as dos credores particulares de sócio solidário da sociedade falida, hipótese dos autos, ficam suspensas desde que seja declarada a falência até o encerramento.

"'Assim, se tornar definitiva a decisão proferida na 3ª Vara Cível de Santos, sujeita, ainda, a recurso do interessado, que reconheceu a existência de fraude à execução, na cessão de crédito feita a Rômulo Fedeli de Túlio, é forçoso convir que o valor correspondente a essa cessão deverá, obrigatoriamente, retornar ao expropriado-cedente, Fuad Apene. Em decorrência, necessariamente remetido, também, ao Juízo universal da falência (art. 7º, § 2º, da Lei de Falências), para onde, aliás, já foram remetidas as duas terças-partes (2/3), cabentes aos expropriados Ibrahim Apene e Jamil Apene.

"'Em face disso, é injustificável qualquer tratamento jurídico diversificado em relação aos valores depositados. O tratamento jurídico deve ser tão-somente um. Se duas terças-partes (2/3) da indenização já foram encaminhadas para o Juízo falimentar, é óbvio que o terço (1/3) restante, nas mesmas condições, para lá há de ser enviado.'

"Todas essas ponderações tornam inquestionável a falta de razão do agravante. Assinale-se que o fato de ter sido reconhecida apenas a fraude à execução, não a fraude contra credores, não infirma aquela conclusão. Conforme consignado no aludido parecer, a importância correspondente à cessão fraudulenta deve ser enviada ao Juízo da falência, tendo assim o mesmo destino dos outros dois-terços da indenização expropriatória. Aliás, é fácil imaginar o campo que se abriria para burlar as normas da Lei de Falências, caso se acolhesse a tese do agravante.

"Na verdade, sua pretensão contraria frontalmente a universalidade e indivisibilidade do juízo falimentar. A este incumbe decidir sobre todas as questões de interesse da massa falida, dentre as quais, no que interessa ao caso concreto, destino final da importância em discussão. Esta competência não será do juízo de desapropriação, ou, como pretende o agravante, do juízo da execução singular. Sua pretensão, repita-se, contraria frontalmente o disposto no art. 7º, § 2º, da Lei de Falências. Por isso não pode ser acolhida."

A fundamentação recursal do Banco do Brasil é no sentido de que os efeitos de reconhecimento da fraude à execução só têm expressão para o exeqüente e executado, permanecendo íntegro o vínculo entre o devedor que transmitiu o bem, com tal vício, e o adquirente.

Em outro ângulo, nas palavras de Humberto Theodoro (*Processo de Execução*, LEUD, São Paulo, 1975, pp. 118 e ss.) (fls. 194-195): "Não se cuida, como se vê, de ato nulo ou anulável. O negócio jurídico que frauda a execução, diversamente do que se passa com o que frauda credores, gera pleno efeito entre alienante e adquirente. Apenas não pode ser oposto ao exeqüente. Assim, a forma da execução continuará a atingir o objeto da alienação ou oneração fraudulenta, como se estas não tivessem ocorrido. O bem será de propriedade do terceiro, mas permanecerá respondendo pela dívida do transmitente, num autêntico exemplo de responsabilidade sem débito".

Forte nesse entendimento, diz o Banco do Brasil (fls. 195-196):

"Assim, está claro que o valor correspondente à cessão de crédito feita a Rômulo Fedeli de Túlio não retornou ao cedente, Sr. Fuad Apene. Em decorrência, não poderia ser objeto da arrecadação da massa falida do Frigorífico Apene Ltda., conforme § 2º do art. 7º da Lei de Falências. O destino da importância correspondente à cessão fraudulenta só poderia ser o Juízo da execução onde foi declarada a fraude à execução.

"Desse modo, estando contrariados dispositivos de leis federais, compete a esse colendo Tribunal dar a correta interpretação à aplicação das normas, bem como declarar a extensão e o alcance dos dispositivos nelas contidos."

Invocou, com tais razões, infringência ao art. 593, II, do Código de Processo Civil e ao art. 7º, § 2º, da Lei de Falências, bem como divergência jurisprudencial.

O apelo só foi admitido pelo art. 7º, § 2º, da Lei de Falências.

A inadmissibilidade do recurso por não ter se reconhecido prequestionamento do art. 593, II, do Código de Processo Civil, nem demonstrado a divergência jurisprudencial alegada, merece ser homenageada. As razões de fls. 225-228 são suficientes.

O acórdão recorrido tratou expressamente do art. 7º, § 2º, da Lei de Falências.

Nesse ponto, o especial merece ser conhecido.

Peço vênia ao eminente Relator para não acompanhá-lo quanto ao mérito.

A respeito, o meu convencimento é de que, no âmbito do processo de execução entre Banco do Brasil (recorrente) e o sócio Fuad Apene, o valor correspondente à desapropriação, considerado cedido em fraude à execução, pertence ao executado, e, portanto, sujeito, em face de sua condição de sócio, ao fenômeno da arrecadação para integrar a massa falimentar.

A relação jurídica nascida com a cessão do crédito não produz nenhum efeito para o processo de execução. Reconhecida a fraude, desconstituído o vínculo do devedor-executado contra terceiro, não há de produzir qualquer efeito no âmbito da execução a cessão de crédito em questão, passando a ser negócio jurídico a ser discutido, exclusivamente, entre cedente e cessionário.

Se a fraude de execução reconhecida produziu efeitos no executivo individual promovido pelo Banco do Brasil, ela continua a contaminar o processo falimentar aberto posteriormente.

Tem-se a projeção, na execução coletiva, dos efeitos da fraude à execução anteriormente reconhecida em executivo promovido por um só dos credores.

Não há como, aplicando-se princípios de lógica, conceber-se ter existido fraude à execução, unicamente, para beneficiar o credor individual e desprezar-se os efeitos dela na execução coletiva posteriormente instalada.

A perdurar essa interpretação, desatende-se ao preceito posto no art. 7º, § 2º, da Lei de Falências, que estatui: "O juízo de falência é indivisível e competente para todas as ações e reclamações sobre bens, interesses e negócios da massa falida, os quais serão processados na forma determinada nesta Lei".

Outrossim, não se nega que o Banco do Brasil é credor quirografário da massa falida e dos seus avalistas-sócios.

Este, portanto, subordinado à regra dos arts. 23 e 24 da Lei de Falências.

"Art. 23. Do juízo da falência devem concorrer todos os credores do devedor comum, comerciais ou civis, alegando e provando os seus direitos.

"Parágrafo único. Não podem ser reclamados na falência:

"I – as obrigações a título gratuito e as prestações alimentícias;

"II – as despesas que os credores individualmente fizeram para tomar parte na falência, salvo custas judiciais em litígio com a massa;

"III – as penas pecuniárias por infração das leis penais e administrativas.

"Art. 24. As ações ou execuções individuais dos credores sobre direitos e interesses relativos à massa falida, inclusive os dos credores particulares do sócio solidário da sociedade falida, ficam suspensas, desde que seja declarada a falência até o seu encerramento.

"§ 1º. Achando-se os bens já em praça, com dia definitivo para arrematação, fixado por editais, far-se-á esta entrando o produto para a massa. Se, porém, os bens já tiverem sido arrematados ao tempo da declaração da falência, somente entrará para a mesma sobra, depois de pago o exeqüente.

"§ 2º. (...)."

Ora, na hipótese assinalada, ao ser decretada a falência, em data de 15.12.1993, a execução do Banco do Brasil contra a massa e seus sócios estava em curso, só ocorrendo a penhora no rosto dos autos de desapropriação em data de 28.4.1995.

Em tal circunstância, por força do art. 24 da Lei de Falências, a execução do Banco do Brasil, imperativamente, ficou suspensa. Correta, assim, a arrecadação da quantia decorrente da penhora realizada no rosto dos autos, para que ela forme a massa falida e sobre ela concorra o exeqüente, Banco do Brasil, em situação de igualdade, com os demais credores comuns.

Não há, portanto, privilégio, em face dos fatos assinalados, a ser concedido ao Banco do Brasil. A lei não contém previsão a respeito.

Registro, também, que no processo de arrecadação dos bens do falido há de se seguir as seguintes regras:

a) o síndico arrecadará todos os bens do falido etc. (art. 70);

b) os bens penhorados ou por outra forma apreendidos, salvo tratando-se de ação ou execução que a falência não suspenda (o que não é o caso em exame), entrarão para a massa, cumprindo ao juiz deprecar, a requerimento do síndico, às autoridades competentes, a entrega deles (art. 70, § 4º);

c) a arrecadação dos bens particulares do sócio solidário será feita ao mesmo tempo que a dos bens da sociedade, descontando-se inventário especial de cada uma das massas (art. 71).

É o que ocorreu na hipótese examinada, com o fortalecimento, conforme já noticiado, que a arrecadação dos bens do sócio está confirmada por decisão judicial.

Isto posto, com o meu pedido de vênia por divergir do eminente Relator, conheço do recurso, porém nego-lhe provimento.

É como voto.

ESCLARECIMENTOS

O Sr. Min. Mílton Luiz Pereira: Sr. Presidente, ainda estou com uma dúvida. Pelo que entendi do voto do Sr. Ministro-Relator, existia uma ação de desapropriação. Essa ação de desapropriação resultou numa determinada indenização. A falência era contra a pessoa jurídica e não contra a pessoa física expropriada. A pessoa física expropriada tem bens particulares e não se cogitou de que o sócio estivesse solidário com as atividades da pessoa jurídica.

O Sr. Min. Humberto Gomes de Barros (***Relator***): Min. Mílton Luiz Pereira, foi esse detalhe que me levou ao engano. Ele era solidário.

O Sr. Min. Mílton Luiz Pereira: A expropriada, então, é a pessoa jurídica, não é a pessoa física? O bem expropriado era da pessoa jurídica?

VOTO-VISTA

O Sr. Min. Francisco Falcão: A recorrente promove contra os recorridos ação de execução de título extrajudicial.

Em 1992, Fuad Apene e sua esposa cederam a seu patrono, Rômulo Fedeli de Túlio, crédito consistente em um-terço do ofício requisitório decorrente de indenização devida pela Prefeitura de Cubatão.

Em 1993 foi decretada a falência do Grupo Apene, do qual fazia parte o Sr. Fuad Apene.

O Juiz da execução reconheceu a existência de fraude à execução na cessão de crédito acima explicitada.

No panorama acima explicitado resta definir se o produto da alienação maculada por fraude à execução integra a massa falida ou deve permanecer no Juízo da execução.

A fraude em tela foi cometida no curso do processo de execução. Caracterizada como tal, exsurge ineficaz perante o exeqüente, *in casu*, o recorrente, o qual poderá lançar mão dos procedimentos devidos para atrair o objeto sobre o qual a execução deveria recair.

Não obstante, em relação ao alienante e ao adquirente a cessão gerou efeitos, não sendo gravada pela pecha de ato nulo, transferida assim a propriedade do crédito. Tanto é assim que a imposição do ato constritivo pelo Juiz de execução, em relação ao bem alienado, é dirigida ao objeto da alienação sem qualquer medida judicial prévia.

Sobre o assunto destaco excerto da lição inserta por Cândido Rangel Dinamarco (*Fundamentos do Processo Civil Moderno*, Malheiros Editores, 3ª ed., p. 575): "A fraude de execução compromete apenas aquele efeito específico do ato, que é o de subtrair o bem à responsabilidade por aquela específica obrigação do alienante (ineficácia parcial, portanto). E ela aproveita apenas, na medida desse efeito que fica excluído, ao titular de direito que no processo pendente ao tempo da alienação figurava como autor, ou como exeqüente (daí, ineficácia relativa)".

Nesse mesmo diapasão o ensinamento de Vicente Greco Filho, in *Direito Processual Civil Brasileiro*, Editora Saraiva, 11ª ed., p. 42:

"Na fraude de execução, a gravidade dos fatos e da situação torna ineficaz a alienação à execução, de modo que nenhuma ação é necessária para se declarar a fraude. Os bens alienados nos casos do art. 593, ainda que em poder e em nome de terceiros, encontram-se vinculados à execução do devedor, podendo ser alcançados pelos atos de apreensão judicial, independentemente de qualquer ação de natureza declaratória ou constitutiva.

"O Código de Processo Civil prevê situações objetivas e documentadas, quais sejam a alienação, quando já pendente ação fundada em direito real ou ação capaz de reduzi-lo à insolvência. Esses dados objetivos e facilmente aferíveis por certidão do Distribuidor Cível eliminam a alegação de ignorância por parte do adquirente, justificando, por conseguinte, a solução drástica da lei, qual seja a de tornar ineficaz ou irrelevante a alienação em face da execução, que vai alcançar os bens com quem se encontrem. O caso não é de nulidade ou anulabilidade do ato de alienação, mas de ineficácia, em face da execução; esta, como se disse, atingirá o bem alienado em fraude à execução, sem se discutir a propriedade atual, tanto que, se por outro motivo a execução se extinguir, a alienação permanece válida."

Ainda nessa linha de pensamento, transcrevo trecho da obra do processualista Humberto Theodoro Júnior, *verbis*:

"Não há necessidade de nenhuma ação para anular ou desconstituir o ato de disposição fraudulenta. A lei o considera simplesmente ineficaz perante o exeqüente.

"Não se cuida, como se vê, de ato nulo ou anulável. O negócio jurídico que frauda a execução, diversamente do que se passa com o que frauda credores, gera pleno efeito entre alienante e adquirente. Apenas não pode ser oposto ao exeqüente. Assim, a força da execução continuará a atingir o objeto da alienação ou oneração fraudulenta, como se estas não tivessem ocorrido. O bem será de propriedade do terceiro, num autêntico exemplo de responsabilidade sem débito" (*Processo de Execução*, Editora Universitária de Direito, p. 155).

Nesse contexto, entendo que o bem adquirido continua penhorado no antigo processo de execução, não retornando ao controle do alienante para posteriormente integrar a massa falimentar. Assim o é, porque a fraude à execução não reflete seus prejuízos apenas sobre o credor, mas sim à própria dignidade da Justiça, através do ato do alienante que intenta subtrair o bem à responsabilidade executiva.

Tais as razões expendidas, pedindo vênia ao nobre Min. José Delgado, acompanho o Ministro-Relator, dando provimento ao presente recurso.

É como voto.

Comentários de

Hélio da Silva Nunes

1. Uma atenta análise dos fatos, que são descritos no relatório e principalmente no resumo dos fatos feito por um dos julgadores, demonstra que, no julgamento, ocorreram vários equívocos, tanto na matéria de fato quanto na aplicação do Direito.

2. Os fatos, ao que se lê, seriam os seguintes: o Banco-exeqüente movia ação de execução contra determinada sociedade comercial e contra um dos sócios da empresa, que assumira a posição de avalista na cambial em execução. A execução fora aparelhada em 9.6.1983, e já em 28.4.1995 ocorrera a penhora, que se efetivara no rosto dos autos de uma ação desapropriatória, em que o sócio-avalista, e também executado, fora aquinhoado com uma soma de dinheiro resultante da desapropriação ocorrida. Já em 6.10.1992 o avalista executado cedera parte de seu direito de crédito, na desapropriação. Em 15.12.1993 fora decretada a falência da empresa executada e, pelo que se lê, houve, também, uma decisão interlocutória em que ou foram estendidos os efeitos da falência da sociedade aos sócios ou, então, foi desconsiderada a personalidade jurídica da empresa que faliu. E a partir desse instante os sócios passaram à condição de solidários nos débitos da empresa falida, tanto que se efetivou a arrecadação dos haveres do sócio-executado e foi determinado que o dinheiro fosse levado ao Juízo da falência. Contra essa determinação judicial opôs-se o Banco-exeqüente, pleiteando a remessa do dinheiro ao Juízo da execução, onde a alienação ocorrida foi considerada em fraude à execução.

3. O recurso ao Superior Tribunal de Justiça girou em torno de quem deveria realmente receber os valores advindos da desapropriação. Por maioria, entendeu-se pertencer ao Juízo da execução, e votos vencidos, minoritários, posicionaram-se em prol do Juízo falimentar.

4. Com a devida vênia dos emitentes Julgadores, a solução jurídica, parece-nos, não está em qualquer dos lados.

E para chegarmos a uma nova conclusão vamos ter de fixar, inicialmente, alguns pontos jurídicos. A fraude à execução, como sabido e ressabido, não leva à nulidade ou anulação do negócio jurídico. A espécie, no caso, é de ineficácia, isto é, o negócio é válido entre as partes contratantes, mas verdadeiramente inexistente frente ao exeqüente, que continua na persecução do bem, para levá-lo à praça. Portanto, *in casu*, não há falar-se em retorno do bem à posse e propriedade do executado-alienante. A posse e a propriedade são do adquirente, ainda que em fraude de execução. Propriedade que o adquirente só perde com a arrematação ou adjudicação do bem constrito. E só nesta fase é que, tratando-se de bem imóvel registrado, se cancela a transcrição decorrente da fraude à execução.

5. Portanto, no caso presente a propriedade do bem já era do adquirente.

Decretada a falência da empresa executada e estendidos os efeitos desta falência aos sócios, ou mesmo sendo despersonalizada a sociedade, a execução movida pelo Banco-exeqüente tinha que ser suspensa, por força da norma do art. 24 da Lei de Falências. Suspensa que deveria estar a execução, não haveria falar-se em remessa do bem constrito para o Juízo da execução, já que não sobrevivia. A execução, repita-se, era contra a sociedade, que veio a falir, e contra um de seus sócios, que era avalista da cambial exeqüenda; sócio, esse, a quem se estenderam os efeitos da falência da empresa a que ele pertencia, e teria que suportar os efeitos da falência, ainda que se não possa considerá-lo juridicamente falido. Na realidade, na espécie, existe mesmo é uma falência para ele – sócio –, e, como tal, sujeitando-se seus credores à norma do art. 24 do Decreto-lei 7.661/1945.

6. Também, parece-nos, não era o caso de remeter-se o dinheiro advindo da desapropriação ao Juízo da falência, e menor ainda o direito do síndico de ter procedido à arrecadação daquele bem.

Os termos do v. acórdão examinado não nos fornecem o campo da incidência legal do termo legal. Todavia, tendo em vista a data da distribuição da ação de execução, cuja cambial deve ter sido protestada, é razoável aceitar que o termo legal tenha retroagido a 9.6.1989, e como tal abrangido o negócio jurídico feito pelo avalista executado.

Ora, se o negócio jurídico ocorreu dentro do termo legal, haverá a incidência da norma do art. 52 da Lei de Falências. E ainda que não seja o caso da aplicação do art. 52 da Lei de Quebras, seria na espécie, no mínimo, de utilizar-se da norma do art. 53 da mesma lei. Mas o importante em qualquer destas duas hipóteses é que a ineficácia tem que ser declarada judicialmente (art. 55) e através de uma ação de rito ordinário (art. 56). Assim, para ocorrer a arrecadação é mister, antes, o reconhecimento judicial da ineficácia ou, então, da fraude especificada na norma do art. 53 do Decreto-lei 7.661/1945. Não antes, pois o bem constrito está em nome de terceiro.

De evidência que, sendo o caso, poderia o síndico valer-se de alguma medida cautelar para evitar o desaparecimento do bem visado. Mas não era a hipótese de arrecadação, uma vez que, mesmo em fraude à execução (e a fraude à execução, na espécie, exista apenas frente à ação singular de execução). A ação coletiva (falência) é regida por outros parâmetros jurídicos.

Com a devida vênia dos eminentes Ministros, juristas consagrados, esta é a nossa opinião.

Jurisprudência Comentada

CONSELHO MONETÁRIO NACIONAL – COMPETÊNCIA REGULADORA – AS AUDITORIAS INDEPENDENTES

Comentários de

HAROLDO MALHEIROS DUCLERC VERÇOSA

aos acórdãos dos EDecl 957.142.4/01, da 6ª Câmara do 1º TACivSP, e da ADIn 2.317-9-DF, do Tribunal Pleno do STF

EDecl 957.142-4/01, São Paulo
Rel. Juiz Massami Uyeda
j. 22.5.2001
RT ***792/288-289***

Banco Central do Brasil – Edição de resolução facultando aos estabelecimentos de crédito cobrarem de seus devedores, por dia de atraso, além dos juros de mora, comissão de permanência – Admissibilidade – Autarquia federal, gestora, também, do Sistema Financeiro Nacional, que tem a competência, determinada em lei, de cumprir e fazer cumprir as disposições que lhe são atribuídas pela legislação em vigor e as normas expedidas pelo Conselho Monetário Nacional.

Ementa da Redação*: O Banco Central do Brasil, autarquia federal gestora, também, do Sistema Financeiro Nacional, tem a competência, determinada em lei, de cumprir e fazer cumprir as disposições que lhe são atribuídas pela legislação em vigor e as normas expedidas pelo Conselho Monetário Nacional, não sendo, portanto, incompetente para editar medidas que visem a disciplinar crédito, como a resolução que faculta aos estabelecimentos de crédito cobrarem de seus devedores, por dia de atraso, além de juros de mora, comissão de permanência.*

ACÓRDÃO

Vistos, relatados e discutidos estes autos de embargos de declaração n. 957.142-4/01, da comarca de São Paulo, sendo embargante Siderúrgica J. L. Aliperti S/A e embargado Banco Sudameris Brasil S/A: Acordam, em 6ª Câmara do 1º Tribunal de Alçada Civil de São Paulo, por votação unânime, acolher em parte os embargos.

O v. acórdão de fls., por votação unânime, deu provimento ao agravo de instrumento, acolhendo e homologando o laudo da assistência técnica do agravante.

A agravada opõe embargos de declaração (fls.), objetivando o suprimento das omissões do v. acórdão no tocante aos seguintes tópicos: a) quantos ao art. 3º, VI e XVII, e art. 9º, ambos da Lei n. 4.595/1964; b) quanto à taxa a ser aplicada, porquanto o BACEN não divulga as taxas em dias não-úteis; c) quanto à violação ao art. 301, § 3º, do Código de Processo Civil, em face da não-apreciação do julgado de fls.

É o relatório.

Não tendo sido agitada na contraminuta recursal a competência do Banco Central para a edição da Resolução n. 1.129/1986, a rigor, faleceria interesse recursal para, em sede de embargos de declaração, buscar-se sua discussão.

No entanto, como pretende-se o aclaramento do v. acórdão a respeito de como se fará a liquidação do débito, em se utilizando a comissão de permanência, pode dar-se abrangência à questão para abordar os pontos levantados nos embargos declaratórios.

Efetivamente, a competência para regulamentar, fixando limites, prazos e outras condições, as operações de redescontos e de empréstimo, efetuadas com quaisquer instituições financeiras públicas e privadas de natureza bancária, pertence ao Conselho Monetário Nacional, a teor do que dispõe o art. 4º, XVII, da Lei n. 4.595/1964, e o Banco Central, na realidade, atua como gestor, também, do Sistema Financeiro Nacional e, como tal, tem a competência de cumprir e fazer cumprir as disposições que lhe são atribuídas pela legislação em vigor e as normas expedidas pelo Conselho Monetário Nacional.

Daí que a Resolução n. 1.129, de 15.5.1986, que faculta aos estabelecimentos de crédito cobrarem de seus devedores, por dia de atraso, além de juros de mora, "comissão de permanência", foi assim editada na forma do art. 9º da Lei n. 4.595/1964 e em seu intróito aduz que torna público que o Conselho Monetário Nacional, em sessão realizada em 15.5.1964, tendo em vista o disposto no art. 4º, VI e IX, da referida lei, resolveu instituir a cobrança da "comissão de permanência".

Assim, o Banco Central do Brasil, sendo autarquia federal, como dispõe o art. 8º da Lei n. 4.595/1964, atua no campo específico de sua competência, como se fosse a *longa manus* do Conselho Monetário Nacional, não se podendo, portanto, acoimar de incompetente para a edição de medidas que visem a disciplinar o crédito.

Quanto à perplexidade da embargante no referente à não-divulgação de índices atinentes à comissão de permanência, trata-se de ponto que, quando da liquidação, deve ser oficiado ao Banco Central para sua aferição, e, ainda, no tocante à incidência sobre dias não-úteis, o cálculo há de ser feito aplicando-se o índice do último dia útil imediatamente anterior. Aliás, é esta a metodologia aplicada, *v.g.*, quando se faz o cálculo cambial, em moeda estrangeira: utilizar-se o valor da cotação do último dia em que houve operação oficial.

O v. acórdão embargado de declaração não contraria o quanto restou decidido no v. acórdão de fls., pois "a comissão de permanência, prevista nas cláusulas 12ª e 13ª do contrato (fls.), visa à remuneração do capital mutuado, pelo tempo que o contrato de empréstimo permanecer inadimplido. É ela permitida pela lei, quando pactuada (*JTACivSP*-RT 111/125, 115/33, 117/161, 119/238). Prorrogado o empréstimo em seu vencimento, em conseqüência do não-pagamento do débito, aplica-se a comissão de permanência nas taxas fiscalizadas e autorizadas pelo BACEN. Não pode ela, e isso já ficou assentado, ser cobrada cumulativamente com a correção monetária (*JTACivSP*-Lex 132/116; *JTACivSP*-RT 104/158, 110/30, 117/161, 119/182-204, 122/18; *RT* 664/179, 666/113, 669/121, 670/194)".

Acolhem-se, poism os embargos de declaração, em parte.

Presidiu o julgamento o Juiz Oscarlino Moeller e dele participaram os Juízes Jorge Farah e Candido Alem.

São Paulo, 22 de maio de 2001 – *Massami Uyeda*, Relator.

ADIn 2.317-9-DF
Rel. Min. Ilmar Galvão
j. 19.12.2000
DJU ***23.3.2001***
RT ***792/193-195***

Banco Central do Brasil – Resolução do Conselho Monetário Nacional que de-

termina a substituição dos auditores independentes, a cada quatro exercícios sociais, vedando a contratação antes de decorridos três exercícios da substituição dos que atuarem em instituições financeiras, fundos de investimentos, administradoras de consórcio e demais entidades autorizadas a funcionar pelo BACEN – Inconstitucionalidade – Inocorrência – Norma que disciplina apenas uma das formas de controle exercidas por aquele órgão, não regulamentando o exercício de qualquer profissão ou o desenvolvimento de atividade econômica.

***Ementa da Redação**: Não é inconstitucional resolução do Conselho Monetário Nacional que determina a substituição de auditores independentes a cada quatro exercícios sociais e veda a contratação antes de decorridos três exercícios da substituição dos que atuarem em instituições financeiras, fundos de investimentos, administradoras de consórcio e demais entidades autorizadas a funcionar pelo Banco Central, pois se trata de norma que disciplina uma das formas de controle exercidas pelo BACEN sobre as instituições do Sistema Financeiro Nacional, qual seja, a auditoria independente, não regulando o exercício da profissão ou o desenvolvimento de atividade econômica, apenas instituindo regras quanto à contratação de auditorias, bem como quanto a seus procedimentos.*

ACÓRDÃO

Vistos, relatados e discutidos estes autos: Acordam os Ministros do Supremo Tribunal Federal, por seu Tribunal Pleno, na conformidade da ata do julgamento e das notas taquigráficas, por unanimidade de votos, em indeferir a medida cautelar. Votou o Presidente.

Brasília, 19 de dezembro de 2000 – *Carlos Velloso*, Presidente – *Ilmar Galvão*, Relator.

RELATÓRIO

O Exmo. Sr. Min. Ilmar Galvão: Ação direta de inconstitucionalidade ajuizada pela Confederação Nacional das Profissões Liberais – CNPL, tendo por objeto os arts. 3º e 4º da Resolução n. 2.267, de 20.3.1996, do Conselho Monetário Nacional, de seguinte teor:

"Art. 3º. As instituições e entidades referidas no art. 1º, bem como as administradoras de fundos de investimentos ali mencionadas e de consórcio, devem proceder à substituição de auditor independente contratado no máximo após decorridos 4 (quatro) exercícios sociais completos desde sua contratação, vigorando essa exigência a partir do exercício social que se iniciar em 1º de janeiro de 1997.

"Art. 4º. A recontratação de auditor independente somente pode ser efetuada após decorridos 3 (três) exercícios sociais completos desde sua substituição."

Alega a requerente, em extensa petição inicial, que os artigos impugnados atentam contra o princípio da legalidade, uma vez que impedem, sem a necessária disposição legal, o exercício da profissão de Contabilista. Dessa forma, sustenta, ainda, que a resolução sob enfoque viola os arts. 1º, IV, 5º, XII, e 170, IV e parágrafo único, todos da Constituição Federal.

Aduz, finalmente, que a Resolução n. 2.267/1996, do Conselho Monetário Nacional, ao disciplinar o exercício da atividade de Contabilista, implica limitação não compatível com o princípio da proporcionalidade.

O pedido de declaração de inconstitucionalidade veio acompanhado do requerimento de medida cautelar, ora submetido ao Plenário.

O Banco Central do Brasil, em suas informações, afirma que a mencionada resolução do Conselho Monetário Nacional simplesmente regula, no limite de suas competências, o controle interno e externo de instituições integrantes do Sistema Financeiro Nacional, sendo a função de Auditor Independente parte integrante dessa atividade de controle. Sustenta, assim, que os artigos impugnados não impedem ou limitam exercício de profissão ou atividade econômica, mas instituem normas para garantir a independência das auditorias nas instituições abrangidas pela resolução.

É o relatório.

VOTO

*O Exmo. Sr. Min. **Ilmar Galvão** (Relator)*: Registre-se, inicialmente, haver vínculo de pertinência temática entre os objetivos da requerente e a matéria da presente ação direta.

Os dispositivos impugnados, como vistos, determinam a substituição dos auditores independentes que atuarem em instituições financeiras, fundos de investimentos, administradoras de consórcio e demais entidades autorizadas a funcionar pelo Banco Central do Brasil a cada quatro exercícios sociais, não podendo haver recontratação antes de decorridos três exercícios da substituição.

Cuida-se, evidentemente, de normas que disciplinam uma das formas de controle exercidas pelo Banco Central, dentro de suas competências legais, sobre as instituições do Sistema Financeiro, qual seja, a auditoria independente.

Tais regras são dirigidas diretamente às instituições fiscalizadas pelo Banco Central, não regulando, portanto, o exercício de qualquer profissão ou o desenvolvimento de qualquer atividade econômica, como alegado pela requerente. Em nenhum de seus dispositivos a resolução sob enfoque estabelece requisitos para que profissionais desenvolvam a função de Auditor Independente ou impede que exerçam tal função, mas, simplesmente, institui regras quanto à contratação de auditorias, bem como quanto a seus procedimentos.

Por outro lado, afastada a alegação de limitação de exercício profissional e de atividade econômica, cabe destacar que a medida expressa na resolução atacada visa à manutenção, exatamente, da necessária autonomia dos auditores independentes, cuja permanência por longos períodos junto à mesma instituição poderia comprometer a eficácia do controle exercido pelo Banco Central. Desse modo, não há, igualmente, plausibilidade na alegação de contrariedade ao princípio da proporcionalidade.

Ante o exposto, meu voto indefere a cautelar.

VOTO (MEDIDA LIMINAR)

*O Exmo. Sr. Min. **Nélson Jobim***: Sr. Presidente, a Resolução n. 2.267, de 29.3.1996, dispõe: "Art. 1º. As instituições financeiras, as demais entidades autorizadas a funcionar pelo Banco Central do Brasil, os fundos de investimento constituídos nas modalidades regulamentadas pelo referido Órgão e as suas administradoras de consórcio devem ter suas demonstrações financeiras, inclusive as notas explicativas, exigidas pelas normas legais e regulamentares vigentes, auditadas por auditores independentes registrados na Comissão de Valores Mobiliários".

Em seu art. 3º: "As instituições e entidades referidas no art. 1º, bem como as administradoras de fundos de investimentos ali mencionadas e de consórcio, devem proceder à substituição do auditor independente contratado, no máximo, após decorridos 4 (quatro) exercícios sociais completos desde sua contratação, vigorando essa exigência a partir do exercício social que se iniciar em 1º de janeiro de 1997" – ou seja, aqueles que estavam contratados, no momento em que a resolução entrou em vigor, ficariam por quatro exercícios.

Dispõe o art. 4º: "Art. 4º. A recontratação de auditor independente somente pode ser efetuada após decorridos 3 (três) exercícios sociais completos desde sua substituição".

O eminente Ministro Relator explicitou claramente a intenção da regra, que foram os casos ocorridos em relação à fiscalização feita por auditores independentes que ficavam 10, 15 anos junto à entidade e acabavam perdendo a sua real independência em relação à instituição auditada. O trabalho de auditar as demonstrações financeiras é absolutamente relevante, no que diz respeito ao exercício, pelo Banco Central, de sua função de fiscalização. É absolutamente razoável.

A regra não está disciplinando a atividade profissional, mas, sim, a forma pela qual as entidades fiscalizadas pelo Banco Central devem proceder com relação a um ponto sensibilíssimo da instituição financeira: as demonstrações financeiras.

Com essas breves considerações, acompanho o eminente Relator.

VOTO (MEDIDA LIMINAR)

O Exmo. Sr. Min. Marco Aurélio: Sr. Presidente, também tenho a atuação do Banco Central como respaldada pela Lei n. 4.595/1964. Ao contrário do que asseverado na inicial, na resolução baixada pelo Banco Central não ocorreu a disciplina, em si, de uma certa atividade profissional, vindo à balha, na realidade, normas que visam à fiscalização das instituições financeiras. E constatamos que é razoável prever a rotatividade quanto aos auditores e a passagem de quatro anos para que se chegue à substituição do auditor que se quer independente. Acompanho o Ministro-Relator e indefiro a liminar.

VOTO (MEDIDA LIMINAR)

O Exmo. Sr. Min. Sepúlveda Pertence: Sr. Presidente, a princípio, a Resolução n. 2.267, do Banco Central – que se questiona –, é razoável ao reclamar das instituições financeiras e similares a substituição do respectivo auditor independente.

Mas não me comprometo definitivamente com a constitucionalidade dela, porque há aspectos delicados a considerar.

Em termos de cautelar, porém, houve muito tempo para vir essa discussão ao Tribunal com mais vagar. Ela é trazida ao apagar das luzes do longo período de *vacatio* concedido. De tal modo, acompanho o eminente Ministro-Relator, deixando claro o meu descompromisso quanto ao mérito da questão, sobre o qual gostaria de refletir.

EXTRATO DE ATA

Decisão: O Tribunal, por unanimidade, indeferiu a medida cautelar. Votou o Presidente. Ausente, justificadamente, o Sr. Min. Celso de Mello. Plenário, 19.12.2000.

Presidência do Sr. Min. Carlos Velloso. Presentes à sessão os Srs. Mins. Moreira Alves, Néri da Silveira, Sydney Sanches, Sepúlveda Pertence, Marco Aurélio, Ilmar Galvão, Maurício Corrêa, Nélson Jobim e Ellen Gracie.

Procurador-Geral da República o Dr. Geraldo Brindeiro.

Comentários de

Haroldo Malheiros Duclerc Verçosa

Dois interessantes acórdãos sob análise cuidam da competência reguladora do Conselho Monetário Nacional, erroneamente atribuída no primeiro deles ao Banco Central do Brasil.

No primeiro caso discutiu-se a legalidade de resolução do CMN estabelecendo a cobrança de comissão de permanência e de juros de mora pelos bancos por ocasião do inadimplemento de obrigações de seus devedores. Foi reconhecida válida a Resolução 1.129, de 15.5.1986, nesse sentido editada pelo CMN e tornada pública pelo BACEN.

O reconhecimento da competência do CMN nesse campo de atribuições estava corretamente embasado no art. 4º, VI e IX, da Lei 4.595/1964, que tem sido aceito pela maioria das operadoras do Direito como texto recepcionado pela Constituição Federal/1988, na condição de lei complementar *ad hoc*.

Duas observações devem ser feitas. Em primeiro lugar, a resolução de que se trata foi baixada pelo CMN, no uso de suas atribuições legais, e não pelo BACEN – este, no dizer do acórdão, exercendo o papel de *longa manus* daquele Colegiado. De acordo com o disposto no art. 11, VIII, daquele texto, o BACEN apenas exerceu, no caso, a função de secretaria do CMN.

De outro lado, quanto às dúvidas sobre os índices da comissão de permanência que deveria ter sido cobrada do cliente do Banco credor, entendeu o acórdão que seria competência do BACEN fornecê-los, para tanto oficiado pelo Juízo na ocasião própria, esclarecendo, conforme já assentado naquela Corte, que não poderia o pedido ser cumulado com correção monetária.

Observe-se que a comissão de permanência deveria ser cobrada segundo as mesmas bases da operação inadimplida. Taxa maior não deveria ser aceita, pois representaria enriquecimento indevido do Banco, uma vez que, paralelamente, o devedor pagará os juros de mora. Eventualmente, o contrato poderá ter incluído a previsão de multa contratual, expressamente estabelecida. Não é competência do BACEN estabelecer ou informar os índices de comissão de permanência, uma vez que, tendo sido instituído o regime de liberdade de taxas, estas são fixadas pelas instituições financeiras, individualmente, segundo critérios diversos, de acordo como o mercado.

A segunda decisão sob comentário refere-se à resolução do CMN que determinou a necessidade da substituição dos auditores independentes, pelas instituições financeiras, a cada quatro exercícios sociais, proibida a contratação antes de decorridos três exercícios da substituição dos que atuarem em entidades fiscalizadas pelo BACEN.

Alegou-se a inconstitucionalidade do referido texto, não acatada, acertadamente, pelo Supremo Tribunal Federal. Aquela Alta Corte fundamentou o reconhecimento da constitucionalidade da regulamentação de que se cuida por se tratar de norma disciplinadora de uma das formas de controle exercidas pelo BACEN no mercado financeiro, o que não teria infringido o princípio constitucional da liberdade para exercício de profissão.

O mercado tem conhecimento de que a resolução em causa foi editada após os lamentáveis episódios da quebra dos Bancos Nacional e Econômico, quando foram verificadas falhas lamentáveis das respectivas auditorias independentes. No caso do Banco Nacional, recentemente foi condenado o diretor de uma conhecida empresa de auditoria pela prática de crimes financeiros, praticados justamente no Banco Nacional. A rumorosa quebra da *Enron*, nos Estados Unidos, com o falado envolvimento de Arthur Andersen, mais uma vez coloca a atuação das auditorias independentes na ordem-do-dia, levantando-se questões inerentes a conflitos de interesse e falta de ética profissional, entre outros pontos relevantes.

Na visão do CMN, a independência das empresas de auditoria perante seus clientes fica comprometida quando ocorre uma prestação de serviços a longo prazo. De auditor independente passa-se quase sempre a consultor e a cliente "de carteira assinada". Daí resultou a necessidade de se fazer periodicamente uma troca dessas empresas, para eliminar ao menos um dos focos de problemas que se têm verificado.

O problema não se resolve de uma forma tão simples. Como se sabe, no mercado existem apenas poucas empresas desse ramo que têm condições de atuar como auditores independentes de instituições financeiras (conhecidas como as *big five*). Nesse caso, a troca de uma auditoria por outra resulta num simples rodízio, dentro de um "cartel" natural ou de fato. A pergunta que se coloca é: quem auditará independentemente o auditor independente?

Nesse contexto, deve ser aplaudida a decisão do Supremo Tribunal Federal, por haver reconhecido a constitucionalidade da resolução que determinou a substituição periódica daquelas empresas. Segundo a decisão ora analisada, aquele normativo não impede o exercício da função de Auditor Independente, mas apenas institui regras quanto à contratação de auditorias e seus procedimentos.

Pareceres

"HEDGING" COM FUTUROS DE ÍNDICES REPRESENTATIVOS DE AÇÕES

LUIZ GASTÃO PAES DE BARROS LEÃES

1. Exposição. 2. O negócio jurídico de "hedge". 3. A manipulação de preços. 4. Análise da hipótese de fato exposta na consulta.

1. Exposição

1.1 Atuando como investidora Anexo IV, devidamente registrada na Comissão de Valores Mobiliários (CVM), a ML *adquiriu*, entre 16.12.1996 e 18.12.1996, ações integrantes do Índice de Ações da Bolsa de Valores de São Paulo (IBOVESPA).

1.2 A Carteira Anexo IV é, como se sabe, mecanismo cambial que abre aos investidores estrangeiros a possibilidade de operar nas Bolsas de Valores do Brasil, mediante *carteiras de ações administradas* sob a responsabilidade de instituição financeira brasileira, correspondendo a cerca de 85% do fluxo de recursos do Exterior no mercado de capitais brasileiro. Tal mecanismo foi introduzido por anexo à Resolução do Conselho Monetário Nacional (CMN) 1.289, de 20.3.1987, modificada pela Resolução CMN-1.832, de 31.5.1991, decorrendo daí a denominação pela qual é conhecida. O IBOVESPA, por sua vez, é um *índice geral* representativo de uma carteira de ações, reavaliada quadrimestralmente, que compreende cerca de 5 dezenas de ações, ordinárias e preferenciais, de mais de 40 companhias de mercado, transacionadas na Bolsa de Valores de São Paulo (BOVESPA).

1.3 Na mesma ocasião, e num passo preliminar, entre 10.12.1996 e 16.12.1996, a ML, atuando desta feita como *investidor estrangeiro direto* (ou seja, não mais através de carteira administrada por instituição financeira nacional), *vendeu* na Bolsa de Mercadorias & Futuros (BM&F) 10.475 contratos futuros IBOVESPA, inicialmente com vencimento aprazado para 6.12.1996, ao depois substituídos por contratos com vencimento para 7.2.1997. Os índices das Bolsas de Valores são também considerados pela legislação corno *valores mobiliários* (Decreto-lei. 2.286, de 23.7.1986, art. 3º), razão pela qual são suscetíveis de negociação nos mercados bursáteis, à semelhança das ações que representam. O IBOVESPA é um índice de ações com curso também em Bolsas de Futuros, sendo regularmente negociado na BM&F.

1.4 Ambas as operações foram, portanto, levadas a efeito por um mesmo e único investidor estrangeiro, mediante a utilização de distintos veículos cambiais, com o objetivo nuclear de estabelecer um dispositivo de proteção da *posição à vista* da ML em ações integrantes do IBOVESPA. Ao assumir, assim, no mercado futuro, posição vendida, igual e inversa àquela que manteria no mercado à vista, a ML estava simplesmente montando um *negócio jurídico de "hedge"*, como forma de dar cobertura aos riscos decorrentes das oscilações de preço – prática largamente difundida no mercado, aqui e alhures.

1.5 Avizinhando-se a data de vencimento dos contratos futuros, em 7.2.1997, e almejando manter a sua posição à vista, a ML, no decorrer da semana que precedeu ao vencimento, transmitiu inúmeras ordens de compra de contratos futuros IBOVESPA Fev 7 e de venda de contratos futuros IBOVESPA Abril 7, visando a rolar a sua posição vendida nesse mercado. Não logrou êxito, contudo. Dado o volume excessivamente baixo de negócios na BM&F seja na data do vencimento dos contratos (uma quinta-feira de Carnaval), seja nos dias que a antecederam, a ML, no início do pregão do dia 13.2.1997, estava vendida em 10.255 contratos futuros, IBOVESPA Fev 7. Nessa data apenas conseguiu substituir 1.100 contratos, sendo os restantes 9.155 contratos futuros restantes levados a liquidação. A posição da ML no mercado futuro liquidado correspondia a R$ 239.200.000,00.

1.6 Ora, dada a impossibilidade da rolagem das posições a futuro, em termos economicamente viáveis, somente restava ao investidor ML optar pela venda da maioria das ações integrantes de sua carteira no mercado à vista, para fazer frente aos seus compromissos vencidos no mercado futuro, o que ocorreu na referida data. Da venda dessa carteira apurou-se a importância total de R$ 224.800.000,00, provocando a desconstituição do *hedge*, com um resultado financeiro negativo para a ML da ordem de R$ 1.313.545,39.

1.7 A venda da maioria das ações integrantes da carteira do investidor ML foi propositadamente realizada na última meia-hora do pregão da BOVESPA, em 13.2.1997, com a intermediação de oito corretoras distintas. Na época o valor de liquidação dos contratos futuros era determinado pela *média dos preços* do mercado à vista praticados *na última meia-hora do pregão*. Assim, ao proceder à venda de suas posições à vista nesse período, a ML procurava minimizar a sua exposição ao chamado *risco de base*, ou seja, ao risco decorrente da diferença de preços no mercado futuro e no mercado à vista, que subsiste mesmo na data de vencimento do contrato futuro, quando esses preços atingem posições próximas ao ponto de convergência, mas ainda distanciadas, por dizerem respeito a bens que, embora correlacionados, não são idênticos, sendo influenciados por diferentes expectativas.

1.8 Essa operação representou 21,2% do volume total de venda no mercado à vista nesse dia, operada na BOVESPA. Influenciado pelo volume dessas vendas, o IBOVESPA, que ostentava uma oscilação positiva de 2,68% às 16h59min, apresentou um movimento de queda de 2,02% às 17h21min, em relação ao índice de abertura, seguido de posterior recuperação, para fechar o dia com uma variação positiva de 1,08%. Em virtude da flutuação de preços durante o período em que as ações foram alienadas, e o preço médio obtido na última meia-hora do pregão da BOVESPA, a ML não logrou obter plena consistência no encontro entre a sua posição à vista e a sua posição no mercado futuro, sofrendo um prejuízo de pouco mais de 1.3 milhões de Reais na liquidação do *hedge*.

1.9 A atuação da ML, acima descrita, não obstante ter obedecido a todas as disposições de lei, foi questionada, tendo a Comissão nomeada pela CVM para a apuração dos fatos no Inquérito Administrativo CVM-35/1998 concluído no sentido de que a oscilação verificada na cotação do IBOVESPA, em face da volumosa venda de ações na BOVESPA no período apontado, foi intencionalmente produzida com o intuito de beneficiar o investidor direto ML, que estava "vendido" no mercado de futuro de índice IBOVESPA na BM&F. Assim sendo, teria ocorrido, no caso, autêntica *manipulação de preços*, ilícito que é definido e sancionado pela legislação de mercado, mais especificamente pelo itens I e II, alínea "b", da Instrução CVM-8, de

8.10.1979, *in verbis*: "Em virtude do exposto, restou-nos a inconteste convicção de que o investidor ML, ao vender maciçamente sua carteira à vista nos últimos minutos do pregão de 13.2.1997, agiu deliberadamente para 'derrubar' o IBOVESPA no mercado à vista da BOVESPA e assim influenciar o índice de fechamento dos contratos futuros de índice IBOVESPA Fev 7 na BM&F, operando de maneira não condizente com a desejada transparência e eqüidade para o mercado de valores mobiliários, manipulando o mercado à vista em benefício do investidor direto que operava no mercado futuro de índice IBOVESPA da BM&F, em infração ao disposto no inciso I, caracterizado na alínea 'b' do inciso II da Instrução CVM-8/1979".

1.10 Ora, é também nossa inconteste convicção que as negociações realizadas pelo investidor ML no dia 13.2.1997 obedeceram fielmente à boa prática de mercado e às regras legais aplicáveis à espécie. Em síntese, visava a ML apenas a liquidar uma operação de *hedge* validamente contratada, não configurando a transmissão de ordens substanciais de venda de ações no mercado à vista, por ela dada aos corretores, "manipulação de preços", tendo a investidora agido de forma absolutamente condizente com a transparência e a eqüidade que se exigem de toda e qualquer atuação no mercado de valores mobiliários. Nesse sentido, a fim de justificar essa nossa conclusão, desdobraremos o presente parecer em três blocos sucessivos, sendo os dois primeiros de natureza propedêutica, destinados a demonstrar a legitimidade do negócio jurídico de *hedging* com futuros financeiros e a improcedência da caracterização do ilícito de manipulação de preços no processo de sua desmontagem, dedicando a seção final à análise das operações realizadas pela ML, acima descritas.

2. *O negócio jurídico de "hedge"*

2.1 Historicamente, as Bolsas surgiram com o duplo objetivo de aproximar compradores e vendedores, propiciando a formação objetiva e segura dos preços, mercê da cotação que se instaura em seus recintos e dos mecanismos de liquidação das operações que proporcionam. A nota distintiva, que marca o desenvolvimento das operações de Bolsa, reside, portanto, na busca crescente de instrumentos que ofereçam aos seus participantes *proteção* contra os riscos do mercado. O *mercado de futuros* constitui o último passo nesse sentido, visto que sua função básica não é mais a circulação de riquezas com a preocupação ancilar de garantia, mas a própria busca de cobertura contra os riscos do mercado.

2.2 Com efeito, os mercados futuros surgiram como expediente de *proteção de riscos*, estruturando as suas operações como negócios jurídicos de *hedge* (literalmente, "cerca viva", ou seja, "proteção"). No *hedge*, para se proteger contra os riscos da oscilação de preços, os agentes econômicos que atuam no mercado físico de determinada mercadoria assumem no mercado futuro uma posição igual e inversa àquela que mantêm no mercado à vista. Se os movimentos de preço se mantiverem paralelos entre si, os ganhos auferidos em um mercado compensam as perdas sofridas em outro, permitindo, assim, aos agentes a manutenção de sua remuneração normal.[1]

2.3 As operações de *hedging* (operações de cobertura) foram institucionalizadas inicialmente nas Bolsas de Mercadorias, e a partir da década de 70 nas Bolsas de Futuros, visto que o mercado organizado lhes subministra dois instrumentos que favorecem sua utilização: (a) o estabeleci-

1. No Direito Brasileiro, v.: Oscar Barreto Filho, "As operações a termo sobre mercadorias (*Hedging*)", *RDM* 19/28; Luiz Mélega, *Estrutura Jurídica do "Hedge"*, Resenha Tributária, 1979; Nelson Eizirik, "Aspectos jurídicos dos mercados futuros", *RDM* 81/22, e "Negócio jurídico de *hedging*", *RDM* 90/14; Celso Ribeiro Bastos e Eduardo Amaral Gurgel Kiss, *Contratos Internacionais*, 1990, pp. 165 e ss.; Luiz Galvão Paes de Barros Leães, "Liquidação compulsória de contratos futuros", *RT* 675/44; Rachel Sztajn, *Contrato e Inovação Financeira*, 1996, pp. 163 e ss.

mento de contratos padronizados e (b) a prestação de serviços de liquidação e garantia por parte de uma caixa de compensação e liquidação, a qual, como uma *Clearing House*, banca todas as operações, atuando como compradora dos vendedores e como vendedora dos compradores. Mas, evidentemente, nada impede que os negócios de *hedging* sejam realizados – e o são – fora das Bolsas, mediante transações privadas, sem o recurso ao mercado de futuros.[2]

2.4 Ademais, o *hedge* não constitui figura diferenciada de contrato, dotada de elementos característicos, que o singularizam. Embora possa consubstanciar um único instrumento, o *hedging* simplesmente pressupõe a justaposição de duas transações, nas quais o *hedger* (ou seja, aquele que busca proteção) assume posições contrapostas, de vendedor e de comprador, de forma a compensar os respectivos riscos de variação de preços. Não resulta, pois, da fusão de prestações peculiares de diferentes contratos, de sorte a constituir um *contrato misto*. Nem configura técnica da *coligação de contratos*, porquanto não se verifica nela a interdependência jurídica entre as duas transações, que são celebradas pelo interessado com partes diferentes. No *hedging* o que ocorre é, pura e simplesmente, uma interdependência factual, de índole econômica, entre ajustes equivalentes e opostos, concluídos com pessoas diversas, que objetivam produzir uma compensação recíproca de efeitos. Não há, na espécie, uma unidade formal, sendo as duas operações independentes e recíprocas. Ou seja, embora entre elas exista reciprocidade nas prestações, uma operação independe da outra para dar relevo à existência e validade respectivas.

2. Daí que não se podem conceber as Bolsas de Futuro sem a realização de operações de *hedging*. Todos os operadores, investidores e especuladores, do mercado futuro, inclusive de *financial futures*, sabem que esse mercado tem por função básica a cobertura de riscos, ou seja, o *hedge*. Privar o mercado futuro das operações de *hedging* seria condená-lo à inexistência, pois significaria retirar-lhe sua própria *raison d'être*.

2.5 Nas Bolsas de Mercadorias e de Futuros o negócio de *hedging* se instrumentaliza através da cessão de posições contratuais (ou seja, através da chamada "cessão de contrato"). Opera-se a cessão de contrato quando a posição contratual de uma das partes é assumida, *ex negotio*, por terceiro. Consiste, assim, na substituição de um dos contratantes por outra pessoa, que passa a figurar na relação jurídica como se fora a parte de quem tomou o lugar, com todos os seus direitos e obrigações. Daí a expressão elíptica "venda (ou compra) de contrato", utilizada nesse mercado. Os *hedgers*, os especuladores e os arbitradores, que dele participam, negociam "posições" em contratos de compra e venda a termo, nos recintos das Bolsas.[3]

2.6 Assim, nos mercados futuros raramente os contratos são levados até seu vencimento pelas partes que originalmente o pactuaram, já que podem elas, a cada pregão, reverter sua posição, assumindo posição contrária àquela que anteriormente detinham, mediante o pagamento do diferencial entre as posições contrapostas. Ou podem manter ou pospor a posição assumida, negociando contratos com prazos mais distantes. Por outro lado, no vencimento a liquidação desses contratos quase nunca se dá através da entrega efetiva do objeto negociado (na BM&F não chegam a 2%), que seria o escopo normal das operações a termo (*contratos firmes*), mas se realiza através da prestação pecuniária da diferença entre o preço ajustado e a cotação vigente no vencimento do ajuste (*contratos diferenciais*). A disposição do art. 1.479 do Código Civil, que veda a liquidação por diferença nas operações a termo realizadas em Bolsa, equiparando-a ao jogo, se encontra sabidamente revogada pelas leis comerciais que a admitem, nesse mercado específico.

2.7 Cumpre ainda dizer que, conforme os bens objeto de tais contratos, distinguem-se nos mercados futuros dois segmen-

3. Cf. Leães, "Liquidação compulsória ...", *RT* 675/46-48 e notas 5 e 7.

tos bem diferenciados: os mercados de mercadorias (*commodity futures*) e os mercados de ativos financeiros (*financial futures*), sendo que estes últimos se subdividem, por sua vez, em três tipos básicos, identificados pelos bens neles transacionados: futuros cambiais (*currency futures*), futuros relacionados com títulos de renda fixa (*interest rate futures*) e índices representativos de carteiras de ações (*stock index futures*). O primeiro mercado de futuros financeiros que se conhece foi instituído pela *International Monetary Market Division* (IMM), filiada à Bolsa de Mercadorias de Chicago, que em abril/1972 admitiu a negociação de divisas; enquanto o primeiro futuro relativo a taxas de juros veio à luz em 1975, junto ao *Chicago Board of Trade* (CBOT). A maior inovação no mercado de futuros nessas três décadas de existência foi, contudo, a negociação a futuro de índices de ações, introduzida em 1982 pela *New York Financial Exchange* (NYFE). Na Europa o primeiro mercado de futuros só se instalou em 1982, através da *London International Financial Futures Exchange* (LIFFE), que até hoje permanece a mais importante Bolsa de Futuros européia. As Bolsas de Mercadorias e de Futuros brasileiras acompanharam quase cronologicamente esse movimento inovador, institucionalizando todos esses mercados em seus recintos.[4]

2.8 O mercado a futuros de índices – último segmento, pois, a ser introduzido nas Bolsas – distingue-se dos demais contratos de futuros financeiros na medida em que, ao contrário destes, que têm por objeto títulos ou valores e que, em princípio, podem ser executados mediante a entrega efetiva do bem transacionado, diz respeito a contratos que versam sobre um *portfolio teórico* ou *abstrato* de ações. Além de índices setoriais, que cobrem ações pertencentes a uma faixa específica do espectro econômico, existem os índices gerais, que se referem a ações de companhias que atuam em setores variados da atividade econômica. No Brasil existem vários índices gerais de ações (ISENN, IBV, IBA etc.), mas apenas o IBOVESPA é regularmente negociado na Bolsa de Mercadorias & Futuros. A carteira ora vigorante do IBOVESPA é formada por 51 ações, ordinárias e preferenciais, de 44 companhias, estando algumas presentes com as duas espécies de ações, sendo essa cesta revista a cada quatro meses.

2.9 Nesse particular tipo de futuros a liquidação dos contratos na BM&F, por ocasião do vencimento, não importa nunca a entrega efetiva das ações a que o índice abstratamente se refere, operando-se sempre pelo pagamento *em dinheiro* de uma cifra que corresponde à diferença entre a média dos preços das ações, que compõem a carteira em vigor no mercado à vista durante determinado período, e as importâncias já empenhadas pelas margens de segurança exigidas pela Bolsa (*cash settlement*). Daí a relevância de que se reveste nesse mercado a compensação antecipada da posição contratual – chamada de *liquidação antecipada* – pela assunção de posição igual e contrária, antes da data do termo final do contrato, que em princípio sempre lhe estaria assegurada pela elevada liquidez do mercado bursátil a futuro.

2.10 Se, todavia, esse mercado se retrai e não dá ao investidor a possibilidade de reverter a posição adotada, não lhe restará outra alternativa menos onerosa, ou de mais fácil implementação, senão a de liquidar sua posição no mercado à vista, para fazer frente aos custos da liquidação de sua posição no mercado de futuros, montada para dar cobertura à primeira. Nesse caso, a data do vencimento dos contratos futuros será o momento mais propício para a implementação dessa dupla liquidação, visto que se situa no ponto de convergência entre o preço futuro (*expiring futures price*) com o preço à vista (*cash commodity price*), quando a chamada *base* (ou seja, a diferen-

4. Cf.: Laura Valle, "Il contratto future", in F. Galgano, *I Contratti del Commercio, dell'Industria e del Mercato Finaziario*, t. 4, 1997, pp. 393 e ss.; Emma Ferrero, "Profili civilistici dei nuovi strumenti finanziari", *Riv. Dir. Comm.* I/629 e ss., 1992.

ça entre o preço à vista e o preço futuro) tende a se reduzir e até a se anular.

2.11 Com efeito, nenhuma operação de cobertura efetuada através do mercado de futuros é completamente isenta de riscos, dada a impossibilidade de uma correlação perfeita entre a cotação no mercado futuro e no mercado à vista, não só no caso em que *não são os mesmos* os bens pertinentes aos contratos futuros e os bens à vista, ainda que relacionados (ou seja, no chamado *cross hedging*), mas inclusive na hipótese em que o contrato futuro e o contrato à vista versam sobre bens idênticos (que é o *hedging* normal). Em princípio, o preço futuro e o preço à vista tendem a moverse na mesma direção, até se encontrarem, num processo de convergência, na data de vencimento do contrato futuro, quando a *base* – ou seja, a faixa que marca a diferença entre esses preços – se aproxima de zero.[5]

2.12 No entanto, esse *movimento convergente* não se desenvolve necessariamente na mesma ordem de grandeza e de tempo, pois expectativas econômicas diferentes podem afetar cada um desses preços com intensidade e forma igualmente distintas, dados os diversos elementos que os compõem (juros, rendimentos etc.). Daí dizer-se que a cobertura realizada através de uma operação de *hedge* no mercado a futuros acarreta, na realidade, a substituição dos *riscos da oscilação de preço* no mercado à vista pelos *riscos de base* – ou seja, pela possibilidade de ocorrência de variações no diferencial existente entre os preços à vista e os preços futuros.

2.13 A cobertura propiciada por uma operação de *hedging* será considerada eficiente quando o preço à vista do bem a ser protegido e o preço futuro correspondente se conduzem até o vencimento dos contratos futuros com adequada correlação, de tal sorte que qualquer variação desfavorável do preço à vista é sempre amparada por uma oscilação favorável do preço futuro. De qualquer forma, avizinhando-se a data de vencimento do contrato, os preços futuros e os preços à vista tangenciam, e até se igualam, tendo o *hedger*, até essa data, ficado protegido no mercado à vista, inalcançado pelas oscilações de preço que porventura tenham ocorrido. Mas não estará livre de todo e qualquer risco, já que ainda continuará sujeito aos riscos que decorrem da movimentação de sua base.

2.14 De fato, no *hedging* montado para proteger investimentos em ações no mercado físico, mediante o posicionamento antagônico no mercado futuro com *equity stock index contracts*, sempre haverá um álea residual ineliminável, porque o *preço de liquidação* dos contratos futuros é baseado na *média ponderada* dos preços praticados durante determinado período pelas ações componentes da carteira no mercado à vista. Ora, o preço de venda da carteira de ações nesse mercado pode situar-se aquém, além ou em posição igual a essa média, em conformidade com as movimentações que podem ocorrer na base, ocasionadas quer pelo grau de volatilidade diferenciado de certas ações que compõem o índice, quer pelo comportamento dos demais participantes de mercado, nesse intervalo.

2.15 Assim, o investidor, que se acha comprado no mercado à vista, pode montar um esquema de *hedging* assumindo posição vendida, igual e inversa, no futuro, certo de que até a data de vencimento dos contratos futuros ficará respaldado contra as oscilações do mercado, devendo, porém, estar ciente de que sempre permanecerá exposto aos riscos irredutíveis da variação de base (*basis risk*) se não reverter ou deixar de rolar sua posição no mercado a futuros. Impossibilitado de obter a reversão ou a rolagem da posição nesse mercado, caberá ao *hedger*, no vencimento dos contratos futuros, a fim de minimizar os riscos de base, desmontar o aparelho de proteção exatamente no momento em que a possibilidade de variação seja a mais reduzida – ou seja, na data de vencimento dos contra-

5. Julian Walsley, *The New Financial Instruments*, Nova York, 1988, p. 114.

tos, quando os preços futuros e os preços à vista atingirem seu ponto de convergência.

2.16 Ademais, a BM&F adota a regra da utilização dos *preços médios* vigentes em determinado período no mercado à vista (última meia-hora de pregão, atualmente estendido para três horas) como critério para fechamento dos contratos futuros de índices de ações da BOVESPA. Segue-se, portanto, que, atingido o ponto de convergência entre o *spot price* e o *futures price*, o momento mais conveniente para a desmontagem do *hedging* é exatamente nesse período, quando menor é a chance de discrepâncias entre as cotações no mercado à vista e a futuro. A forma mais apropriada para minimização dos riscos de base será a de procurar obter o preço de venda da carteira o mais próximo possível da média do mercado à vista, no período preconizado, para, ato contínuo, fazer frente à liquidação da posição no mercado futuro, cujo preço é determinado por essa média.

2.17 Com efeito, se promover a venda da carteira de ações *antes* do período de cálculo do valor de liquidação dos contratos futuros o *hedger* ficará desprotegido, sujeito aos riscos das oscilações que podem ocorrer nas cotações das ações no espaço de tempo que vai da venda no mercado à vista à liquidação dos contratos futuros. Executando, porém, ordens de venda da carteira à vista dentro do período utilizado para o cálculo do preço de fechamento dos contratos futuros, a valores os mais próximos da média nele vigorante, dará aos seus investimentos proteção adequada contra as oscilações, cumprindo-se dessa forma o escopo do negócio jurídico de *hedging*, que é a proteção contra altas e baixas, desconsiderados, por suposto, os riscos de base, que, como se observou, são insuprimíveis.

2.18 Ora, foi o que se deu na hipótese em exame. Conforme descrito no preâmbulo, a ML, atuando como investidora do Anexo IV, era titular de uma carteira de ações semelhante àquela que compõe o IBOVESPA, tendo assumido, como investidora estrangeira direta, posição vendida do equivalente em contratos futuros IBOVESPA, estabelecendo dessa forma um negócio jurídico de *hedge*. Aproximando-se o vencimento dos contratos no mercado a futuro, e não logrando rolar sua posição para uma data posterior, promoveu a alienação de suas ações no mercado à vista, através de oito corretoras, na última meia-hora do pregão da BOVESPA, no dia de execução, a fim de levantar recursos para o fechamento das posições em aberto no mercado futuro. Essa venda provocou significativa oscilação no índice IBOVESPA, que de 2,68% positivo passou para 2,02% negativo. Após a realização dos negócios da ML o índice se recuperou, fechando ainda em alta de 1,08%.

2.19 Embora admitindo que a atuação do investidor tenha sido "aparentemente lógica sob o ponto de vista teórico", cercando-a "de todas as garantias para dar um caráter de legitimidade formal à sua operação", a Comissão instituída pela CVM para a condução do inquérito administrativo destinado a "apurar eventual ocorrência de irregularidades" nos negócios efetuados por conta da ML no episódio acima, concluiu no sentido de: (a) que o investidor em questão "deliberou esperar a última hora de pregão para desfazer-se maciçamente dessa posição, derrubando o índice mediante forte pressão vendedora"; (b) que, "ao derrubar premeditada e conscientemente o IBOVESPA, *manipulou* o mercado à vista em benefício do investidor direto, "vendido" no mercado futuro IBOVESPA da BM&F"; (c) que, tendo "a opção de desmontar lentamente sua posição à vista no longo do dia, optou por levar seus contratos contra liquidação, na certeza de influenciar o índice em seu benefício com a venda concentrada de sua carteira à vista"; (d) que, dessa forma, operou "de *maneira não condizente com* a desejada *transparência e eqüidade* para o mercado de valores mobiliários"; e (e) que fica assim "evidenciada a ocorrência de infração ao disposto no inciso I, caracterizado na alínea 'b' do inciso II, da Instrução CVM-8/1979, por parte do investidor ML".

2.20 Em síntese, a juízo da CVM, as operações de desconstituição do *hedge* realizadas pela ML na forma descrita configurariam *manipulação de preços*, tal como definida pela Instrução CVM-8, de 8.10.1979, sendo as pessoas responsabilizadas no inquérito em tela sujeitas às penalidades agravadas previstas no art. 11 da Lei 6.385, de 7.12.1976. Passemos ao exame dessa definição legal da figura delituosa em tela.

3. *A manipulação de preços*

3.1 A figura da *manipulação de preços* como ilícito econômico aparece em nosso sistema jurídico desde o século passado nas leis societárias e penais, sendo incluída também na legislação de repressão aos crimes contra a economia popular. Com a promulgação da Lei 4.728, de 14.7.1965, a manipulação de preços passou a integrar o elenco dos atos expressamente vedados na área do mercado de capitais, sendo atribuída ao Conselho Monetário Nacional e ao Banco Central do Brasil a competência para reprimi-la (art. 2º, III e IV). Nesse sentido, com vista à operacionalização desse dispositivo, foi baixada a Resolução 39, de 20.10.1966, cujos arts. 89 *usque* 93 reproduziam substancialmente os termos da lei, impondo a proibição da prática de "manipulação ou fraude destinada a criar condições artificiais da demanda, oferta ou de preço de títulos e valores mobiliários negociados em Bolsa, ou distribuídos no mercado de capitais", bem como, simultaneamente, a vedação do uso de "práticas comerciais não-eqüitativas".

3.2 Não se definia, porém, o que se considerava por *manipulação*, nem se falava na necessidade da conceituação desse e dos demais ilícitos por parte dos órgãos reguladores, partindo da premissa (segundo esclarece a Nota Explicativa CVM-14, de 8.10.1979) de que o uso daquelas expressões genéricas não prejudicaria a coercitividade da regra jurídica, à vista da clara evidência do seu alcance real. Na opinião da CVM, na nota explicativa em referência, "adotou-se, portanto, modelo similar ao utilizado pelo Código Penal no tocante a certos crimes, como os crimes contra o patrimônio, onde são incluídas figuras típicas de conteúdo bastante amplo, denominados 'tipos abertos'". Ao juízo da agência, portanto, a lei em apreço teria cunho administrativo, vinculado ao exercício do poder de polícia, e em sede de direito administrativo não se cogita de tipicidade, mas de taxatividade, de alcance mais elástico.

3.3 Com o advento, porém, da Lei 6.385, de 7.12.1976, foi atribuída à Comissão de Valores Mobiliários, por ela criada, competência para "definir a configuração" das práticas nocivas ao funcionamento regular do mercado, à semelhança dos tipos decorrentes de *normas penais em branco*, que se caracterizam pelo fato de não determinarem no preceito primário o comando de maneira completa, mas que delegam a uma autoridade administrativa sua complementação. Segundo a Nota Explicativa CVM-14/1979 consagrou-se com esse diploma a tese do caráter penal do direito econômico, pretendendo-se, com a adoção do mecanismo das normas em branco, "emprestar maior flexibilidade à atuação disciplinadora da CVM sobre o mercado, fazendo possível a paulatina adaptação das definições adotadas às necessidades demonstradas pela prática".[6]

3.4 Dentro dessa ótica, foi baixada pela CVM a Instrução 8, de 8.10.1979, que veio *definir* cada uma dessas operações ou práticas incompatíveis com a regularidade que se pretende assegurar ao mercado de valores mobiliários, inclusive a "manipulação de preços", *in verbis*: "II – Para efeito desta Instrução conceitua-se como: (...); b) *manipulação de preços* no mercado de valores mobiliários, a utilização de qualquer processo ou artifício destinado, direta

6. Foi Binding quem se deu conta em primeiro lugar da existência dessas normas, às quais denominou de *Blankettstrafgesetze*, tradução literal das normas penais em branco, com trânsito no Direito Brasileiro (cf. Manoel Pedro Pimentel, *Direito Penal Econômico*, São Paulo, Ed. RT, 1973, pp. 48 e ss.).

ou indiretamente, a elevar, manter ou baixar a cotação de um valor mobiliário, induzindo terceiros à sua compra ou venda; (...)".

3.5 Desdobrando-se a definição legal acima reproduzida, vemos que são três os elementos informadores da manipulação de preços no mercado de valores mobiliários: (a) o uso de meios artificiosos ou tendenciosos, (b) a promoção de cotações enganosas e (c) a intenção de induzir terceiros à compra e venda de valores mobiliários. Vejamos cada um desses elementos caracterizadores, principiando pelo uso de meios artificiosos.

Na terminologia jurídica, a expressão "artifício" é de uso generalizado para indicar o processo enganoso empregado por alguém para desfigurar a realidade, com o intuito de induzir outrem à prática de ato que lhe aproveita diretamente, ou a outra pessoa, que não o enganado. No mercado de capitais esse processo artificioso ocorre quando as operações, embora efetivas, foram dosadas e coordenadas pelo agente mediante manobras ilusórias que objetivaram alterar indevidamente o curso dos preços no mercado.

3.6 É o que ponderam, com muita acuidade, Cesare Pedrazzi e Paulo José da Costa Júnior ao procurarem esclarecer o significado da expressão "artifício", no contexto, *verbis*: "Enquanto a especulação se limitar a desfrutar de oscilações espontâneas do mercado, esforçando-se por antecipar o futuro andamento dos preços, os limites do ilícito penal não estarão de nenhum modo transpostos. O problema surge quando o especulador venha a assumir papel ativo na dinâmica do mercado, quando não se contente em confiar apenas em suas previsões, inevitavelmente arriscadas, mas se lance a provocar mutações nos preços, que lhe assegurem o lucro ambicionado. Desse modo, qualquer intervenção no mercado, do lado da oferta como do da demanda, entra como fator decisivo na formação do preço, com peso tanto mais sensível quanto mais relevante for a quantidade procurada ou ofertada, em proporção ao volume total do mercado. Nem se pode pensar que esse influxo sobre o andamento dos preços, próprio das leis do mercado, torna-se penalmente ilícito pelo único fato de que o especulador faz dele uso consciente e deliberado. Realmente, a história jurídica demonstra que a valoração jurídico-penal da atividade especulativa não encara tanto o efeito sobre os preços, quanto os meios, os esquemas operacionais por meio dos quais o resultado foi obtido. (...). Não basta, para provocar a intervenção repressiva, a alteração do jogo natural da oferta e da procura. Necessário ademais o uso de meios intrinsecamente reprováveis".[7]

3.7 Em suma, a atividade do agente no mercado de capitais, mesmo quando influa decisivamente na formação dos preços, só ultrapassa a linha divisória entre o lícito e o ilícito quando recorrer a artifícios, ou seja, ao emprego de uma combinação de elementos que não se afeiçoam às forças econômicas regulares do mercado, com o intuito de enganar terceiro. Na linguagem do Código Penal, como se deduz da definição de estelionato (art. 171), os *artifícios* integram a categoria dos *meios fraudulentos*, caracterizando-se, pois, como *instrumentos de engano ou erro*. Ora, dita caracterização é perfeitamente adequada ao tipo de infração de que nos ocupamos.

3.8 Isto posto, passemos ao segundo elemento informativo da definição legal de manipulação: a promoção de *cotação falsa*. Segundo o ato administrativo comentado, a manipulação de preços define-se como a utilização de artifícios que falseiam o funcionamento do mercado, provocando a formação de preços que não refletem as forças *legítimas* de oferta e procura. Temos aqui um problema exegético, que já foi suscitado, aliás há anos, por Waldemar Ferreira, em escólio ao art. 168, alínea 2, do Decreto-lei 2.627/1940, combinado com o

7. *Direito Penal das Sociedades Anônimas*, São Paulo, Ed. RT, 1973, p. 244.

art. 177, § 1º, II, do Código Penal, que configuravam como *crime* a falsa cotação de ações ou de outros títulos sociais. Como advertia o preclaro comercialista, cumpre firmar os conceitos de *cotação falsa* e de *cotação legítima*. Em princípio o conceito de *falsidade* não deve ser entendido literalmente, não sendo de se reputar falsa simplesmente a cotação contraposta àquela que se supõe "verdadeira", reflexo do valor efetivo do título acionário. Como se sabe, múltiplos são os critérios de aferição do valor das ações, de sorte que, em função do critério adotado, vários são também os valores "efetivos" das ações. Já a cotação de um título no mercado deve resultar sempre do jogo contingente da oferta e da procura, sendo, assim, reputada uma cotação *legítima*, cabendo considerá-la *falsa* se as condições de mercado que a determinaram não correspondem ao curso normal da oferta e da procura. São "condições artificiais de demanda, oferta ou preço" – e, portanto, ilegítimas.[8]

3.9 Daí advertirem Cesare Pedrazzi e Paulo José da Costa Júnior, no livro já citado, que, embora haja certa impropriedade no conceito de "falsidade" das cotações (pois, mesmo quando resultam de maquinações maliciosas, refletem o andamento do mercado), podemos manter a expressão, dizendo que é falsa a cotação quando decorrente do influxo causal dos meios artificiosos sobre a evolução dos preços, e que não reflete o "jogo normal de oferta e procura": "A conclusão possível é uma só: as cotações em questão não são falsas em relação a um parâmetro pré-constituído de verdade. São falsas enquanto provocadas por manobras artificiosas, que hajam alterado o funcionamento do mercado; enquanto divergentes daquela que teria sido a resultante do jogo normal de oferta e procura. Não se conclui pela falsidade das cotações com a avaliação do título, mas com indagação que demonstre o desvirtuamento causal dos 'artifícios', que representam o verdadeiro núcleo do tipo".[9]

3.10 Por último, a completar a caracterização da figura da manipulação de preços, cumpre examinar o terceiro elemento: a *intenção* de induzir terceiros à compra ou venda de valores mobiliários. Ou seja, considera-se manipulação de preços a utilização de processos artificiosos, destinados à promoção de cotações falsas, que tenham por *finalidade* induzir enganosamente terceiros a negociar com base nesses preços artificiais. Para a caracterização da manipulação, além dos elementos objetivos já elencados, força é que se faça presente o elemento subjetivo, ou seja, a conduta consciente e determinada no sentido de embair terceiros, quer dizer, o *dolo*, pressuposto em todas as figuras delituais (CP, art. 17, parágrafo único). No caso, trata-se de *dolo específico*, reclamado pelo modelo normativo.

3.11 A somatória desses três elementos compõe a figura delituosa da "manipulação de preços" no mercado de capitais, que, de resto, constitui *figura típica anormal*, para usar da terminologia do direito penal, contendo na sua descrição elementos *normativos* e *subjetivos*. Com efeito, na figura da manipulação de preços, além da descrição objetiva da conduta incriminada (ou seja, a utilização de meios artificiais para elevar, manter ou baixar a cotação de um valor mobiliário), existe um elemento *normativo* que diz respeito à antijuridicidade, ou seja, a *utilização de artifício*, que não é definido na lei, e cujo significado deve ser buscado alhures, mas sem o qual a figura não se integra. Além disso, na expressão "destinado a *[interferir]* na cotação de valores mobiliários, induzindo terceiros à sua compra e venda", há um elemento subjetivo próprio, que está consignado na exigência de uma particular intenção, que constitui o chamado *elemento subjetivo do injusto*. Se a comprovada intenção do agente for diversa daquela requisitada pelo tipo res-

8. Waldemar Ferreira, *Tratado de Sociedades Mercantis*, v. 5, Rio de Janeiro, 1958, pp. 1.873 e ss.

9. *Direito Penal ...*, p. 243.

pectivo também deixará de existir a infração (ou outro será o delito). Em suma, sem a presença de *procedimentos artificiais* e sem esse *dolo específico* não existirá o delito em pauta.

3.12 Ilustrativo, nesta altura, é o que dispõe sobre "manipulação de preços" a regulação de mercado norte-americana, na qual, como se sabe, nossa legislação confessadamente se inspirou. Além da Seção 17(a) da Lei de Títulos (*Securities Act*), de 1933, que veda as operações fraudulentas no mercado primário (ou seja, "realizadas através de expedientes, estratagemas e artifícios orientados no sentido de fraudar"), e em que se inscrevem as *manipulative practices*, existe uma série de disposições na Lei de Títulos e Bolsa (*Securities and Exchange Act*), de 1934, especialmente orientadas no sentido de vedar a manipulação de preços nas negociações com valores mobiliários no mercado secundário. Nesse último diploma é de se ressaltar a Seção 9, cujo título é justamente a "proibição de manipulação de preços de valores mobiliários" (*prohition of manipulation of securities prices*) negociados nas Bolsas de Valores, e que é considerado o ponto nuclear da regulação de mercado – *the very heart of the Act*, como disse a própria SEC.

3.13 Além da Seção 9 existem as Seções 10(b) e 15 (c)(1) dessa mesma lei de 1934, que estendem essa proibição ao mercado de balcão, habilitando a SEC (a agência reguladora daquele país) a baixar regras destinadas a coibir a prática de "artifícios e maquinações manipulativos e enganosos em relação à compra e venda de valores mobiliários" (*manipulative and deceptive devices and contrivances in connection with purchases and sales of securities*). A Secção 14(e) estende essa competência regulatória da SEC para as regras destinadas a proibir atos manipulativos em conexão com as ofertas públicas de controle.

3.14 A par de várias regras específicas dirigidas às mais notórias práticas manipulativas (denominadas *wash sales* ou operações simuladas, *matched orders* ou operações combinadas, *tipster sheets* etc., cujo conteúdo não interessa aqui descrever), a Seção 9(a)(2) contém uma *regra geral* proibindo a prática de "transações seriadas (...) estabelecendo uma negociação aparente ou efetiva com tais títulos, destinada a elevar ou deprimir as suas cotações, com o propósito de induzir terceiros a comprá-los ou vendê-los".

Com efeito, segundo esse dispositivo é defeso a qualquer pessoa: "(2) To effect, alone or with one or more other persons, a series of transaction in any security registered on a national securities exchange creating actual or apparent active trading in such security or raising or depressing the price of such security, for the purpose or sale for such security by others". Ou seja: "(2) Efetuar, isolada ou conjuntamente com outras pessoas, uma série de operações com qualquer valor mobiliário registrado numa Bolsa de Valores nacional, criando uma negociação aparente ou efetiva de tal valor mobiliário, elevando ou baixando a cotação do mesmo, com o intuito de induzir terceiros a comprá-lo ou a vendê-lo".

3.15 Como se vê, a conceituação do delito de manipulação de preços no mercado de capitais feita pela Instrução CVM-8/1979 guarda grande similaridade com a Seção 9(a)(2) do *Securities Exchange Act* de 1934. Também para o Direito Norte-Americano[10] a fim de que ocorra a figura da *manipulação de preços*, vedada por lei, é preciso que, cumulativamente, (a) se utilize de processos ou artifícios que dêem aparência de efetiva negociação, (b) que influam ilegitimamente na cotação dos valores mobiliários, (c) com o intuito de enganosamente levar terceiros a comprá-los ou vendê-los. Como se vê, compõem igual-

10. Richard W. Jennings, Harold Marsh Junior e John C. Coffee Junior, *Securities Regulation*, Nova York, The Foundation Press, 1992, pp. 617 e ss.; Thomas Lee Hazen, *Treatise on the Law of Securities Regulation*, vs. I e II, West. Publishing Co., 1995, respectivamente pp. 346 e ss. e 375 e ss.; Charles J. Johnson Junior, *Corporate Finance and the Securities Laws*, Aspen Law, 1991, pp. 145 e ss.

mente a figura delituosa da manipulação no Direito Americano, além dos elementos descritivos, elementos normativos e subjetivos: a artificialidade da atividade do agente no mercado, a se refletir na cotação falsa, e a intenção de enganar terceiros. A jurisprudência norte-americana caudalosamente afirma que sem a *artificialidade* na determinação da cotação não há falar em manipulação, considerando-se artificiais as manobras que não refletem o mecanismo normal da oferta e procura. Da mesma forma, sem a *intenção dolosa* de induzir terceiros à compra e venda dos títulos enganosamente cotados também não se integra a figura delituosa da manipulação.

3.16 A Suprema Corte Norte-Americana tem repetido, iterativamente, que a manipulação é um "termo de direito" (*term of art*) utilizado para designar certos tipos de transação destinados a influir artificialmente no preço de um valor mobiliário, de sorte que não havendo indício de artifício não ocorre a infração. Da mesma forma, também sem a intenção de fraudar terceiros o delito da manipulação não se materializa. Eis alguns pronunciamentos da Suprema Corte e do SEC que são considerados determinantes na questão:

"O uso da palavra 'manipulação' tem uma significação especial. É e sempre foi um 'termo de direito' quando usado em relação ao mercado de capitais. Designa uma conduta intencional ou voluntária, orientada no sentido de enganar ou fraudar investidores, controlando ou influindo artificialmente no preço dos valores mobiliários" ("Ernst & Ernst *vs.* Hochfelder", *425 US 185*, 199 (1976).

"A expressão *[manipulação]* se refere geralmente a práticas tais como operações simuladas, ordens combinadas, ou preços forjados, que são realizados para embair investidores, influindo artificialmente na atividade de mercado" ("Santa Fe Industries, Inc. *vs.* Green", *430 US 462*, 476-477 (1977).

"Sustentamos que o termo 'manipulação', tal como usado no § 14(e), requer dolo e ausência de informação. Significa conduta destinada a enganar ou fraudar investidores, influindo artificialmente no preço dos títulos. Sem dolo ou sonegação de informação, o § 14(e) não foi violado" ("Schreiber *vs.* Burlington Northern, Inc.", *472 US 1*, 105 (1985).

"Para que tenham violado a Seção 9(a)(2), as transações em questão devem ter sido realizadas 'com o propósito de induzir terceiros a compra ou vender' valores mobiliários. Assim, o *motivo* é um ingrediente da ofensa. Mas o motivo legal pode ser deduzido dos fatos do caso" (*SEC Release n. 34-3.505*, 16.11.1943).

"Qualquer série de transações quase que inevitavelmente cria uma aparente ou efetiva negociação ou eleva ou abaixa os preços dos títulos negociados. A questão crucial é a do *propósito* com o qual a transação é efetuada. Se os atos são realizados com o propósito de induzir terceiros à compra e venda de títulos, configura-se a ilegalidade" ("In the Matter of Halsey, Stuart & Co., Inc.", *30 SEC 106*, 123–24 (1949).

3.17 Fixados esses pontos, retomemos aos fatos descritos na seção preambular, a fim de averiguar se os mesmos contêm todos os elementos, objetivos e subjetivos, constitutivos do tipo, enquadrando-se na descrição da figura delituosa da *manipulação de preços*, conforme concluiu a comissão de inquérito instituída pela CVM.

4. Análise da hipótese de fato exposta na consulta

4.1 O primeiro elemento a ser examinado para se averiguar se a hipótese de fato se enquadra no tipo cristalizado no dispositivo legal diz respeito à questão da *artificialidade dos processos* utilizados pela ML na negociação dos títulos, destinados a influir nas condições de demanda, oferta e preços das ações que compunham a carteira. Nos termos da peça acusatória, o artifício teria restado comprovado (a) pela atuação do investidor mediante distintas personalidades jurídicas e (b) pela venda da posição à vista através de lotes substanciais de ações num curto espaço de tempo.

4.2 Vejamos o primeiro tópico. No Relatório da Comissão nomeada para conduzir o inquérito administrativo os seus ilustres membros constataram que: "Conforme se verifica nos autos, o investidor ML operou no mercado à vista da BOVESPA através do Anexo IV, e no mercado futuro de índice IBOVESPA da BM&F, como investidor direto. Embora *os contornos formais dessas operações estejam em conformidade com as legislações pertinentes as mesmas, e em conseqüência gerando formalmente duas personalidades jurídicas distintas*, não podemos considerar como se fossem dois investidores ou dois interesses isolados, porquanto, conforme atestado nas declarações do investidor, a fls. 270 e 271, 'a operação no mercado futuro foi montada para 'hedgear' a carteira à vista', o que, no nosso entendimento, só tem fundamento se esses dois investidores forem representantes de um interesse único" (item 33 do Relatório).

Daí concluírem que: "(...) ao operar através de duas formas jurídicas distintas, ou seja, através do Anexo IV, no mercado à vista, e como investidor direito, no mercado futuro de índice, *utilizou-se [a ML] de artifícios* para levar a cabo sua estratégia de manipulação, visto que estaria *operando formalmente sob personalidades distintas*, o que teoricamente dificultaria a identificação dessa estratégia" (item 53 do Relatório).

4.3 Ora, a DD. Comissão de Inquérito labora, aqui, em equívoco. Em primeiro lugar, as posições nos mercados à vista e a futuro foram sempre assumidas *pela mesma e única pessoa* – a investidora ML –, vindo a representar *um único interesse*, embora através de *dois mecanismos cambiais* diferentes (Anexo IV e investimento direito) – fato, esse, que, sobre não representar qualquer violação à legislação pertinente (com o quê a própria Comissão concorda, como se vê na passagem transcrita), foi expressamente admitido, e por diversas vezes, pela própria investidora. Basta a leitura da primeira carta enviada pela ML à CVM, em 17.10.1997, trazida aos autos (fls. 235).

4.4 De qualquer forma, a utilização de dois mecanismos cambiais diferentes para a realização de investimentos não gera "formalmente duas pessoas jurídicas distintas". Há aqui um deslize da Comissão. Pois não cabe confundir a utilização de diferentes mecanismos cambiais para investimentos com a criação de distintas pessoas jurídicas. Até porque, se não fora a mesma pessoa e não houvesse um único centro de interesses não se teria aperfeiçoado um negócio jurídico de *hedge*, já que essa operação, como o enfatiza a própria Comissão na passagem acima reproduzida, "só tem fundamento se esses dois investidores forem representantes de um interesse único". E, no caso, ficou evidente que "a estratégia *[da investidora]* foi a de fazer um *hedge*" – operação considerada legítima perante a legislação brasileira, como o próprio Relatório o reconhece (itens 29 e 33).

4.5 Em suma, inexistindo qualquer óbice à atuação da ML mediante distintos mecanismos cambiais, não há como se vislumbrar na espécie a ocorrência de ardil ou artifício, elemento indispensável à caracterização de manipulação de mercado. Restaria examinar a segunda alegação de utilização de processos artificiais. A artificialidade residiria ainda na *venda concentrada das ações em curto espaço de tempo*. Ao vender, na última meia-hora do pregão, volume substancial de ações, a ponto de deprimir o valor de suas cotações em Bolsa, a investidora teria derrubado, em seu benefício, o valor de liquidação dos contratos de índice BOVESPA, onde mantinha posição vendida. Aí residiria o artifício que permitiria falar, no caso, em manipulação.

4.6 Ora, essa alegação igualmente não procede. Como já se advertiu, qualquer intervenção no mercado, do lado da oferta como do da demanda, entra como fator decisivo no mecanismo de formação de preço, com peso tanto mais sensível quanto mais relevante for a quantidade procurada ou ofertada. Ordens substanciais de negociação (*block trades*), com potencial de influir nas cotações, não são nem nunca foram proibidas. Apenas sua execução deverá atender a certos comportamentos, a fim de que o mercado não seja surpreendido, posicionando-se de maneira adequada em relação às mesmas. A Instrução CVM-168, de 23.12.1991, obriga a adoção de *procedimentos especiais* de negociação para as operações que representem qualquer "bloco substancial" de ações ou direitos, submetendo-as a *leilões especiais*.

4.7 Na operação de venda à vista das ações integrantes de sua carteira de investidora Anexo IV, realizada nos últimos 30 minutos do pregão de 13.2.1997, a ML distribuiu suas ordens para oito corretoras. Conforme relatório da BOVESPA, acostado aos autos, nessa operação foram aplicados os procedimentos especiais previstos na Instrução CVM-168/1991, sujeitando-se a venda em tela a leilão nos recintos da Bolsa, por apresentarem as ações oscilações de preço e importarem quantidades significativas (itens 20 *usque* 23 do Relatório da Comissão). Cumpriu a investidora, dessa forma, rigorosamente, as exigências da lei, razão pela qual nada a impedia de efetivar a venda *de forma concentrada*, como o fez. Tanto mais que nem poderia ter agido de outra forma para efeito de preservação da proteção que – legitimamente – armara com a operação de cobertura, para respaldar seu investimento à vista.

4.8 Com efeito, conforme apontado páginas atrás, a época propícia para a desmontagem de uma operação de *hedge* verifica-se no vencimento dos contratos futuros, quando o preço destes converge para o preço à vista. Ademais, prevalecendo na BM&F a regra de liquidação das posições em índice de ações, com base no valor determinado pela média dos preços dessas ações, no mercado à vista, praticados na última meia-hora do pregão, a época mais conveniente para o *hedger* se desfazer da sua carteira é justamente nesse intervalo de tempo, como forma de minimizar os riscos de base, como foi acentuado. A DD. Comissão reconhece que essa conduta "é teoricamente lógica" (Relatório, itens 41 e 45), mas adverte: "Embora a atuação do investidor seja considerada aparentemente lógica sob o ponto de vista teórico, em concordância com a argumentação apresentada pelo mesmo, não se pode ignorar que o investidor do Anexo IV, ao 'derrubar' premeditada e conscientemente o IBOVESPA, manipulou o mercado à vista em benefício do investidor direto, 'vendido' no mercado futuro IBOVESPA da BM&F".

4.9 Aqui já adentramos outro dos elementos configuradores da figura delitual em questão, ou seja, o *elemento subjetivo próprio*. Ao se desfazer maciçamente da sua posição à vista, na última hora do pregão, para minimizar o risco de base na desmontagem da operação de cobertura, a ML (a juízo da Comissão) teria impactado, "premeditada e conscientemente", o valor das ações com uma pressão vendedora, e, dessa forma, afetado o valor do índice de ações, beneficiando-se no fechamento de sua posição no mercado a futuro. Bastariam esses elementos para a caracterização, no caso, de procedimento artificial, e, por conseqüência, de manipulação de preço. Irrelevante que a investidora tenha se cercado de todas as garantias para imprimir um caráter de legitimidade à sua operação, obedecendo estritamente aos procedimentos legais para a negociação de grandes lotes. Unicamente no que tange aos seus aspectos formais é que a atuação da ML não constituiria infração à legislação (Relatório, itens 61 *usque* 64).

4.10 Na realidade, desde que tomadas as providências determinadas pela Instrução CVM-168/1991 não haveria óbice legal à venda por parte da ML de um volume expressivo de ações, num curto período de tempo, nem mesmo se a referida venda viesse a afetar sua cotação em Bolsa, como provavelmente ocorreria. Vendas substanciais de ações, embora possam influir na cotação das mesmas, fazem parte do processo de livre formação de preços no mercado de capitais e não são, em si mesmas, condenáveis, desde que economicamente justificadas. No caso em exame essa razão econômica estaria mais do que justificada, dada a necessidade de a investidora promover a desmontagem do *hedge*, com o menor risco possível. Para que se caracterizasse manipulação de preço força seria demonstrar que a depressão dos preços, alcançada por esse procedimento, teria sido o único e principal motivo da venda concentrada – o que não restou provado. No caso *sub examine* ficou demonstrado, pelo contrário, que a venda em grandes lotes, em curto prazo de tempo, era motivada pela necessidade de promover a liquidação da posição futura, de acordo com as regras estabelecidas pela BM&F.

4.11 Vale, nesta altura, fazer referência à experiência norte-americana sobre *block trades*. Durante a década de 60 o mercado tornou-se crescentemente institucional, sendo freqüentes as transações de grandes lotes, a ponto de já em 1986 representarem mais de 50% do volume de transações na NYSB, razão pela qual a SEC impôs às mesmas o *exchanges' auction market system*, ou seja, o sistema de leilão especial para a negociação de grandes lotes (*SEC Exchange Act Release 19.372* [Decreto 23/1982]) – sistema que seria adotado pela CVM anos mais tarde, através da Instrução CVM-168/1979, já comentada.

4.12 Exceção feita a essa nova exigência, não foi alterada a posição mantida pela legislação norte-americana em relação às vendas substanciais. Ou seja, a venda de um grande lote de títulos pode importar uma pressão sobre os preços de cotação, em face da lei econômica de que os preços se formam em decorrência da oferta e da procura, mas só será censurável (a) se não atender a esse regime especial instaurado nas Bolsas e (b) se houver nessa alienação *intuito doloso*, ou seja, quando o escopo determinante para a venda em grandes blocos for o de influir na cotação e induzir terceiros à compra ou venda dos títulos enganosamente cotados.

4.13 Sobre o assunto continuam a prevalecer as considerações constantes dos antigos relatórios do Congresso que acompanharam a promulgação do *Securities Exchange Act* de 1934, em comento à Seção 9(a)(2), a saber: "Todas as grandes compras e vendas causam alterações no preço dos valores mobiliários, mas o simples conhecimento por parte do comprador ou do vendedor de que as suas operações terão esse efeito não é bastante para enquadrá-las no objetivo desse dispositivo. Assim, se uma pessoa está meramente tentando adquirir um lote substancial de ações para fins de investimento, ou dispor de uma grande posição acionária, o seu conhecimento de que, ao agir dessa forma, irá influir no preço de mercado não é o suficiente para tornar a sua conduta ilegal" (5. Rep. n. 1.383, *73d Cong.*, 2d Sess. at. 20 (1934).

A *House Report* repete as palavras acima, acrescentando: "As suas operações somente se tornam ilegais se feitas *com o propósito* de elevar ou deprimir o preço de mercado *[a fim de "induzir terceiros à compra e venda de valores mobiliários"]*" (H. Rep. n. 1.838 *[Conference Report]*, *73d Cong.*, 2d Sess. at. 31 (1934).[11]

4.14 A intenção de influir na cotação, a fim de induzir terceiros a negociar com os valores mobiliários, seria, destarte, o teste que sinalizaria a ocorrência de manipulação nas negociações de ações. A regulação norte-americana insiste, assim, na presença do elemento subjetivo para a configuração do tipo delituoso, previsto no § 9(a)(2) da SEA de 1934. Quer dizer, as vendas substanciais só são vedadas quando tiverem por objetivo o *propósito de criar uma cotação artificial, induzindo terceiros em engano*. O que é uma *cotação artificial*? A cotação é considerada artificial toda vez

11. "Both chambers' reports were addressed to draft provisions in which the prohibited purpose was raising or lowering the market price. It was only in conference commitee that purpose of inducing trades by others was substituted as the final test of manipulation for § 9(a)(2)" (Alan R. Bromberg, *Securities Law (Fraud)*, v. 2, p. 204).

que não refletir o *jogo normal* da oferta e da procura. Ou, dizendo a mesma coisa com outros termos: toda a vez que uma operação é praticada não visando a qualquer outro interesse econômico que não seja "a criação de condições artificiais de demanda", que não refletem o curso normal do mercado, ela se configura como uma operação falsa ou artificial. Oscilações verificadas nas cotações de valores mobiliários decorrentes de operações de vulto mas com fim legítimo não consubstanciam movimento artificial de preço.

4.15 A caracterização da conduta ilegal na negociação de lotes substanciais de ações revela-se, portanto, na *finalidade da atuação* do agente, que não demonstra na operação outro interesse econômico senão o de criar "condições artificiais de demanda, oferta ou preço de títulos ou valores mobiliários distribuídos no mercado" (ou seja, criar uma *cotação artificial ou falsa*), com o intuito de "induzir terceiros à sua compra e venda". A finalidade dolosa, como elemento definidor da operação ilegítima de mercado, é, destarte, comum tanto à Seção 9(a)(2) da Lei de Títulos e Bolsa de 1934, norte-americana, quanto ao item II, "b", da Instrução CVM-8/1991, ambos reproduzidos em páginas anteriores.

4.16 Aliás, Waldemar Ferreira, em comentário ao art. 168 da lei disciplinadora do anonimato de 1940, já advertia que essa manifestação delituosa reclamava uma especial finalidade da conduta para integrar-se: "Padecem os títulos, principalmente as ações de sociedade anônimas, de oscilações, às vezes bruscas, em suas cotações. Têm eles cotações oficiais, decorrentes dos pregões de Bolsa, e livres, quando nelas se não negociam. Há, pois, necessidade de firmar, desde logo, o conceito da falsidade de cotações. Quando são legítimas? E quando são falsas, se marcados nos pregões das Bolsas, no embate das ofertas e das procuras? (...). A falsa cotação há de resultar, de outro lado, de qualquer artifício. Também esta palavra tem significado próprio em direito penal. Conceituando o estelionato, o Código, no art. 171, viu nele *a obtenção, para si ou para outrem, de vantagem ilícita, em prejuízo alheio, induzindo ou mantendo alguém em erro, mediante "artifício, ardil, ou qualquer outro meio fraudulento"*. Deu o significado da palavra por sinonímia ou perífrase".[12]

4.17 Não é outra, aliás, a orientação das Cortes Norte-Americanas ao tratar especificamente do delito de manipulação de preços no mercado de capitais. Basta citar o caso "Mobil Corp. *vs.* Marathon Oil Co." (1981), onde se examina o pronunciamento do *Justice* Powell num dos *leading Hochfelder cases* sobre o assunto, "Ernst & Ernst *vs.* Hochfelder" (1976), relativamente ao texto da Seção 14(e) da Lei sobre Bolsa e Títulos de 1934, que trata da manipulação em *tender offers*: "A corte em *Ernst* recorreu ao dicionário e constatou que o *Webster's* definiu a 'manipulação' como se segue: '*Bolsas*. Forçar (preços) para cima e para baixo, através de ordens combinadas, operações simuladas, informações fictícias (...) *para enganar*'. A definição de manipulação como forma de *forçar* os preços a um determinado nível se afeiçoa a uma definição já dada por uma Corte, que atribuiu ao § 14(e) a função de abranger a conduta *[delituosa]* básica verificada nas ofertas públicas de aquisição de controle. Entendeu ele que o sentido da 'manipulação' para efeito desse dispositivo é de 'uma influência no mercado ou nos preços dos valores mobiliários obtida por meios *artificiais*, ou seja, por meios não relacionados com as forças naturais da oferta e da demanda'. 'Forçar', tal como usado no caso *Ernst*, sugere rigorosamente um procedimento artificial e não um ímpeto natural".

4.18 Ou como sinteticamente está dito no caso "Chris-Craft Industries *vs.* Piper Aircraft Copr." (1973), que versa sobre a aquisição de ações feita por um fundo mútuo para valorizar seu pacote e, assim, torná-lo atrativo numa oferta pública de permuta de ações. A Corte concluiu que, no caso,

12. *Tratado* ..., v. 5, pp. 1.873-1.875.

não se configurava manipulação, tendo o fundo adquirido as ações com o legítimo propósito de realizar investimentos: "Enquanto o *motivo* do investidor ao comprar ou vender um valor mobiliário não for o de criar uma demanda ou oferta artificiais, não há falar em manipulação de mercado contrária à lei".[13]

E, no tocante especificamente à Seção 9(a)(2), a questão do *propósito* como caracterizador da manipulação de mercado é examinada em vários casos, sempre com a mesma dicção: "To be in violation of Section 9(a)(2), the transactions in question must be 'for the purpose of inducing the purchase or sale of the security by others'. Thus, motive is an ingredient of the offense. But the statutory motive may be inferred from the facts of the case" (Michael J. Meehan, *2 SEC 588* (1937), Russell Maguire & Co., *10 SEC 332* (1941); Halsey Stuart & Co., *30 SEC 106*, 112 (1949).

Ou seja: "Para que tenham violado a Seção 9(a)(2), as transações em questão devem ter sido realizadas 'com o propósito de induzir terceiros a comprar ou vender' valores mobiliários. Assim, o motivo é um ingrediente da ofensa. Mas o motivo legal pode ser deduzido dos fatos do caso".

4.19 Assim, para se averiguar se a hipótese em exame se enquadra, ou não, no delito de manipulação de preços insta apurar se a venda de lotes substanciais de ações, realizada pela ML no mercado à vista de ações para pôr cobro à operação de cobertura no mercado a futuro, além dos elementos normativos já examinados, revela, outrossim, a presença desse elemento subjetivo específico previsto em lei. Ou seja, se houve a intenção "premeditada e consciente", pois o dolo implica vontade livre e consciente de criar condições artificiais de preços para os valores mobiliários, com a finalidade de "induzir terceiros à sua compra e venda". A manifestação delituosa em questão reclama, como visto, essa finalidade particular na conduta do infrator, para se integrar. Se outra for sua intenção, ou deixará de existir a infração, ou outro será o delito.

4.20 Ora, essa particular intenção não existe na hipótese de fato aqui examinada. Admitido, inclusive pela Comissão de Inquérito, que o escopo da investidora ML, ao negociar, simultaneamente no mercado à vista e a futuro, com ações componentes do IBOVESPA era o de "hedgear" (parcialmente) sua posição no mercado à vista (Relatório, item 29), força é concluir que o investidor almejava, com esse mecanismo, tão-somente minimizar o risco de exposição do ativo às oscilações de mercado. Assim, ao implementar essa estratégia a variação do preço passou a ter, para o investidor, interesse marginal, já que transferiu a outrem o risco das flutuações dos preços. Por ocasião da liquidação da posição futura ocorreria a convergência do preço futuro para o preço à vista, deixando o investidor a coberto contra os riscos de oscilação do mercado, exceção feita apenas ao chamado "risco de base", de magnitude residual.

4.21 Em virtude da convergência de preços, os ganhos porventura auferidos pelo *hedger* na venda de sua posição à vista serão compensados por perdas no mercado futuro, e vice-versa. Daí que é irrelevante ao investidor se na data da liquidação de sua posição o mercado esteja em alta, em baixa ou estável, visto que o resultado econômico sempre será o mesmo. O único fator que pode influenciar o resultado final é a discrepância que pode ocorrer entre o preço de venda da carteira à vista e o preço de liquidação do contrato futuro, na medida em que o preço de liquidação é definido como a média do mercado à vista na última meia-hora do pregão. Daí a estratégia adotada pela ML para minimização de tal risco, de buscar ter o preço de venda da carteira o mais próximo possível de tal média, operando nesse interregno as ações *hedegeadas*.

4.22 Vendas substanciais, mesmo operadas com as cautelas especiais determina-

13. Cf. Robert G. DelaMater, "Target defensive tatics as manipulative under Section 14(c)", *Columbia Law Review* 84/228 e ss., n. I, 1984.

das pela CVM, podem evidentemente afetar a cotação dos valores mobiliários. Por serem, contudo, parte do processo de livre formação dos preços, não são censuráveis, desde que economicamente justificadas. Assim, a queda que se observou nos preços das ações no caso em pauta foi fruto das manifestações do mercado, não ocorrendo *artificialidade* na fixação dos preços, nem a *intenção de induzir terceiros* a comprar ou a vender. De resto, as ordens de venda, no curto espaço de tempo apontado, tinham embasamento econômico – qual seja, o de permitir a desmontagem da operação de cobertura no momento tecnicamente mais adequado. Observados os procedimentos legais, nada impedia, assim, que a investidora ML alienasse tantas ações quanto quisesse, no momento azado.

4.23 Sua conduta não foi, portanto, motivada pelo intuito predeterminado de manipular o mercado, mas simplesmente de desmontar uma operação *hedging*. Tanto é assim que, conforme bem observado pela Comissão de Inquérito, a investidora não recompôs sua carteira após ter liquidado a operação de cobertura, "deixando evidente que a sua estratégia foi a de fazer um *hedge*" (Relatório, art. 29). Segundo ponderação da SEC norte-americana, a recomposição da carteira vendida, embora não seja um elemento indispensável do delito ("an indispensable element of the offense"), reveste-se de um peso significativo na comprovação do *propósito* com o qual foi empreendida a venda ("of great evidentiary weight in determining the purpose with which the [selling] was undertaken"). Valham essas observações para o caso em foco.[14]

4.24 Concluindo: à vista do exposto, não encontramos na hipótese de fato questionada pela Comissão encarregada da condução do Inquérito Administrativo CVM-35/1998 nem os elementos normativos, nem os elementos subjetivos próprios, essenciais à estrutura do ilícito denominado "manipulação de preços" no mercado de capitais, tipificado e sancionado pela legislação de mercado. Com efeito, não se depara no comportamento da investidora ML nem a utilização de processos artificiais destinados a criar uma cotação falsa de valores mobiliários, nem muito menos a intenção de induzir terceiros a operar nesse mercado enganoso, conforme requisitado pela legislação para a configuração do delito. Por conseqüência, à míngua desses elementos, e comprovado que a intenção do agente era diversa daquela reclamada pelo tipo, não há como falar, na espécie, em manipulação de preços, sendo totalmente improcedente a responsabilização da ML por violação aos termos da Instrução 8/1979, proposta pela Comissão. Também no tocante aos delitos econômicos prevalece, por suposto, a tipicidade, corolário do princípio da reserva legal inscrito no art. 1º do Código Penal Brasileiro. E quando se afirma que não há crime sem tipicidade o que se está a exigir é a rigorosa correspondência do comportamento examinado ao tipo de conduta ilícita previsto no modelo legal.

4.25 É o nosso parecer, s.m.j.

São Paulo, 29 de fevereiro de 2000

14. "Op. Gen. Counsel, SEA Rel. 3.056 (1941) 3", cit. por Louis Loss, *Securities Regulation*, v. 3, 1961, p. 1.555.

RDM 124

DOUTRINA: SANEAMENTO E LIQUIDAÇÃO DE INSTITUIÇÕES DE CRÉDITO – NOVAS PERSPECTIVAS DO DIREITO COMUNITÁRIO – Armindo Saraiva Matias • ILÍCITO ANTITRUSTE E ACORDOS ENTRE CONCORRENTES – Luís Fernando Schuartz • OS VALORES MOBILIÁRIOS NA NOVA LEI DAS S/A – Nelson Eizirik • ***ATUALIDADES:*** SOCIEDADE ANÔNIMA – DECURSO DO PRAZO PRESCRICIONAL AO EXERCÍCIO DO DIREITO À PERCEPÇÃO DAS VANTAGENS EM FAVOR DO DEBENTURISTA – J. A. Penalva Santos • A RETIRADA JUDICIAL DOS SÓCIOS-COTISTAS E A JUSTA PRESERVAÇÃO DE SEUS DIREITOS NO CURSO DA AÇÃO – João Luiz Coelho da Rocha • INTERPRETAÇÃO REALISTA DA ALIENAÇÃO DE CONTROLE DE COMPANHIA ABERTA – Jorge Lobo • A INTERVENÇÃO DO MUNICÍPIO NO DOMÍNIO ECONÔMICO – Giovani Clark • A PROPRIEDADE INTELECTUAL E A PROTEÇÃO DA BIODIVERSIDADE E DOS CONHECIMENTOS TRADICIONAIS – Cláudia Marins Adiers • O ACORDO TRIPS E A IMPLEMENTAÇÃO DE POLÍTICAS DE PROPRIEDADE INTELECTUAL NO BRASIL – Marco Aurélio Gumieri Valério • OS MERCADOS DE FUTUROS – Carlos Augusto da Silveira Lobo • ***ESPAÇO DISCENTE:*** CONTORNOS ATUAIS DO CONTRATO DE "FACTORING" – Lívio Goellner Goron • ANÁLISE ECONÔMICA DO "FACTORING" NO ÂMBITO DAS PEQUENAS E MÉDIAS EMPRESAS – Cristiano Gomes de Brito • ***MERCOSUL:*** AS MICRO E PEQUENAS EMPRESAS COMO PROPULSORAS DO DESENVOLVIMENTO ECONÔMICO E SOCIAL – CONTRIBUIÇÃO PARA O INCREMENTO DAS ATIVIDADES ECONÔMICAS NO ÂMBITO DO MERCOSUL – Fernanda Kellner de Oliveira Palermo • ***JURISPRUDÊNCIA COMENTADA:*** EXECUÇÃO DE CESSÃO DE CRÉDITO – ALIENAÇÃO EM FRAUDE À EXECUÇÃO – INEFICÁCIA – ADQUIRENTE FALIDO – NUMERÁRIO ENTREGUE AO EXEQÜENTE – Hélio da Silva Nunes • CONSELHO MONETÁRIO NACIONAL – COMPETÊNCIA REGULADORA – AS AUDITORIAS INDEPENDENTES – Haroldo Malheiros Duclerc Verçosa • ***PARECERES:*** "HEDGING" COM FUTUROS DE ÍNDICES REPRESENTATIVOS DE AÇÕES – Luiz Gastão Paes de Barros Leães

MALHEIROS EDITORES